NICK MARTIN

DIE GEILSTE LÜCKE IM LEBENSLAUF

NICK MARTIN
mit ANITA VETTER

DIE GEILSTE LÜCKE IM LEBENSLAUF

6 Jahre Weltreisen

Mit 52 farbigen Abbildungen

NATIONAL GEOGRAPHIC MALIK

Mehr über unsere Autorinnen, Autoren und Bücher:
www.malik.de

Wenn Ihnen dieses Buch gefallen hat, schreiben Sie uns unter Nennung des Titels »Die geilste Lücke im Lebenslauf« an *empfehlungen@piper.de*, und wir empfehlen Ihnen gerne vergleichbare Bücher.

Unser Versprechen für mehr Nachhaltigkeit
• Klimaneutrales Produkt
• FSC®-zertifiziertes Papier
• Hergestellt in Europa

FSC www.fsc.org MIX Papier | Fördert gute Waldnutzung FSC® C083411

Erstmals im Taschenbuch
In Zusammenarbeit mit dem Autor für die vorliegende Ausgabe aktualisiert und gekürzt
ISBN 978-3-492-40649-9
1. Auflage Mai 2021
7. Auflage Juli 2023

Bildteilfotos: Nick Martin, mit Ausnahme der Fotos auf Seite 7 unten und 15 oben: Stefanie Oeffner; auf Seite 22 oben: Julius Luca König
Umschlaggestaltung: Petra Dorkenwald nach einem Entwurf von Birgit Kohlhaas
Umschlagabbildungen: Ronny Barthel, www.ccm-agency.eu (großes Foto vorne), Nick Martin (kleine Fotos vorne und Foto hinten), Julius Luca König (Autorenfoto Nick Martin) und Moussa Hakal (Autorenfoto Anita Vetter)
Satz: psb, Berlin
Gesetzt aus der Minion Pro
Litho: Lorenz & Zeller, Inning am Ammersee
Druck und Bindung: CPI books GmbH, Leck
Printed in the EU

Inhalt

Prolog

EL SALVADOR, 2016

Zwei Schüsse zerreißen den Lärm der Nacht. Ich sitze sofort kerzengerade im Bett, um mich herum Dunkelheit. Mein Herz schlägt mir bis zum Hals und hämmert in meinen Schläfen.

Bleib ruhig: Wo bist du?

Meine Augen suchen in der Dunkelheit umher. Ich sitze auf einem kleinen Bett, in einem winzigen fensterlosen Raum. Direkt vor mir steht eine Kommode, darauf liegt mein Backpack.

O Gott, waren das Schüsse?

Konzentrier dich. Schließ die Augen: Wo genau bist du?

Du bist in El Salvador, bei Borkman, in seinem Zimmer. Hinter dem Vorhang liegt der Rest der Wohnung. Dort schlafen Borkman, seine Mutter und sein Bruder. Sei leise, weck sie nicht, beruhige dich erst mal. Atme langsam ein und aus.

Waren das wirklich Schüsse?

Oder waren es vielleicht einfach Feuerwerkskörper?

Das ist es bestimmt.

Doch ich merke selbst, dass ich nur versuche, mir die Sache schönzureden. Warum sollte gerade jetzt jemand Böller zünden –

und dann auch nur zwei? Aber es könnten ja vielleicht doch …? Nein – ich weiß, dass mein Kopf versucht, eine einfache, ungefährliche Erklärung zu finden. Eine, die mir weismacht, dass hier alles in Ordnung ist und dass ich nicht bis zum Hals in einer Gefahrensituation stecke.

Ich sitze auf der Kante des kleinen Bettes, Schweiß steht auf meiner Stirn, läuft langsam meine Schläfen herunter. Mein T-Shirt klebt an meinem Rücken. Ich habe Angst. Ich bewege mich nicht und höre in die Stille des Raums. In den Lärm draußen.

Es ist der Lärm von Soyapango, District 13, San Salvador, der Hauptstadt von El Salvador. Ich bin hier, mitten im Getto, weil ich die Welt bereisen wollte, Abenteuer erleben, Menschen und Kulturen kennenlernen. Jetzt, in meiner dritten Nacht, sind draußen Schüsse gefallen. Mein Puls rast noch immer. Ich stütze meine Ellenbogen auf die Knie, lege die Stirn in meine Handflächen. Ich habe wochenlang darauf hingefiebert hierherzukommen.

Aber das? Will ich das?

Ich lausche, ob noch mehr Schüsse fallen. Ob Menschen sich nähern, durch unsere Straße rennen oder sogar in das Haus eindringen, in dem ich bin.

Die Hitze steht unterm Dach. Es ist stickig.

Hey, es wird nichts weiter passieren. Ich bin bei Borkman, er ist Zahnarzt. Wer hat es schon auf einen Zahnarzt abgesehen, der gerade mal 300 Dollar im Monat verdient? Borkman lebt hier schon sein ganzes Leben – und noch viel wichtiger: Er lebt noch!

Um mich herum surrt es. Moskitos überall. Dieses Sirren geht mir auf den Sack. Aber langsam denke ich klarer. Mehr als eine halbe Stunde ist jetzt vergangen, und es gab keine weiteren Schüsse. Ich lege mich langsam auf den Rücken, starre ins Dunkel, atme aus.

Am Morgen erfahre ich, dass es ein 17-jähriger Junge war, der in der Nacht durch zwei Kugeln sein Leben verlor.

Auf meinen Reisen habe ich vieles erlebt – Furchtbares wie in El Salvador, Schönes, Trauriges und Aufregendes. Dinge, die ich irgendwann mit 80 Jahren meinen Enkeln am Kamin erzählen werde. Sie werden sagen: »Opa, erzähl von damals.« Und ich werde mehr Geschichten haben, als ich ihnen je erzählen könnte. Sie werden trotzdem immer dieselben hören wollen.

»Erzähl noch mal die, als du zum ersten Mal bei Borkman in El Salvador warst.«

Ich werde sagen: »Die bei Borkman? Schon wieder? Na gut, setzt euch hin.«

Dann werde ich ihnen erzählen, wie das alles anfing mit meinen Reisen. Dass ich die ganze Welt entdecken wollte – Berge, Seen, Ozeane. Dass ich den Wind spüren und frei sein wollte. Fremde Gewürze schmecken und andere Kulturen erleben. Wie mich das Fernweh und diese Lust auf das Leben bis nach Mittelamerika führten, in einen fensterlosen Raum, mitten in ein gefährliches Getto, in dem Morde nahezu alltäglich waren. Wie ich dort einen Freund fürs Leben fand, einen Zahnarzt. Wie seine Familie mich mit einer Herzlichkeit aufnahm, die wärmte wie ein Sonnenstrahl. Wie mich das Wissen darum in dieser Nacht beruhigte und mich zurück in einen traumlosen Schlaf fallen ließ.

Ich werde ihnen erzählen, dass die Welt nicht nur schön ist, Reisen nicht nur angenehm, Angst ein bedrohliches, schreckliches Gefühl. Und ich werde ihnen erzählen, dass ich auch genau deswegen gereist bin – selbst wenn ich mich mehr als einmal nach Hause gewünscht habe. Dass es sich trotzdem gelohnt hat. Dass es sich immer lohnt, seinen Horizont zu erweitern und Vertrauen zu haben. Dass man auch in einem fremden Land, in tiefer Nacht und mit einer Furcht, die man nie zuvor gespürt hat, tief in seinem Innern wissen kann: Ich tue echt genau das Richtige.

Und dass einen dieses Wissen den Weg weiterführt.

Die Nacht in El Salvador ist mittlerweile mehr als drei Jahre her. Dennoch erinnere ich mich an fast jede einzelne Sekunde. Extremsituationen wie diese brennen sich einfach in dein Hirn ein wie Brandzeichen. Diese Erfahrung habe ich oft gemacht – in den Jahren vorher, aber auch in den Jahren, die auf dieses Erlebnis folgten. Wenn man so lange die Welt bereist wie ich, hat man unglaublich viele Abenteuer erlebt – gute und schlechte, große und kleine – und genau davon möchte ich euch erzählen. Deshalb beginnen wir doch einfach von vorne …

Kapitel 1
NEUSEELAND

ZURÜCK AUF ANFANG

Einige Jahre zuvor hatte ich von alldem noch keine Ahnung. Ich wusste nichts von El Salvador, seiner Hauptstadt, von Borkman – und ganz sicher nichts von nächtlichen Schüssen. Genau genommen wusste ich nicht einmal, wie man einen Backpack richtig packt. Im Gegenteil: Ich war ganz typisch in Deutschland als Arbeitnehmer unterwegs.

Ich war nach meiner Ausbildung zum Informations- und Telekommunikationskaufmann in eine Festanstellung übernommen worden. Mein Chef hatte irgendwann erkannt, dass ich mehr im Vertrieb als im Kundensupport zu Hause war. Da war ich nun also, ich trug Anzug, fuhr einen schicken Dienstwagen und besuchte Kunden vor Ort: unsere Computersoftware vorzeigen, Demoversionen installieren, Verkäufe abschließen und Provisionen kassieren.

Montag bis Freitag stand ich früh auf, machte mir Kaffee, fuhr mit dem Auto zur Arbeit, rauchte eine Zigarette, arbeitete von 8:30 Uhr bis 17:30 Uhr – und dann fuhr ich wieder nach Hause. Am Wochenende ging ich mit Freunden weg, ins Kino, auf Partys, im Sommer auf Festivals. Sonntagabend machte ich es mir pünktlich um 20:15 Uhr auf meinem schönen roten Sofa vor dem Röhrenfernseher bequem. Am Montag dann alles von vorne. So ging es tagein, tagaus, insgesamt viereinhalb Jahre, unterbrochen von ein- bis zweiwöchigen Urlauben.

Und dann kam Neuseeland.

Genauer: Es kam der März 2009 – und mit ihm die Idee, nach Neuseeland zu reisen. Ich schätze, ich muss niemandem erklären, was März in Deutschland bedeutet: Es dämmert, wenn du aufstehst, und es dämmert, wenn du wieder heimkommst. Zwischendrin leuchtet dich künstliches Bürolicht an, und in den Zigarettenpausen frierst du dir auf dem Balkon den Hintern ab. Was sich gegen Ende des Herbsts andeutet und über den Jahreswechsel richtig schön anstaut, erreicht Anfang März seinen ultimativen Höhepunkt: die Winterdepression. Wir sind alle chronisch untersommert, blass, haben Vitamin-D-Mangel und laufen herum wie Zombies. Hey, ich hatte die Möglichkeit, diesem tristen, grauen, trüben, kalten, extrem ekligen Deutschlandwetter für drei Wochen komplett zu entfliehen. Ich sag's, wie es ist: Lange überlegen musste ich nicht.

AUF NACH NEUSEELAND

Total motiviert buchte ich einen Flug über Seoul nach Auckland sowie einen Campervan vor Ort und kramte den alten US-Army-Rucksack meines Vaters aus dem Schrank. Vor mir lag mein erster richtiger Backpacking-Trip! Ich stopfte alles Mögliche in den Rucksack: zwei Paar Sneakers, Flipflops, Wanderboots, Thermounterwäsche, Fleecejacke, Regenjacke, Mütze – also viel zu viel.

So spazierte ich einige Tage später mit rund 30 Kilo auf dem Rücken aus dem Flughafen in Auckland und knallte mit Karacho in eine Wand aus brennender Sonne. Komplett *pale,* also ausgeblichen weiß, wie ich war, fühlten sich die 25 Grad Außentemperatur an wie eine Sauna nach drei Aufgüssen: BÄMM!

Ich riss mir sofort meine Klamotten vom Leib, stand am Ende nur noch im T-Shirt da und freute mich wie ein kleines Kind: »Wohoo! Drei Wochen keine Arbeit! Endlich Urlaub! Endlich weg aus diesem Job! Einfach mal herumreisen!«

Mit diesem abgefahren euphorischen Gefühl im Bauch stolperte ich, von der Sonne geblendet, meinem Campervan entgegen – einem alten, komplett bunten Exemplar, das mit jeder Beule »YEEEHAAA!« in die Welt zu brüllen schien. Ich schmiss meinen Backpack hinten rein, drehte das Radio auf und fuhr los. Ich wollte einfach nur raus aus Auckland, in die Wildnis, in die Natur – Ahnung von Neuseeland hatte ich keine. Ich wusste nur: Es soll verdammt schön sein. Und: Hier wurde *Der Herr der Ringe* gedreht. Läuft.

Todmüde, aber vollgepumpt mit Endorphinen, fuhr ich Richtung Osten. Mein Ziel sollte eine Halbinsel 55 Kilometer östlich von Auckland sein. Die Coromandel Peninsula ist eigentlich ein lang gezogenes Stückchen Festland, das sich jedoch anfühlt wie eine Insel. Dort sollte ein berühmter Strand sein, der Hot Water Beach. Bei Ebbe laufen die Menschen hier raus und buddeln sich kleine Löcher in den Sand, aus denen plötzlich warmes Thermalwasser nach oben steigt und die selbst gebauten Badewannen füllt – kleine natürliche heiße Quellen.

Das war der Plan. Mit meiner Landkarte auf dem Lenkrad und Oldschool-Hip-Hop aus den Lautsprechern fuhr ich also direkt auf dieses Ziel zu – und dran vorbei. Ich hatte keine Ahnung, wo ich war, aber ein dampfender Strand kam einfach nirgends in Sicht. Ich hatte keine Lust, weiter Kreise zu drehen, und landete schließlich gut gelaunt an einem anderen Strand. Kurzerhand beschloss ich: Ja, hier will ich übernachten. Ich zuckelte mit dem Van den Kies hinunter, sprang aus dem Auto und sog tief die Luft ein: Meer!

Ein paar Stunden später hatte ich mich in meinem Van eingerichtet und saß mit Klapptisch, Klappstühlen und einer Flasche Rotwein vor der geöffneten Seitentür. Während eines Strandspaziergangs hatte ich nach und nach trockenes Schwemmholz aufgesammelt, das jetzt auf einem Haufen zu meinen Füßen nur darauf wartete, ein knisterndes Lagerfeuer zu werden. Gesagt, getan – und wenn man in Neuseeland mit dem Camper unterwegs ist und anfängt, einen Feuerplatz zu bauen, bleibt man nicht lange alleine. Nach und nach gesellten sich andere Backpacker zu mir. Da waren Leute aus Deutschland, aus Frankreich, aus England, aus Irland. Am Ende reihten wir unsere Vans einfach aneinander und setzten uns alle zusammen um das Lagerfeuer. Ich war im Paradies.

Trotz meiner Müdigkeit war an Schlaf überhaupt nicht zu denken. Ich war so gespannt auf alles, was kommen würde. Gleichzeitig saß ich mit tellergroßen Augen vor den anderen Backpackern und kam aus dem Staunen nicht mehr heraus. Das waren »echte« Backpacker, die Dinge sagten wie »Ich bin schon seit drei Monaten unterwegs« oder »Die letzten sechs Monate bin ich in Asien herumgereist«.

Für mich war es damals total surreal, dass man für so lange Zeit reisen konnte. Ich war, ehrlich gesagt, schon von meinen drei Wochen absolut begeistert. So saßen wir zusammen, und ich lauschte spannenden Geschichten über Kambodscha, den Amazonas in Peru, andere Kulturen, Abenteuer, die ich sonst nur aus *Indiana Jones*-Filmen kannte, oder über wilde Partys am Strand. Ein französisches Pärchen hatte sogar schon eine komplette Weltreise hinter sich. Während das Lagerfeuer immer weiter schrumpfte, wurde mein Herz immer größer. Vor einem Tag hatte mich noch der graue Himmel in Deutschland angegammelt, jetzt saß ich hier in kurzer Hose und Hoodie neben diesen krassen Menschen am anderen Ende der Welt. Ich hörte das Feuer knistern, die Wellen rauschen, und eine warme

Brise wehte mir um die Nase – es war wie ein wahnsinniger Traum.

Das war mein erster Abend in Neuseeland.

Als sich nach und nach alle in ihre Betten verkrochen, saß ich noch eine Weile draußen. Ich trank den Rest des Rotweins und fühlte mich vollgefressen mit Marshmallows und Keksen. Irgendwann legte ich mich dann auch in meinen Van und ließ die Schiebetür einen ganz kleinen Spalt auf. Es war dunkel, hinten durch das Fenster konnte ich den klaren Sternenhimmel sehen, das Meer spielte den Sound der Nacht, und ich war einfach nur glücklich. Ich konnte mich nicht daran erinnern, wann ich das letzte Mal so völlig ausgeglichen im Moment gelebt hatte. Ich dachte nicht an Arbeit, an Kunden, an Projekte oder ob meine Urlaubsvertretung ihren Job hinbekäme. Das alles war einfach ausgeblendet. Vor mir lagen Abenteuer und unendliche Tage in Neuseeland. Als ich da so lag, hinten im Van, fing ich an, richtig breit zu grinsen.

Und das hörte die nächsten drei Wochen auch nicht mehr auf.

Das französische Pärchen vom Abend zuvor schlenderte am nächsten Morgen in brüllender Hitze an meinem Bus vorbei, begrüßte mich fröhlich und lud mich direkt zum Frühstück ein. Kurze Zeit später saß ich mit einem Kaffee in der Hand am Campingtisch, vor mir einen Crêpe, und fragte typisch deutsch: »Was habt ihr so vor? Was ist euer Plan? Wohin geht's bei euch als Nächstes?«

»Keine Ahnung«, kam es zurück.

Ich nahm einen Schluck Kaffee und drehte den Kopf in Richtung Meer. »Krass«, dachte ich, »ich hab eigentlich auch keine Ahnung.«

Rückblickend kann ich heute sagen: Ich hatte wirklich so was von überhaupt keine Ahnung.

WHAT IS IT GOOD FOR?

Warum ist das so, dass wir in Deutschland immer und für alles Pläne haben? Egal, für was – was du täglich machst, was du in dieser Woche vorhast, in den nächsten Wochen, in den kommenden fünf Jahren. Warum heißt es: »Wo sehen Sie sich in zehn Jahren?« Warum heißt es nicht: »Wo sehen Sie sich genau jetzt?«

In dem Moment, am Frühstückstisch, beschloss ich, diese zwei kleinen Wörter der Franzosen zu verinnerlichen, aufzusaugen: »keine Ahnung«. Ich saß dort am Strand auf dem kleinen Campingstuhl, trank meinen Kaffee, schaute auf das Meer – und ließ los. Kein »Ich muss fort, ich muss einpacken, ich muss da und dahin«. Ich lebte in den Tag hinein, genoss das Fehlen von Zeitdruck. Das war der Wahnsinn.

Als ich Lust hatte, fuhr ich die ganze Coromandel Peninsula hinauf, bog dann nach Süden ab und betrachtete die sich im Fünfminutentakt ändernde, fast unwirklich anmutende Landschaft, die aus Meeresbuchten, Wiesen, Bergen und türkisen Bächen bestand. Irgendwann erreichte ich den Lake Taupo, der so ziemlich genau in der Mitte von Neuseelands Nordinsel liegt. Ich stieg in einem Hostel ab und lernte sofort wieder eine Menge Leute kennen – Weltreisende, Work and Traveller, Abenteurer.

Einer von denen schlug vor: »Wie sieht's aus – Fallschirmspringen?«

Ich dachte: »Alles klar, lass uns Fallschirmspringen!«

Wenig später lief ich in einem roten Sprunganzug über das Rollfeld auf ein kleines Flugzeug zu. Mein Skydiving-Buddy Chris erklärte mir, auf was ich achten müsse. Ich war meganervös, und Chris bemerkte natürlich die unter einer hauchdünnen Schicht Coolness pochende Aufregung.

»Relax einfach, ich mach alles, du genießt nur den Flug!«

Ich dachte nur: »Ja, krass, du steigst jetzt gleich in ein kleines Flugzeug, und es fliegt ganz, ganz hoch, und du springst dann da raus. Bist du eigentlich bescheuert?«

Chris sah meinen Blick, lachte und fing an, diesen 70er-Jahre-Song von Edwin Starr zu singen: »What is it good for? Absolutely nothing!«

Dann hob die Kiste ab. 12 000 Fuß. Hinten im Flugzeuginnenraum drängten sich insgesamt zwölf Leute aneinander. Sechs davon, wir Backpacker, zugegebenermaßen reichlich bleich im Gesicht, die anderen sechs, die Sprungbuddys, hätten entspannter kaum sein können. Und dann blinkte die rote Leuchte im Flugzeug: drei Minuten bis zum Sprung. Ganz ehrlich, ich habe eigentlich keine Höhenangst. Aber dann packte mich Chris, und es hieß: Auf zur Tür! Keine Ahnung, wo mein Magen da mittlerweile war, jedenfalls nicht dort, wo er eigentlich hingehörte. Als ich dann am Flugzeugrand saß – wie ein kleines Känguru an Chris' Bauch gebunden –, sah ich runter auf die schöne Landschaft, und es war alles einfach nur irre. In der Höhe setzt dein Gefühl für Distanz aus, genau genommen realisierst du gar nicht, wie hoch das alles eigentlich ist. Es sieht aus wie eine Postkarte.

Chris streckte meine Arme aus, verschränkte sie vor meiner Brust, legte seine Hand an meine Stirn und schob meinen Kopf zurück auf seine Schulter.

»What is it good for?«, brüllte er durch den Wind in mein Ohr.

»Ab…abso…absolutely nothing?«, krächzte ich fragend zurück – und dann stürzten wir auch schon dem Abgrund entgegen.

Mein Adrenalinspiegel wiederum schnellte hoch wie dieses Metallding beim »Hau den Lukas« auf dem Jahrmarkt. PÄNG!

Ich lebte für diese knappe Minute freien Fall. Sollte irgendjemand jemals Probleme haben, ins Hier und Jetzt zu kommen:

Echt, spring Fallschirm! Ein bisschen Sorge hatte ich noch vor dem Moment, an dem Chris die Leine ziehen würde. Doch anstatt eines wirbelsäulenzerschmetternden Rucks glitten wir einfach so in einen sanften Abflug. Mein Körper fühlte sich an wie unter Starkstrom, gleichzeitig war mein Kopf völlig frei. Grinsend segelte ich mit Blick auf diesen wahnsinnig blauen See dem Boden entgegen. Kaum unten angekommen, platzte es auch schon aus mir heraus: »Noch mal!«

DIE SÜDINSEL

Von den drei Wochen Neuseeland verbrachte ich die ersten eineinhalb Wochen auf der Nordinsel und die darauf folgenden eineinhalb Wochen auf der Südinsel. Dort machte ich mich auf den Weg die Westküste hinunter, der komplett am Meer entlangführt und deshalb zu den bekanntesten Roadtrip-Strecken Neuseelands gehört. Immer wieder tauchen hier sogenannte Pancake Rocks auf, die so heißen, weil sie aussehen wie gestapelte Pfannkuchen. Das Klima auf der Südinsel ist etwas kälter, und schließlich fand ich mich mitten im Regenwetter wieder. Zwei Tage fuhr und lief ich in Fleece- und Regenjacke durch die Gegend und hielt gefühlt alle fünf Minuten an, um Fotos von der atemberaubenden Landschaft zu schießen.

Unbedingt sehen wollte ich den berühmten Franz Josef Glacier, einen ungefähr zehn Kilometer langen Gletscher im Westland-Nationalpark. Ich wollte eine Gletschertour machen, vielleicht auch einen Helikopterrundflug buchen. Ziemlich schnell fand ich jedoch heraus, dass ich nicht als Einziger auf diese Idee gekommen war. Auf den Parkplätzen vor dem Gletscher stapelten sich die Campervans. Auf Touristengruppen und Massenwanderungen hatte ich absolut keine Lust, also schoss ich ein paar Bilder und setzte mich wieder in den Van.

Ungefähr 25 Kilometer weiter südlich wurde ich für meine Entscheidung mit dem Fox Glacier belohnt. Hier fand ich ein traumhaft schönes Hostel samt Whirlpool und setzte mein Franz-Josef-Vorhaben trotzdem um – nur eben am Fox-Gletscher. Am nächsten Tag stand ich um acht Uhr morgens bereit und bekam zunächst Spikes an die Wanderschuhe gebunden. Dann ging die Gletschertour los. Unser Guide schlug mit einem Eispickel kleine Treppenstufen ins gefrorene Wasser, und ich bestaunte die kristallklaren, fast türkisen Eiswände. An einer ungefähr zwei bis drei Meter hohen Gletscherwand probierten wir uns im Freeclimbing. Ich kam höchstens eineinhalb Meter hoch – dann hatte ich Angst, trotz Spikes abzurutschen und mir alle Knochen zu brechen. Wie in *Cliffhanger* kam ich mir trotzdem vor. Den ganzen Tag wanderten wir, während unser Guide uns eine Menge spannender Dinge über den Gletscher erzählte. Einen Tag später setzte ich auch noch die Idee mit dem Helikopterflug um und klebte mit der Nase an der Scheibe, während der Pilot auf verschiedene Drehorte von *Der Herr der Ringe* zeigte.

Ich könnte stundenlang von den unendlichen drei Wochen in Neuseeland erzählen – von der Landschaft, den Menschen, meinen Abenteuern und Gedanken. Zusammengefasst waren diese drei Wochen am anderen Ende der Welt ein absoluter Traum. Aus dem es aber langsam aufzuwachen hieß.

HONEY-MUSTARD-NUDELN UND AAL

Ebenso wie meine erste Nacht in Neuseeland wird mir auch der letzte Abend für immer in Erinnerung bleiben. Es war weniger romantisch und euphorisch, es gab keinen Strand und keine Wellen. Ich stand in einer Hostelküche in Auckland, von wo aus am nächsten Tag mein Flieger in die Heimat abheben sollte.

Ich starrte auf den Topf, in dem mein Nudelwasser langsam zu blubbern anfing, und dachte an all die Eindrücke der letzten Wochen. Ich dachte an die schöne Zeit, die ich im Hier und Jetzt verbracht hatte und in der mein Arbeitsalltag zu Hause nicht vorgekommen war. In mir wallte das Gefühl hoch, dass ich nicht zurück-, sondern in Neuseeland bleiben wollte. Ich fühlte mich elend. Elend war übrigens auch mein Essen: Nudeln mit einer fertigen Honig-Senf-Soße aus dem Glas. Gar nicht mal so lecker.

Neben mir bereitete derweil ein Japaner einen selbst gefangenen Aal zu. Er filetierte ihn und rührte parallel in einer Weißweinsoße – das machte mein Abendessen nicht gerade besser. Er bemerkte meinen angeekelten Blick auf die Nudeln. Dann geschah das, was mir in Neuseeland bereits so oft passiert war: Er lud mich ein, den Aal mit ihm gemeinsam zu essen.

Es war jedes Mal unglaublich schön, wenn wildfremde Menschen mir anboten zu teilen. Nicht, weil sie es mussten oder sich verpflichtet fühlten, sondern einfach, weil sie es wollten. Man kannte sich nicht, aber man fühlte sich verbunden. Dieses Miteinander statt Gegeneinander war etwas, das auch ich mir für immer bewahren wollte, ganz egal, wo mich die Zukunft noch hinführen sollte.

An meinem letzten Abend, an dem mein Herz schon so schwer geworden war, erfuhr ich also erneut, wie anders die Reisenden waren. Alles ist einfach, leicht, open-minded. Ich war das einfach nicht gewohnt aus Deutschland und genoss jede Sekunde. Zu Hause hatte jeder sein eigenes Essen. Mein Haus, mein Auto, mein Boot, meins ist meins. Hier war das anders. Egal, aus welcher Ecke der Welt die Menschen kamen, die ich kennenlernte – alle waren offen und hatten eine komplett andere Sicht auf die Welt, eine ganz andere Mentalität. Das hat mir gutgetan. Neuseeland besuchen war, als ob mir jemand die Seele geöffnet und einfach mit einer Taschenlampe mitten hineingeleuchtet hätte. Und dieses Licht, das habe ich so was von aufgesogen und in mir behalten.

Kapitel 2
AUF IN DIE WELT

ALLES ANDERS

Und dann stand ich mit meinem Backpack plötzlich wieder am Frankfurter Flughafen. Ich zog mein Handy aus der Tasche, schaltete es ein, und schon pingte Nachricht um Nachricht in meinen Posteingang. Fragen und Anweisungen von Arbeitskollegen, Termine … wie sehr hatte ich das vermisst. Nicht.

Es war April, es war kalt – und im Büro herrschte nach wie vor Stress. Keiner von meinen Kollegen hatte Urlaub gehabt, hier hatte sich nichts geändert – in mir drin jedoch alles. Drei Wochen lang hatte man mich aus meinem kleinen Aquarium herausgerissen, ins Meer gesetzt, nur um mich dann wieder einzufangen und zu sagen: »Bitte schön. Weitermachen.«

Meine anfänglich noch vorhaltende Euphorie und diese Motivation, die jeder nach einem Urlaub verspürt, verzogen sich nach und nach. Ich landete wieder in der Alltagsroutine, auf dem roten Sofa vor meinem Röhrenfernseher, spielte *FIFA* und ging abends ins Bett, nur um am nächsten Tag wieder ins Büro zu fahren. Anzug, Kaffee, Kippe, Auto, Kunden, Verkäufe, Provision. Das Backpacking-Gefühl in mir wurde immer dünner.

Doch zu meinem Glück ließ es mich nie ganz los. Neuseeland hatte definitiv etwas in mir verändert, nur wusste ich zunächst nicht, was das war. Ich begann zu grübeln, saß oft einfach da und dachte nach. Mitte Juni führte mein innerer Kampf dann zu einer Erkenntnis: »Nein, Nick, so geht es nicht weiter.«

Ich wollte nicht mehr in diesem Arbeitnehmerleben funktionieren. Ich wollte etwas erleben, reisen, raus, selber jemand sein, der sagen konnte: »Was ich mache? Ich bin gerade auf Weltreise. Wohin als Nächstes? Keine Ahnung.«

Ich schaute auf mein Dasein als IT-Systemkaufmann, damals 22 Jahre alt, mit einem Nettoeinkommen von etwas über 1150 Euro plus Firmenwagen. Mein Karriereplan lag fertig abgesteckt vor mir: nur noch Vertrieb, teure Anzüge, größere Autos, mehr Geld, irgendwann ein eigenes Vertriebsteam, irgendwann Niederlassungsleiter. Vor Neuseeland war meine Vision: Karriere machen und Kohle verdienen. Nach Neuseeland schmeckte das alles irgendwie schal.

»Herr Martin, wo sehen Sie sich im Alter von 45 Jahren?«, fragte ich mich.

»Mmh ... alles erreicht, viel Geld, materielle Dinge, ein sozialer Status, bei dem Freunde und Bekannte bewundernd zu mir aufblicken. Ich bin wer und kann mir Dinge leisten.«

Absolut nicht.

Bewunderung von anderen, viel Geld, Dingen hinterherjagen – wozu?

Zuerst sprach ich meine Gedanken gegenüber meinem Kollegen und Ausbilder Antonio aus: »Antonio, ich glaube, ich muss die Welt sehen, ein Sabbatjahr machen.« Antonio schaute mich lange an. Auf der einen Seite war er total enttäuscht, da er sehr viel Energie in meine Ausbildung gesteckt hatte. Auf der anderen Seite konnte er mich verstehen und bestärkte mich schließlich in meinem Vorhaben. So kam es, dass ich zu Hause an meinem Schreibtisch saß und für meinen Chef ein Schriftstück ausarbeitete: Nick und das Sabbatjahr. Zwei Jahre lang für zwei Drittel des Gehalts arbeiten, das dritte Jahr eine Auszeit nehmen und das zuvor eingesparte Geld ausgezahlt bekommen. Ich hatte unwahrscheinliche Angst, meinem Chef diesen Vorschlag zu unterbreiten – trotzdem saß ich wenige Tage später in unserem tristen Besprechungsraum. Draußen regnete es, drinnen war es kalt, und ich war nervös.

Mein Chef saß mir gegenüber und las mein Papier durch. Ab und zu nickte er, sagte aber lange nichts. Schließlich hob er den Kopf und räusperte sich: »Hör zu, Nick. Wir sind eine kleine Firma, wir haben dich betriebsbedingt ausgebildet, und wir brauchen dich. So, wie du das hier vorschlägst, funktioniert das nicht.«

Mein Herz rutschte mir in die Hose, und ich bekam sofort einen Kloß im Hals.

In meiner Show *6 Jahre Weltreisen – die geilste Lücke im Lebenslauf* erzähle ich an dieser Stelle zum Scherz gerne, wie ich auf diese Ansage hin sofort von meinem Stuhl aufsprang, einmal kräftig auf den Boden spuckte und »ICH KÜNDIGE!« rief.

Die Wirklichkeit sah anders aus: Ich fing umstandslos an zu heulen. Ich, Nick, der gerade noch mit einem coolen Van durch Neuseeland gecruist war, saß meinem Chef gegenüber und flennte. Ich sah meinen Traum davontreiben, das Leben mit 45 vor mir und tat schließlich das Einzige, was ich in dem Moment tun konnte: Ich kündigte tatsächlich.

Jedoch sagte ich das längst nicht so cool, wie ich es gerne gesagt hätte. Mehr so wie ein Häufchen Elend. Denn in mir drin hatte ich ziemlichen Schiss vor meiner eigenen Courage. Ich war immerhin gerade dabei, mein eigenes Sicherheitsnetz zu zerschneiden. Schon in der nächsten Sekunde spielte sich in meinem Kopf ein grausamer Film ab, der in etwa zeigte, wie ich mein Leben in die Tonne trat. Ich hatte Angst, dass ich die falsche Entscheidung traf, es nicht würde rückgängig machen können, und ich fürchtete auch das negative Feedback meines sozialen Umfelds.

»Nick, ich will dir zwei Dinge sagen«, erwiderte mein Chef. »Einmal als Freund und einmal als Arbeitgeber. Als Freund sage ich dir, dass ich es verdammt mutig finde, dass du bereit bist, diesen Schritt zu gehen. Ich wünsche dir dafür alles Gute, und ich hoffe, dass du nicht irgendwann als Obdachloser in der Gosse Chicagos endest.«

Er lächelte mich an. Er meinte es aufrichtig und freundlich.

»Als Chef allerdings muss ich jetzt die Notbremse ziehen. Wenn du es wirklich ernst meinst, können wir ab sofort kein Geld mehr in dich investieren. Als Chef muss ich hier an die Firma und meine Mitarbeiter denken.«

Zack, saß ich wieder im Kundensupport. Keine Workshops, keine Seminare, kein Auto mehr. Dem kleinen Bruder meines besten Kumpels kaufte ich einen alten Roller ab, und bis Ende des Jahres fuhr ich mit dieser Kiste zur Arbeit. Im Winter fror ich mir dabei ordentlich den Hintern ab. Hatte ich vorher schon wenig Motivation gehabt, nun hatte ich wirklich gar keinen Bock mehr. Aber im Endeffekt war diese letzte Zeit in der Firma gut. Denn sie half mir dabei, meinen Entschluss zu festigen. Der Abschied fiel mir leichter.

Im Dezember lag ein langer, nasser, kalter Herbst hinter mir. Vor mir aber lag eine leuchtende Zukunft. Weltreise. Ja, Mann.

ONE-WAY-TICKET NACH MEXIKO

Am 1. Januar 2010 war ich frei. Endlich frei. Mehr als ein halbes Jahr hatte mich nur dieser eine Gedanke über Wasser gehalten: 2010 wird dein Jahr! Der Beginn einer neuen Ära. Der Anfang eines neuen Lebens. In meinem Kopf sparte ich nicht mit mächtigen, bedeutungsschweren Formulierungen. Ich blickte in den

Silvesterhimmel. Es knallte und zischte um mich herum, es explodierte über mir – und in mir drin breitete sich ein wahnsinnig kribbelndes Gefühl aus: die pure Vorfreude. Noch waren ein paar Wochen Zeit, bis ich die Segel hissen und mein erstes Ziel auf meiner ersten Weltreise ansteuern würde: Mexiko.

Ich hatte keine Ahnung, was mich erwartete. Ich wusste nur, was ich zurücklassen würde. Das war nicht weniger als mein bisheriges Leben. Dass mir der Abschied schwererfallen würde als gedacht, kam mir noch nicht in den Sinn, als die Silvesterraketen in den Himmel starteten. Auch nicht, als sich alle meine Freunde am 7. Februar im Café Klug in Würzburg versammelten und mich gebührend verabschiedeten. Reichlich angetrunken und mit einem T-Shirt in der Hand, das mein bester Freund mir zum Abschied geschenkt hatte, krabbelte ich im Anschluss zu Hause in mein Bett. Auf dem T-Shirt stand in großer Schrift »Nick goes round the world«. Genau das hatte ich jetzt vor: in 365 Tagen um die Welt. Bevor ich einschlief, meldete sich mundwinkelzuckend mein Neuseeland-Grinsen zurück. Es konnte losgehen.

Am 11. Februar brachte mich meine ganze Familie zum Flughafen. Meine Mutter hatte schon auf der Autofahrt reichlich Tränen vergossen – und auch in meinem Hals bildete sich ein dicker Kloß. Ich bin an sich kein Freund von riesengroßen Abschiedsszenen, aber was soll man machen? Da stand ich dann und kämpfte mal wieder mit den Tränen. Dafür, dass ich bisher Wert darauf gelegt hatte, als echt cooler Typ rüberzukommen, hatte ich neuerdings ganz schön viel Pipi in den Augen. Als dann mein Bruder in seine Tasche griff und mir ein graviertes Zippo-Feuerzeug in die Hand drückte, brachen schließlich alle Dämme. »Lebe deinen Traum« stand darauf. Ich fiel ihm in die Arme und ließ ihn ewig nicht los. Mein Vater klatschte irgendwann ab, als wäre ich eine besonders begehrte Dame auf einem Ball, bei der die Typen Schlange stehen. Es war einfach nur rührend. Die Hände auf meine Schultern gelegt, schaute mein Vater mir in die

Augen und sagte: »Nick, es war schön, dich als den Menschen, der du bist, kennengelernt zu haben. Wenn wir uns wiedersehen, wirst du ein anderer sein.« Dann reichte er mir die Hand und zog mich für eine innige Umarmung an sich. Zu diesem Zeitpunkt sollte ich noch nicht begreifen, was er damit meinte. Mir standen die Tränen allerdings eh bis unter die Augenbrauen, und mein Kopf war so aufnahmefähig wie ein vollgesogener Schwamm. Was mir von diesem Abschied in Erinnerung geblieben ist, ist auf jeden Fall dieser Gedanke: Wie sehr ich meine Familie doch liebe! Im Alltag übersieht man das Glück oft. Aber was ist es für ein Glück, eine solche Familie zu haben. Ein so festes Band. Auch wenn ich diese drei Menschen jetzt ein ganzes Jahr nicht sehen sollte, niemand war näher an meinem Herzen.

Mit einem Blick zurück machte ich mich auf den Weg zum Security-Check. Meine Familie wollte hinter der Glaswand stehen bleiben, bis ich außer Sichtweite war. Gedankenverloren legte ich meinen Rucksack auf das Band, leerte meine Taschen aus, schnallte den Gürtel ab und wartete, bis mich der gelangweilt dreinblickende Security-Mann durch den Körperscanner winkte. Irgendwie erwartete ich fast, dass das Ding gleich aufgeregt lospiepsen würde – denn konnte es wirklich wahr sein? Ging es jetzt endlich los?

Natürlich nicht.

Der Security-Mann blickte ernst zu mir hoch, forderte einen weiteren Kollegen an, und beide schauten stirnrunzelnd auf ein massives Sicherheitsproblem: mein Zippo-Feuerzeug. »Lebe deinen Traum« entpuppte sich als »Du kommst hier nicht rein«.

»Das bleibt hier«, meinte Security-Mann A streng und deutete auf ein großes Schild mit Gegenständen, die im Passagierraum verboten waren – wie zum Beispiel mit Benzin gefüllte Feuerzeuge.

Security-Mann B verschränkte die Arme und nickte bestätigend.

»Aber …«, begann ich leise. Meine Tränen, die gerade erst getrocknet waren, machten sich bereit für Runde zwei. Egal, was ich auch vorbrachte von wegen »Abschiedsgeschenk« und »lange Weltreise« und »Erinnerung an meinen Bruder«, es war vergebens. Ich machte eine Riesenszene mit sehr viel Weinen. Doch die Gesichter der beiden Security-Männer kannten nur einen Ausdruck: keine Chance.

»Aber das ist doch nur ein Feuerzeug, nichts Gefährliches«, heulte ich weiter.

»Das funktioniert so nicht«, kam es von meinen neuen Feinden.

»Und wenn ich die Schale abnehme – und meinem Bruder den Rest wiedergebe, damit er es aufhebt?« Mit einer Handbewegung zeigte ich auf meine Familie, welche die ganze Situation hinter der Scheibe sehr bewegt mitverfolgte: Mein Bruder weinte mittlerweile auch wieder. Wir mussten ein Anblick für die Götter sein.

Schließlich ließ sich einer der Security-Männer erweichen, winkte seinem Kollegen zu und öffnete eine Spezialtür. Mein Bruder und ich rannten gleichzeitig los, auf halber Strecke fielen wir uns nahezu verzweifelt in die Arme.

»Ich kann's nicht mitnehmen!«, schluchzte ich in seine Schulter.

»Ist okay, ist okay, ich bewahre es auf«, heulte er zurück.

Nach einem vernehmlichen Räuspern seitens Security-Mann B lösten wir uns wieder voneinander. Ich musste zurück. Den Rest des Security-Checks brachte ich schniefend hinter mich. Was die Sicherheitsleute dachten, war mir herzlich egal. Schließlich drehte ich mich ein letztes Mal um und winkte meinen drei Menschen zu, wie Jim Carrey in *Die Truman Show*, als er seine bisherige Welt verlässt: »Guten Tag, guten Abend und gute Nacht!« Dann war ich weg.

DER WURM

Während des Flugs versuchte ich mit leerem Kopf und verheulten Augen zu realisieren, dass das gerade wirklich passierte. Monatelang war ich mit den Vorbereitungen beschäftigt gewesen: Route planen, die ersten Flüge buchen, Equipment kaufen, Geld verdienen. Insgesamt startete ich mit 9000 Euro in mein Reiseabenteuer, für jeden Tag knapp 25 Euro, damit sollte ich ein Jahr hinkommen. Darauf war ich mächtig stolz, denn ich hatte mir jeden Cent allein zusammengespart – nicht nur durch meine Arbeit als IT-Systemkaufmann, sondern auch, indem ich mir als Barkeeper im Würzburger Café Schönborn sehr viele Nächte um die Ohren geschlagen hatte.

Mein erstes Ziel in Mexiko war Playa del Carmen, wo ich Spanisch lernen wollte. Mal abgesehen von dem VHS-Kurs, den ich zu Hause belegt hatte, war mir die Sprache noch sehr fern. Aus diesem Grund sah mein Plan vor, für ein paar Wochen an einem Kurs teilzunehmen. Die Schule hatte eine Art Kooperation mit Anwohnern, die Sprachschüler bei sich aufnehmen konnten. Ich landete bei Juanita, meiner mexikanischen Gastmama, die mit ihrem völlig unerzogenen Hundewelpen Rocky in einem großen Haus samt Gästehausanbau wohnte. In Letzterem kam ich unter.

In der Sprachschule traf ich dann auf meine Lehrerin, eine quirlige Mexikanerin namens Issaura. Neben mir bestand meine Klasse aus der Italienerin Martina, Andrea aus Tschechien und einer Schweizerin. Insgesamt gab es in der Sprachschule vier oder fünf Klassen, in denen jeweils unterschiedliche Level Spanisch unterrichtet wurden. Die Sprachschüler kamen zu großen Teilen aus Deutschland und der Schweiz, was mich anfangs ziemlich nervte. In jeder Pause stand man zusammen und redete deutsch. So würde das nichts werden, dachte ich und hängte mich mehr und mehr an Martina. Sie hatte nämlich einen entscheidenden Vorteil, mal abgesehen davon, dass sie supernett und lustig war: Sie sprach kein Wort Englisch. Da ich kein Italienisch beherrschte, blieb uns nichts anderes übrig, als Spanisch zu sprechen. Es stellte sich heraus, dass sie Spanisch schon viel besser konnte als ich, deshalb lernte ich von ihr eine Menge. Doch gerade anfangs, als ich nur sehr bruchstückhaft und wahllos spanische Wortfetzen aneinanderreihte, hatten wir Schwierigkeiten zu kommunizieren. Dennoch verstanden wir uns prima.

Nahezu jeder Tag der vier Wochen Playa del Carmen verlief nach demselben Schema: verkatert aufstehen, mit Rocky spielen, frühstücken – und fast immer pünktlich um 9 Uhr in der Sprachschule antanzen. Der Unterricht ging bis ungefähr 14 Uhr, unterbrochen von einer halbstündigen Mittagspause gegen 11 Uhr. War man motiviert, buchte man im Anschluss an den Schultag noch eine Einzelstunde. Ich war motiviert. Das bedeutete: Erst gegen 15 Uhr machte ich mich auf den Rückweg zu Juanita, die jeden Tag mit selbst gekochtem mexikanischem Essen auf mich wartete. Danach kümmerte ich mich meist um die Hausaufgaben, die uns Issaura aufs Auge drückte. Manchmal verbrachten wir Sprachschüler die Nachmittage auch am Strand, hörten Musik und genossen einfach das Leben. In jedem Fall trafen wir uns abends zum gemeinsamen Essen. Von dort aus ging es dann in diverse Bars und Clubs.

Playa del Carmen, muss man wissen, ist nämlich eine Partystadt. Für mich, gerade mal 23 Jahre alt, kam das wie gerufen. Was hatte ich Spaß auf der Quinta, der örtlichen Partymeile. Hier bestellte man sich nicht einfach eine Flasche Bier, hier gab es immer nur sehr große Cocktails für sehr wenig Geld. Cuba Libre, Gin Tonic, Whisky Cola, Mojito – für je zwei bis drei Euro pro halben Liter machten wir die Nacht zum Tag und nahmen die Billigfusel-Kopfschmerzen am nächsten Morgen gern in Kauf.

An einem dieser Abende in Playa del Carmen probierte ich zum ersten Mal Mezcal, das Lieblingsgetränk der Mexikaner.

Dort ist Mezcal so beliebt, dass es eigens Mezcal-Bars gibt, in denen man auch wirklich nur Mezcal trinkt. Selbst wenn kein Etikett auf einer Mezcal-Flasche klebt, ist sie schnell zu erkennen, denn traditionell schwimmt oft ein Wurm drin. Der Wurm ist eigentlich kein richtiger Wurm, sondern entweder eine Schmetterlingsraupe oder eine Mottenlarve. Beide Insekten sind Parasiten, die sich von der Agavenpflanze ernähren, aus der Mezcal gewonnen wird.

Ich hatte nach und nach auch mexikanische Freunde gefunden, die abends mit uns in »unserer« Mezcal-Bar saßen. Von ihnen lernte ich die folgende Regel: Wer den letzten Shot aus einer Flasche Mezcal trinkt, muss auch den Wurm essen. Natürlich passierte mir das dann über kurz oder lang auch mal. Das Gute an dieser kleinen Tradition: Am Grund der Flasche angekommen, bist du für gewöhnlich schon so jenseits von Gut und Böse, dass du kein Problem mehr damit hast, Würmer zu essen. Ich kann mich erinnern, dass ich so ein Ding mal gegessen habe – aber wie es schmeckte? Keine Ahnung.

MEXIKANISCHES STREETFOOD

Man kann getrost behaupten: Traditionelle mexikanische Getränke hatten es mir angetan. Doch abgesehen davon bin ich seit meinen ersten Wochen als Backpack-Rookie der größte Fan von mexikanischem Essen, der auf diesem Planeten herumläuft. Kein Tag in Playa del Carmen verging, ohne dass ich mich auf Juanitas Essen freute oder an irgendeinem Streetfood-Imbiss neue Gerichte ausprobierte. So kam ich irgendwann auch an einem gelben Wagen vorbei, in dem ein Mexikaner Essen brutzelte. Ich hatte ein ziemlich großes Loch im Magen und freute mich bereits auf einen Käsetaco oder eine Quesadilla – doch beides war bei dem Mann nicht zu bekommen. Er zeigte auf ein Schild mit fünf Wörtern, die offenbar sein Menü abbildeten. Leider sagte mir kein einziges dieser Wörter etwas. Kurzerhand fragte ich ihn, was denn sein Lieblingstaco sei, woraufhin er auf zwei der Wörter deutete. Ich nickte, und der Typ fing an, mein Gericht zusammenzustellen. Als er fertig war, schob er mir zwei Tacos zu, die irgendwie merkwürdig aussahen. Der eine sah interessant aus, der andere … nun ja: anders. Ganz wohl war mir bei der Sache nicht, und leider schmeckten die Tacos auch anders. Und zwar nicht gut. Ich kämpfte mich Stück für Stück vorwärts und gegen meinen Würgereiz.

Als ich endlich den letzten Bissen runtergeschluckt hatte, fragte ich den Mann, was genau ich eigentlich gegessen hätte. Er deutete wieder auf das Schild, offenbar verstand er nicht, dass ich nichts damit anzufangen wusste. Schließlich erklärte er es mir mit Händen und Füßen. Ich muss sagen, dass ich damals sehr froh war, erst nach dem Essen gefragt zu haben. Denn auf meinen Tacos waren zerhäckselte, angebratene und mit Salsasoße gewürzte Augen, Sehnerven und Gehirne von Kühen. »Aha, okay«, sagte ich – und dachte: »Uääääh!!!« Nie, nie wieder würde ich das essen, so viel stand fest. Auch wenn ich mich seit diesem Moment klüger fühle und möglicherweise besser sehen kann.

An diesem Tag nahm ich mir vor, ab sofort öfter mal nachzufragen, wenn ich etwas nicht weiß. Fragen schadet ja bekanntlich nie. Wer nicht lesen, lernen oder hören will, der muss halt fühlen – beziehungsweise in diesem Fall: schmecken.

Bei Juanita passierte mir so etwas nie. Zwar habe ich bei ihren feurig scharfen Gerichten schon mal meinen halben Wasserhaushalt aus meinem Körper geschwitzt, aber ihr Essen war ausnahmslos großartig. Und das, obwohl wir essenstechnisch gar keinen so guten Start hatten. Ich war gerade erst ein paar Tage in der Sprachschule gewesen, da saß ich zu Hause bei Juanita am Tisch und genoss einmal mehr, was sie mir vorgesetzt hatte. Weil ich ihr zeigen wollte, wie gut ich mit meinem Spanisch vorankam, beschloss ich, ihr in ihrer Muttersprache zu sagen, wie glücklich mich ihr Essen machte. Ich erzählte ihr also, dass ich zu Hause selbst viel kochte und bereits besser sei als meine Mutter. Ich hatte dies eigentlich als Kompliment gemeint, denn als offensichtlich begabter Gourmet hatte meine Freude an ihrem Essen so richtig Gewicht. Doch irgendwas war gewaltig schiefgelaufen. Juanita starrte mich an, schüttelte den Kopf, stand auf und ging in die Küche. Dort schlug sie mit einem gewaltigen Krachen das ganze Essen in die Spüle. Es folgte ein Türenknallen – und für den Rest des Tages bekam ich meine Gastmutter nicht mehr zu Gesicht.

Am nächsten Tag erzählte ich Issaura, was passiert war. Sie hörte sich erst alles in Ruhe an, fing mittendrin an zu grinsen und kippte am Ende vor Lachen vom Stuhl. Ich war immer noch ratlos.

»Nick«, erklärte Issaura mir, »du hast ihr nicht gesagt, dass du besser kochen würdest als deine Mutter.«

»Nicht?«, fragte ich lahm.

»Nein.« Issaura kicherte weiter. »Genau genommen hast du Juanita ziemlich bestimmt mitgeteilt, dass du sehr viel besser kochst als IHRE Mutter.«

Oha! Das war tatsächlich nicht gerade ein Kompliment – und mir wurde klar, dass man Juanita besser nicht mit Deine-Mutter-Witzen kam. Glücklicherweise konnte ich das Missverständnis wenig später aufklären und mich entschuldigen. Juanita war wieder besänftigt.

BOB MARLEY

Wenn man in Mexiko kürzere Strecken reist, stellt man sich für gewöhnlich an eine bestimmte Stelle und wartet auf ein Colectivo. Das sind Sammeltaxis, die ähnlich wie Busse bestimmte

Routen abfahren. Eingeklemmt zwischen meinen Backpacks und mit dem Kopf an der Scheibe döste ich träge während einer solchen, knapp 45 Minuten langen, holprigen Fahrt zu meinem nächsten Ziel.

Gestern war mein Abschied in Playa del Carmen gewesen, und ich hatte einen ganz schönen Schädel. Alle waren gekommen: meine Lehrer, die anderen Sprachschüler, Freunde aus dem Ort. Zur Feier des Tages hatte ich für alle gekocht. Es war traurig schön, eine Mischung aus Abschiedsschmerz und Vorfreude. Diese Zwischenstufe nach zu Hause und vor dem Weiterreisen war für mich genau die richtige Entscheidung gewesen. Es gibt ein Sprichwort, das ursprünglich von einem Indianer stammt, der sich nach seiner ersten Eisenbahnfahrt auf den Bahnsteig setzte und seinen verwunderten Begleitern auf ihre fragenden Blicke hin sagte: »Wenn du an einen neuen Ort gelangst, warte. Es braucht Zeit, bis die Seele nachkommt.« Irgendwie war Playa del Carmen für mich dieser Bahnsteig. Es war eine tolle Zeit – und einige der Menschen, die ich damals kennengelernt habe, sind bis heute meine Freunde.

Das Bremsen des Colectivo riss mich aus meinen Gedanken. Ich öffnete die Augen und linste in die blendende Sonne nach draußen: Wir waren in Tulum angekommen. Der Fahrer gab mir mit einem Zeichen zu verstehen, dass ich hier aussteigen könne. Als sich der Staub des weiterfahrenden Autos legte, sah ich mich um: Ich stand mitten auf einer Straße, die noch etwa drei Kilometer vom Strand entfernt lag. Ich schulterte also meinen Backpack und machte mich auf den Weg. Schon nach kurzer Zeit lief mir der Schweiß aus allen Poren. Die Sonne brannte, der Rucksack wog unglaublich viel, und meine schweren Wanderboots fühlten sich an wie Zementklötze. Wasser hatte ich natürlich auch keines mehr – und obwohl die Strecke nicht allzu lang war, kam mir der Fußmarsch vor wie eine Ewigkeit. Als ich endlich den Strand erreichte und dann den kleinen Zeltplatz, auf dem ich mein Lager aufschlagen wollte, lag meine Zunge wie ein Fremdkörper in meinem Mund.

Der Zeltplatz bestand aus einem kleinen, leer stehenden gemauerten Häuschen sowie einigen Palmen. Nach ungefähr 50 Metern begann ein blendend weißer Pudersandstrand. Auf halbem Weg reckte sich aus einer Düne eine kleine Strandbar hervor, in der den ganzen Tag Bob-Marley-Musik lief. Hier wurde Bier getrunken und Gras geraucht. Gäste gab es an der Bar und auf dem Zeltplatz so gut wie keine, alles war ziemlich verlassen. Ein großer, muskulöser Typ mit einer komplett kaputten – und wie er mir später erzählen sollte: zur Heilung mit Metallschrauben fixierten – Schulter stellte sich mir als Terminator vor. Eigentlich war sein Name Jared, und er kam aus Kanada.

Eine Woche hingen wir zusammen auf diesem verlassenen Fleckchen Erde herum, kletterten auf Palmen, erkundeten Ruinen, aßen fast ausschließlich Kokosnüsse und Papayas, weil wir keinen Bock hatten, zum nächsten Supermarkt zu wandern, und chillten zur Stimme von Bob Marley am Strand.

Die einzige Unterbrechung dieser Zeit bestand darin, dass ich zufällig Andrea aus meiner Sprachschule am Strand wiedertraf. Ihr Mann besaß in Tulum ein Hotel, und zusammen mit ihren Kindern verbrachte sie dort die Woche nach der Sprachschule. Sie lud mich ein, sie zu besuchen – und als ich schließlich den Weg dort hinmarschiert war, stand ich nicht vor irgendeinem kleinen Bed & Breakfast, sondern vor einem Nobelhotel der Extraklasse, in dem eine Nacht mal locker 800 Dollar kostete. Wir verbrachten einen schönen Tag zusammen mit ihrem Mann und ihren Kindern, doch was mir hauptsächlich in Erinnerung blieb, war der Rückweg zum Bob-Marley-Strand.

Ich war gerade losgelaufen, und obwohl es schon Abend wurde, brannte die Sonne noch immer. Wasser hatte ich natürlich wieder nicht dabei, und meine Lust, den ganzen Weg zu Fuß zurückzulegen, hielt sich sehr in Grenzen. Ich war noch nie getrampt, hatte, ehrlich gesagt, auch ein bisschen Angst davor, dennoch streckte ich meinen Daumen raus. Nur Sekunden später hielt auch schon ein weißer Pick-up. Das hatte ich mir schwerer vorgestellt.

Ich stieg zu einem jung gebliebenen Unternehmer Anfang 40 ins Auto. Dass der nicht gerade am Hungertuch nagte, erfasste ich mit einem Blick auf die Innenausstattung. Schon nach kurzer Zeit hatten wir den üblichen belanglosen Small Talk hinter uns gelassen und befanden uns mitten in einem intensiven Gespräch. Er erzählte mir, dass er im Leben vieles erreicht habe und es ihm wirklich gut gehe.

»Klar, du kannst sagen: Glück gehabt. Ich weiß aber, es ist eine Frage der Einstellung. Du kannst alles negativ betrachten, aber auch in jeder Scheiße positive Seiten sehen. Es kommt immer darauf an, was du willst und was du aus deinem Leben machst«, sagte er.

Ich erzählte ihm, dass ich gekündigt und mich aufgemacht hatte, die Welt zu entdecken – und dass ich verstand, was er mir sagen wollte. Die Fahrt war nicht lang, das Gespräch machte dennoch Eindruck auf mich. Am Zeltplatz angekommen, verabschiedete ich mich deshalb herzlich von ihm und wollte gerade die Autotür zuschlagen, da rief er mich zurück: »Warte mal!«

Ich hielt inne. Er lehnte sich nach vorne, kramte in seinem Handschuhfach, zog seinen Geldbeutel hervor und drückte mir ein paar mexikanische Pesos in die Hand.

»Nick, ich finde es wirklich toll, was du machst. Trink davon ein paar Bier, geht auf meine Rechnung!«

Überrascht bedankte ich mich und blickte ihm noch lange nach, als er die Straße wieder zurückfuhr. Dieses erste Mal Trampen war nur eines von vielen weiteren Erlebnissen, die noch kommen sollten und die mir zeigten, wie weltoffen und freundlich Menschen auf der ganzen Welt sind. Gepolt von negativen Nachrichten und Horrorstorys, war die generelle Freundlichkeit, die mir immer und immer wieder begegnete, komplett neu für mich. Es war, als würde das Reisen mein in Schieflage geratenes Bild von der Menschheit geraderücken. Die Gefahr, die in anderen Ländern lauert, böse Menschen, gefährliche Machenschaften – klar, das war und ist real –, aber in welchem Verhältnis steht das alles zur Wirklichkeit? Obwohl Mexiko zu den gefährlicheren Ländern gehört, erlebte ich hier so viel Herzlichkeit und Freundlichkeit wie selten zuvor in meinem Leben. Das brachte mich zum Nachdenken – und es machte mich gleichzeitig unwahrscheinlich glücklich, zu erfahren, wie freundlich diese Welt eigentlich ist. Das Erlebnis knipste wieder eines dieser Lichter in meiner Seele an, die mein Leben heute so bereichern.

HORRORBUSFAHRT

Keine Ahnung, ob mir in meinem ganzen Leben schon jemals so schlecht gewesen war. Ich saß auf einem winzigen Klo, mit den Knien stieß ich vorne an die Tür, der Spülkasten hinter mir schloss mit der Rückwand. Ich stöhnte. Obwohl mein Magen mittlerweile total leer sein musste, hörte und hörte es nicht auf. Kam der nächste Übelkeitsschwall, war ich gezwungen, schnell aufzustehen, mich mit heruntergelassenen Hosen umzudrehen, irgendwie hinzuknien und über die Schüssel zu hängen. Es kam nur noch Galle. Immer und immer wieder. Dann drehte ich mich wieder um und setzte mich auf die Schüssel. Mein Magen revoltierte.

Ich wusste nicht, ob es in mir drin unaufhörlich schwankte oder ob es nur an diesem völlig selbstmordgefährdeten Busfahrer lag, der mit so vielen Sachen über den Highway bretterte, dass ich mir regelmäßig das Steißbein oder den Kopf an einer der Spanplattenwände stieß. Mehr als fünf Stunden befand ich mich mittlerweile in diesem verkackten Bus – noch nicht ein einziges Mal hatte er angehalten. Ich sehnte den Stopp herbei, nicht nur, damit ich endlich ein wenig frische Luft schnappen könnte, sondern auch, weil ich erbärmlich fror. In Mexiko gibt es generell nur zwei Temperaturen: wahnsinnig heiß und arschkalt. Draußen – also für mich gerade meilenweit entfernt – war es so warm, dass man locker ein Spiegelei auf einem Stein hätte braten können. Hier drinnen im Bus wunderte es mich, dass mein Atem nicht kondensierte. Oder besser gleich direkt als Eisblock auf den Boden krachte. Mit der Klimaanlage nahm es der Idiot jedenfalls ganz genau. Aber das taten sie hier irgendwie alle.

Als ich sicher war, dass mein Magen-Darm-Trakt einige Minuten Ruhe geben würde, schleppte ich mich zurück auf meinen Platz. Wobei auch das nicht wirklich ein Wort ist, was auf diese Hölle von einem Bus passte, denn Platz gab es hier wirklich so gut wie keinen. Zugegeben, ich bin nicht gerade klein, aber gegen diese Sardinendose auf Rädern konnte die Beinfreiheit in Billig-Airlines als »königlich« bezeichnet werden. Meine Knie konnte ich nur mit Gewalt zwischen die Sitze pressen – das rechte war mittlerweile verdreht und tat fürchterlich weh.

Mexiko ist ziemlich gut vernetzt mit Bussen. Du kannst im Prinzip jede erdenkliche Strecke, egal, wie lang diese ist, mit einem Linienbus zurücklegen. Das Problem ist nur: Du musst es tatsächlich auch, denn ohne Busse geht hier fast gar nichts. Ich hatte mir also an diesem Nachmittag in San Cristóbal ein Ticket gekauft mit dem Ziel, innerhalb von ungefähr 14 Stunden einmal quer durchs Landesinnere an die Westküste nach Puerto Escondido zu fahren. Weil ich noch etwas Zeit hatte, bevor der Bus losfahren sollte, machte ich einen Abstecher auf den Marktplatz, um etwas zu essen. Im Nachhinein kann man sagen, dass dies mein größter Fehler war. Ich kaufte mir eine Guacamole – und ich weiß noch, dass ich mich ein wenig über den Geschmack wunderte. Es schmeckte irgendwie … anders. Nicht so, wie ich es gewohnt war. Dennoch stopfte ich die komplette Portion in mich rein und machte mich anschließend auf den Weg zur Bushaltestelle.

Nicht lange nachdem der Busfahrer seinen ersten Schnellstart mit quietschenden Reifen hingelegt hatte, fing es also an, in meinem Magen so ein bisschen zu rumoren. Eine Weile konnte ich das noch ignorieren, aber irgendwann ging es nicht mehr. Dann begann meine Odyssee auf diesem winzigen Busklo. Ohne ins Detail zu gehen: Es kam aus allen Öffnungen heraus, und ich fühlte mich wie durch die Mangel gedreht. Im doppelten Sinn, wenn man bedenkt, dass ich bei jeder Kurve durch die Kabine geschleudert wurde. Absolut grün hinter den Ohren, was mexikanische Tiefkühl-Busfahrten anging, trug ich nur T-Shirt, Shorts und Flipflops, fror mir also zusätzlich noch den Hintern ab. Ich wechselte immer wieder zwischen dem engen Sitzplatz und dem winzigen Klo. Innerhalb des Klos wechselte ich vom Sitzen zum Drüberhängen.

Alle meine Klamotten – und von denen hatte ich auf meiner ersten Weltreise ja wirklich genug dabei – lagen derweil gut verstaut im Gepäckraum des Busses. Als der Busfahrer nach sechs Stunden den ersten Stopp einlegte, hatte ich nicht eine Sekunde geschlafen, war geschwächt, mit den Nerven am Ende und fragte zähneklappernd, ob ich kurz an mein Gepäck dürfte. Mit meiner Thermounterwäsche, meinem Hoodie, dicken Socken und richtigen Schuhen ging es mir danach nicht wirklich besser, zumindest aber konnte ich die gefühlten minus 20 Grad aushalten. Mich für eine Busfahrt – so kurz sie auch sein mochte – von meinem kompletten Gepäck zu trennen, das passierte mir in der Folge nie wieder. Doch auch wenn es nicht meine einzige Lebensmittelvergiftung bleiben sollte: Diese blieb für immer die schlimmste, schrecklichste Horrorbusfahrt meines Lebens.

GRAS UND SKORPIONE

Nachdem ich mich einige Tage in Puerto Escondido von diesen Strapazen erholt und am Strand die Surfer beobachtet hatte, machte ich mich auf den Weg nach Playa Zipolite, einer kleinen Strandgemeinde am südlichen Zipfel von Mexiko. Es ist einer der wenigen Orte im ganzen Staat, an dem FKK so halbwegs geduldet wird. Das war zwar nicht der Grund, warum ich Zipolite als mein nächstes Ziel ausgesucht hatte, aber es klang schon ein wenig nach entspannter Lebensart. 2010 war Zipolite ein winzig kleines Dorf mit zwei Straßen, in denen es zwei Hostels, eine Bäckerei und eine Art Bar gab. Ich marschierte in eines der Hostels und fragte, ob ich einen Rabatt auf ein Zimmer bekommen könne, wenn ich für längere Zeit bliebe. Da immer noch Semana Santa war, schüttelte der Geschäftsführer nur den Kopf. Er saß an seinem Schreibtisch hinter dem Tresen und nuschelte mir zu, dass ein Bett in einem Dorm das Einzige sei, was er mir anbieten könne. Für fünf bis sechs Euro pro Nacht bekam ich also einen Schlafplatz. Als ich meinen Backpack hochnehmen wollte, hielt der Geschäftsführer des Hostels mich zurück. Er stand auf, griff unter seinen Tresen und übergab mir, was er mit »Our welcome gift for you!« betitelte: einen riesigen Joint. Verblüfft nahm ich das Ding in die Hand und machte mich auf den Weg in mein Zimmer.

Schon der erste Tag in Zipolite machte mir klar, dass es die richtige Entscheidung gewesen war hierherzukommen: Hier würde ich nach meiner Lebensmittelvergiftung mal so richtig die Seele baumeln lassen können. Das tat ich auch im wahrsten Sinne des Wortes, denn den ganzen restlichen Tag verbrachte ich in einer Hängematte vor dem Hostel. Auch wenn ich bei vollen Kräften gewesen wäre, hätte ich dasselbe getan, denn in Zipolite war es absolut windstill. Zusammen mit der glühenden Sonne ergab das ein Saunafeeling auf höchster Stufe.

Ich baumelte also vor mich hin und ließ die letzten Tage und Wochen Revue passieren, als sich der Geschäftsführer des Hostels in die Hängematte neben mir setzte. Er grüßte und begann dann, an irgendwas herumzufummeln. Ich streckte mich ein wenig und traute meinen Augen kaum: Er hatte rund ein Kilo Marihuana vor sich liegen und fing an, das gepresste Zeug mit einem Grinder zu zerkleinern. Damit war er dann die komplette nächste Stunde beschäftigt. Klar, ich war in Mexiko, ganz unbekannt für Drogen ist dieses Land nun nicht – aber allein die Menge des Marihuanas und die absolute Ruhe und Selbstverständlichkeit, mit welcher der Typ neben mir ans Werk ging, erstaunten mich dann doch.

Als es Abend wurde, hatte ich meine Zimmernachbarn kennengelernt: einen Haufen lustiger Mexikaner. Wir setzten uns alle gemeinsam an den Strand, entzündeten ein Lagerfeuer und aßen frischen Fisch. Es war ganz anders als das Lagerfeuer an meinem ersten Abend in Neuseeland – so viel war in der Zwischenzeit passiert –, aber das Gefühl der Freiheit war dasselbe. Ich war volltrunken vor Glück. So beschloss ich, dass dies doch der perfekte Abend war, um eine Nacht unter freiem Himmel am Strand zu verbringen. Gesagt, getan – und während alle anderen sich nach und nach in ihre Betten verkrochen, holte ich meinen Schlafsack und machte es mir neben der gemächlich vor sich hin glühenden Feuerstelle bequem. Es war traumhaft. Eigentlich ist es fast verwerflich, mit so einem Sternenhimmel vor der Nase und solch einem Meeressound in den Ohren einzuschlafen. Aber vermutlich genau deshalb war ich innerhalb von Sekunden weg – und einen gefühlten Augenblick später war es auch schon wieder hell.

Ich genoss das langsame Aufwachen und die Geräusche um mich herum. Ich lag eine Weile da, öffnete die Augen und schaute durch die Gegend. Das Lagerfeuer war nur noch ein verkohlter Haufen, das Meer schwappte langsam vor sich hin, und um mich herum bemerkte ich lauter kleine Fußspuren im Sand. Sie sahen aus wie kleine Vogeltapse. »Niedlich«, dachte ich, »da war ja heute Nacht um mich herum ganz schön was los!« Die Vogeltapse führten rund um das Lagerfeuer, um meinen Schlafsack – einige endeten sogar dort und gingen auf der anderen Seite weiter. Also waren die Vögelchen sogar über mich drübergehüpft, als ich vor mich hin schlummerte. Das ist Freiheit! Mitten in der Natur schlafen, die kleinen Piephähne um einen herum – in meinem Gesicht machte sich schon wieder ein großes, zufriedenes Grinsen breit. Ich stand auf, schüttelte meine Glieder und beschloss, dass das Einzige, was mir jetzt noch zu meiner vollkommenen Glückseligkeit fehlte, ein herrliches Frühstück war.

»Wo bist du denn gewesen?«, rief es mir aus dem Frühstücksraum entgegen. Meine neuen mexikanischen Freunde waren auch gerade dabei, ihre Glückseligkeit zu perfektionieren.

»Guten Morgen«, gab ich zurück. Und mit bewusster Beiläufigkeit in der Stimme fügte ich hinzu: »Och, ich habe heute Nacht am Strand geschlafen.« Wie um meine Aussage zu unterstreichen, streckte ich mich einmal aus und schlurfte dann zur Kaffeekanne.

Im Augenwinkel sah ich, dass der Geschäftsführer des Hostels unsere Begrüßung mitbekommen hatte und wie angewurzelt stehen geblieben war. Entgeistert schaute er mich an. »Guten Morgen«, sagte ich auch zu ihm.

»Ja, sag mal, bist du völlig bescheuert?!«, brüllte er mich wie aus dem Nichts auf Spanisch an. Ich hielt erschrocken inne.

»Que pasa?«, fragte ich vorsichtig zurück. Hatte ich irgendetwas falsch gemacht? War der Kaffee nicht für die Gäste? Ich verstand es nicht.

»Du hast am Strand geschlafen?«, hakte er böse blickend nach.

»Äh … ja. Ist das verboten?«

»Nein, ist nicht verboten. Aber es macht hier keiner. Weil keiner lebensmüde ist!«, erwiderte er.

Dann erzählte er mir, dass der ganze Strand nur so von Skorpionen wimmelte. Ich dachte nur: »Puh, Glück gehabt, ich hab keinen gesehen.« Doch dann fielen mir diese ganzen niedlichen Vogeltapse ein. Die in Wirklichkeit keine Vogeltapse gewesen waren. Da hatte ich ohne Witz wie ein Murmeltier mitten in einem Nest voller Skorpione geschlafen. Keine Ahnung, ob die in meinem Schlafsack drin waren, auf jeden Fall waren sie um mich herum und auf mir drauf gewesen. Sofort wurde mir nachträglich flau im Magen.

DAS ERSTE MAL SURFEN

Seit ich die Surfer in Puerto Escondido beim Wellenreiten beobachtet hatte, war in mir stetig der Wunsch gewachsen, selber aufs Brett zu steigen. Es dauerte also nicht besonders lange, da stand ich eines Tages mit einem riesigen Surfbrett unterm Arm am Strand. Ich war am Nachmittag zuvor in Mazunte angekommen, das nur einige Kilometer westlich von Zipolite liegt. Nun spürte ich den Sand zwischen meinen Zehen und blickte aufs Meer. Es waren nur zwei oder drei andere Surfer draußen, und die Wellen machten keinen besonders gefährlichen Eindruck. Das würde laufen wie am Schnürchen. Auf einen Surflehrer oder einen dieser Touri-Surfkurse hatte ich dankend verzichtet. Natürlich hatte ich ein bisschen Bammel, aber das würde ich mir auf keinen Fall anmerken lassen. Ich machte mich also ziemlich profimäßig am Strand warm, hüpfte ein bisschen hin und her und dehnte meine Muskeln. Danach band ich mir die Leash ans Bein, eine Schnur, die einen mit dem Surfboard verbindet, damit dieses nicht bei der ersten Welle wegtreibt, und lief möglichst cool auf das Wasser zu. So weit, so gut.

Ich blieb eine Weile im knöcheltiefen Wasser stehen und schaute lässig aufs Meer hinaus, als würde ich die Wellen oder den Wind checken – oder was auch immer. Gedacht habe ich in dem Moment vermutlich gar nichts außer »Okay … äh … na gut«. Ich legte das Board aufs Wasser, und sofort begann es, hin und her zu schwappen. Mit einer Hand das Brett führend, stakste ich tiefer ins Meer.

Alles, was danach passierte – vom Drauflegen aufs Board bis zum ersten Paddeln –, hatte mit Coolness absolut nichts mehr zu tun. Genau genommen sah ich aus wie eine Kaulquappe auf dem Herd: Ich rutschte permanent vom Brett und paddelte mir einen Wolf.

Das Ziel beim Rauspaddeln ist es, das sogenannte Line-up zu überwinden – also an den Punkt hinter den sich brechenden Wellen zu gelangen, an dem sich die Surfer sammeln, um auf die nächste heranrollende Welle zu warten, die es wert ist, geritten zu werden. Das allerdings lag für mich zunächst noch in ziemlich weiter Ferne: Ich kam nämlich gar nicht bis zum Line-up. Wieder und wieder paddelte ich gegen die Wellen – und wieder und wieder wurde ich vom Board gerissen. Nach einer Weile hatte ich gefühlt 20 Liter Salzwasser getrunken, meine Arme waren schwer wie Blei und mein Bauch vom Brett aufgeraut (der typische »Surf Rash«). Das Surfboard war mir aus jeder nur erdenklichen Stellung an alle nur erdenklichen Körperteile gekracht, und ich war immer noch die Kaulquappe auf dem Herd. Vom Strand aus hatten die Wellen wirklich gemächlich ausgesehen, mittendrin fühlten sie sich an wie Peitschenhiebe.

Gerät man unter einer Welle in einen Sog, kann man das Pech haben, immer weiterzutrudeln, von Wellensog zu Wellensog, bis man fast glaubt zu ertrinken. Die Luft wird aus dem Brustkorb gepresst, und man verliert komplett die Orientierung. Diese Situation bezeichnen Surfer als Waschmaschine. Ich war also im Dauerwaschgang. Dabei muss ich im Nachhinein zugeben, dass das, was ich da erlebte, mit richtigen Waschmaschinen, wie ich sie später kennenlernen sollte, noch rein gar nichts zu tun hatte. Ich wurde einfach ein bisschen unter Wasser gedrückt, meine Augen brannten vom Salzwasser, ständig wurde ich vom wegspringenden Board mitgerissen und musste mich anschließend wieder die ganze Strecke vorkämpfen, die ich zurückgespült worden war. Ich fragte mich, wie Leute tatsächlich behaupten konnten, nach Surfen süchtig zu sein.

Aber mein Ego war gerade erst herausgefordert worden. Irgendwann – nach ein paar Minuten oder auch Tagen – kam ich das erste Mal prustend und keuchend hinter dem Line-up an. Davon, wie ich nun eine Welle nehmen, geschweige denn aufstehen sollte, hatte ich jedoch keine Ahnung. Also probierte ich einfach drauflos.

Um es kurz zu machen: Ich probierte ungefähr eine geschlagene Stunde drauflos, während derer ich es nicht ein einziges Mal schaffte, auch nur ansatzweise ein Bein durchzudrücken. Aufgeben kam jedoch nicht infrage. Ich versuchte es immer und immer wieder. Welle kommt, paddeln, versuchen aufzustehen, runterfallen. Zurückpaddeln, warten, Welle kommt, paddeln, versuchen aufzustehen, runterfallen. Und wieder. Und wieder. Und wieder.

Meine Fingerspitzen waren mittlerweile komplett durchgeweicht und meine Knie aufgescheuert, aber ich kümmerte mich nicht darum. Irgendwann, ich weiß gar nicht genau, wie, paddelte ich vor einer Welle und spürte plötzlich, wie mein Board getragen wurde, wie es gefühlt auf der Welle einrastete. So ähnlich, wie wenn man mit dem Auto in eine Waschanlage fährt: Es gibt diesen Moment, wo deine Reifen auf der Schiene greifen, und ab da geht alles von selbst. So war es in diesem Moment auch beim Surfen. Für einen Moment starrte ich auf das Board unter meiner Nase und merkte, dass ich fest auf der Welle lag. Dann drückte ich meine müden Arme hoch, winkelte ein Bein an und sprang auf. Einige wackelige Sekunden lang sah es so aus, als würde ich fallen, doch dann fing ich mich und fuhr schnurstracks und mit einem Affenzahn Richtung Strand. Wow, ich surfte!

Oder na ja: Ich stand zumindest. Ich hatte keinen Schimmer, wie ich nach links oder rechts lenken sollte, aber ich war einfach froh, nicht abzustürzen. Es war ein absolut erhebendes Gefühl. Ich jubelte und streckte eine Faust in die Luft. War das großartig! Ich schaute nach vorne, sah, wie mir der Strand entgegenkam, spürte, wie das Wasser um meine Füße spritzte, dann blickte ich runter auf die Wellen vor mir – und auf den Kopf, der einige Meter entfernt plötzlich auftauchte. Die Augen, die zu dem Kopf gehörten, schauten mich an. Ich schaute zurück. In Millisekunden führten der Kopf und ich mit Blicken folgenden Dialog:

»Alter!«, brüllte der Kopf. »Siehst du nicht, dass du direkt auf mich zukommst? Willst du mich umbringen? Dreh ab!«

»ABER ICH KANN NICHT LENKEN!«, schrie ich.

»Mann, beweg dich! Wo soll ich denn jetzt noch hin?« Der Kopf war verzweifelt.

»WIE DENN? SAG MIR, WIE?«, verzweifelte ich zurück.

Und dann – rumms – war es vorbei. In seiner Not war der Typ vor mir noch halbwegs abgetaucht, dennoch rasierte ich ihm mit dem Board schön über den Kopf.

Im Grunde ist es beim Surfen ganz einfach: Da, wo du hinguckst, da fährst du auch hin. Ich hatte panisch auf diesen Kopf gestarrt – und ihn damit zielgenau anvisiert. Sofort ließ ich mich vom Brett fallen und sprintete zurück in Richtung abgetauchter Kopf. Eine Sekunde später stieß der prustend und fluchend durch die Wasseroberfläche. Der Rest des Typs hing glücklicherweise auch noch dran. Es war ein ziemlich wütender Typ. Ich entschuldigte mich ungefähr eine Trillion Mal, erklärte, dass dies meine allererste Welle gewesen sei und ich absolut keinen Plan gehabt hätte, wie ich ihm hätte ausweichen können. Ich fragte, ob alles in Ordnung mit ihm sei (es war alles in Ordnung), und lud ihn auf ein Bier am Strand ein. Noch immer böse fluchend, schaute er mich an, dann nickte er.

So kam es, dass ich mit einem Mexikaner, den ich dabei fast umgebracht hatte, auf meinen ersten Surferfolg anstieß. Es sollte eine ganze Weile vergehen, bis ich den zweiten feierte, in einem ganz anderen Land, an einem ganz anderen Ende der Welt.

Kapitel 3
AUF HOHER SEE

KÄPT'N GARY

Damals, 2010, war Couchsurfing gerade in aller Munde. Man meldet sich auf der Website an und kann dort Locals finden, die einen umsonst bei sich übernachten lassen. Als Gegenleistung revanchiert man sich mit einem Essen oder unternimmt etwas zusammen, wenn man will – ansonsten genießt man einfach gemeinsame Zeit und freut sich, auf diese Weise mit komplett fremden Menschen und ihren Geschichten in Kontakt zu kommen. Mit Blick auf mein Reisebudget feierte ich die Couchsurfing-Kiste als einen der großen Triumphe des Internets. Ich saß gerade in einem Internetcafé in Acapulco und klickte mich durch die Couchsurfing-Angebote in meiner Umgebung, da stieß ich auf die Anzeige eines Käpt'n Gary. Er bot an, auf seinem Katamaran zu übernachten. Perfekt, dachte ich und schrieb ihm eine Nachricht. Die Antwort kam umgehend: Klar, ich könne gerne zu ihm kommen, allerdings müsse ich mich ein wenig beeilen, er werde in zwei Tagen ablegen. Wenn ich es bis dahin schaffe, dürfe ich mitsegeln.

Käpt'n Garys Katamaran lag jedoch nicht bei Acapulco, sondern eine ungefähr eineinhalbtägige Busreise entfernt in Mazatlán. Nun musste ich eine Entscheidung treffen: Ich war gerade erst in Acapulco angekommen – sollte ich mir jetzt direkt ein Busticket kaufen und weiterfahren? Würde ich das zeitlich überhaupt schaffen? Ich könnte stattdessen in Acapulco bleiben und mich hier etwas umsehen. Dagegen stand die einmalige Gelegenheit, auf einem Katamaran über den Pazifik zu segeln.

Die Entscheidung fiel mir am Ende leicht. Ich schrieb Käpt'n Gary nach kurzem Abwägen zurück, dass ich mich auf den Weg machen würde und mich freute. Ehe ich michs versah, saß ich also mal wieder in so einem fahrenden Nordpol – und das auch noch für eineinhalb Tage. Aber man muss ja auch immer das Positive sehen: Immerhin hatte ich keine Lebensmittelvergiftung und war warm angezogen.

In Mazatlán konnte ich mich gar nicht schnell genug zum Hafen durchfragen – und um Punkt acht Uhr morgens stand ich vor einer ansehnlichen Zahl Boote. Käpt'n Gary hatte mir in seiner E-Mail gesagt, er werde mich um zehn abholen, also war noch ein bisschen Zeit. Die verbrachte ich zunächst mit Frühstücks-Tacos – aber bald stellte ich fest, dass ich viel zu aufgeregt war, um in Ruhe einen Kaffee zu trinken. Also lief ich am Hafen herum und hielt Ausschau. Auf der Couchsurfing-Plattform hatte es ein Foto von Käpt'n Gary gegeben, und auch ein Katamaran war ja nicht gerade ein alltäglicher Anblick, nicht mal in einem Hafen. Aber weder von Käpt'n Gary noch von seinem Katamaran war etwas zu sehen. Ich lief den ganzen Hafen mehrfach ab, stahl mich sogar in das abgesperrte Areal, das nur für Fischer zugänglich war, aber: nichts. Ich setzte mich und wartete. Als um zehn Uhr immer noch nichts zu sehen war, verschlechterte sich meine Stimmung merklich. Da näherte sich vom Meer aus ein winziges Boot aus Holz. Ich beobachtete, wie jemand mühevoll seinen Weg durch den Hafen paddelte. Als das Boot näher und näher kam, erkannte ich, dass in dieser kleinen

Nussschale ein Hüne saß. War das etwa Käpt'n Gary? Der Mann hörte auf zu paddeln und schaute sich um. Als er mich erblickte, rief er rüber: »Hey! Bist du Nick?«

»Ja!«, antwortete ich. »Bist du Käpt'n Gary?«

»Höchstpersönlich!«

»Soll das etwa ein Katamaran sein?«, grinste ich erleichtert. Er war also doch gekommen.

»Warte!«

Käpt'n Gary manövrierte sein Miniboot an den Steg, band es fest und kam zu mir herübergelaufen. Er war tatsächlich ein Hüne: sicher an die zwei Meter groß, muskelbepackt, mit tiefer Stimme und Vollbart. Wie sich herausstellte, lag der Katamaran draußen vor dem Hafen, und Käpt'n Gary kam, um mich abzuholen. Später, als ich ihn besser kennenlernte, erfuhr ich, dass er ein ziemlicher Sparfuchs war. Mit dem großen Katamaran in den Hafen zu fahren hätte ihn Geld gekostet – also behalf er sich mit seinem Paddelbötchen, auf das er jetzt mit einladender Geste zeigte.

Wenig später lernte ich an Bord des Katamarans den Rest der Crew kennen. Sie bestand neben Käpt'n Gary und mir noch aus zwei weiteren Typen: Emil aus Schweden und J. C. aus Portland, der eigentlich Daniel hieß, aber von niemandem so genannt wurde. Emil kam auf mich zu, streckte mir die Hand entgegen und erklärte mir fröhlich, dass er Deutsch sprechen könne – und zwar genau einen Satz.

»Aha, dann lass mal hören«, forderte ich ihn auf.

Emil antwortete feierlich mit schwedischem Akzent: »Ich habe Hackfleischsoße in meiner Unterhose.«

Ich mochte ihn sofort.

Käpt'n Garys Katamaran war ungefähr 13 Meter lang und trug den Namen *Crystal Blue Persuasion* – kristallblaue Überzeugung. Das passte, denn mit den drei anderen Jungs aufs blaue

Meer rauszufahren klang für mich tatsächlich ziemlich überzeugend. Der Katamaran sah aus, wie man sich so ein riesiges Boot vorstellt: große weiße Segel, türkisblaue Sitzpolster, zwei lange Kufen an jeder Seite, in der Mitte verbunden durch eine Brücke, dazwischen ein gespanntes Netz. Ging ich unter Deck, stand ich zunächst in einer Art Aufenthaltsraum: Auf der einen Seite befanden sich zwei Tische und Sitzbänke, in denen Vorräte untergebracht waren, auf der anderen stand ein großer Kühlschrank. Links und rechts führten zwei kleine Treppen in die Innenräume der Kufen, die wiederum als Schlafzimmer genutzt wurden. In jeder Kufe gab es zwei Betten – eines ganz vorne, eines mehr in der Mitte. Die linke Kufe bezogen Emil und ich. Er schnappte sich die Schlafbank in der Mitte, ich warf mein Zeug auf das Bett in der Spitze. In der rechten Kufe wohnten Käpt'n Gary und J.C. An ihrem hinteren Ende befanden sich die Motoren des Katamarans, außerdem gab es hier noch einen winzigen Raum, in welchem Käpt'n Gary sein Seemannszeug ausgebreitet hatte: Karten, GPS, Lineale und Dreiecke, eine Taschenlampe und Werkzeug für die Motoren.

Als wir fertig eingerichtet waren, stiegen wir noch mal zurück in das kleine Holzboot und paddelten für Einkäufe an Land. Wir besorgten einen Haufen Gemüse und Toast – sowie jede Menge Bier. Laut Käpt'n Gary war es wichtig, den Katamaran-Kühlschrank immer ganz vollzuladen, damit er ordentlich kühlen konnte. Und mit was füllt man ihn da besser als mit Pacifico, dem ortstypischen Dosenbier?

Zurück an Bord, verstauten wir die ganzen Vorräte, und Käpt'n Gary steuerte den Katamaran aufs offene Meer. Dort angekommen, stellte er die Motoren ab, und wir segelten los. Ich stand neben ihm am Steuer, grinste durch die Gegend und genoss den Beginn von was auch immer da kommen sollte. Ich hoffte insgeheim, dass ich die Kiste auch bald steuern dürfte. Als hätte er meine Gedanken gelesen, trommelte Käpt'n Gary zur

Crew-Versammlung. Er erklärte uns noch mal, wie das Ganze ablaufen sollte: Auf dem Katamaran musste immer einer von uns wach sein und das Steuer übernehmen. Das bedeutete, dass wir uns in vier Sechs-Stunden-Schichten abwechseln würden. Für den Rest der Zeit, die wir nicht gerade schliefen, gab es außerdem Koch- und Putzschichten. In meinen Augen klang das alles fair, besonders freute ich mich natürlich auf das Segeln. Darauf ließ Käpt'n Gary uns auch nicht lange warten. Er zeigte uns, wie wir den Kompass lesen sollten und mit dem Steuer umzugehen hatten. Dann erklärte er uns, wie Segel und Wind zusammenspielten: Kam der Wind von links, bliesen die Segel nach rechts. Um gegenzusteuern, mussten wir also die Leinen auf der rechten Seite anziehen und die auf der linken etwas lockern, damit die Segel wieder straffer wurden. Das ließ er uns dann allesamt eine Weile ausprobieren. Ich schlug mich so »geht so«. Bei mir flatterten die Segel anfangs ordentlich hin und her, und bis zum Schluss habe ich nie ganz gerafft, wie man das richtig macht. Nach Käpt'n Gary war definitiv Emil der beste Segler. J. C. war auch nicht schlecht, jedoch hatte er von Anfang an richtige Probleme mit Seekrankheit. Wenn er keine Schicht hatte, lag er meistens unter Deck oder hing über der Reling und kotzte sich die Seele aus dem Leib.

Für Emil und mich hatte jedoch ein ganz großartiger Tag begonnen. Wir genossen jede Sekunde der neuen Segelerfahrung. Auf einem Katamaran zu reisen ist die pure Erholung. Es ist unglaublich leise, denn alles, was dich voranbringt, ist der Wind in den Segeln. Ich war das erste Mal auf einem Katamaran – und vollkommen begeistert. Uns immer weiter vom Land zu entfernen, so weit, bis es nicht mehr zu sehen war, im Netz zwischen den Kufen zu chillen und das türkisblaue Wasser unter uns vorbeiziehen zu sehen, während uns die salzige Luft um die Köpfe wehte – all das war einfach traumhaft. Traumhaft und sonnig. Käpt'n Gary zeigte uns am Nachmittag ein kleines Seil, das am Katamaran befestigt war. Das konnten wir uns schnappen, vorne ins Wasser springen, den Katamaran über uns hinwegsegeln und uns dann durch die Fluten mitziehen lassen. An diesem Tag wollte ich nirgendwo anders sein als genau da, wo ich war. Es war einfach nur großartig.

DAS LEUCHTENDE MEER

Am zweiten Tag gab mir Käpt'n Gary noch einmal Segelunterricht. In der Nacht würde meine erste Solo-Segelschicht stattfinden, und wir waren alle ausgesprochen daran interessiert, dass ich das auf die Reihe bekommen würde. Ich stand also am Steuerrad und ließ mir erneut ganz genau erklären, worauf ich beim Kompass zu achten hatte, wie ich lenken musste, wenn der Wind die Richtung wechselte, und wie ich mich an den kleinen roten Fähnchen oben an den Segeln orientieren konnte. Nach einer Weile hatte auch ich den Bogen raus und segelte den Katamaran einigermaßen ordentlich durch die Gegend.

Als es Abend wurde, stieg meine Nervosität trotzdem ein wenig an. Sie blieb auch bis zu meinem Schichtbeginn um zwei Uhr morgens. Doch als es dann endlich so weit war, bemerkte ich, dass ich mir vollkommen unnötig Sorgen gemacht hatte. Ich stand in Boardshorts hinterm Steuer, es war wunderschön warm, und ich hörte Musik über meinen MP3-Player. Käpt'n Gary war noch wach und saß über seinen Karten, der Gedanke daran beruhigte mich und gab mir anfangs auch viel Sicherheit. Bevor er sich schließlich ins Bett aufmachte, kam er bei mir vorbei und fragte, ob alles okay sei. Er erklärte mir noch mal die Richtung, in die ich segeln sollte, und dann war ich alleine an Deck. Um mich herum war tiefste Nacht, alle schliefen, und ich segelte einen riesigen Katamaran über den Pazifik. Was für ein krasses Gefühl!

Nachts auf dem Pazifik, wenn auf dem Boot kein Licht außer der schwachen Kompassbeleuchtung an ist, siehst du absolut nichts. Du kannst dir deine Hand direkt vor die Augen halten, du wirst sie nicht sehen, nicht einmal ihren Umriss, so stockduster ist es um dich herum. Das Einzige, was du siehst, ist ein unfassbarer Sternenhimmel. Er war noch viel großartiger, als ich ihn am Strand von Zipolite zu sehen bekommen hatte, denn jetzt war ich mitten auf dem Meer, und der Horizont erstreckte sich in alle Richtungen. Noch nie hatte der Sternenhimmel so komplett um mich herum stattgefunden, noch nie hatte ich solche blaugrün schimmernden Sternschnuppen mit so langen Schweifen gesehen. Das einzige Geräusch, das ich neben der leisen Musik aus meinen Kopfhörern hörte, war das Flattern der Segel im Wind.

So stand ich eine ganze Weile an Deck und hörte meiner Playlist und meinen Gedanken zu, bis ich plötzlich im Augenwinkel ein Licht unter Wasser wahrnahm. Als ich genauer auf die Stelle schaute, sah ich, dass sich irgendetwas grell Leuchtendes neben dem Katamaran mitbewegte. Es waren sogar mehrere … Wesen? Sie schwammen in genau der gleichen Geschwindigkeit – und tauchten auf einmal unter dem Boot durch. Was zum Henker war das? Als Erstes musste ich an Torpedos denken – denn was sonst würde mit Leuchtspuren völlig lautlos durchs Wasser gleiten? Aber Torpedos leuchteten ja auch nicht, oder? Die leuchtenden Dinger unter Wasser machten mir jedenfalls keine Angst, und ich beobachtete sie die ganze Zeit. Als ich Käpt'n Gary am nächsten Morgen danach fragte, erklärte er mir, dass es Delfine gewesen sein müssten. Offenbar waren wir in diesem Moment über ein Feld mit fluoreszierendem Plankton gesegelt. Diese Art Plankton reagiert auf Bewegung, indem es anfängt zu leuchten wie Glühwürmchen. Das nennt man Biolumineszenz. Die Delfine hatten offenbar im Fahrwasser des Katamarans gespielt und dabei das Plankton aktiviert. Ein unglaubliches Schauspiel.

Dass es Delfine waren, wusste ich in der Nacht allerdings noch nicht. Ich fühlte mich durch die Dunkelheit, die Sternschnuppen und das mysteriöse Leuchten unter Wasser wie entrückt von dieser Welt. Als hätte jemand die Zeit angehalten. Oder die Welt. Oder beides. Alles war irgendwie in Ordnung.

Einige Minuten später kam es noch besser, denn nicht weit von mir entfernt hörte ich auf dem Meer ein Geräusch, das jeder kennt, selbst wenn er es noch nie live gehört hat: das Geräusch, wenn ein Wal eine Fontäne ausstößt. Es war unverkennbar! Da musste gar nicht weit von mir entfernt ein richtiger, echter Wal schwimmen. Ich war total aus dem Häuschen. Diese Nacht würde mir doch nie jemand glauben! Ich lehnte mich vor und streckte mich in die Richtung, aus der ich den Wal gehört hatte – doch keine Chance: Man sah ja nicht einmal seine eigene Hand vor Augen. Wie sollte ich da einen Wal erkennen können? Ich gab auf und schaute stattdessen hoch in den Sternenhimmel. In dem Moment freute ich mich einfach nur, auf diesem Boot zu sein, meinen Traum wahr gemacht, den Job gekündigt und diese Weltreise begonnen zu haben. Ich konnte mich überhaupt nicht beruhigen, so glücklich war ich.

Und dann sah ich ihn tatsächlich.

In meinem rechten Augenwinkel begann es wie bei den Torpedo-Dingern gelbgrünlich zu glitzern. Das Leuchten wurde stärker und änderte die Farbe von Bläulich zu Rötlich, dann wieder zu Grün. Es wurde größer und größer. Auch wenn ich zu diesem Zeitpunkt noch keine Ahnung von Leuchtplankton hatte, dass da der Wal neben dem Katamaran tauchte, war deutlich zu sehen. Warum es um ihn herum leuchtete, darüber dachte ich überhaupt nicht nach. Ich schrie vor Freude! Es gab nur den Katamaran, die magische Atmosphäre, mich – und diesen riesigen Wal. Ich wollte am liebsten unter Deck rennen und die anderen wecken, aber ich musste am Steuerrad bleiben. Meine Gefühle schwappten fast über, als ich hibbelig hin und her hüpfte und den Wal anschaute. Es war ein so unglaubliches Gefühl, ganz nahe an Ekstase oder solcher Freude, dass man sie kaum aushält. Wäre ich ein Maiskorn gewesen, ich wäre in dem Moment sofort zu Popcorn aufgeploppt – und zwar von selbst, ohne Mikrowelle. Es war das unglaublichste Ereignis, das ich bis dahin erleben durfte, der absolute Wahnsinn – und so ergreifend, dass mir am Ende auch noch die Tränen übers Gesicht liefen.

Als mich Emil um sechs Uhr früh ablösen kam, stand ich noch immer völlig entrückt hinterm Steuer und war knallwach. Ich erzählte ihm sofort von dieser unglaublichen Nacht. Er war begeistert – und natürlich auch ein bisschen traurig, dass er das alles verschlafen hatte. Obwohl ich jetzt eigentlich total müde sein sollte, war für mich an Schlaf nicht zu denken. Ich war noch immer so voller Emotionen, dass ich sowieso kein Auge zubekommen hätte. Also blieb ich noch eine Weile bei Emil und genoss es, meine Erlebnisse endlich mit jemandem teilen zu können.

DER THUNFISCH

Später am Tag hatte mich die Müdigkeit dann doch noch eingeholt, und ich war für ein paar Stunden in meine Kufen-Koje gekrochen. Als ich zurück an Deck krabbelte, war Käpt'n Gary gerade dabei, eine Angel auszuwerfen. Ich setzte mich auf die Sitzbank an Deck und schaute ihm zu. Es dauerte keine fünf Minuten, da war auch schon irgendwas am Haken: Die Angel sprang wild hin und her.

»Emil, übernimm mal das Ruder«, forderte Käpt'n Gary unseren Schweden auf und begann die Angel einzuziehen. Er kämpfte ziemlich mit dem, was da am Haken hing. J. C. und ich halfen ihm schließlich unter Einsatz all unserer Kräfte. Wir zogen, gaben dem Druck wieder nach und zogen erneut. So ging das bestimmt eine Viertelstunde lang, bis wir endlich sahen, was wir da an Deck ziehen wollten: einen riesigen Thunfisch. Wir zogen und hievten – und schließlich hatten wir es geschafft. Käpt'n Gary fummelte den Haken aus dem Fisch und gab uns dann eine Lektion im Töten von Thunfischen.

»Damit der Thunfisch möglichst keine Schmerzen hat, nehmt ihr ein Messer und stecht es dem Tier oben zwischen die Augen. Richtig tief rein«, erklärte er, während er es gleichzeitig vorführte. Der Thunfisch hörte umgehend auf sich zu regen. Als Käpt'n Gary das Messer zufrieden lächelnd herauszog, war es allerdings auch schon wieder vorbei mit dem Tod, und der Thunfisch fing erneut wie wild an zu zappeln.

»Oh, Shit!«, rief Käpt'n Gary und packte das Riesenvieh fester. »Na ja, also wenn das nicht klappt, dann stecht ihr mit dem Messer noch mal von unten durch die Kiemen.« Und er rammte die Klinge genau in diese Stelle. »So«, schloss er keuchend, »jetzt quält er sich auch nicht mehr, jetzt ist der Thunfisch tot, und alles ist okay.«

Doch kaum zog er das Messer wieder heraus, ging der ganze Spuk von vorne los: Der Thunfisch zappelte und zappelte und war kaum zu halten. Käpt'n Gary verzog ärgerlich das Gesicht und fühlte wahrscheinlich auch seine Kompetenz massiv infrage gestellt. Emil, J. C. und ich blickten ihn jedenfalls zweifelnd an.

»Und wenn das immer noch nicht passt, dann müsst ihr es halt einfach noch mal von der Seite probieren.« Käpt'n Gary packte den Thunfisch mit der linken Hand am Schwanz und stach dem Fisch so oft seitlich in den Kopf, bis er wirklich nicht mehr lebte. Danach ließ er erschöpft die Arme sinken: »Und jetzt wird filetiert.«

An diesem Nachmittag lernte ich eine Menge über die Anatomie von Thunfischen und wie man möglichst viel Fleisch von den Knochen herunternimmt. Anschließend saßen wir mit

Wasabi und Sojasoße beisammen und aßen das frischeste Sushi, das ich in meinem Leben je gegessen hatte.

Hinterher, mit vollem Magen und einer Dose Pacifico in der Hand, konnte ich gar nicht fassen, dass gerade erst der zweite Tag zu Ende ging. Ich fühlte mich, als wäre ich schon mindestens eine Woche auf diesem Katamaran. Ich chillte mich neben Emil ins Netz zwischen den Kufen, und wir unterhielten uns.

»Hast du das gesehen?«, fragte Emil nach einer Weile und zeigte raus aufs Meer.

»Nein, was denn?« Ich kniff die Augen zusammen und blickte in die entsprechende Richtung.

»Irgendwas ist da gerade aus dem Wasser gehüpft und mit einem Klatschen wieder untergetaucht«, berichtete Emil verwundert.

Zusammen starrten wir auf die Stelle. Plötzlich sah ich es auch: Etwas sprang aus dem Wasser, es sah aus wie ein flacher Lappen, klatschte einmal in der Mitte zusammen und war wieder weg. Wir blickten fragend zu Käpt'n Gary, der unsere Unterhaltung gehört hatte.

»Das sind Rochen«, erklärte er uns.

Tatsächlich. Immer mehr kleine Rochen hüpften aus dem Wasser, klatschten in der Mitte einmal ihre Brustflossen zusammen und tauchten dann wieder ein. Es war, als würden sie applaudieren. Ich musste lachen. So etwas Lustiges hatte ich lange nicht gesehen. Obwohl mich nach der gestrigen Nacht eigentlich kaum noch etwas wunderte, was das offene Meer zu bieten hatte. Auf jeden Fall schien in dem Moment irgendetwas in der Luft zu liegen, denn die Rochen waren nicht die einzigen Tiere, die es plötzlich aus dem Wasser trieb. Auf einmal surrten noch mehr Viecher um uns herum, nur viel dichter.

»Achtung – fliegende Fische!«, rief Käpt'n Gary lachend und amüsierte sich köstlich, als wir in Deckung gingen. Die Fische flogen tatsächlich, und zwar direkt um unsere Köpfe. Ein riesengroßer Schwarm hüpfte total schnell übers Wasser. Ein bisschen sahen sie aus wie Vögel. Der Unterschied wurde jedoch schnell offensichtlich: Die fliegenden Fische konnten keinen Millimeter steuern. Sie sprangen einfach aus dem Wasser – und dann ging es für sie nur noch geradeaus. Aber geradeaus, das war für viele eben unser Katamaran. Also krachten die Trottel in Massen an unser Boot. Es schienen nicht gerade die intelligentesten Tiere zu sein. Viele von ihnen schafften zwar den Sprung am Katamaran hoch, aber leider nicht über den Katamaran drüber. Deshalb sprangen Emil und ich auf und beeilten uns, die Fische aufzusammeln und wieder ins Wasser zu werfen. Zwei der armen Tröpfe fanden wir allerdings erst nach einer Stunde. Sie waren natürlich tot und steinhart. Aber sie gaben uns zumindest die Gelegenheit, sie in Ruhe anzusehen. Sie hatten tatsächlich Flossen, die sie wie Flügel aufspannen konnten. Wirklich abgefahren.

DER HURRIKAN

Ursprünglich lautete mein geheimer Plan, nach drei Tagen Katamaran in Cabo San Lucas von Bord zu gehen. Cabo San Lucas liegt an der südlichsten Spitze der mexikanischen Halbinsel Baja California. Von dort wollte ich mit dem Bus zurück nach Mexiko-Stadt fahren, um mich dann in ein Flugzeug nach Atlanta in den USA zu setzen. Der Plan war gut, er war sogar sehr gut, und er passte wirklich toll in meine ursprüngliche Reiseroute. Doch in den letzten drei Tagen an Bord der *Crystal Blue Persuasion* hatte ich so viele Erkenntnisse und Erfahrungen gewonnen, dass ich dabei den Deutschen in mir irgendwie verloren hatte. Ein gutes Gefühl. Ich ließ also den Plan Plan sein – und blieb. Ab jetzt hieß es für mich »immer der Nase nach« – oder wie Käpt'n Gary als Amerikaner sagen würde: »Go with the flow!«, oder: »Play it by ear!« Das jedenfalls würde ich ab sofort tun.

An Bord, besonders in der Nacht, wurde es nach und nach kälter, während wir in meilenweiter Entfernung vom Land die Küste Baja Californias hochsegelten. Hatte ich bei meiner ersten Nachtschicht noch in Flipflops und Shorts herumgestanden, zog ich jetzt immer öfter lange Hosen und feste Schuhe an. Irgendwann reichte auch ein Hoodie nicht mehr aus. Laut Käpt'n Gary lag die plötzliche Kälte an den eisigen Winden, die von Alaska her übers Meer zogen. Was passiert, wenn kalte auf warme Luft trifft, wissen wir alle spätestens seit unserer Schulzeit – und so dauerte es nicht lange, bis die ersten Gewitter über uns hereinbrachen. Eigentlich mag ich Donnern und Blitzen, es kann sogar sehr heimelig sein, wenn man beispielsweise vor einem flackernden Kaminfeuer sitzt und ein Haus um sich herum hat. Mitten auf dem Pazifik allerdings sah die Sache ganz anders aus. Das Meer wurde rauer, die Wellen immer höher. Als nächstes Etappenziel hatten wir Ensenada an der nördlichen Spitze der Baja California unweit von Tijuana an der Grenze zu den USA anvisiert und für die Strecke ungefähr fünf Tage eingeplant. So wie das Wetter jetzt umschwang, ahnten selbst wir Segelneulinge, dass es deutlich länger dauern könnte.

Ich hätte nicht gedacht, dass J. C.s Übelkeit noch eine Steigerung erfahren könnte, aber der arme Kerl wurde immer grüner im Gesicht, je stärker die Winde uns hin und her schleuderten. Er knabberte zum Frühstück höchstens noch an einer Karotte – und selbst die war schneller wieder im Meer, als wir anderen unsere French Toasts aufessen konnten. Auch mir wurde langsam, aber sicher flau im Magen. Die Winde nahmen keinesfalls ab oder gönnten uns mal eine Verschnaufpause, im Gegenteil: Sie wurden immer stärker. Ich war nicht sonderlich begeistert von dem Wetter, das gebe ich zu, aber besorgt war ich noch nicht. Das änderte sich, als Käpt'n Gary uns mitteilte, dass wir mitten in einem ausgewachsenen Hurrikan steckten. Ab sofort wirkten die Wellen bedrohlicher auf mich, der Wind schärfer, der Donner lauter und die Blitze zischender. Es wurde so richtig ungemütlich auf dem Katamaran, den die Wellen immer steiler ankippten und dann wieder klatschend fallen ließen. Mit jeder Welle bohrte sich die Kiste gefühlt senkrecht in die Luft, nur um auf der Spitze der Welle wieder abzustürzen. In meinem Bett vorne in der Kufe hatte ich ohne Pause genau das gleiche Gefühl, das ich bisher nur von schwindelerregend hohen Achterbahnen kannte. Zudem war es ohrenbetäubend laut. Die Kufenspitze, in die mein Bett eingepasst war, maß vorne gerade mal einen Meter Breite. Ich lag also mit den Ohren direkt in den Wellen, einzig getrennt durch die Kunststoff-Außenhülle des Katamarans.

In der schlimmsten der Sturmnächte war der Lärm kaum noch auszuhalten. Ich stützte mich mit beiden Armen an den Kufeninnenwänden ab, um nicht ständig durch die Gegend geschleudert zu werden, und glaubte, dass dieser Albtraum nie ein Ende nehmen würde. Das war jetzt die zweite Horrornacht meiner Weltreise: erst die Lebensmittelvergiftung auf der Bustoilette, jetzt ein Hurrikaninferno auf dem Pazifik. In solchen Momenten wünschte ich mich fast nach Hause. Seit Stunden versuchte ich, wenn auch keinen Schlaf, dann doch wenigstens so etwas wie ein leichtes Dösen hinzukriegen. Aber der Lärm und das Achterbahngefühl ließen das kaum zu. So lag ich im Dunkeln, hielt einfach nur durch – und erschrak fürchterlich, als mich plötzlich etwas am Arm packte. Im Düstern konnte ich kaum etwas erkennen, ich sah nur eine Hand, dann einen Arm – und erst als er näher herankam, sah ich das Gesicht von Emil, in dem deutlich Furcht zu lesen war. So einen Gesichtsausdruck hatte ich noch nie bei ihm gesehen. Er schüttelte mich am Arm, starrte mich an und brüllte: »Nick, ich habe Hackfleischsoße in meiner Unterhose!« Wäre es mir nicht ähnlich gegangen, ich hätte in diesem Moment laut losgelacht.

»Käpt'n Gary will, dass wir alle an Deck kommen. Wir müssen irgendwie die Segel einholen, weil der Wind zu stark wird!«, brüllte Emil weiter.

Sofort stand ich auf und zog innerhalb weniger Sekunden alles an, was mein Backpack hergab. Dann stolperte ich die Treppen zum Deck hoch. Ich hatte durch den Lärm und die Achterbahn in der Kufe bereits die Vermutung gehabt, dass das Unwetter noch mal ordentlich an Stärke zugelegt hatte. Was mir dann aber an Deck entgegenschlug, war noch um einiges furchteinflößender. Hinter dem Steuerrad klemmte Käpt'n Gary und versuchte, Wind und Regen zu trotzen. Als ich in sein Gesicht sah, sackte mir das Herz komplett in die Hose. Wenn du als Segelanfänger, der wirklich überhaupt keine Ahnung hat, mitten auf dem Pazifik in einem Hurrikan steckst, dann verlierst du allein deshalb nicht die Fassung, weil du weißt, dass ja noch ein zwei Meter großer Hünen-Kapitän da ist, der alles im Griff hat. Siehst du allerdings in dessen Augen die blanke Angst stehen, ist das ein richtiges Scheißgefühl. Als Käpt'n Gary bemerkte, dass wir alle an Deck standen, schrie er uns durch den Sturm an: »Ganz egal, was ihr macht, ihr werdet euch nirgendwo auf diesem Katamaran bewegen, solange ihr euch nicht irgendwo festhaltet!«

Wir drei starrten zu ihm rüber wie verschreckte Rehkitze.

»Habt ihr das verstanden?«, brüllte er.

Wir nickten allesamt und klammerten uns sofort irgendwo fest.

Käpt'n Gary war klar, was uns erst so langsam ins Bewusstsein drang: Würde einer von uns bei diesem Schwanken kurz das Gleichgewicht verlieren und stürzen, die nächste Welle würde ihn ohne Umschweife sofort von Bord spülen. In dem Fall gäbe es nicht die geringste Chance auf ein Zurück. Der Katamaran wäre im Nu weg, und die Wellen waren so unberechenbar, dass es unmöglich sein dürfte, sich überhaupt über Wasser zu halten. Wer hier von Bord ging, würde nicht wiederkommen.

Mir war schlecht, und ich kämpfte im Sekundentakt gegen die aufwallende Panik.

Insofern war es gut, dass Käpt'n Gary uns sofort Anweisungen zurief. Besser irgendetwas tun, als sich weiter sämtliche Schreckensszenarien auszumalen, die viel zu real werden konnten.

»Wir müssen sofort die Segel einholen, die werden dem Wind nicht weiter standhalten. J. C., du übernimmst das Steuer!« J. C. kämpfte sich schwankend vor und ergriff Käpt'n Garys Arm, der ihn zu sich zog.

»Nick, Emil, ihr klettert nach vorne und haltet euch bereit. Sobald J. C. richtig steht, zieht ihr, so schnell ihr könnt, die Segel runter!«

Während Emil und ich auf allen vieren die Kufen entlangkrabbelten, versuchte Käpt'n Gary, den Mast, den es bald aus der Verankerung reißen würde, mit seinem ganzen Körpergewicht zu stabilisieren. Uns war klar: Die Segel mussten runter – und zwar sofort.

J. C. hatte uns alle im Blick, und als wir auf Position waren, lenkte er den Katamaran direkt in den Wind. Das war nötig, denn vom Wind gespannte Segel waren unmöglich einzuholen. Schaffte J. C. es, das Boot in dieser Hölle von See genau auszurichten, würden die Segel anfangen zu flattern. Ohne die Spannung im Tuch wären wir dann in der Lage, es runterzuziehen. So weit Käpt'n Garys Plan, den wir sofort begriffen.

Nach einigen Minuten bekam es J. C. tatsächlich hin, den Katamaran in den Wind zu lenken. Die Segel begannen hin und her zu flattern, und Emil und ich zogen um unser Leben, jeder auf einer Seite des Katamarans. Es ging nur sehr langsam, Zentimeter für Zentimeter, voran. Meine Finger waren nach wenigen Minuten starr vor Kälte, aber die Panik ließ mich das kaum spüren. Wir versuchten, die riesigen Segel weiter und weiter zu uns heranzuziehen. Vom Regen und Meerwasser vollgesogen, war das Tuch irre schwer. Als wir es vielleicht zu einem Drittel eingefahren hatten, kam J. C. vom Kurs ab. Ich weiß bis heute nicht, wie ihm das passieren konnte. Vielleicht musste er sich plötzlich wieder übergeben und riss in der Kotzbewegung das Steuer mit, vielleicht hatte es ihn aber bei den hohen Wellen auch mal eben kurz umgefegt. Die Folge war jedenfalls verheerend, denn sofort spannten sich die Segel mit einem lauten Knall wieder. Mir, der ich gerade noch ein Stück davon in der Hand gehalten hatte, riss es fast den Arm aus dem Gelenk. Weil der Wind aus Emils Richtung kam, beulten sich die Segel sofort in meine Richtung aus und knallten mir mit aller Macht ins Gesicht. Es war, als würde ich mit Mike Tyson im Ring stehen – ohne Arme. Bei mir gingen sofort sämtliche Lichter aus, und ich fiel bewusstlos um. Ich war einige Sekunden komplett ausgeknockt.

Das Nächste, was ich mitbekam, war wieder ein Druck am Arm. Kurz hatte ich ein Déjà-vu, denn ich sah erneut Emils Gesicht, als ich meinen Kopf drehte, um erkennen zu können, was mich am Arm gepackt hatte. Doch im nächsten Moment waren die Kälte, der Regen, der Sturm und die peitschenden Segel wieder da. Ich hörte Käpt'n Gary brüllen: »Halt ihn fest! Halt ihn bloß fest!«

Das tat Emil in wilder Panik: Er hielt mich, so fest er konnte. Hätte er das nicht getan, wer weiß, ob mich dann nicht die nächste Welle für immer von Bord gespült hätte. Nach wie vor kämpfte J. C. mit dem Steuer und versuchte, den Katamaran wieder in den Wind zu lenken, noch immer tat Käpt'n Gary alles, um den Mast irgendwie in der Verankerung zu halten, während Emil und ich uns mit aller Macht an das Boot und aneinander klammerten.

Und dann riss das größere der beiden Segel.

Mit einem mächtigen Ratschen, das selbst durch den Lärm des Sturms überdeutlich zu hören war, klaffte ein Loch im Segel, und das Tuch schlug wild um sich. Gleichzeitig löste sich von irgendwo ein Seil, das ebenfalls unkontrolliert über das Deck peitschte. Das einzig Positive an der jetzigen Situation war, dass der Mast ohne den Druck des gespannten Segels nicht mehr aus der Verankerung zu kippen drohte. Käpt'n Gary kletterte deshalb zurück und übernahm wieder das Steuer. Emil und ich zogen uns gemeinsam zu den anderen auf die hintere Seite des Katamarans. Käpt'n Gary war nur noch am Fluchen, funktionierte aber wie eine Maschine. Er versuchte, den Motor zu starten, aber irgendetwas funktionierte nicht.

»So eine Scheiße, verdammt!«

»Was ist los?«, brüllte ich ihm zu.

»Das gottverdammte Seil hat sich um die Schiffsschraube gelegt!«, rief er zurück.

Ein Blick bestätigte, was er sagte: Ein weiteres Seil hatte sich gelöst und komplett in einer der Schrauben verheddert. Das war der Moment, in dem ich wirkliche Todesangst bekam. Es ging einfach alles schief. Der Sturm, die Wellen von überall, der wackelnde Mast, mein Knock-out durch das Segel, das dann auch noch gerissen war. Ich schaute mich panisch nach dem Holzboot um. In meinem von Angst getriebenen Hirn kam ich auf die irrwitzige Idee, dass wir uns vielleicht damit retten könnten. Doch genau in dem Moment, als ich es erblickte, bohrte sich der Katamaran die nächste steile Welle hoch. Wassermassen preschten über das Deck und rissen unsere Paddel mit. Sie waren einfach weg. Mir stockte der Atem. Ich sah, wie das Segel hin und her klatschte, das peitschende Seil ständig einen von uns zu erwischen drohte, und ich sah die Furcht in Käpt'n Garys Augen. Wir waren alle mit den Nerven am Ende und schrien wild herum. Ich weiß nicht mehr, woran ich in diesen Augenblicken dachte, ich hatte nur einen einzigen fokussierten Gedanken: Ich will überleben. Doch auf diesem Katamaran gab es einfach nichts mehr, auf das wir unsere Hoffnungen richten konnten, kein einziges Zeichen der Sicherheit. Wenn wir uns im Alltag bewegen, gibt es immer diese allgegenwärtige Grundsicherheit. Wir wissen, dass wir das nächste Mittagessen bekommen werden, dass zu Hause das WiFi funktioniert und dass Wasser aus der Leitung kommt, wenn wir den Hahn aufdrehen. Wir haben allein durch unsere Umgebung ein Sicherheitsgefühl, das uns so gut wie nie bewusst ist. Ist diese Umgebungssicherheit aber plötzlich weg, spürt man das sofort. Das war in dieser Nacht auf dem Pazifik der Fall. Ich fühlte mich vollkommen ausgeliefert und schutzlos. Zum ersten Mal verstand ich so richtig das Bild vom seidenen Faden, an dem das eigene Leben hängen kann.

»Fuuuuuuck!«, brüllte Käpt'n Gary hinterm Steuer.

Wir schauten ihn alle an, fertig und am Ende unserer Kräfte.

»Wir müssen die Schraube freibekommen und irgendwie aus diesem Sturm raus!«

Suchend wandte Käpt'n Gary sich um und bückte sich, um ein Seil aufzuheben. Er wickelte es auf, band das eine Ende um die Reling, das andere fest um seinen Bauch. Er blickte zu uns rüber und schrie uns mit weit aufgerissenen Augen an: »Ich werde da jetzt runterklettern und diese Schraube freilegen. Ihr haltet das Seil fest. Unter keinen Umständen lässt irgendjemand auch nur eine Sekunde los!«

Wir packten sofort das Seil. Käpt'n Gary schaltete alle verfügbaren Lichter an, schnappte sich ein Messer und klemmte es sich zwischen die Zähne. Dann kletterte er über die Reling – und war weg. Obwohl ich bereits bis auf die Knochen durchgefroren war, wurde mir innerlich noch kälter. Käpt'n Gary war jetzt im Wasser. Was, wenn da irgendwas passierte? Was, wenn er durch eine Welle an die Seite des Katamarans geschleudert würde? Was, wenn er sich an der Schraube den Kopf aufschlüge? Was, wenn ein Hai käme? Ohne Käpt'n Gary wären wir nur noch drei segelunerfahrene Backpacker Mitte 20 auf einem manövrierunfähigen Katamaran mitten auf dem von einem Hurrikan gebeutelten Pazifik mit zwölf Meter hohen Wellen. Wenn dieser Fall eintreten würde, da war ich sicher, würden wir für immer Mitte 20 bleiben – und zwar auf dem Grund des Meeres.

Doch Käpt'n Gary tauchte wieder auf. Nach Minuten, die mir wie Stunden vorkamen, hatte er es geschafft, das Seil zu durchtrennen. Nass bis auf die Knochen kletterte er hinters Steuer. Mit uns dreien war nichts mehr anzufangen, wir klammerten uns einfach nur noch irgendwo fest, während Käpt'n Gary die Motoren anwarf und den Katamaran durch die Wellen lenkte. Es dauerte die ganze Nacht, aber irgendwann, auch wenn es zwischendurch beinahe unmöglich schien, hatten wir den Sturm hinter uns gelassen.

Wenn dir einmal etwas widerfährt, das dich so richtig in Todesangst versetzt, denkst du anders über das Leben nach. Ich will nicht behaupten, dass dieses Erlebnis auf dem Katamaran eine sinnstiftende Lektion für mich gewesen ist, aber ich merkte, dass ich fortan komplett anders an Dinge heranging. Ich erkenne heute Herausforderungen, wo ich vorher nur Probleme gesehen habe. Wenn ich jetzt an einer Bushaltestelle stehe, beobachte ich manche Menschen und wundere mich über ihren Zorn, weil der Bus ein paar Minuten Verspätung hat. Dass ich über vollkommen nichtige Dinge in Rage gerate, passiert mir einfach nicht mehr. Tritt doch einmal so ein Fall ein, dass ich wütend werde oder mich über irgendetwas Unwichtiges ärgere, halte ich sehr schnell inne und besinne mich. Der Hurrikan hat mich nie wieder richtig losgelassen.

KEINE WORTE MEHR

Als wir gegen Morgen endlich wieder auf etwas ruhigerer See unterwegs waren, hatten wir das Gröbste geschafft. Die Wellen waren nicht mehr zwölf Meter hoch, aber das Wetter war trotzdem noch richtig schlecht und unser Segel nach wie vor gerissen. Vor uns tauchte eine kleine Insel auf, und wir beschlossen, in ihrem Windschatten zu ankern, um uns auszuruhen. Das

Echolot in Käpt'n Garys kleiner Zentrale zeigte jedoch einen sehr unebenen Boden, der es uns schwer machte, den Anker zu legen. Außerdem offenbarten sich weitere Schäden am Katamaran: Normalerweise können der tonnenschwere Anker und seine Kette per Kurbel ins Wasser gelassen und wieder hochgezogen werden. Die Kurbel jedoch war kaputt. Auch der Ankerlocker, ein kleiner Metallstift zum Fixieren der Kette, war von Bord gespült worden. Der Boden machte es notwendig, dass wir den Anker mehrfach auslegen und wieder hochziehen mussten – und das alles ohne mechanische Unterstützung. Wir ließen also den Anker ins Wasser, stellten fest, dass er nicht griff, und hievten ihn wieder heraus. Wir zogen zu viert an der schweren Kette. Zwischendurch Pause machen konnten wir nicht, denn sobald wir losließen, rasselte die Kette wieder Richtung Grund. Ohne den Ankerlocker hieß es also jedes Mal: alles oder nichts. Wir waren übermüdet, hungrig, vollkommen erschöpft – und mussten die mehrere Hundert Kilo schwere Ankerkonstruktion nicht nur einmal oder zweimal, auch nicht drei- oder viermal, sondern ganze fünfmal wieder hochziehen. Unsere Nerven lagen blank. Irgendwann schrien wir uns nur noch gegenseitig an. Irgendwer rutschte immer mal ab, und die anderen drei hob es fast über Bord. Käpt'n Gary quetschte sich um ein Haar die Hand ein. Insgesamt brauchten wir vier Stunden, bis der Katamaran endlich fest vor Anker lag. Wir fielen alle umgehend ins Bett und in einen tiefen Schlaf.

Als wir wieder halbwegs beisammen waren, versuchten wir, das Segel zu reparieren. Dazu nutzten wir Stücke eines ebenfalls gerissenen Ersatzsegels. Natürlich gab es wieder kein passendes Werkzeug, und wir mühten uns stundenlang ab, eine Nadel, die sich nicht für das Material eignete, durch drei Lagen Segeltuch zu prügeln. Nach mindestens 60 oder 70 Stichen waren unsere Fingerkuppen komplett im Arsch. Die vergangene Nacht und die Geschichte mit dem Anker in den Gliedern, fingen wir vier beim

Nähen des Segels an, uns richtig zu hassen. J. C. war überhaupt nicht mehr ansprechbar, Emil und ich bekamen uns in die Haare und schrien uns an, und Käpt'n Gary hackte auf J. C. herum, weil ihm dieses ewige Gekotze auf die Nerven ging. Wären wir nicht am Ende unserer Kräfte gewesen, es hätte nicht viel gefehlt, und es wäre zwischen uns zu einer ausgewachsenen Schlägerei gekommen. Es war auf jeden Fall spannend, am eigenen Leib zu erfahren, was eine Extremsituation mit einer Gruppe von Menschen machen kann. In dem Moment dachte ich darüber natürlich nicht nach, sondern kochte innerlich vor Wut über einfach alles.

Ich weiß nicht, wie, aber schließlich schafften wir es gemeinsam, das Segel zu reparieren und den gottverdammten Anker zurück an Deck zu ziehen. Als wir losfuhren, wurde sehr schnell klar, dass wir meilenweit vom Kurs abgekommen waren. Zusätzlich blies der Wind so stark aus der Richtung, in die wir segeln wollten, dass uns nichts anderes übrig blieb, als uns in einem ewigen Zickzackkurs langsam vorwärtszubewegen. Das warf uns zeitlich noch mehr zurück. Ich wollte einfach nur noch weg von diesem Boot, weg von den Jungs, weg vom Wasser und diesem ekelhaften Wetter. Ich hielt es kaum noch aus.

Nachdem wir die Hälfte der Strecke hinter uns gebracht hatten, gingen wir noch einmal an Land, weil es noch viele kleinere Schäden am Katamaran gab, die zwar nicht gravierend waren, aber trotzdem behoben werden mussten. Auf jeden Fall brauchten wir einen Ankerlocker, wenn wir uns nicht gegenseitig mit der Kette erdrosseln oder diverse Finger verlieren wollten. Unsere provisorische Naht am Segel musste auch verbessert werden, denn ein starker Wind würde ausreichen, alles wieder zu zerfetzen. Wir machten also Stopp an der erstbesten Stelle, die uns begegnete. Mir wurde die elende Aufgabe zugeteilt, in einen von Käpt'n Garys riesengroßen Wetsuits zu steigen und mit ihm gemeinsam die Außenwände des Katamarans zu überprüfen. Langsam hatte ich wirklich genug von dieser Kälte. Als ich zurück an Bord kam, war ich so erfroren, dass ich Schwierigkeiten mit der Koordination hatte. Meine Hände zitterten so stark, dass ich es lange nicht schaffte, den Dosenöffner in die Rille einer Thunfischdose zu klemmen. Ich hatte solchen Hunger und brauchte dringend Energie, um meinen erlahmten Körper zu heizen, aber ich bekam diese Scheißthunfischdose nicht auf.

Verpflegungstechnisch waren wir jetzt bei den Dosen aus den Vorratskammern unter den Sitzen angekommen. Aus den geplanten fünf bis sechs Tagen waren mittlerweile sieben geworden – und wir hatten noch mindestens drei Tage vor uns. Auf dem Segelrastplatz gab es keinen Supermarkt, also mussten wir uns mit dem durchkämpfen, was wir noch hatten: Thunfisch aus der Dose, Oliven aus dem Glas und staubtrockene Cracker. Aus dem Speisen wie die Könige in herrlichem Sonnenschein war ein zähes Kauen in absoluter Kälte geworden. Was für ein tiefer Fall! Am schlimmsten war, dass auch das Bier alle war.

Als wir nach drei Tagen endlich den Hafen von Ensenada erreichten, redeten wir nicht mehr viel miteinander. Nicht weil wir uns nicht mehr gemocht hätten oder im Bösen auseinandergegangen wären – wir hatten nur einfach keine Worte mehr übrig.

Der Abschied war also merkwürdig still, nachdem wir so viel durchlebt hatten. Wir stiegen gemeinsam von Bord, küssten den staubigen mexikanischen Boden und gingen dann jeder seiner Wege. Ich checkte mich direkt in ein Hotel ein, kaufte mir haufenweise Chips und Snickers, nahm eine unendlich lange heiße Dusche und versuchte, so viel Schlaf nachzuholen, wie ich konnte. Zwei, drei Tage hatte ich mit Motion Sickness zu kämpfen, dem Schwanken, nachdem man mehrere Tage auf See war. Im Grunde genommen ist das wie seekrank sein, nur eben an Land.

Von den anderen Jungs hörte ich einige Tage nichts, ich denke, wir alle brauchten eine Pause, um die Erlebnisse zu verarbeiten. Trotz der ganzen Streitereien am Ende – so ein Abenteuer schweißt für immer zusammen. Wir alle verdanken uns mehr oder weniger das Leben. J. C. hatte es als absoluter Segelanfänger und am Ende seiner körperlichen Kräfte nach tagelanger Seekrankheit hinbekommen, den Katamaran durch eine Sturmflut zu steuern. Emil hatte mich festgehalten, als ich bewusstlos an Deck lag. Käpt'n Gary war in einer selbstmörderischen Aktion während eines ausgewachsenen Hurrikans von Bord geklettert, einzig durch ein Seil gesichert. Wir hatten gegeben, was wir konnten, und es gemeinsam geschafft, das alles zu überstehen. Eins war deshalb sicher: Wir würden niemals den Kontakt zueinander verlieren. Und das haben wir bis heute nicht. Zehn Jahre später bin ich immer noch in der Welt unterwegs, genau wie Emil, der ein ganz ähnliches Leben führt wie ich. J. C. arbeitet heute als Jongleur und Performance Artist, verkleidet sich dafür manchmal als Clown und nennt sich Cirque Quirk. Und Käpt'n Gary … tja, der hat das »Käpt'n« abgelegt und sich als Handwerker mit seiner Frau in den USA niedergelassen. Ich schätze, ein besserer Handwerker ist in der Gegend, in der er wohnt, nicht zu finden.

Kapitel 4

IM LAND DER UNBEGRENZTEN MÖGLICHKEITEN

CINCO DE MAYO, BABY!

Drei Monate Mexiko waren vorbei, und ich stand am 2. Mai 2010 – einen Tag vor meinem 24. Geburtstag – an der Grenze zu den USA zwischen Tijuana und San Diego. In meiner Tasche befanden sich noch ganze 20 Dollar – eine Punktlandung, denn die Einreise kostete mich genau 19 Dollar. Als ich an der Reihe war, meine Papiere vorgezeigt und das Geld abgedrückt hatte, betrat ich also das Land der unbegrenzten Möglichkeiten mit genau einem US-Dollar in der Tasche.

Die ersten Tage in San Diego kam ich per Couchsurfing bei Thi unter, einer Vietnamesin, die schon im Alter von drei Jahren mit ihren Eltern in die USA eingewandert war. Als sie verreiste, brauchte ich eine neue Unterkunft und fand Abraham, einen mexikanisch-amerikanischen Typ in meinem Alter. Zusammen mit zwei weiteren Couchsurferinnen, Janina und Norina (beide Anfang 20, beide aus Deutschland), und Abrahams Nachbarn Michael, einem Österreicher, der Hotelmanagement studierte und gerade ein Auslandssemester in San Diego machte, hatte sich im Nu eine super Clique zusammengefunden. Einer unserer gemeinsamen Abende hat sich besonders in mein Gedächtnis eingebrannt. Wir kamen auf die Idee, den mexikanischen Feiertag Cinco de Mayo in Tijuana zu feiern. Also setzten wir fünf uns in Abrahams Cabrio und fuhren los. In Tijuana zogen wir die ganze Nacht durch die Straßen, Bars und Clubs der Stadt, bis Michael, der am nächsten Tag arbeiten musste und deshalb nüchtern geblieben war, zum Aufbruch drängte. Besonders erinnerungswürdig ist diese Nacht aber nicht wegen der Feierei, sondern vor allem wegen der Rückreise in die USA. Michael hatte nämlich vergessen, seinen Reisepass einzupacken. Was bei der Einreise nach Mexiko gar kein Thema gewesen war, weil es niemanden interessiert hatte, wer da aus den USA ins Land kam, gestaltete sich auf der Rückreise nun problematisch. Dass wir vier anderen stockbesoffen waren und ich es besonders eilig hatte, weil ich dringend auf die Toilette musste, machte die ganze Sache nicht besser. Wir durften nicht einreisen. Stattdessen lotste man uns auf den Grenzparkplatz und verbot uns mit einem gebrüllten »YOU GONNA STAY IN THE CAR!« auszusteigen. Mir stand das Wasser schon bis in die Augen, so drückte mir die Blase, aber es gab kein Erbarmen.

Eine halbe Stunde später – wir saßen noch immer in der Karre – sahen wir eine Polizeieskorte mit Blaulicht näher kommen, die einen Pick-up zu uns auf den Parkplatz leitete. Erst wirkte alles harmlos, doch dann ging es plötzlich ganz schnell: Es gab gezogene Waffen, es wurde herumgebrüllt, Handschellen blitzten auf, und gefährlich bellende Drogenspürhunde wurden auf den Pick-up losgelassen. Mit großen Augen und offenen Mündern verfolgten wir fünf eingequetschten und durchgefeierten Freunde, was sich wie im Autokino vor unserer Nase abspielte. Als die ganze Mannschaft einschließlich des überführten Drogenschmugglers abgezogen war, schwiegen wir noch ungefähr eine halbe Millisekunde. Dann quatschten wir alle völlig aufgedreht wild durcheinander:

»OH. MY. GOD! Was war das denn?!«

»Wie die den Typen da rausgezerrt haben …!«

»Was geht denn hier ab!???«

Endlich wurde gegen eines unserer Seitenfenster geklopft, und zwei Grenzbeamte bedeuteten uns, ihnen zu folgen. Jetzt waren also wir dran. Sie stellten uns vor die Wahl: Entweder wir würden 200 Dollar bezahlen und dürften alle fünf einreisen. Oder wir ließen Michael an der Grenze zurück, müssten den Pass aus San Diego holen und dann wiederkommen, um ihn auszulösen. Ein wenig irritiert und noch jenseits irgendeiner Form von Nüchternheit fragte ich den Officer: »Also, Sie würden uns vier hier weiterfahren lassen, obwohl wir betrunken sind?«

Der Grenzbeamte schaute mich gereizt an: »I'm not the fucking Highway Patrol. I'm the Border Patrol.«

Na gut. Weil keiner von uns 200 Dollar dabeihatte – nicht einmal wir alle zusammen –, ließen wir Michael also zurück. Zu Hause in San Diego wurde neben dem Suchen von Michaels Reisepass erst mal der Kühlschrank geplündert. Danach machten Abraham und ich uns nochmals auf den Weg zur Grenze, um unseren einzigen nüchternen Fahrer abzuholen. Der hatte in unserer Abwesenheit trotzdem Spaß gehabt und erzählte uns später, als wir ihn endlich mit nach San Diego nehmen durften, dass er sich die Zeit mit ein paar Einbürgerungstests vertrieben hatte, die er zur Probe hatte ausfüllen dürfen.

KA-CHING!

Alles hat ein Ende, und so kam auch der Tag, an dem Norina und Janina sich auf ihre Rückreise nach Deutschland machten. Es blieben also Abraham, Michael und ich. Aus meiner geplanten Woche San Diego waren mittlerweile zwei geworden, und ich hatte auch nicht vor, bald abzureisen. Dazu gefiel es mir einfach viel zu gut, Zeit mit den beiden Jungs zu verbringen.

Das Thema »Las Vegas« kam auf. Wahnsinnig weit entfernt war die berühmt-berüchtigte Wüstenstadt nicht, und wir drei beschlossen relativ spontan, einen zweiten Roadtrip anzugehen. Michael kramte ein paar Hotelgutscheine aus seiner Wohnung, und drei Tage Tropicana Hotel in Las Vegas waren geritzt. Aufgeregt fuhren wir die knapp sechs Stunden mit dem Auto, schrammten an L. A. vorbei und passierten die Grenze von Kalifornien nach Nevada. Als wir unserem Ziel näher kamen, war es bereits stockdunkel. Las Vegas kannte ich bisher nur aus dem Fernsehen oder aus Filmen. Deshalb war ich vollkommen aus dem Häuschen, als das »Fledermausland« ein Ende nahm und wir mit offenem Verdeck und dem Nachtwind in unseren Gesichtern euphorisch an diesem berühmten Schild vorbeirasten, das jeder von Fotos kennt und auf dem in großen Lettern steht: »Welcome to Fabulous Las Vegas!«

»Yeah!«, schrie Abraham in die Nacht. »Vegas, Baby, Vegas!«

Michael und ich stimmten ein. Es war ein großartiger Moment.

Mit einem Grinsen im Gesicht ließ ich mich zurück in den Sitz fallen. »Ja, Mann«, dachte ich, »welcome to fabulous Las Vegas, Nick!«

Wir konnten gar nicht schnell genug einchecken und unsere Sachen ins Zimmer werfen, da waren wir auch schon auf dem Las Vegas Strip und sogen alles in uns auf. Das MGM Grand, das New York-New York mit der Freiheitsstatue, der Caesars Palace mit seinen riesigen Springbrunnen, das Bellagio, das Mirage, das Luxor Hotel mit der Pyramide … Las Vegas hörte gar nicht mehr auf. Alles leuchtete, alles blinkte, alles war aufregend und versetzte uns in eine Art Rausch. In den Casinos spielten wir an den einarmigen Banditen und liefen von Spieltisch zu Spieltisch. Während sich Abraham nach und nach immer mehr für Black

Jack interessierte, waren es bei mir die Roulettetische, von denen ich angezogen wurde wie die Motten vom Licht.

Als wir in das vierte Casino stolperten, das MGM Grand, war es für mich so weit. Ich wechselte alles Geld, das ich dabeihatte, beim Casino-Cashier in Eindollarscheine. Insgesamt waren es 100 Dollar, für einen Low-Budget-Backpacker also eine Menge Geld. Davon konnte ich normalerweise vier Tage leben, ganz egal, wo ich war. Aber jetzt war ich nun mal in Las Vegas – also los! Mit zwei Bündeln zu je 50 Dollar in den Taschen meiner Multifunktionshose schlenderte ich zu den Roulettetischen. Obwohl es nach wie vor 100 Dollar waren, fühlte es sich jetzt nach viel mehr an.

Die Leute um mich herum waren absolut verrückt: Überall sah ich die Spieler gewinnen und verlieren – aber nicht Kleinstbeträge, so wie ich es vorhatte, sondern gleich in Schritten von mehreren Hunderten oder Tausenden. Und schon kamen mir meine 100 Eindollarnoten wieder ziemlich mickrig vor. Ich machte trotzdem auf dicke Hose und fühlte mich wie Brad Pitt in *Ocean's Eleven*. Als der Croupier des Tisches, an dem ich gerade stand, um die Einsätze bat, zog ich also ein Bündel Geld aus der Tasche und fing umständlich an zu zählen. Zwischendurch schaute ich in die Runde und merkte, dass mich meine Mitspieler beobachteten. Also zählte ich weiter, obwohl ich genau wusste, dass das Bündel nach wie vor aus 50 Dollar bestand. Mit großer Geste zog ich schließlich ein Scheinchen aus dem Packen, schob es ganz gekonnt auf den Tisch und verkündete: »Ich setze einen Dollar. Auf Rot.« Das war der Mindesteinsatz.

Ein dicker Asiate neben mir fing an zu lachen und konterte mit 600 Dollar auf Schwarz.

Was ich bislang nicht gewusst hatte: Die Drinks für die Spieler an den Casinotischen kosten nichts. Immer mal wieder kommt also eine Bedienung vorbei und fragt dich, was du trinken möchtest. Je nachdem, wie viel Trinkgeld du ihr dann zusteckst, kommt sie öfter mal vorbei. Ich spielte also den Mindesteinsatz und betrank mich kostenlos. Ich mochte Las Vegas wirklich mit jeder Sekunde mehr.

»No more bets!«

Gespannt verfolgten der dicke Asiate und ich, wie die Kugel über die Zahlen hüpfte, die über Gewinn oder Verlust meines ersten Dollars – und seiner 600 – entscheiden sollte. Von Rot nach Schwarz nach Rot, immer weiter. Das Spiel hatte mich sofort gefangen genommen, und ich war tierisch nervös.

»Red wins«, verkündete der Croupier plötzlich, und ich rastete komplett aus.

»Ja! Ka-ching! Ein Dollar mehr!«

Der dicke Asiate klopfte mir auf die Schulter. Es war ein so großartiges Gefühl, als hätte ich Tausende von Dollars gewonnen. Den Rest des Abends war ich vom Roulette nicht mehr wegzubekommen. Ich setzte meine Dollarnoten, manchmal verlor ich, manchmal gewann ich. Irgendwann gesellten sich Abraham und Michael dazu. Nach und nach waren wir auch ganz schön betrunken. Es wurde also Zeit, den Abend in einem Club ausklingen zu lassen.

Das war meine erste Nacht in Las Vegas – ich spielte, trank, feierte und tanzte zu blinkenden Lichtern und lachenden Mündern. Diese Nacht war *Ocean's Eleven*, *Ocean's Twelve* und *Ocean's Thirteen* zusammen. Es war fast zu schön, um wahr zu sein!

EIN AKKORDEON IN VEGAS

Der nächste Morgen war dann auf jeden Fall mehr *Hangover.* Mit einem Schädel wie von einem anderen Stern blinzelte ich ins Sonnenlicht, das schräg in unser Zimmer fiel. Alles wirkte ganz schön staubig und abgerockt. Genau wie wir. Doch schon auf dem Weg zum Frühstück kehrte bei uns allen die Euphorie zurück: Zweiter Tag Las Vegas! Ja, Mann!

Ein Blick in meinen Geldbeutel verriet mir, dass ich gestern mehr verloren als gewonnen hatte, denn es war nicht ein einziger lausiger Dollar mehr darin. Ich hatte alles komplett verspielt. Nun meldete sich mein schlechtes Gewissen: »Leute, ich hab mein ganzes Geld verzockt. Das kann ich echt nicht bringen.«

»Du hast gar nichts mehr?«, fragte Abraham.

»Nein, nichts.« Ich nippte an meinem Kaffee. »Irgendwie muss ich mir die Kohle zurückholen«, sagte ich dann zu niemand Bestimmtem.

Wir verfielen in Schweigen.

Nach einer Weile brummte Michael ein paarmal überlegend vor sich hin, lehnte sich schließlich vor und schaute uns nacheinander an. »Ich hätte da eine Idee«, sagte er.

Wir waren ganz Ohr.

Eine Stunde später stand ich bei 40 Grad im Schatten auf einem Platz vorm New York-New York. Ich schaute zu Michael, der bereit zu sein schien, und dann zu Abraham, der die Straße hinunterblickte. Einige Touristen, die an uns vorbeischlenderten, schauten interessiert zu mir herüber. Ich setzte mir meine Sonnenbrille auf und zog mein Hemd zurecht. Die Lederhose schnitt mir ein bisschen in den Schritt.

»Was für eine Scheißidee eigentlich«, dachte ich, da löste Michael auch schon den Verschluss seines Akkordeons, das sich sofort ausdehnte und die ersten Töne ausspuckte.

Michael ist, wie gesagt, aus Österreich – und als echter Österreicher hatte er sowohl sein Akkordeon als auch eine Lederhose im Gepäck. Das passende Hemd steuerte Abraham bei. Michaels Plan war so einfach wie genial: Wir würden am Las Vegas Strip auf Streetperformer machen und die Leute mit musikalisch untermaltem Schuhplattler begeistern, wofür sie uns dann natürlich ihr Geld zuwerfen würden. Michael schickte sich also an, österreichische Wanderlieder in die Wüstenstadt zu pfeffern, Abraham sollte die Leute animieren, und ich – ja, ich würde tanzen. Die Sache war nur die: Ich hatte keinen Schimmer von Schuhplattler. Aber wie schwer konnte das schon sein?

Jetzt standen – beziehungsweise saßen – wir also vor einem der größten Hotel-Casinos am Strip und schwitzten nervös vor uns hin.

»Dann mal los«, forderte Abraham uns auf.

Wenn ich nicht sicher bin, ob ich etwas wirklich machen soll oder nicht, überlege ich mir immer, wie es sich am nächsten Tag anfühlen würde, täte ich es nicht. Ist in meiner Vorstellung dann Platz für auch nur einen Funken Bereuen, dann tue ich es einfach.

Also tanzte ich. Anfangs etwas verhalten, dann immer gelöster.

Ich schwang meine Beine, brüllte: »Yehaaa!«, und hakte mich bei den vorbeikommenden Touristen ein. Jeder echte Schuhplattlerprofi hätte meine Performance vermutlich mit einem mitleidigen Kopfschütteln bedacht, die amerikanischen Touristen aber waren begeistert. Im Nu stand ein Haufen Leute im Halbkreis um uns herum und klatschte im Takt. Die Zuschauer wollten Fotos mit uns schießen, einige forderten mich sogar zu einem Battle heraus. Ich moonwalkte, machte den Running Man, improvisierte und schwitzte mir einen Wolf. Michael haute währenddessen ordentlich in die Tasten, und Abraham entpuppte sich als großartiger Animateur. Mit lauter Stimme pries er mich allen vorbeikommenden Leuten an, die meist neugierig und belustigt stehen blieben – und nicht wenige davon warfen uns Geld in den Hut. Wir ernteten viel Applaus.

Aufgekratzt von unserem Erfolg, beschlossen wir nach einer Stunde, zum MGM Grand weiterzuziehen. Hier hoben wir unsere Streetperformance auf ein ganz neues Level: Michael saß und spielte, und sobald jemand an ihm vorbeiging, schlich ich mich tanzend von hinten an und hakte mich bei den Leuten ein. Es war ausgesprochen lustig, und nur einige wenige scheuchten mich erbost weg. Irgendwann kam sogar eine Truppe indischer Junggesellinnen vorbei. Die Bachelorette wollte unbedingt lernen, wie man diesen traditionellen österreichischen Volkstanz machte. Also brachte ich es ihr bei. Oder zumindest das, was ich dafür hielt. Wir hatten unglaublichen Spaß, der leider nur deswegen ein Ende fand, weil die Security-Truppe des MGM Grand, angezogen von dem großen Menschenauflauf, vor die Tür trat und uns kurzerhand verscheuchte.

»Wenn ihr keine Streetperformance-Lizenz habt, rufen wir die Polizei!«, ließen die streng dreinblickenden Security-Typen uns wissen. Also packten wir nach insgesamt zwei Stunden unser Zeug zusammen und trabten zurück ins Tropicana Hotel, euphorisch bis zum Anschlag. Wären wir nicht verscheucht worden, wir hätten den ganzen Tag so weitergemacht. Der Kassensturz im Zimmer zeigte, dass unser Plan aufgegangen war: Rund 50 Dollar hatten wir mit Michaels Idee verdient. Grandios.

MAGIC MIKE

Ich wurde unsanft vom Klingeln meines Handys aus dem Schlaf gerissen. Noch benommen tastete ich danach.

»Äh … hi?«, fragte ich, als ich es mir ans Ohr hielt.

»Niiiiick!«, schallte es mir entgegen. »Wir sind in Las Vegas. Wie sieht es aus: Kommst du heute Abend vorbei?«

Es war Thi, meine erste Couchsurfing-Gastgeberin in San Diego. Schon in den ersten Tagen dort hatte sie mir erzählt, dass sie bald wegen eines Junggesellinnenabschiedes nach Vegas fahren werde und dafür noch einen Stripper organisieren müsse. Sie hatte nicht konkret gefragt, ob ich diese Aufgabe übernehmen wolle, aber sie hatte vorgeschlagen, dass ich doch mit ihr und den Mädels ein bisschen feiern könnte. Damals hatte ich gesagt: »Klar, warum nicht?«, aber die ganze Kiste nicht so ernst genommen. Ich war also nicht vollkommen unvorbereitet, aber doch ein wenig überrascht, als Thi mich am Telefon einlud, am Abend zur Bachelorette-Party zu kommen. Mittlerweile war ich gänzlich erwacht, dachte an die gerade verdienten Dollars – und sagte zu. Das würde mit Sicherheit kein langweiliger Abend werden.

Um kurz vor neun stand ich also in der Lobby des Paris Hotel und trieb mich vor den Fahrstühlen herum, für die man eine Schlüsselkarte brauchte. Die ich aber nicht besaß. Bei der nächsten Gelegenheit stellte ich mich deshalb einfach mit zu den Wartenden und tat, als wüsste ich genau, wo ich hinmusste. Thi hatte mir vor ein paar Stunden die Zimmernummer im 18. Stock gesimst, aber als sich die Aufzugtüren schließlich öffneten, bemerkte ich, dass ich ihr Zimmer auch von alleine gefunden hätte: Es war im ganzen langen Gang die einzige Tür, die mit pinken Luftballons geschmückt und hinter der aufgeregtes Kreischen zu hören war. Das war definitiv die Residenz von Thi und ihren Mädels.

Vor der Tür stehend, wollte ich zuerst ganz normal klopfen, überlegte mir aber dann, dass ich einen besseren Auftritt hinlegen könnte. Also hob ich die Hand und schlug – BAMM, BAMM, BAMM – dreimal mit Karacho gegen die Tür. Dahinter wurde es plötzlich mucksmäuschenstill. Ich lehnte mich in den Rahmen, kreuzte lässig die Beine hintereinander und tat so, als wäre ich Channing Tatum in *Magic Mike* höchstpersönlich. Ich hörte es ein wenig giggeln, dann wurde auch schon die Tür aufgerissen.

»NIIIIIICK! OH MY GOOOOOD!«, kreischte es mir entgegen. In der Tür stand Thi, eingepackt in ein türkises Kleid und schon mit ordentlich Drehzahlen im Kopf. Ohne Umschweife packte sie mich am Kragen und zerrte mich ins Zimmer. Völlig entgeistert starrte ich auf die Szene, die sich mir bot: Sieben völlig angetüterte Asiatinnen, allesamt in türkisen Kleidern, kreischten, tanzten und lachten, als sie mich erblickten. Mir dämmerte, dass

Thi ihre Stripper-Idee wohl schon kundgetan hatte. Kichernd musterten sie mich, ich sah die Gedanken geradezu physisch vor mir, die sich in ihren Köpfen formten. Doch noch war ich ziemlich überfordert von der Situation und nahm erst einmal dankend jeden Drink entgegen, den mir die Mädels reichten. Und es waren eine Menge Drinks. Zunächst fragten mir alle Löcher in den Bauch, und ich erzählte meine Geschichte. Wir tanzten im Halbkreis, plauderten und tranken. Irgendwann kam die unvermeidliche Frage seitens einer Freundin der Bachelorette: »Und, bist du eigentlich hauptberuflich Stripper?«

Ich hatte es doch gewusst. Thi blickte mich augenzwinkernd an.

»Äh …«, antwortete ich wenig wortgewandt. »Nee, hauptberuflich nicht. Aber nebenberuflich mach ich das manchmal.«

Das konnte ja was werden. Was tat ich hier eigentlich?

Doch bevor ich Zeit hatte, weiter darüber nachzudenken, sprang die Bachelorette aufs Bett, schnappte sich das Radio, drehte die Musik voll auf und schaute mich erwartungsvoll an.

»Holy shit«, dachte ich. Und danach: »Na gut.«

Thi versetzte mir einen Stupser in die Seite, und ich blickte in die Runde: Sämtliche Augenpaare waren auf mich gerichtet, und verdächtig viele Vorderzähne nagten schelmisch an den zugehörigen Unterlippen. Was dann folgte, schreibe ich noch heute zu einem Großteil dem gewaltigen Alkoholpegel zu, den ich mittlerweile in meinem Blut hatte: Ich schnappte mir einen Stuhl, stellte ihn in die Mitte des Raumes und führte die Bachelorette tanzend zu ihrem Thron. Im Radio lief mittlerweile Lil Jon & The East Side Boyz mit *Get Low*. Also *to the window to the wall*-te ich los und zog dabei langsam mein Hemd aus. Die Mädels rasteten komplett aus. Oberkörperfrei twerkte ich vor mich hin, wackelte mit dem Hintern auch direkt vor der Bachelorette und ließ mir lauter Dollarscheine zustecken. Ich hatte keine Ahnung, was ich eigentlich genau machen sollte, aber ich machte einfach nach, was ich selbst irgendwann an Striptease-Moves gesehen hatte. Ich schnappte mir den Kopf der Bachelorette und rieb ihn an meiner Brust, pfefferte meine Sneakers nacheinander in verschiedene Ecken des Zimmers und schickte mich dann an, meine Hose auszuziehen. Kurz überlegte ich, ob ich die Tatsache, dass die Hosenbeine meiner Multifunktionshose abzippbar waren, in meine kleine Show einbauen sollte, verwarf den Gedanken aber gleich wieder. Das konnte nur peinlich werden. Also zog ich meinen Gürtel raus und tat so, als würde ich der Bachelorette damit ein wenig den Hintern versohlen. Es wurde gekreischt und gekreischt. Einige Mädels tanzten auf den Betten, die Bachelorette war vollkommen aus dem Häuschen. Ich nutzte die allgemeine Entrücktheit, rannte schnell ins Bad und schnappte mir ein Handtuch. Ganz blankziehen wollte ich dann doch nicht. Zurück im Zimmer, entledigte ich mich hüftschwingend meiner Hose und wickelte mir das Handtuch um.

Ich weiß noch, dass ich irgendwann zwischendurch so was dachte wie: »O Mann, Nick, du bist das erste Mal in Las Vegas, das ist hier gerade mal der zweite Abend, und du hast schon in einem halben Dutzend Casinos gespielt, zu österreichischen Wanderliedern Schuhplattler getanzt, und nun stehst du hier in einem Hotelzimmer im Paris, strippst vor sieben volltrunkenen Asiatinnen, die du bis auf eine Ausnahme überhaupt nicht kennst, und lässt dich mit Dollars bewerfen. WAS. GEHT. AB?!«

Aber der Gedanke verflüchtigte sich schnell, denn mit einem gekonnten Ruck zog mir die Bachelorette unter meinem Handtuch die Boxershorts aus. Das war mir dann doch genug *to the wall,* für mich hieß es jetzt definitiv *to the window.* Ich zog mich langsam powackelnd an die Fensterwand zurück, damit niemand mehr hinter mir stehen konnte. Hier tanzte ich mich dann noch ein bisschen ins Finale – ich verzichtete auf ein »Happy End« – und wickelte schließlich das Handtuch fest um meine Hüften. Mein bestes Stück bekam hier sicher niemand zu sehen.

Erst später fiel mir auf, dass ich mich im Fenster klar und deutlich gespiegelt haben musste, aber das war auch egal. Die Mädchen waren vollauf zufrieden mit meiner Show. Da stand ich also verschwitzt, nur mit einem Handtuch bekleidet, zwischen lauter Geldscheinen zu meinen Füßen, als die letzten Takte des Liedes verklangen. Ich kam mir vor wie in einem schlechten Film. Oder wie in einem besonders guten, ich weiß es nicht. Auf jeden Fall hatte es tatsächlich ziemlich Spaß gemacht. Und hey: Ich hatte 30 Dollar verdient!

I NEED A DOLLAR, DOLLAR

Noch von San Diego aus hatte ich meine Eltern gebeten, mir etwas Geld von meinem Girokonto auf mein Reisekonto zu überweisen. Weil ich mir und meiner Sparsamkeit anfangs noch nicht sehr über den Weg traute – und auch ein bisschen aus Sicherheitsgründen –, hatte ich mir ein cleveres Prinzip ausgedacht: Ich verfügte immer nur über einen Teil meines Reisebudgets, der Rest lagerte auf meinem normalen deutschen Konto, für das ich keine Karten dabeihatte. Meinen Eltern hatte ich eine Bankvollmacht erteilt. Der Plan sah vor, dass sie mir immer mal wieder etwas Geld auf mein Reisekonto transferierten, wenn ich wieder Budget brauchte. So weit die Theorie. Ein Ridesharer hatte mich vor wenigen Minuten am Flughafen von San Francisco, meiner nächsten Station, rausgeschmissen, und nun stand ich am Bankautomaten, um mein komplett leeres Portemonnaie mit Bargeld zu füllen. Doch nach Eingabe meiner Geheimzahl erhielt ich zu meiner Verwunderung die Benachrichtigung, dass das Konto leider nicht gedeckt sei. Ich probierte es erneut, selbes Ergebnis.

In mir wallte kurz etwas Panik auf, dann rief ich mich zur Ruhe und bat jemanden um ein wenig Geld, damit ich an einem der Flughafen-Internetterminals via Skype meine Eltern anrufen könnte. Damals, 2010, war die Welt weit entfernt von kostenfreien WiFi-Zonen.

Meine Eltern bestätigten kurz darauf meine Befürchtung: Das mit der Überweisung hatte leider nicht geklappt. Sie hatten es tatsächlich versucht, aber als Onlinebanking-Neulinge hatten sie nicht alles gleich durchblickt und erfolgreich dreimal das falsche Passwort eingegeben. Das hatte zu einer sofortigen Sperrung meines Kontos geführt. Erschwerenderweise kam hinzu, dass Wochenende und deshalb vor Montag niemand in der Bank zu erreichen war. Dass ich wirklich überhaupt kein Geld mehr hatte, nicht einen Cent, hatten meine Eltern nicht gewusst. Wir konnten also zu diesem Zeitpunkt absolut nichts tun.

Da stand ich in einer mir völlig fremden Stadt an einem riesigen Flughafen, meine Konten waren gesperrt oder leer, ich hatte kein Bargeld mehr – und mal abgesehen davon auch noch keine Ahnung, wo zum Teufel ich an diesem Abend übernachten sollte. Eine Situation, die einem ganz schön Angst einjagen kann.

Tatsächlich ist es so, dass unser Gehirn von Natur aus und um unser Überleben zu gewährleisten, komplett auf Sicherheit gepolt ist. Es liebt bekannte, gewohnte Umgebungen und Situationen. Deshalb springt es auch sofort auf Alarm, wenn man plant, eine große Sache anzugehen, wie zum Beispiel eine Weltreise. Sofort spielt es Horrorfilme im Kopfkino ab: Was ist, wenn etwas passiert? Was tun, wenn es gefährlich wird? Vielleicht wirst du ausgeraubt? Bleib lieber hier, hier kennen wir uns aus!

Wenn du dich allerdings davon nicht abschrecken lässt und über deinen Schatten springst, lernst du immer mehr, mit diesen Situationen umzugehen – und sie verlieren ihren größten Schrecken. Auf Reisen war ich fast täglich zu irgendeinem Zeitpunkt außerhalb meiner Komfortzone. Anfangs war das anstrengend und ungemütlich, aber nach und nach wurde auch das zur Gewohnheit. Ich stand also nicht am Flughafen und verlor vor

Sorge den Kopf. Ich stand am Flughafen und sah mich einer – zugegebenermaßen recht unangenehmen – Herausforderung gegenüber, die es einfach zu lösen galt. Also machte ich mich auf den Weg aus diesem Schlamassel heraus.

Zuerst wollte ich die Sache mit dem Schlafplatz organisieren. Ich trampte in die Stadt und suchte mir eine öffentliche Bibliothek mit frei nutzbarem Internet. Dort rief ich die Couchsurfing-Plattform auf und klickte zum ersten Mal auf die »Notfall-Couchsurfing-Funktion«. Hierbei geht eine Anfrage an sämtliche verfügbaren Couchsurfing-Hosts in der Umgebung raus. Dann hieß es warten. Ich legte mich vor der Bibliothek ins Gras und rannte immer mal wieder hinein an den Computer, um zu checken, ob sich schon irgendwer gemeldet hatte.

Beim dritten oder vierten Mal war endlich eine Nachricht da. Von Iwan, ungefähr Ende 40, mit freiem Schlafplatz in Chinatown. Zusammen mit einem weiteren Couchsurfer, einem Russen namens Alex, durfte ich ein paar Tage bei ihm auf einem Army-Feldbett pennen. Wie in San Diego erlebte ich auch in San Francisco allein durch die Bekanntschaft mit diesen beiden Typen eine ganze Menge. Ich hatte kein Geld, aber sie halfen mir aus, luden mich zum Essen ein und gaben mir alles, was ich brauchte. Nur durch Iwan war es mir möglich, geheime Orte in der Stadt zu entdecken, wie zum Beispiel ein asiatisches Restaurant, das nur über eine Feuerleiter in einer finsteren Gasse und ein Labyrinth aus Gängen zu erreichen war. So etwas steht in keinem Reiseführer. Durch einen Zufall saß ich an einem anderen Tag mit Alex in der Jury eines Underground-Catwalks – einer Art Modenschau für Nachwuchstalente. Ich hatte erneut so viele Erlebnisse in einer Stadt, die ich vom Stadtrundfahrtenbus aus nicht einmal hätte erahnen können. Gleichzeitig hatte ich mein Problem zu einer Herausforderung gemacht und diese dank der Freundlichkeit von völlig Fremden gelöst, die nun keine mehr waren.

Es ist eine der größeren Erkenntnisse, die meine Reisen für mich bereitgehalten haben: dass überall auf der Welt Menschen leben, die das eigene Leben bereichern und deren Leben man selbst auch bereichern kann. Als ich meine ersten Erfahrungen mit Couchsurfing sammelte, kam mir immer wieder ein Zitat in den Sinn, das meist dem irischen Dichter William Butler Yeats zugeschrieben wird: »There are no strangers here; Only friends you haven't yet met.« So war es tatsächlich. Käpt'n Gary, Emil, J.C., Thi, Michael, Abraham – das waren alles Fremde gewesen, bevor ich sie getroffen hatte. Wie viel hätte ich verpasst, nicht erlebt, wäre ich diesen Menschen nicht begegnet?

Viele, die mich bisher über meine Reisen ausgefragt haben und die selbst auch gerne die Koffer packen würden, aber sich nicht recht trauen, übersehen oft, dass du auf Reisen nicht allein sein musst. Du triffst immer wieder auf tolle Menschen – und kannst das selbst auch beeinflussen. Couchsurfing ist dafür eine wunderbare Möglichkeit. Es hilft dir, Netzwerke vor Ort aufzubauen, die dich immer weitertragen. Das habe ich getan. Und ich bin sehr dankbar dafür, denn sie brachten mich zu Menschen, die in sehr kurzer Zeit sehr gute Freunde wurden und mit denen ich bis zum heutigen Tag regelmäßig Kontakt habe.

DER UNGLAUBLICHE HULK

Ich war endlich wieder flüssig – und unabhängig. Sosehr mich die Hilfsbereitschaft der Menschen freute, jemandem auf der Tasche zu liegen ist einfach nie schön. Ich war nun in Seattle und quetschte mich eine enge und steile Treppe im Flur eines ziemlich abgerockten Hauses im Bruchbudenstyle hoch. Unterm Dach erwarteten mich meine Couchsurfing-Hosts July und Brian, die beide etwas jünger als ich waren. Man merkte ihnen die Aufregung über die erste eigene Bude und die erst seit Kurzem offizielle Erlaubnis, Alkohol zu konsumieren, sogar mit fest geschlossenen Augen deutlich an. Beide waren irre lieb und herzlich, sodass ich mich von der ersten Sekunde an wohlfühlte. Sie hatten einen kleinen Welpen, der bislang noch keinen Namen hatte. An ihm begründete ich die Tradition, alle namenlosen Tiere, die ich treffe, auf den Namen Snickers zu taufen. Auch der kleine Hund schien, wie seine Besitzer, ein Herz aus Gold zu haben. Man konnte es ihm deshalb kaum übel nehmen, dass er ständig irgendwo hinpinkelte oder Geschäfte hinterließ.

Schon am ersten Abend war die Bude gerammelt voll mit Freunden von July und Brian. Alle starrten mich mit großen Augen an, als ich erzählte, dass ich meinen Job hingeworfen hatte und auf Weltreise gegangen war. Sie löcherten mich mit Fragen über Neuseeland, Mexiko, den Katamaran – und immer wieder auch über Deutschland. Es war, als wären sie Schwämme, die so viel wie möglich über diese Welt erfahren wollten, von der sie bisher noch nicht viel gesehen hatten. Ich konnte sie von Herzen verstehen.

»Was wollen wir morgen anstellen?«, fragte ein sehr hübsches Mädchen mit riesengroßen Knopfaugen, als wir spät in der Nacht im Wohnzimmer rumhingen. Sie hieß Hannah. Ich hatte mir über den nächsten Tag noch keine Gedanken gemacht. Vielleicht ein bisschen Seattle anschauen?

»Was haltet ihr davon, wenn wir bei der Fremont Solstice Parade mitmachen?«, beantwortete Hannah ihre Frage selbst.

»Fremont-was?«, kam es von mir.

»Das ist so eine Art *crazy bike ride,* Leute treffen sich und fahren auf Fahrrädern durch Seattle.«

Aus meiner Sicht klang das nach einer echt guten Idee, und am nächsten Morgen machten wir uns deshalb früh auf die Socken. Wir, das waren Lizzy, eine weitere Freundin der WG, Hannah, Brian, July und ich. Wir fuhren mit dem Bus in die Stadt rein, liehen uns Fahrräder aus und erreichten zwei oder drei Blocks später schließlich eine riesengroße Lagerhalle. Ich nahm an, dass sie der Startpunkt der Fahrradtour war, denn vor der Halle standen Hunderte von Drahteseln. Wir stiegen von den Rädern und liefen zum Eingang. Ich weiß nicht, was ich damals eigentlich in der Halle zu erleben dachte: ein kleines Get-together vorm Losfahren, eine Rede, vielleicht noch eine Runde Getränke?

Draußen schien die Sonne an einem wolkenlosen Himmel, weshalb wir alle zunächst blind wie Maulwürfe in der Halle standen. Während meine Augen sich an die Dunkelheit zu gewöhnen versuchten, war meine Nase komplett am Start. Andersherum wäre es mir lieber gewesen, denn es stank entsetzlich.

»Igitt, wonach riecht es denn hier?«, wandte ich mich an Brian.

»Keine Ahnung, Mann«, kam es von irgendwo links von mir.

Langsam nahm ich Silhouetten wahr. Hunderte Menschen befanden sich in dieser übel riechenden Lagerhalle. Es roch wie in einer Wachsmalstiftfabrik, irgendwie extrem künstlich-chemisch, als würde jemand Reifen verbrennen. Nach und nach wurden die Umrisse klarer – und ich erkannte, dass es sich nicht nur um Hunderte Menschen handelte, sondern um Hunderte NACKTE Menschen. *Holy shit,* wo war ich denn hier reingeraten, in eine Orgie?

Ich fragte mich gerade, ob Lizzy, July und Hannah gewusst hatten, was hier los war, da packte mich Letztere schon bei der Hand, und wir liefen tiefer in die Halle hinein. Ich erkannte, dass die Leute sich gegenseitig mit Körperfarbe anmalten. Das erklärte auch den widerlichen Geruch. Lauter Menschen in unterschiedlichen Stadien des Angemaltseins wuselten durch die Gegend. Manche waren einfach nur irgendwie bunt, einige schienen dafür schon seit Stunden hier zu sein, denn detailreiche Bodypainting-Bilder zierten sie. Was genau Hannah mit dem *crazy* vor dem *bike ride* gemeint hatte, wurde mir jetzt erst klar: Die Fremont Solstice Parade war nicht nur irgendeine verrückte

Fahrradtour, sie war eine alljährliche Tradition in Seattle, bei der um die 800 bunt bemalte Nacktradler durch die Stadt tourten. Das Ganze war eingebunden in eine Art künstlerisches Volksfest. Und Nick war mal wieder mittendrin statt nur dabei.

Hannah und Lizzy steuerten auf ein paar Leute zu, die sie offenbar kannten. Es handelte sich um weitere Freunde, die uns sogleich Platz machten, damit wir uns entkleiden und anmalen konnten. Als frischgebackener Las-Vegas-Stripper hätte ich cooler mit der Situation umgehen können, aber ich war noch ziemlich eingeschüchtert. Brian erging es, seinem Gesichtsausdruck nach zu schließen, ganz ähnlich. Nicht aber den Mädels: Die rissen sich im Nu die Klamotten vom Leib und begannen sich anzupinseln. Das ließ Brian und mich natürlich nicht unbeeindruckt, und eine Weile wussten wir nicht recht, wo wir hinschauen sollten. Weil wir aber offenbar die Einzigen waren, die sich genierten, begannen wir schließlich auch, uns etwas umständlich ein Kleidungsstück nach dem anderen auszuziehen. Zum zweiten Mal auf dieser Reise trennte ich mich also umringt von Fremden von meiner Multifunktionshose. Ich dachte noch darüber nach, ob irgendeine Möglichkeit bestünde, wenigstens die Boxershorts anzubehalten, da war Brian bereits einen Schritt weiter und hatte blankgezogen.

»Ach komm, was soll's, Schwengel raus«, dachte ich und tat es ihm nach.

Es dauerte nicht allzu lange, da legten wir verklemmten Jungs unsere anfängliche Schüchternheit ab und fingen an, darüber nachzudenken, wie wir uns anmalen sollten. Ich startete mit einem knalligen Grün. Für ausgefeilte Malereien hatten wir vermutlich eh keine Zeit mehr, deshalb entschied ich kurzerhand, mich in die Comicfigur *The Incredible Hulk* zu verwandeln: alles grün und nur der Boxershortsbereich blau. Perfekt. Mein Oberkörper und meine Beine waren bereits fertig, und ich fing gerade damit an, meine Pobacken blau zu färben, als Hannah angerannt kam. Sie war eine Zeit lang verschwunden gewesen und jetzt schon komplett mit Farbe überzogen, sie strahlte uns an.

»Schaut mal, ich bin eine Schneeflocke«, kicherte sie und streckte Brian und mir eine ihrer Brüste entgegen. Wir starrten sie mit offenen Mündern an. Hannah sah wirklich toll aus. Und sie war nackt.

»Und hier bin ich Feuer!«, ergänzte sie und präsentierte uns ihre andere Brust. Offenbar war sie so etwas wie die vier Jahreszeiten. Brian und ich brabbelten irgendwas Zustimmendes vor uns hin. Wir waren eben junge Typen, die sich von hübschen, entkleideten Frauen schnell aus dem Konzept bringen ließen. Ich drehte mich schnell weg und arbeitete konzentriert an meinen blauen Pobacken weiter. Da tippte mir jemand auf die Schulter. Ich wandte mich um und sah mich wieder Hannah gegenüber.

»Do you want me to paint your balls?«, fragte sie grinsend und legte den Kopf schief.

Mir blieb ein bisschen die Spucke weg. Jetzt war ich doch froh, dass es in der Halle relativ duster war, denn einen roten Kopf hatte der unglaubliche Hulk sicher nicht.

»Also wenn du so fragst«, antwortete ich schließlich bemüht cool. »Na, aber gerne doch!«

Und Hannah begann tatsächlich mein bestes Stück mit blauer Farbe einzupinseln. Neben mir lachte Brian ohne Ende in sich hinein.

Wie sich herausstellte, war die Kombination nackter Po und Sattel keine besonders angenehme. Aber das trat in den Hintergrund, als wir schließlich in einem riesigen Pulk durch Seattle fuhren. Tausende Schaulustige säumten die Straßen und jubelten uns zu. Dieser *crazy bike ride* war offensichtlich eine echt große Sache in Seattle. Vor gerade 24 Stunden hatte ich zum ersten Mal einen Fuß in die Stadt gesetzt, nun war ich Teil eines berühmten Stadtfestes. Ich grölte meiner Rolle gemäß vor mich hin und rief immer wieder Hulks berühmtesten Satz: »Don't make me angry!«

Kapitel 5

DER RUF DER WÄLDER

DIE HUNGERSPIELE

»Am besten wäre es, wenn du kurz vor der Grenze aussteigst und zu Fuß weitergehst«, unterbrach Nancy die Stille. Eine Weile lang waren wir schweigend in ihrem Auto gefahren, nachdem wir uns unsere Leben erzählt hatten. Nancy war eine ungefähr 50 Jahre alte Frau, die mich netterweise per Rideshare mit nach Kanada nahm.

»Okay, und warum?« Ihr Vorschlag wunderte mich.

»Die Grenzbeamten könnten es nicht so gut aufnehmen, wenn man jemanden, den man eigentlich nicht kennt, mit nach Kanada nimmt. Könnte sein, dass sie misstrauisch werden und uns ewig löchern«, erklärte mir Nancy. »Wir machen es deshalb so: Ich lasse dich kurz vor der Grenze raus, du läufst zu Fuß rüber, und hinter der Grenze sammle ich dich wieder ein.«

So ganz blickte ich nicht durch, warum es ein Problem sein sollte, per Mitfahrgelegenheit nach Kanada zu reisen, aber in dem Fall war sie die Erfahrene von uns beiden. Also vertraute ich ihrem Urteil. Die Zeit in den USA war toll gewesen, jetzt freute ich mich auf Kanada. Ursprünglich hatte ich Vancouver City als nächstes Ziel ins Auge gefasst, aber während unserer Fahrt hatte Nancy vorgeschlagen, dass ich doch eine Weile mit nach Vancouver Island kommen könnte. Nancy besaß ein Haus auf einer der vielen kleinen Inseln vor Vancouver Island, wo sie den Sommer verbringen und das große Grundstück, das zu ihrem Haus gehörte, auf Vordermann bringen wollte. Gegen Kost und Logis könnte ich ihr für ein paar Tage dabei helfen, wenn ich wollte.

An der Grenze machten wir es dann genau so, wie sie es vorgeschlagen hatte. Was Nancy jedoch nicht eingeplant hatte: Am Ende sah es mindestens ebenso merkwürdig aus, dass ich als einziger Fußgänger auf dem Highway zur Grenzstation lief. Das empfand auch der Grenzbeamte, der mich schon von Weitem beobachtete. Wie viele Backpacker kamen schon alleine zu einem Highway-Grenzübergang gestiefelt? Vermutlich keiner. Das sagte er mir dann auch. Als er reichlich misstrauisch nach dem Grund fragte, erzählte ich ehrliche Haut ihm die ganze Story.

Er schaute mich eine Weile zweifelnd an. Dann fasste er zusammen: »Also, du sagst mir, dass du als junger Typ mit einer älteren Frau, die du erst seit ein paar Stunden kennst, nach Kanada reist, um dann mit ihr auf ihrem Grundstück, das etwas verwildert ist, eine Weile zu leben? Sie hat dich eben erst hier rausgelassen, damit du dann zu Fuß über die Grenze gehst und danach wieder in ihr Auto steigst?«

»Ja, genau«, bestätigte ich. Gleichzeitig merkte ich selbst, wie schräg diese Geschichte in seinen Ohren klingen musste. Ich fragte mich, ob ich vielleicht doch ein bisschen zu viel erzählt hatte.

Der Grenzbeamte atmete hörbar aus, warf einen Blick in meinen Reisepass, den er in der einen Hand hielt, während er sich mit der anderen auf den Tresen stützte. Sein Blick wanderte wieder zu mir, und er musterte mich. Anschließend warf er erneut einen Blick in meine Dokumente, presste ein bisschen die Lippen zusammen und setzte schließlich kopfschüttelnd den kanadischen Stempel in meinen Reisepass.

»Geht mich ja auch nichts an. It's your business.«

Vermutlich hielt er Nancy und mich für zwei Spinner, die zu oft *Die Reifeprüfung* gesehen hatten. Aber wie auch immer: Ich hatte einen neuen Stempel in meinem Pass, und kurze Zeit später saß ich wieder bei Nancy im Wagen.

Von der Zeit auf Vancouver Island ist mir vor allem die unglaubliche Schönheit der Natur im Gedächtnis geblieben. Und generell ticken die Uhren auf den Inseln anders: Niemand schließt ab, jeder hilft dem anderen aus – und von Stress oder Chaos ist man dort meilenweit entfernt. Aber wie überall auf der Welt gab es auch hier eine Ausnahme. Deshalb war das, was mir in weniger guter Erinnerung blieb, ausgerechnet die Zeit bei Nancy. Anfangs machte mir die Arbeit auf ihrem Grundstück wirklich Spaß. Nach ein paar Tagen gesellte sich sogar ein zweiter Reisender dazu, mit dem ich mich gut verstand: Jason aus Kanada. Er war mit seinem Bus auf dem Weg quer durchs Land und ergriff wie ich die Gelegenheit, gegen Arbeitskraft ein wenig Geld zu sparen. Es dauerte allerdings nicht lange, bis uns dämmerte, dass es Nancy vor allem um billige Arbeitskraft ging. Wir schliefen draußen auf dem Grundstück, sie hatte also nicht sonderlich viel Stress mit dem Logis, und auch bei der Kost war sie äußerst geizig: Wir verrichteten jeden Tag schwere körperliche Arbeit und hatten so gut wie immer Hunger. Als sie eines Tages nicht da war, plünderten wir kurzerhand ihren Kühlschrank, in dem sie einen Haufen wunderbarer Vorräte vor uns versteckte – und es kam zu einem kleinen Eklat. Nach zwei weiteren Tagen, in denen sich nichts besserte, schmissen wir deshalb unser Zeug in Jasons Wagen und verabschiedeten uns leichten Herzens.

Die nächsten Tage verbrachten wir zwei alleine auf Cortes Island. Jason hatte ein Zodiac-Schlauchboot dabei, und das benutzten wir fast die ganze Zeit. Von ihm lernte ich noch mal richtig, was ich bei Käpt'n Gary schon so halb mitbekommen hatte: wie man angelt. Wir fischten Regenbogenforellen, brieten sie über dem Lagerfeuer und übernachteten mitten in der Natur auf kleinen Inselchen unter wahnsinnig schönen Sternenhimmeln. Wir lernten andere Kanadier kennen, wurden auf eine denkwürdige White Party eingeladen, bei der alle Gäste komplett weiß angezogen sein mussten, schlichen uns in eine geschlossene Ferienanlage und chillten dort im warmen Wasser der Whirlpools, bis unsere Haut so schrumpelig war wie die von Nacktmulchen. Doch das Schönste war die komplette Naturverbundenheit insgesamt, die einen großen Eindruck auf mich machte. Davon wollte ich mehr.

INTO THE WILD

Als nächstes Etappenziel hatte ich mir Tofino, ganz im Norden von Vancouver Island, ausgesucht – und da wollte ich zum großen Teil auch hinwandern. Ich war sehr angefixt von der Vorstellung, alleine Zeit in der Natur zu verbringen. Ich dachte an den Film *Into the Wild* – schließlich befand ich mich gar nicht so weit entfernt von der Gegend, in der er spielt.

Als ich durch Kanada reiste, befand sich das Gewicht meines Reisegepäcks auf dem Höhepunkt. So kraxelte ich mit ganzen 30 Kilo auf dem Rücken durch die Wälder von Vancouver Island. Es war unfassbar anstrengend, aber es war trotzdem ein tolles Gefühl. Ich wanderte, fuhr ab und zu per Anhalter, wenn mal ein Auto vorbeikam, und wanderte dann wieder weiter. Am späten Nachmittag kreuzte ich einen Creek, das ist ein nur zeitweise ausgetrockneter Flusslauf. Bei diesem rann in der Mitte noch ein kleines Bächlein gemächlich vor sich hin. Ich blickte mich um: Vor mir lag das Flussbett, drum herum erhoben sich majestätische Wälder, und in der Ferne war eine massive Gebirgswand zu sehen. Besser könnte es keine Postkarte einfangen. Ich beschloss, dass dies genau der Ort sein sollte, an dem ich meine erste Solonacht in der kanadischen Wildnis verbringen würde.

Ich kletterte also runter zum Flussbett, baute mein Zelt im weichen Kies auf und fing an, alles für ein ordentliches Outdoor-Abendessen vorzubereiten. Ausgestattet hatte ich mich am Morgen mit Kartoffeln, Möhren, Mais, Thunfisch – sogar eine Dose Bier befand sich in meinem Gepäck, die ich jetzt zum Kühlen in das Bächlein stellte. Ich entzündete ein Lagerfeuer, und genüsslich kauend, setzte ich mich davor. Was war das nur für ein tolles Leben. War ich nicht gerade noch jeden Tag auf dieser Klapperkiste von Roller frierend in ein kleines kahles Büro mitten in Deutschland gefahren? Und jetzt saß ich hier: Nick 2.0, mitten in der kanadischen Wildnis, umgeben von riesigen Bäumen, durch die der Wind rauschte, und mit Blick auf ein von der Abendsonne angestrahltes Gebirgsmassiv. Wenn ich noch irgendwelche Zweifel an meiner Entscheidung gehabt hätte, wären sie spätestens jetzt vom Wind davongetragen worden. Selbst für diesen einen Abend, den ich mit jeder Faser meines Körpers aufs Intensivste wahrnahm, hätte sich das alles gelohnt. Ich stand auf, streckte mich, fischte die Bierdose aus dem Bach und trank in großen Zügen die ersten Schlucke. Es war so großartig. Ich war komplett allein mit mir und meinen Gedanken: Es gab kein Smartphone in meiner Tasche, keine Bar um die Ecke, keine anderen Backpacker mit Gitarren, nicht mal ein Buch, das ich unbedingt weiterlesen wollte. Nie hatte ich meinen Umgebungsgeräuschen so viel Aufmerksamkeit geschenkt: dem Knistern des Lagerfeuers, dem Rauschen der Bäume, dem leise plätschernden Wasser, meinem eigenen Atem.

Die Sonne ging immer weiter unter. Um mich herum war es schon düster, aber die Bergwand erstrahlte noch immer goldgelb. Ich leerte die Bierdose und schnappte mir dann meine wiederverschließbare Essenstüte. Ich war zwar noch grün hinter den Outdoor-Ohren, aber selbst ich wusste eines ganz genau: Wenn du in den kanadischen Wäldern wild campst, häng dein Essen an einen Baum, sonst lockt es im besten Fall Ungeziefer und im schlimmsten Fall Bären an. Ich stopfte also alles, was ich noch an Essen besaß, in den Beutel, an dem ich einen Karabiner befestigte. An diesen band ich ein langes Seil, dessen Ende ich um einen großen Stein wickelte. Dann machte ich mich auf die Suche nach einem Baum, der einen starken Ast zu bieten hatte. Ich wog den Stein ein paarmal in meiner Hand, damit er gut lag, dann warf ich ihn mit einem kräftigen Schwung nach oben, sodass er auf der anderen Seite wieder herunterfiel. So konnte ich meine Essenstüte weit nach oben ziehen und in der Luft baumeln lassen. Das Gewicht des Steines sorgte dafür, dass die Tüte sich oben hielt. Als es endgültig Nacht wurde und sich sogar die Gebirgswand dunkel gefärbt hatte, kroch ich ins Zelt und verstaute meinen Rucksack darin. Eine Weile lag ich noch wach und lauschte den Naturgeräuschen um mich herum, dann war ich auch schon eingeschlafen.

Mitten in der Nacht wachte ich plötzlich auf. Etwas hatte mich geweckt. Meine Nasenspitze war eiskalt, aber in meinem Schlafsack hatte sich eine wohlige Wärme ausgebreitet. Ich lauschte eine Weile in die Stille und war schon wieder dabei einzunicken, als ich ein Geräusch hörte, ein leises Klimpern. Sofort war ich hellwach. Ich hielt die Luft an. War da wirklich ein Geräusch gewesen, oder hatte ich mir das eingebildet?

Nein, da war es erneut. Es klimperte eindeutig, vielleicht war es auch eine Art Schaben.

Ich lauschte angestrengt.

So schön es ist, ganz alleine in der Natur zu campen und die pure Wildnis um sich herum zu haben: Wenn du nachts ein Geräusch hörst, das sich nicht eindeutig einordnen lässt, ist es das plötzlich gar nicht mehr. Da draußen war irgendwas Lebendiges, und es handelte sich definitiv nicht um mich. Mein Herz nahm dies zum Anlass, ein wenig schneller zu schlagen. Kurz ging ich mögliche Erklärungen durch: Der Wind, der meine Tüte gegen den Baum schlug? Kann nicht sein, was soll da klimpern? Ein paar Erdmännchen, die … ja, was sollten die tun, damit es klimpert? In Wirklichkeit versuchte ich, den einen grausigen Gedanken zu vertreiben, der sich in mein Bewusstsein schob: ein Bär? Oh, bitte lass es keinen Bären sein!

Ich wurde ein wenig panisch. Was hatte ich zu meiner Verteidigung dabei? Ein Lupenglas, ein paar Seile, ein halbes Dutzend Karabiner … und ein Messer. Das Messer! Das war gut. Ich atmete gepresst aus. Mit einem Messer konnte ich mich zur Not irgendwie verteidigen, es dem Mistvieh ins Auge rammen. Langsam tastete meine Hand zu meinem Backpack. Nur keine Geräusche machen. Draußen klimperte es wieder. Was zur Hölle klimperte da draußen?

In der nächsten Sekunde stockte mein Atem, und mir fiel es siedend heiß ein: Ich Idiot hatte mein gesamtes Campinggeschirr am Fluss stehen lassen! Ich Volldepp! Es war zwar abgespült, aber ein Bär konnte doch sicherlich riechen, dass damit vor nicht allzu langer Zeit ein herrliches Essen gekocht worden war. Jetzt, da ich wusste, woher die Geräusche kamen, nahm ich sie noch deutlicher wahr: Jemand … oder etwas … durchwühlte das ganze Geschirr: den Topf, die Teller, das Besteck, meine Tasse – und das Messer. O nein! Wie lange würde es dauern, bis mein Zelt in den Fokus rückte? Immerhin war ich selbst auch ein ganz ordentliches Stückchen Fleisch. Mir drehte sich der Magen um, und ich lag steif wie ein Brett auf meiner Isomatte. Was sollte ich jetzt tun?

Ich hörte Schritte im Kies. Fast wünschte ich mir, dass es Menschen wären, die mich schlimmstenfalls überfallen, aber nicht essen würden. Hoffte ich wenigstens. Doch die Schritte waren definitiv nicht von Menschen: Das Rascheln im Kies stammte von mehr als zwei Füßen. Vielleicht war es sogar eine ganze Bärenfamilie? Eine Bärenmutter, die ihre Jungen beschützte und mich zerfleischen würde? Scheiße, scheiße, scheiße! Mein Puls beschleunigte sich immer weiter, und ich hatte schreckliche Angst. Was genau tat man eigentlich, wenn man von einem Bären angegriffen wurde? Ich wusste, dass es nichts brachte, einfach wegzurennen. Bären sind auf kurzen Strecken sogar schneller als Pferde. Und wie genau sollte das aussehen? Sollte ich in meiner Boxershorts in den dunklen Wald rennen? Ich würde in meiner Panik mit ziemlicher Sicherheit einfach gegen den nächstbesten Baum rennen und mich selbst ausknocken. Oder ich würde mir ein Bein brechen. In beiden Fällen hätte die Bärenmutter dann leichtes Spiel, mich zu zerfetzen. Was bin ich für ein großartiger Survival-Outdoorer, der sein verdammtes Geschirr direkt am Fluss liegen lässt!

Eine Weile versuchte ich, so flach wie möglich zu atmen und mich keinen Millimeter zu bewegen: Ich würde nichts tun, was Aufmerksamkeit auf mich ziehen könnte. Doch es klapperte und schabte immer weiter. Die Schritte im Kies. Das Schnüffeln. Ich hielt die Ungewissheit nicht mehr aus. Immerhin bestand noch eine winzige Chance, dass es sich vielleicht doch um einen harmlosen Biber handelte.

Langsam bewegte ich meinen Oberkörper in Richtung Zelteingang. Mit den Fingern suchte ich die Zipper des Reißverschlusses. Als ich sie gefunden hatte, machte ich mich in Zeitlupe ans Werk. Ich wollte nicht das geringste Geräusch verursachen. Ganze fünf Minuten fummelte ich so langsam wie möglich am Zelteingang herum, bis ich den Reißverschluss Millimeter für Millimeter aufgezogen hatte. Durch das Loch passten gerade mal zwei meiner Finger. Ich richtete mich auf und lugte mit einem Auge nach draußen. Es war stockfinster, mein Campinggeschirr konnte ich nicht sehen, aber der Vollmond sorgte dafür, dass ich die Umgebung wenigstens in ihren Silhouetten erkennen konnte. Keine der Silhouetten bewegte sich. Als ich merkte, dass ich schon eine ganze Weile die Luft angehalten hatte, hörte ich plötzlich rechts von mir wieder Schritte im Kies. Nein, das waren eindeutig keine menschlichen Schritte. Aber besonders viele Füße waren es auch nicht. Meine Nerven waren zum Zerreißen gespannt. Ich änderte meine Position ein wenig, schaute wieder durch den kleinen Spalt – und da sah ich ihn: Ein riesiger Elch zeichnete sich gegen den Himmel ab. Offenbar war er eine Weile durch den Kies gelaufen und nun wieder an den Bach zurückgekehrt. Staunend beobachtete ich, wie er mit seiner Schnauze erneut klappernd in meinem Campinggeschirr wühlte. Er war auf der Suche nach etwas Essbarem, das war eindeutig. Ich atmete erleichtert aus. Ein Elch! Elche fressen keine Menschen, Gott sei Dank!

Doch als der Elch sich komplett aufrichtete, kehrte meine Angst zurück: Wie gefährlich waren eigentlich große kanadische Elche? Ich hatte keine Ahnung. Besser, wenn ich weiterhin absolut keine Geräusche machte. Von einem Geweih aufgespießt zu werden, konnte nicht wesentlich angenehmer sein, als sich von einer Bärenmutter zerfetzen zu lassen. Unendlich langsam zog ich den Reißverschluss an meinem Zelteingang zu und legte mich in Zeitlupe wieder hin.

Ich weiß nicht genau, wann ich eingeschlafen war, aber mit einem Ruck erwachte ich – und es war Morgen. Sofort verspannte ich mich erneut, und mein Herz fing an zu pochen, als wäre es noch mitten in der Nacht. Langsam richtete ich mich auf. Mir ging immer noch ordentlich die Muffe, und ich traute mich kaum, das Zelt zu öffnen. Was, wenn der Elch – und vielleicht auch ein paar seiner Kumpels – noch immer vor meinem Zelt stand? Ich wartete ein paar Minuten und lauschte angestrengt. Doch bis auf das Plätschern des Baches und einige hoch motivierte Vögel war nichts Ungewöhnliches zu hören. Ich kämpfte mich müde aus meinem Schlafsack und zog vorsichtig den Reißverschluss des Zeltes auf. Nichts. Also wagte ich mich weiter vor und streckte meinen Kopf hinaus. Wunderbar frische Luft wehte mir ins Gesicht. Ich drehte den Kopf nach links und nach rechts, aber kein Elch war zu sehen. Also trat ich langsam vors Zelt und blickte mich um. Alles war wie gestern Abend, bevor ich schlafen gegangen war. Ich lief ein paar Schritte zum Fluss und inspizierte mein Campinggeschirr. Es lag ein wenig verstreut herum, aber alles war heil, also machte ich mich daran, es aufzusammeln und es in meinem Backpack zu verstauen. Dann ging ich wieder zum Fluss und wusch mir Gesicht und Oberkörper. Langsam fühlte ich mich etwas besser. Ich setzte mich eine Weile in den Kies, ließ mich von der Sonne trocknen und begann dann mein Lager abzubauen. So schön es hier am Abend gewesen war, die Nacht steckte mir schwer in den Knochen. Als ich mich ein wenig erholt hatte, packte ich meine Sachen und löste schließlich meine Essenstüte vom Seil. Ich fischte mir ein paar Reste heraus und machte mich wieder auf den Weg. Die 30 Kilo wogen nun noch ein wenig schwerer auf meinen müden Schultern.

KÄLTE

Je mehr der Tag vorrückte, desto wärmer wurde es. Schon gegen Mittag war mein T-Shirt unter dem schweren Backpack komplett durchgeschwitzt, und meine Wanderschuhe fühlten sich an wie zwei Backsteine, die ich nur mühsam vorwärtsbewegen konnte. Ich hatte ziemlichen Durst und ärgerte mich, dass ich morgens am Bach nicht mehr getrunken hatte. Meine Wasserflasche war zwar noch fast gänzlich gefüllt, aber wer weiß, wann die nächste Gelegenheit kommen würde, sie aufzufüllen. Ich musste mit meiner Wasserration also sparsam umgehen. Immer wieder drehte ich mich auf der Landstraße um, in der Hoffnung, dass ich einen Teil der Strecke trampen könnte. Doch auf dieser Insel, zumal auf dieser nicht gerade hoch frequentierten Straße, konnte ich froh sein, wenn alle zwei Stunden mal ein Auto vorbeifuhr. Und dann musste es auch noch in die richtige Richtung fahren.

Am Nachmittag hatte ich Glück: Ein Auto hielt neben mir, und der Fahrer war bereit, mich in die nächste Ortschaft mitzunehmen. Vollkommen müde und durchgeschwitzt ließ ich mich auf den Beifahrersitz fallen und schloss die Augen. Meine Füße kochten in den dicken Schuhen bald über, mein Durst hatte nicht abgenommen, und mir fiel auf, dass ich seit den ein oder zwei Müsliriegeln am Morgen auch noch nichts gegessen hatte.

Viel zu schnell erreichten wir den kleinen Ort, an dessen Namen ich mich nicht mehr erinnere. Mein Plan war es gewesen, mich umzuschauen und zu entscheiden, ob ich hier eine Weile haltmachen sollte. Doch dann ließ ich mir sagen, dass mein eigentliches Ziel – Tofino – nicht mehr weit sei. Statt in diesem kleinen Ort zu bleiben, der weder Meer noch andere Vorzüge zu bieten hatte, kratzte ich meine Restenergie zusammen und zog direkt weiter. Im Nachhinein wäre es klüger gewesen, erst einmal etwas zu essen – aber ich ging davon aus, dass »nicht mehr weit« tatsächlich so etwas wie »ganz nah« bedeutete.

Ich brauchte mehrere Stunden, bis ich übermüdet und mit Blasen an den Füßen gegen 22:30 Uhr in Tofino ankam. Mein Magen knurrte mittlerweile beträchtlich, und ich hatte nur noch ein einziges Ziel vor Augen: ein Hostel finden, essen und sofort in einen tiefen, traumlosen Schlaf fallen. Eventuell wäre auch noch eine Dusche drin, denn ich stank mittlerweile wie ein Iltis.

Also machte ich mich auf in das nächstbeste Hostel. Hier allerdings schüttelte man bedauernd den Kopf: Es sei absolut nichts zu machen, gerade finde in Tofino ein Windsurf-Contest statt, und die ganze Stadt sei komplett überbucht. Ähnliches hörte ich in Hostel Nummer zwei und Hostel Nummer drei. Meine Laune war auf dem absoluten Nullpunkt. Genau wie die Außentemperatur übrigens: Tofino liegt an der Westküste von

Vancouver Island, und mit voller Macht krachen die Pazifikwinde, die einen ganzen Ozean Zeit haben, sich aufzubauen und ordentlich herunterzukühlen, auf den Ort. Weil ich komplett nass geschwitzt war, fror ich innerhalb kürzester Zeit erbärmlich. In jedem Hostel war es das Gleiche: kein Platz mehr – nein, auf der Couch dürfe ich nicht schlafen, alles sei voll, hier leider nicht. Es gab kein einziges freies Hostelbett, keinen Couchsurfing-Platz, kein Motel, nichts. Und da war es nun, das erste Mal auf meiner Weltreise: das Ende meiner körperlichen Kräfte. Ich konnte einfach nicht mehr. Ich hatte Hunger, Durst, fühlte mich unwohl, meine Füße mit den Blasen taten unendlich weh, es war mitten in der Nacht, saukalt – und ich fand nirgends eine Unterkunft. Ich stieß mittlerweile auch an die Grenzen meiner mentalen Kräfte. Deshalb beschloss ich, auf das Reisebudget zu pfeifen und mir einfach das billigste Zimmer in einem Luxushotel zu leisten.

Direkt am Strand entdeckte ich eines der Hotels, die ich unter normalen Umständen nicht angesteuert hätte. Doch in der Lobby wartete die nächste Enttäuschung: großer Windsurf-Contest, da sei nichts zu machen.

»Kann ich nicht wenigstens auf der Couch in der Lobby schlafen? Ich bin auch nach ein paar Stunden wieder weg«, wagte ich einen letzten Versuch.

»Nein, tut mir leid, das geht nicht«, kam die Antwort.

Ich atmete lange aus, stützte mich mit den Ellenbogen auf den Tresen und schloss die Augen. Das durfte doch alles nicht wahr sein.

»Wenn Sie am Hotel auf den Strandweg einbiegen und dann ungefähr acht Kilometer weiterlaufen, gelangen Sie an einen Campingplatz. Vielleicht finden Sie dort noch etwas«, schlug der Rezeptionist vor.

»Acht Kilometer? Ernsthaft?«, fragte ich gereizt zurück. Ich verlor langsam die Geduld. Würde der Typ nachts bei dem Wind noch acht Kilometer in die Richtung laufen, aus der er gerade hergekommen war? Was war das denn für ein beschissener Vorschlag?

Ohne ein weiteres Wort drehte ich mich um und verließ das Hotel. Trotz allem schlug ich nun langsam den Weg zum Strand ein. Schon nach ein paar Hundert Metern merkte ich aber, dass es einfach nicht mehr weiterging. Mein Körper streikte – und auch mein Kopf gab mir zu verstehen, dass jetzt Schicht im Schacht war, ich hatte mittlerweile richtige Aussetzer.

Dort am Strand war der Wind noch viel stärker als oben am Hotel, und meine Zähne schlugen klappernd aufeinander. Ich blickte mich um: Meerseitig klatschten die Wellen an den Strand, hinter mir lag das hell erleuchtete Hotel, vor mir war nichts als Dunkelheit, und auf der Landseite erhob sich eine kleine Düne. Dahinter konnte ich eine Art Bauzaun ausmachen. Weil ich keinen Schritt mehr vor- oder zurückgehen konnte, schleppte ich mich hinter die kleine Düne und begann mein Zelt aufzubauen. Ich konnte genauso gut hier schlafen. Immerhin war ich minimal geschützt durch Düne und Bauzaun – auch wenn der Wind sich im Zelt noch genauso laut anhörte wie draußen. Was ich leider nicht durch Zeltwände aussperren konnte, war diese klirrende Kälte. Ich weiß nicht, wann mir zuletzt so bitterkalt gewesen war. Ich zog meinen nass geschwitzten Hoodie und das T-Shirt aus und fischte im Backpack nach Klamotten. Der trockene Stoff tat gut. Dann blickte ich auf meine Schuhe, die mussten als Nächstes runter. Nacheinander zog ich die Wanderschuhe aus und biss dabei die Zähne zusammen. Als ich meine Füße befreit hatte, kamen mir zunächst Schweißfußwolken entgegen. Meine dicken Wollsocken waren komplett nass, und in den Fersen pochte der Schmerz der geplatzten Blasen. Langsam versuchte ich, die Socken auszuziehen, aber sie klebten am rohen Fleisch. Millimeter für Millimeter löste ich die Wolle von meinen Fersen, dabei stöhnte ich mehrmals vor Schmerz auf. Wie konnten so kleine Wunden nur so wehtun? Als ich die Socken von der Haut gelöst hatte, sah ich die aufgescheuerten Stellen und wusste, warum. Besonders durch die aufgeweichte Haut sah das alles fürchterlich aus. Ich verarztete mich notdürftig mit Salbe und Pflastern aus meiner Reiseapotheke und versuchte dann, mit den Fersen nirgends mehr dranzustoßen.

Blieben noch die eisige Kälte und mein Hunger. Ich krempelte meinen Backpack fast komplett auf links, doch alles, was ich fand, waren ein paar Teelichter, eine halbe Zwiebel und ein Stück Brot, das ich noch von der Fähre übrig hatte. Wann war das gewesen, vor drei Tagen? Wo war das ganze Essen von gestern hin? Hatte ich alles verbraucht?

Ich hatte.

Wütend über mich selbst zündete ich die Teelichter an und hoffte, dass sie wenigstens ein bisschen Wärme erzeugen würden. Ich versuchte sogar, die Zwiebel über den winzigen Flammen anzurösten, aber mehr als verbrannte Finger kam dabei nicht heraus. Das Brot schmeckte beschissen.

Ich war zu erschöpft, um jetzt noch einmal zurück in den Ort zu laufen und etwas zu kaufen. An diesem Tag war ich in brütender Hitze sowie ohne ausreichend Essen und Trinken mit 30 Kilo auf dem Rücken mindestens 15 Kilometer gewandert. Für jemanden, bei dem so etwas nicht zur täglichen Sportroutine gehört, und nach einer durchwachten Elchnacht war das zu viel gewesen. Mir blieb nichts weiter übrig, als mich bibbernd in meinen Schlafsack zu kringeln und vor Erschöpfung einzuschlafen.

Reisen ist wunderschön, abwechslungsreich, abenteuerlich, aber es hält auch jede Menge Herausforderungen bereit, die einen körperlich und mental an die Grenzen bringen. So war es bei mir nach den zwei Tagen Wandern auf Vancouver Island – und speziell an diesem kalten Abend am Strand von Tofino. Als ich mit meinen schmerzenden Füßen, meinem knurrenden Magen und durstig in meinem Schlafsack lag, war alles scheiße. Ich konnte nichts Gutes daran finden und wünschte mich einfach nur in ein Bett.

Im Nachhinein aber waren es genau solche Erlebnisse, aufgrund derer ich mich weiterentwickelt habe. Ich wurde nicht reifer, weil ich gelernt hatte, auf einem Surfbrett zu stehen, ich erkannte nicht den Wert des Lebens, weil ich zum Bacardi-Jingle am Strand tanzte. Es braucht manchmal unangenehme oder schwierige Situationen, die einen erkennen lassen, wer man eigentlich ist. Wie man in verschiedenen Situationen agiert und reagiert. In dieser Nacht wurde mir extrem bewusst, in was für einem Reichtum ich bisher gelebt hatte. Wenn ich zu Hause Durst hatte, war ein Wasserhahn nie weiter als ein paar Schritte entfernt. Hatte ich Hunger, brauchte es nur das Öffnen der Kühlschranktür. Und es war nicht nur Reichtum, in dem ich bisher gelebt hatte, es war Verschwendung. Wie oft hatten mindestens drei verschiedene Käsepackungen angebrochen in meinem Kühlschrank gelegen? Wie häufig hatte ich Lebensmittel weggeworfen, weil sie vergammelt waren? Man muss sich das auf der Zunge zergehen lassen: Ich hatte immer so viel um mich herum, dass ein Teil davon regelmäßig auf dem Müll gelandet war. Es brauchte die völlige Erschöpfung, eine halbe Zwiebel und ein knochentrockenes Brot, um mir das vollends bewusst zu machen.

LEBE DEINEN TRAUM

Sagte ich schon, dass ich Couchsurfing liebe? In Kelowna, einer Stadt am Lake Okanagan, ungefähr vier Stunden Autofahrt von Vancouver City entfernt, lernte ich so Marc und Kat kennen. Beide waren um die 40 Jahre alt und lebten in einem schönen Haus mitten in der Stadt. Wir verbrachten schon den ersten gemeinsamen Abend mit Rotwein auf der Terrasse, und nach dem Essen erzählten und erzählten wir. Mir fiel auf, wie viel ich schon zu berichten hatte – und wie sehr sich die Gespräche mittlerweile von den ersten Abenden in Mexiko unterschieden: Damals sprach ich von meinem Leben in Deutschland. Doch das hatte Platz gemacht für die letzten Monate, die nun mehr Raum einnahmen und der Mittelpunkt meiner Erzählungen wurden. Gleichzeitig änderte sich auch meine Stimmung, Haltung und Körpersprache. Hatte sich früher alles darum gedreht, was ich nicht mehr wollte, stand nun das im Fokus, was ich liebte. Es war eine Veränderung, die ich mochte.

Nach einer Woche fragten die beiden mich, ob ich Lust hätte, am nächsten Tag zusammen mit ihnen und einigen Freunden campen zu gehen. Natürlich war ich sofort Feuer und Flamme. Am nächsten Morgen beluden wir also ihren Pick-up und fuhren in einer Kolonne aus drei Wagen in das Umland von Kelowna. Wir schlugen unsere Zelte an einem naturbelassenen See auf, um den herum sich Baumriesen erhoben. Ich zog Schuhe und Socken aus und ging ein paar Schritte ins Wasser: Vor mir lag das klare Blau, links reckten sich riesige Berge in einen wolkenlosen Himmel, und rechts sowie hinter mir war ich von Wald umgeben. Dass ich irgendwann einmal genug vom Anblick kanadischer Landschaften haben könnte, kann ich mir bis heute nicht mal im Traum vorstellen.

Nach und nach stießen weitere Freunde von Marc und Kat dazu, bis wir am Abend eine Truppe von ungefähr 14 Leuten waren. Wir tranken Bier und Wein, schwammen im See, machten Abendessen und versammelten uns, als es dunkel wurde, um ein großes Lagerfeuer.

Trotz der Dunkelheit schlug ein Freund von Kat vor, einen Spaziergang in den Wald zu unternehmen. Deshalb rüsteten wir uns alle mit Taschenlampen aus und tapsten lachend los. Ungefähr 20 Minuten stiegen wir eine Anhöhe hoch, die an ihrem höchsten Punkt in eine kleine Ebene mündete. Hier entdeckten wir riesige Steine, zufällig halbkreisförmig angeordnet, die komplett mit Moos bewachsen waren. Wir legten uns auf die großen Blöcke und betrachteten den Mond. Jemand ließ nach einer Weile eine kleine Tüte herumgehen, aus der sich alle bedienten. Als ich an der Reihe war, griff ich hinein und zog einen kleinen verschrumpelten Pilz heraus. Ich war überrascht, denn ich hatte mit Chips oder Erdnüssen gerechnet.

»Hast du schon mal Mushrooms gegessen?«, fragte Kat, die meine Irritation bemerkt hatte.

»Nein, um ehrlich zu sein, nicht«, antwortete ich.

»Sie wirken halluzinogen. Iss das nur, wenn du es möchtest.«

Auf meiner Reise war ich schon mehrfach mit Drogen in Kontakt gekommen. Man denke nur an den Marihuana zerkleinernden Hostelbesitzer in Mexiko oder unser actionfilmreifes Erlebnis an der Grenze zwischen Tijuana und San Diego. Natürlich hatte ich mir dazu Gedanken gemacht und beschlossen, dass ich auf meiner Weltreise verschiedene Dinge ausprobieren würde, wenn sie mir über den Weg liefen. Deshalb war ich auf einem Katamaran über den Pazifik gesegelt, war nackt durch Seattle geradelt und hatte allein in der kanadischen Wildnis gecampt. Die einzige Voraussetzung, die bei allen Erfahrungen gegeben sein musste, war, dass ich ein gutes Gefühl dabei hatte und in einer körperlich und mental starken Verfassung war. Mit dem Pilz in der Hand blickte ich in die Runde: Ich war umgeben von lieben Menschen, die sich um mich kümmerten, ich wusste, wo ich schlafen würde, und fühlte, dass es mir gut ging. Die vom Mond beschienene Natur um mich herum war friedlich, das Moos weich – und so siegte meine Neugier.

Weil wir viel erzählten, während die Tüte noch ein oder zwei Runden drehte, wartete ich nicht, gespannt in mich reinhorchend, auf irgendeine Wirkung, die einsetzen würde. Doch nach einer Weile merkte ich, dass mich eine intensive innere Leichtigkeit erfasste. Ich legte mich auf den Rücken und hatte das Gefühl, dass mein Körper sich in die Natur einfügte. Er passte genau in die Form des Steines, war Teil der Bäume um mich herum, und mein Atem klang genauso wie der Wind, der durch die Blätter wehte. Ich fühlte mich wie schwerelos. Gleichzeitig wurden meine Gliedmaßen sehr schwer, was der inneren Leichtigkeit aber nicht entgegenstand – im Gegenteil: Es fühlte sich an, als wäre es so genau richtig. Immer wieder verschwand einer von uns im Wald, weil er oder sie sich erleichtern musste. Die Geräusche, die durch die Schritte entstanden, das Knacken der Äste, all das nahm ich übermäßig deutlich und wie in Zeitlupe wahr. Es war angenehm, schön, leicht. Als Marc mich anstieß und fragte, ob ich auch mal müsse, machten wir uns auf und gingen ebenfalls ein paar Schritte ins Gebüsch. Dort stellten wir uns vor einen abgestorbenen Baum und giggelten vor uns hin, während wir pinkelten. Auf einmal, es geschah in meiner Wahrnehmung nach wie vor alles in Zeitlupe, brach der Ast, an dem Marc sich anlehnte. Wie verzögert verlor er das Gleichgewicht, fiel auf den weichen Waldboden und strampelte mit heruntergelassener Hose vor sich hin, um wieder hochzukommen. Ich konnte mich kaum auf den Beinen halten vor Lachen. Und auch Marc kriegte sich nicht mehr ein, es war ein wunderbares, befreiendes, schwereloses Lachen. Dass Marc sich bei seinem Sturz ein bisschen angepinkelt hatte, trieb uns nur noch mehr Tränen in die Augen. Als wir wieder auf unseren moosbewachsenen Steinen lagen, waren wir ganz aus der Puste. Immer wieder hörte ich es rechts von mir, wo Marc lag, im Dunkeln kichern, und immer wieder stimmte ich mit ein.

Wenige Tage später neigte sich meine Zeit bei Kat und Marc dem Ende zu, und ich wurde von einer fast nervösen Vorfreude gepackt. In wenigen Tagen würde ich meinen Vater und meinen Bruder treffen, die ihre Urlaubstage nutzten, um mich zwei Wochen zu begleiten.

An unserem letzten Abend genossen wir drei – Marc, Kat und ich – noch einmal ein Glas Rotwein auf der Terrasse. In den wenigen Tagen, die wir uns jetzt kannten, hatten wir uns sehr lieb gewonnen. Ich war überrascht, als Kat plötzlich aufschluchzte. Sie fing sich im nächsten Moment wieder und schenkte uns allen Rotwein nach.

»Weißt du, Nick, du machst alles richtig«, Kat bedachte mich mit einem warmen Blick.

»Wie meinst du das?«, fragte ich.

»Ach, einfach ... du lebst deinen Traum. Du wolltest eine Weltreise machen, also hast du alle Hebel in Bewegung gesetzt, damit sich dieser Traum erfüllt – und zwar jetzt, nicht irgendwann. Du reist durch die Welt, du sammelst Erfahrungen für dein Leben. Die kann dir niemals wieder jemand wegnehmen.«

Ich ließ Kats Worte ein paar Sekunden auf mich wirken. Sie hatte recht. Gerührt nippte ich an meinem Wein und sah sie an.

»Ich möchte dir gern eine Geschichte erzählen, darf ich?«, fragte Kat.

»Gerne.«

Und dann erzählte sie mir die Geschichte ihres Vaters:

Schon früh in seiner Kindheit lernte er das Segeln. Es erfüllte ihn so sehr, dass aus einem anfänglichen Hobby eine echte Leidenschaft wurde. Sooft er konnte, segelte Kats Vater auf den kanadischen Seen in der Umgebung. Er wurde älter und immer besser. Als Teenager gewann er Wettbewerbe, und nie verlor er den Spaß daran. Bei Wind und Wetter war er draußen auf dem Wasser. Mit Anfang 20 reifte ein Traum in ihm heran, der immer klarere Formen annahm: Er wollte sich aufmachen und die ganze Welt umsegeln – er allein.

Wenn Kats Vater nicht segelte, studierte er Seekarten, plante Routen, berechnete, was er an Ausrüstung und Proviant brauchte, und stellte sich vor, wie er die Ozeane durchquerte. Bevor er seine Pläne umsetzen konnte, begegnete er jedoch der zweiten großen Liebe seines Lebens: Kats Mutter. Die Weltumsegelung musste warten, nun wollte er ihr Herz gewinnen. Denn eine Frau wie sie, das wusste er, würde ihm kein zweites Mal begegnen. So verstrich die Zeit, und ein paar Jahre später heirateten die beiden. Dann wurde Kat geboren. Die Weltumsegelung war damit nicht aus seinen Gedanken verschwunden, aber nun rückten andere Dinge in den Vordergrund: Er hatte eine Familie gegründet, er musste Geld verdienen.

»Später«, sagte er sich, »ist dafür immer noch Zeit. Wenn Kat größer ist, werde ich die Segel setzen.«

Doch aus »später« wurde »irgendwann«, und schließlich fand der Traum seinen festen Platz in der Zeit kurz vorm Einschlafen. Kats Vater redete nach wie vor viel von seinem Vorhaben, aber es war kein konkreter Plan mehr, sondern ein Plan für eben »irgendwann«.

Kat wurde größer, sie kam in die Schule, wurde ein Teenager und dann erwachsen. Ihr Vater ging jeden Tag zur Arbeit. Die Miete musste bezahlt werden, der Kühlschrank ging kaputt, ein neues Auto war dringend nötig. Die Weltumsegelung stand ganz unten auf der Liste.

Erst als Kats Vater in Rente ging, war die Zeit gekommen. Eines Tages verkündete er Kat und ihrer Mutter: »Jetzt ist es so weit, ich werde es tun.« Sein Segelboot war schon viele Jahre abfahrbereit, nun konkretisierte er Routen, kaufte tatsächlich all die Sachen auf seiner Proviant- und Ausrüstungsliste und schmiedete gemeinsam mit seiner Familie den Plan, dass er zunächst alleine lossegeln würde, Kat und ihre Mutter dann aber irgendwann dazustoßen sollten. Die Erfüllung seines Traumes wollte er zusammen mit den beiden wichtigsten Menschen in seinem Leben teilen, wenn auch nicht für die ganze Strecke, so doch zumindest für einen Teil. So wie es auch in seinem Leben gewesen war.

Am letzten Abend vor seinem großen Abenteuer saßen Kat, ihre Mutter und ihr Vater mit einer Flasche Rotwein auf der Terrasse, genau wie wir jetzt. Als die Sonne unterging, schaute Kats Vater in die Ferne und sagte: »So lange habe ich davon geträumt, ich kann kaum glauben, dass es jetzt endlich so weit ist.« Voller Vorfreude leerte er sein Glas, stand auf, wünschte Kat eine gute Nacht und schlief Arm in Arm mit seiner Frau ein.

Kats Vater starb in dieser Nacht unerwartet, während er schlief. Die Verzweiflung und die Trauer über seinen Tod zerrissen Kat und ihrer Mutter das Herz.

»Dieses Erlebnis hat mich tief geprägt.« Kat suchte mit Tränen in den Augen meinen Blick. »Deswegen, Nick, ist es richtig und unendlich wichtig für dein Glück, dass du deinen Traum angegangen bist. Du bist noch jung und hast auf dein Herz gehört. Es hat dir gesagt, dass du losgehen sollst, und du bist losgegangen. Du machst alles richtig, denn wer weiß: Wenn du es wieder und wieder verschoben hättest, dann wäre es vielleicht irgendwann zu spät gewesen, genau wie bei Dad.«

Kats Worte verursachten Gänsehaut auf meinen Armen und berührten mich im tiefsten Innern. Für ewig werde ich diesen Abend und die Geschichte von Kats Vater in mir bewahren, und nie werde ich den Ausdruck von Liebe und Trauer in Kats Gesicht vergessen, als sie mir davon erzählte.

»Wann immer ich in meinem Leben merke, dass ich dabei bin, etwas Wichtiges auf die lange Bank zu schieben«, schwor ich mir, »werde ich an Kats Vater denken.«

Egal, wie alt man ist und was für Gründe und Ausreden es auch geben mag, Dinge nicht zu tun: Man sollte immer auf sein Herz hören und einfach machen, was es einem rät. Kats Vater hatte ein gutes Leben. Die meisten seiner Träume hatten sich erfüllt, einer der ganz großen war sicher das Glück mit seiner Familie. Ein Teil seines Herzens jedoch hatte immer hinaus auf den Ozean gewollt. Viele Jahre hatte er das innere Rufen und Drängen ignoriert – und gerade als er beschlossen hatte, seinem Herzen zu folgen, blieb es stehen.

Ich stand am Flughafen in Calgary und trat nervös von einem Fuß auf den anderen, den Blick die ganze Zeit auf die Tür der Ankunftshalle gerichtet. Sieben Monate hatte ich meinen Vater und meinen großen Bruder nicht gesehen, und jetzt würden sie gleich durch diese Tür dort kommen. Ich platzte beinahe vor Freude. Die Tür öffnete sich mit einem Zischen, und ich hielt aufgeregt inne, doch es kamen nur irgendwelche Leute durch, die ich nicht kannte. Ich konnte es kaum mehr abwarten. Ich freute mich darauf, die beiden an mich zu drücken, mit ihnen den reservierten Campervan für unseren kleinen Roadtrip abzuholen, und vor allem: endlich, endlich, endlich mal wieder in Ruhe mit beiden zu reden. Besonders mit meinem Vater.

Vor einiger Zeit, als ich noch auf Vancouver Island gewesen war, hatte ich mit meiner Mutter telefoniert. Sie hatte mir erzählt, dass es meinem Dad nicht besonders gut ging. Gesundheitlich war alles bestens, aber er hatte seinen Job verloren. Mein Vater hatte schon seit mehr als 30 Jahren als Computerspezialist in einem Krankenhaus der US-Armee gearbeitet. Er war dort ein ganz schön hohes Tier gewesen. Die US-Armee hatte jedoch das Krankenhaus geschlossen und alle Mitarbeiter, die keine US-Amerikaner waren, versetzt oder in eine Art Zwischenvertrag gelotst. Mein Vater, der aus England stammt und nach Deutschland gekommen war, als er meine Mutter kennengelernt hatte, war einer davon. Sein früherer Arbeitgeber bemühte sich um neue Jobs für die ehemaligen Angestellten, und mein Vater landete in einer Firma, wo er dafür zuständig war, Betriebsanleitungen vom Deutschen ins Englische zu übersetzen und in zigfacher Ausführung zu kopieren. Die komplette Unterforderung von heute auf morgen hatte ihn in eine Depression schlittern lassen.

Als meine Mutter mir das erzählte, konnte ich mir das erst gar nicht vorstellen. Für mich war mein Vater immer die starke Persönlichkeit gewesen, das Vorbild, die echte Vaterfigur, die immer alles unter Kontrolle hatte und sich um uns alle kümmerte. Wenn mein Vater wankte, wankte meine Welt.

»Mach dir keine Sorgen, Nick«, sagte meine Mutter, als sie merkte, dass mich diese Neuigkeit ganz schön umhaute. »Das wird schon alles wieder mit dem Papa. Aber ich halte es für eine gute Idee, wenn er und Daniel alleine zu dir nach Kanada fahren und ihr so einen richtigen Jungs-Trip macht. Einfach nur er und seine Söhne. Was meinst du?«

So kam es, dass meine Mutter in Deutschland blieb, während Ray, mein Vater, und Daniel, mein Bruder, sich auf den Weg zu mir machten. So ist sie, meine Mutter: Sie hat das größte Herz der Welt, am richtigsten Platz, den es gibt.

Ein erneutes Zischen der Automatiktür riss mich aus meinen Gedanken. Ich streckte mich instinktiv ein wenig, obwohl da gar niemand war, über den ich drübergucken musste – doch erneut kamen nur irgendwelche Leute heraus, die ich nicht kannte. Ich lief ungeduldig ein paar Schritte hin und her.

»Nick!«

Als ich hörte, wie mein Name gerufen wurde, drehte ich mich sofort wieder um – und da standen sie, bis über beide Ohren grinsend, voll beladen mit Gepäck, und breiteten wie auf ein Stichwort die Arme aus: mein Dad und mein Bruder.

Gefühlt tausend Umarmungen später machten wir uns auf den Weg zur Autovermietung. Ich quasselte auf die beiden ein, die unter starkem Jetlag litten, und war unfassbar aufgeregt. Es war so toll, dass sie hier waren, gleichzeitig war es auch ein ganz komisches, fast schon unwirkliches Gefühl. Es war nicht unangenehm, einfach nur ungewohnt: Nie hatten wir uns so lange nicht gesehen, und nie waren wir drei zusammen in Kanada gewesen.

Es war deshalb ein bisschen, als wollte ich das komische Gefühl wegquatschen.

Wenig später fuhren wir mit dem frisch gemieteten Campervan vom Flughafengelände. Bevor es in die Wildnis ging, hielten wir zunächst an einem Supermarkt. Hier deckten wir uns mit allem ein, was wir in den nächsten Tagen brauchen würden. Dabei kosteten wir die Tatsache aus, dass wir einen richtigen Männerurlaub vor uns hatten: Wir stapelten ausschließlich Dinge wie Bohnen, Eier, Speck, Bier und Whisky in unserem Einkaufswagen. Wir waren alle drei aus dem Häuschen: Ich war freudig-aufgeregt, mein Vater und mein Bruder waren freudig-aufgeregt-müde. Aus diesem Grund machten wir an ihrem Ankunftstag keine allzu große Strecke und steuerten einfach den nächstbesten Campingplatz außerhalb der Stadt an.

Als wir aus dem Auto stiegen, standen wir erst einmal eine Weile vor der atemberaubenden Kulisse der kanadischen Natur. Ich hatte mich schon eine Weile an ihr erfreut, für meinen Vater und meinen Bruder war es jedoch das erste tiefe Durchatmen. Ich wusste genau, wie sie sich fühlten. Bis spät in die Nacht brieten wir Steaks und Eier, kochten Bohnen, tranken Bier und rülpsten und furzten, wie nur echte Männer an echten Lagerfeuern in der echten Wildnis das konnten. Es war einfach außerordentlich wunderbar, und ich erfreute mich an jeder Sekunde. Nach sieben Monaten war es das erste Mal, dass ich mich fallen lassen konnte. Ich musste gerade nicht der starke Nick sein, der auf sich allein gestellt durch eine unbekannte Welt reiste. Jetzt war ich wieder Bruder und Sohn und hatte starke Schultern, an die ich mich anlehnen konnte. Bis zu diesem Zeitpunkt am Lagerfeuer, als die erste Wiedersehensaufregung verflogen war, hatte ich nicht gewusst, wie sehr mir genau dieses Gefühl gefehlt hatte.

Schon am nächsten Morgen, als wir alle mit einem Becher Kaffee in der Hand auf unseren Campingstühlen saßen, zeigte Kanada extra für uns, was es zu bieten hatte: Wir befanden uns auf einer kleinen Anhöhe direkt an einem See, und am anderen Ufer traten plötzlich zwei Timberwölfe aus dem Dickicht. Wir erstarrten und gaben keinen Laut mehr von uns, obwohl wir wirklich ein ganzes Stück weit weg waren. Innerlich freute ich mich riesig: Wie schön war es, dass die beiden gleich so fantastisch von der Wildnis begrüßt wurden! Minutenlang saßen wir schweigend da, atmeten flach und beobachteten die beiden Wölfe. Als sie wieder im Wald verschwanden, redeten wir alle durcheinander.

»Wahnsinn! Wölfe! Und wie groß die waren!«

Den ganzen Morgen blieben wir auf den Campingstühlen sitzen und unterhielten uns. Irgendwann stand mein Bruder auf und ging zum See. Ich hatte schon seit dem Telefonat mit meiner Mutter so ein dringendes Bedürfnis, mit meinem Vater zu sprechen, dass ich diese erste Gelegenheit direkt beim Schopf packte und ihn fragte, wie es ihm gehe. Er erzählte mir von den letzten Wochen und wie deprimierend das alles gewesen war.

Mein Vater ist niemand, der besonders viel über seine Gefühle redet. Wie wir alle. Wir sprechen natürlich viel und offen miteinander, doch mehr über Alltägliches. Aber irgendwas hatten die sieben Monate verändert. Schon in diesem ersten Gespräch merkte ich das. Vielleicht war es so, weil mein Vater früher auch viel gereist war und wir nun eine neue gemeinsame Basis hatten. Es war ein wunderbares Vater-Sohn-Gespräch, das in einer festen Umarmung und auch mit feuchten Augen endete. Wir sprachen nicht nur darüber, wie es ihm ging, sondern auch über das, was ich erlebt hatte. Zum ersten Mal bekam ich eine Ahnung davon, was er gemeint hatte, als er mir damals am Flughafen sagte, dass ich ein anderer werden würde. Es war ein ganz neues Level der Unterhaltung zwischen uns, und mir tat es unwahrscheinlich gut, mein Herz zu öffnen und die Gedanken der letzten Monate einer vertrauten Person gegenüber – einer der vertrautesten Personen überhaupt – laut auszusprechen.

Während der nächsten Tage fielen uns immer wieder Warnschilder auf. Darauf war zu lesen, dass es in der Gegend Bären gebe und was man im Falle einer Begegnung tun solle. Als Tipp war von Bärenabwehrspray die Rede. Im Supermarkt schauten wir uns die Sache deshalb genauer an. Auf der pfeffersprayähnlichen Verpackung stand in etwa, dass man unbedingt Ruhe bewahren solle, wenn man einem Bären über den Weg laufe. Man solle das Spray in Richtung des Bären halten, den Wind einberechnen und warten, bis das Tier bis auf zwei Meter an einen herangekommen sei. War es so weit, sollte man sprühen, was das Zeug hielt.

»Hä? Wer hat den Mist denn erfunden?« Ich drehte mich zu meinem Bruder. »Bis ich das Ding griffbereit und die Windrichtung bestimmt habe, ist das Vieh doch schon durch mich durchgelaufen und hat mich in zwei Hälften zerteilt.«

»Wenigstens hätte eine davon noch das Bärenspray«, erwiderte mein Bruder.

Wir lachten ausgelassen über diese mehr als fragwürdige Erfindung. Ich erzählte, dass es viel effektiver sei, beim Wandern einfach eine Menge Lärm zu machen. Bären haben nämlich relativ viel Angst vor Menschen, und sie legen es deshalb nicht unbedingt darauf an, auf uns Zweibeiner zu treffen. So liefen wir drei Martins also klatschend und brüllend durch den Wald, sangen *Yellow Submarine* von den Beatles und alle möglichen anderen Lieder, die uns einfielen. Sobald ein See in unsere Nähe kam, packten wir die Angel meines Bruders aus und versuchten, unser Abendessen zu fischen. Ich war stolz, zeigen zu können, was ich von Käpt'n Gary und Jason gelernt hatte, mein Vater wiederum war stolz, während er uns zusah.

Obwohl ich für jede Sekunde dieser gemeinsamen Zeit dankbar war, merkte ich nach einer Woche eine Art Unruhe. Ich war so lange allein gewesen, jetzt aber keine einzige Minute mehr. Immer war jemand neben, vor oder hinter mir. Immer sprach irgendjemand, fragte mich irgendetwas oder erwartete irgendeine Antwort. Das war auf keinen Fall nervig, und ich wollte auch nicht, dass mein Bruder und mein Vater wieder weg waren, dennoch verlangte in mir alles nach ein bisschen Ruhe. Als wir gerade an einem Campingplatz unser Lager aufschlugen, entfernte ich mich ohne ein Wort und ging ein wenig spazieren. Irgendetwas nagte an mir. Wenn ich ehrlich zu mir war, wusste ich auch genau, was es war. Deshalb beschloss ich in diesem Moment, einfach ehrlich zu mir selbst zu sein.

Auf Reisen ist nicht immer alles Pommes und Disco, es ist vor allem auch eine sehr emotionale Zeit, weil man sich viel mit sich selbst und den eigenen Gedanken auseinandersetzt. Bei mir hatte das Wiedersehen mit meiner Familie etwas ausgelöst – und zwar den Gedanken an meine Rückkehr. Mir wurde so sehr bewusst, wie sehr mir mein Bruder und mein Vater gefehlt hatten, gleichzeitig aber auch, dass bereits mehr als die Hälfte meiner für ein Jahr geplanten Weltreise vergangen war. Das brachte mich in einen schmerzhaften Zwiespalt: Ich sehnte mich nach meiner Familie, gleichzeitig dämmerte mir aber, dass mir das eine Jahr Reisen nicht reichen würde. Es war einfach zu kurz. Ich lief an den See und setzte mich dort ans Ufer. Meine Gedanken zogen mich herunter. Ich wusste, dass meine Mutter mich irgendwann wieder zu Hause haben wollte. Ich wusste, dass mein Bruder mich sehr vermisste. Genauso erging es meinem Vater. Das machte mich sehr traurig, denn für alle drei empfand ich dasselbe. Ich wusste einfach nicht, was ich tun sollte, sobald die nächsten sechs Monate um waren. Sollte ich wieder nach Hause fahren, zurück in mein altes Leben?

Plötzlich spürte ich eine Hand auf meiner Schulter.

»Ist alles klar bei dir?«, fragte Daniel, der hinter mir aufgetaucht war und sich nun neben mich setzte.

Ich drehte mich zu ihm um, einfach nur glücklich, dass er da war, und umarmte ihn ganz fest. In diesem Moment brachen bei mir alle Dämme, und ich schluchzte wie ein Schlosshund in seinen Hoodie. Ich konnte überhaupt nicht mehr aufhören. Mein Bruder sagte nichts, drückte mich nur ganz fest an sich und ließ mich weinen. Minutenlang verharrten wir so, und ich ließ alle Tränen raus, die rauswollten. Ich hatte kein Bedürfnis zu sprechen, nicht darüber, wie es mir ging, nicht darüber, wie sehr ich ihn vermisst hatte, und auch nicht darüber, dass sich in meinem Kopf der Plan verfestigte, länger zu reisen als nur ein Jahr. Wie lange, das wusste ich nicht. Ein weiteres Jahr? Mehrere Jahre? Ich wusste nur, ich würde reisen müssen, so lange, bis ich mich selbst gefunden hatte. Vielleicht auch für immer. Mir war mit einem Mal bewusst geworden, was dies für meine Familie bedeuten würde. Was es für mich bedeuten würde. Ich würde nicht nur ein Leben leben, das ich mir sehnlichst wünschte, und Erfahrungen machen, die ich zu Hause nie erleben würde – ich würde damit auf die selbstverständliche und alltägliche Nähe meiner Familie verzichten. Das wog am schwersten, und als mir dies in seinem ganzen Umfang klar wurde, zerriss es mich fast. Es ging nicht beides. All das legte ich in die Umarmung – und mein Bruder verstand es.

Als wir uns irgendwann voneinander lösten, schaute ich meinem Bruder, der einer meiner besten Freunde ist, in die seinerseits verheulten Augen. Ich war so dankbar, dass es ihn gab, dass er mich verstand, dass er genau so ein großer Bruder für mich war, wie große Brüder eben sein sollten: bester Freund, starke Schulter, jemand, zu dem ich aufblicken konnte, jemand, der mich beschützte und der für immer für mich da ist. Er war das alles – und noch so viel mehr. Er verstand, dass Reisen nicht nur Abenteuer, Spaß und Party, sondern vor allem eine Reise zu einem selbst ist. Eine, die ich begonnen hatte und mit der ich in sechs Monaten nicht einfach würde aufhören können. Er wusste, dass mir selbst nicht klar war, wohin mich mein Weg führte oder wie lange das Ganze dauern sollte. Aber tief in mir wusste ich, dass ich diesen Weg für mich gehen musste. Ganz egal, wohin er mich führen und wie lange er dauern sollte. Diese Entscheidung war keine leichte, aber was war ich froh, dass genau zu diesem Zeitpunkt mein Bruder an meiner Seite war. Auch wenn wir kein Wort gesprochen hatten: Ich hatte diese Entscheidung nicht alleine getroffen. Irgendwie hatten in diesen Minuten unsere Herzen miteinander kommuniziert. Und wie immer, wenn ich strauchelte, war mein Bruder da, um mich zu stützen. Ich begriff, was für ein großes Glück es war, ihn zu haben. Ein Sechser im Bruder-Lotto sozusagen.

Die zwei Wochen Roadtrip in Kanada werden wir drei nie vergessen. Wir hatten so viel Spaß und kamen uns dabei näher als jemals zuvor. Auch jeder für sich hatte eine gute Zeit und nahm sehr viel mit. Eine Sache blieb jedoch bei mir: Mein Bruder hatte es ernsthaft geschafft, die fehlenden Teile des Zippo-Feuerzeugs, das er mir bei meinem Aufbruch am Frankfurter Flughafen geschenkt hatte, in seinem Backpack mit nach Kanada zu schmuggeln. Das Feuerzeug war also wieder ganz.

»Genau wie ich«, dachte ich, als die beiden abgereist und ich wieder auf dem Weg war. Ich ließ das Feuerzeug aufschnappen, eine Flamme entstehen und den Deckel wieder zufallen. Ich grinste und lief weiter.

AMERICAN FOOTBALL

Über einen Stopp in Montreal und Toronto hieß es für mich wie bei Chuck Berry: Back in the USA. Nach dem Grenzübergang war mein nächster Halt Buffalo. Hier kam ich bei Chad unter, einem ehemaligen Arbeitskollegen meines Vaters, den ich noch aus Kindheitstagen kannte. Früher hatte Chad auch in Deutschland gelebt, war aber zusammen mit seiner deutschen

Frau Carola und seinen drei Töchtern wieder nach Amerika zurückgekehrt. Als ich noch klein war, besuchte uns Chad oft. Gemeinsam mit meinem Vater brachte er mir American Football näher. Seit dieser Zeit bin ich ein Fan des Football-Teams Miami Dolphins.

Ich war gerade erst einen Tag in Buffalo, da hatte er für mich bereits eine Überraschung parat.

»Nick, was hast du morgen vor? Irgendwelche Pläne?«, fragte er mich.

»Nein, bisher nicht«, antwortete ich nichts ahnend.

»Super«, sagte Chad. »Dann besuchen wir morgen zusammen dein erstes Livespiel der NFL – die Buffalo Bills spielen gegen die New York Jets.«

Ich hatte keine Ahnung, wie amerikanische Footballfans die Spiele ihrer Mannschaften feierten. Wenn wir uns in Deutschland zu Fußballbundesligaspielen trafen, dann hatte das meist viel mit Bierkonsum zu tun. Damit lag ich bei den Amerikanern schon mal nicht ganz verkehrt. Sie hatten die ganze Sache aber noch ausgefeilt. Chad informierte mich darüber, dass das Spiel um 13 Uhr starten würde. Das hieß für uns: Um Punkt neun Uhr trafen wir uns mit seinen Kumpels und deren Familien auf dem Parkplatz des Stadions. Alle kamen in Pick-ups, die bis unters Dach vollgeladen waren mit Essen, Trinken und fässerweise Bier. Diese Zeit vor dem Spiel hat sogar einen Namen: Tailgating. Übersetzt heißt das so viel wie »Heckklappenparty« – und das ist es im Grunde auch. Alle feierten fröhlich um die geöffneten Heckklappen ihrer Autos herum. Es wurden Grills aufgebaut, Bier wurde herumgereicht, die Kinder rannten zwischen den Autos hindurch, und jeder war von oben bis unten in seiner Fanmontur eingekleidet. Weil wir in Buffalo waren, bildeten die Buffalo-Bills-Fans natürlich die Mehrheit. Es waren allerdings auch viele New-York-Jets-Unterstützer da – und ich erfuhr, dass diese Spielkombination eine emotional ziemlich aufgeladene Kiste war.

Unsere Gruppe bestand aus rund 20 Leuten, sechs Autos, zwei Grills und einem kleinen weißen Pavillon, der uns vor dem ab und zu einsetzenden Nieselregen schützte. Die Grills wurden befeuert, die Bierfässer angestochen – und schon ging es los mit den ersten Trinkspielen, allen voran natürlich *Beer Pong*, eine Art Tischtennis mit Bechern voller Bier, und *Shotgun*, also Dosenstechen. Beides sind auch in Deutschland bekannte Trinkspiele, deshalb musste mir keiner lange erklären, worum es ging. Innerhalb kürzester Zeit hatten wir alle ordentlich einen im Kahn.

Wenn man um neun Uhr morgens mit Hotdogs, Bier und Trinkspielen startet, ist man naturgemäß voll wie eine Haubitze, wenn die Stadiontore sich endlich öffnen. Das traf auf jeden Einzelnen von uns in vollem Maße zu. Genau wie in Deutschland ist es übrigens verboten, eigenen Alkohol mit ins Stadion zu nehmen. Betrunken, wie wir waren, wollten wir das System aushebeln und schmiedeten einen glorreichen Plan, der dazu führte, dass mir mit Panzerklebeband einige Bierflaschen an den Bauch geklebt wurden. Wir fühlten uns genial, und ich hatte kein Problem damit, als lebendiges Biertransportmittel herzuhalten. Meine rationale Entscheidungskraft war längst außer Gefecht gesetzt. Es klappte richtig gut. Und auch wenn das Bier unter meinem Hoodie und der Regenjacke ein bisschen warm wurde, freuten wir uns über unseren Coup wie kleine Kinder. Was zählt, ist schließlich die Mission. Und die war erfolgreich gewesen.

Bald darauf saß ich zwischen Chad und seinen Kumpels das erste Mal im Stadion bei einem echten NFL-Spiel. War das cool! Leider entpuppte sich das Spiel selbst als ziemliche Nullnummer, denn es kam einfach nicht so richtig in Gang. Das trübte meine Stimmung aber nicht besonders. Allein die Atmosphäre live mitzuerleben war der Wahnsinn. Ich bemerkte natürlich, dass die Euphorie der Menschen um mich herum nach und nach einer gewissen Ernüchterung wich. Wie sollte es auch anders sein? Da hatte man sich stundenlang druckbetankt, und nun gab es keine Touchdowns, keine Highlights, und kein bisschen Spannung lag in der Luft.

Mit Sicherheit bedingt durch meinen Alkoholpegel und meine generell ausgelassene Stimmung, beschloss ich, dass nun der Zeitpunkt gekommen war, der Welt etwas von meinem Glück zurückzugeben. Oder zumindest den enttäuschten Gesichtern in meiner direkten Umgebung. In einer der Pausen sprang ich also kurzerhand auf und kletterte, ohne groß darüber nachzudenken, auf eine Art Vorsprung vor den Sitzreihen der ersten Etage, in der wir uns befanden. In meiner lustigen Welt sah der Vorsprung nämlich haargenau aus wie die Bühne, die ich brauchte. Oben angekommen, legte ich eine Tanzperformance hin, die sich gewaschen hatte. Innerhalb von Sekunden wurden Tausende von Footballfans auf mich aufmerksam, begannen mir zuzugrölen und mich anzufeuern. Ich war total in meinem Element – erst Schuhplattler in Las Vegas, nun eine Tanzeinlage mit Breakdance-Moves im Footballstadion in Buffalo. Ich war begeistert von meiner Idee, die Menge war begeistert, dass etwas Lustiges passierte. Die Einzigen, die nicht so begeistert waren, kamen gerade mit wütender Miene auf mich zu: die Security-Angestellten. Wenige Sekunden später war ich umzingelt, und man zog mich von meiner Bühne.

»Das war's für dich«, sagte einer der Typen.

Die Menge protestierte und buhte die Sicherheitsleute aus.

»Let him go!«, hörte ich es aus allen Richtungen. Einige der Footballfans liefen sogar neben uns her und redeten auf die Security-Typen ein: »It was just fun, you know, let him go!«

Ich stimmte ein wenig mit ein.

Schwarzenegger 1 und Schwarzenegger 2 kannten jedoch keine Gnade: »No, man, you're in trouble.«

Ohne Umwege wurde ich Richtung Treppe bugsiert und anschließend in die Katakomben unter dem Stadion. Chad, der den ganzen Weg hinter uns hergelaufen war und alles gefilmt hatte, versuchte ebenfalls, die Ordnungshüter milde zu stimmen. Doch keine Chance: Ich musste stehen bleiben und auf den Sheriff warten. In der Zwischenzeit wurde mir mein Reisepass abgenommen. Hier verstand ich keinen Spaß mehr. Nach wie vor recht betrunken, aber mit lauter Stimme klärte ich die Security-Angestellten über meine Rechte auf: »This is the property of the government of Germany, you are not allowed to take my passport away, I know my rights«, oder so ähnlich. Wenn ich ehrlich bin: Ich hätte mich selbst wohl auch nicht sonderlich ernst genommen.

Als der Sheriff schließlich auf uns zukam, fühlte ich mich wie in einem Film – oder eher wie in einer Serie, denn der Mann sah eins zu eins aus wie Chuck Norris in *Walker, Texas Ranger.* Mit seinem Vollbart, dem Hut und seinen Cowboystiefeln ließ er sich von den Sicherheitsbeamten erklären, was vorgefallen war. So langsam dämmerte auch mir der Ernst der Lage. Die verstanden hier ja wirklich keinen Spaß! Ich klemmte noch immer zwischen den beiden Gorillas der Security, seitlich um uns herum standen Chad und unsere Parkplatzcrew. Der Sheriff nickte ein paarmal, trat einen Schritt auf mich zu und fixierte mich mit seinem Blick. Ich befürchte, dass ich zu diesem Zeitpunkt wohl etwas schielte. An der Körpersprache des Texas Rangers war jedenfalls deutlich abzulesen, dass er mich für eines der ärmsten Würstchen hielt, die ihm je untergekommen waren. Darin erkannte ich meine Chance. Wir Deutschen haben im englischsprachigen Ausland einen großen Nachteil, der sich in einer Situation wie dieser jedoch als knallharter Vorteil erweisen kann: Wir haben einen absolut saudämlichen Akzent. Der deutsche Akzent klingt in amerikanischen Ohren ein bisschen, als würde jemand sehr, sehr Dummes versuchen, die Welt sehr, sehr langsam zu verstehen. Dafür können wir nichts, es ist einfach so. Als mich also Sheriff Chuck Norris herablassend anblickte und fragte, was zum

Geier ich da getrieben hätte, machte ich ein treudoofes Gesicht und zog mit dem kantigsten deutschen Akzent, den ich hervorzubringen in der Lage war, die Touristenkarte: »Ei wass dänzing inn se stadiong änd wantet tuh äntertain oll se assa piepel!«

Ich erklärte ihm in meinem schlechtesten Englisch, dass das alles nicht böse gemeint war und ich einfach ein bisschen für gute Stimmung bei den enttäuschten Fans hatte sorgen wollen. Der Sheriff seufzte entnervt auf und warf einen Blick auf seine polierten Schuhspitzen. Es war ihm deutlich anzusehen, dass er auf Krawall aus gewesen war und mit Widerstand oder einer frechen Klappe meinerseits gerechnet hatte, der er ordentlich was hätte entgegensetzen wollen. Aber wer schreit schon einen grottendämlichen Deutschen an, dessen zwei Restgehirnzellen ihn zu einer überaus bekloppten Idee angestiftet hatten? Mein Plan ging so was von auf: Er fragte mich zwar noch, ob ich denn nicht wisse, dass ich soeben gegen das Gesetz verstoßen hätte, doch bei meiner folgenden Antwort warf er dann endgültig das Handtuch.

»Oh, ei did not no sät. Se geim was rilli bohring and ei soht ei wud äntertein all sie aser piepel so sey kän häf leik a big smeiel in sär häts.« Mit meiner bescheuerten Art nahm ich ihm sämtlichen Wind aus den Segeln. Ich versprach ihm, so etwas nie wieder zu tun, und schwor dies bei meiner Mutter. Ich hielt ihm sogar zwei überkreuzte Finger unter die Nase, um ihm meine ernsten Absichten auch visuell zu verdeutlichen. »Ei hierbai promiz bei mei mossa, sät ei will neva eva do id agän!« Das gab dem Sheriff vermutlich den Rest – und er mir daraufhin meinen Reisepass zurück. Er ließ mich laufen und vermutete wahrscheinlich, dass ich mich in nächster Zeit sowieso in irgendeine Wüste verlaufen und dort jämmerlich verdursten würde, so doof, wie ich war. Mit mir selbst zu leben, dachte er wohl, sei Strafe genug.

Zurück auf dem Parkplatz, außer Sichtweite des Gesetzes und seines verlängerten Arms in Cowboystiefeln, kamen wir alle aus dem Lachen nicht mehr heraus. Keine 24 Stunden nach meiner Rückreise in die USA war ich also meinem ersten Arrest erfolgreich von der Schippe gesprungen.

EMPIRE STATE OF MIND

Die Zeit bei Chad war großartig, vor allem auch, weil es sich ein bisschen wie Familie anfühlte. Es war einfach schön, bei jemandem zu leben, den man schon so lange kannte. Nach einiger Zeit begann es in meinen Reisefüßen allerdings wieder aufgeregt zu kribbeln. Buffalo liegt nämlich gar nicht weit von einer Stadt entfernt, die ich schon immer hatte besuchen wollen: New York.

Als ich Chad von meinen Plänen erzählte, rief er eine Bekannte in meinem Alter an, die zusagte, mich im Big Apple aufzunehmen. Großartig: Ich konnte in einer der teuersten Städte der Welt ohne Probleme und Organisationsaufwand couchsurfen. Mein Reisenetzwerk wurde immer größer und besser. Am nächsten Tag machte ich mich also auf den Weg zu Rita nach Brooklyn.

Als der Bus in New York einfuhr, klebte ich mit dem Gesicht an der Scheibe. Ich war noch nie in dieser Stadt gewesen, kannte sie aber wie jeder andere aus zahlreichen Filmen. Es war genau, wie ich es mir vorgestellt hatte, und doch ganz anders. Kaum war der Bus angekommen, schulterte ich meinen Backpack und fuhr mit der U-Bahn Richtung Brooklyn. Ich war die ganze Zeit wie elektrisiert: New York! Wow!

In Brooklyn angekommen, lief ich noch immer mit tellergroßen Augen durch die Gegend. Lauter schmale Häuser drängten sich eng aneinander, alle mit Flachdächern und diesen Eingangstreppen, die ein paar Stufen zur Haustür führten. Ich hatte das alles schon so oft gesehen, aber nun zum ersten Mal in der Realität. Es war so schön.

Rita empfing mich, wie ich es von einer Bekannten Chads erwartet hatte: absolut herzlich. Sie umarmte mich, stellte mich ihrer Mitbewohnerin Miriam vor, und alle drei kamen wir sofort ins Quatschen. Die beiden waren total interessiert an meiner Geschichte, ich wiederum wollte alles über New York und meine Gastgeberinnen wissen. Wir bestellten die typische New York Slice Pizza und saßen dann beim Sonnenuntergang auf dem Flachdach ihres Hauses. Das geteerte Dach war vom Tag noch angenehm warm, und von hier hatten wir einen atemberaubenden Blick über Downtown Manhattan: Ich sah die ganzen Wolkenkratzer und entdeckte sogar das Empire State Building. Der Himmel dahinter färbte sich langsam orange, rosa und rot. Mit der Pizza auf dem Schoß, den unglaublich sympathischen Mädels neben mir und dieser Aussicht, von der ich kaum den Blick abwenden konnte, erlebte ich einen absoluten Glücksmoment. Ich war endlich in der Stadt, die ich bisher nur von Bildern, aus Blockbustern, Serien, Musikvideos und dem Internet kannte. Ich konnte mein Glück nicht fassen und freute mich auf die kommenden Tage.

Als ich am nächsten Morgen erwachte, war ich so aufgeregt, dass ich gleichzeitig mit dem Augenöffnen auch schon auf den Beinen war. Die beiden anderen schliefen noch, also revanchierte ich mich für den netten Abend und machte Frühstück. Doch dann hielt mich einfach nichts mehr. Ich schnappte mir meinen iPod, steckte mir Geld in meine Hosentaschen und fuhr nach Manhattan. Hier sog ich alles auf, mit all meinen Sinnen. Reisen ist wirklich die schönste Droge der Welt – mit Haut und Haaren fühlst du alles Neue, das dich umgibt. Ich sah die gelben Taxis, die berühmten Gebäude, hörte den amerikanischen Slang und die Polizeisirenen, roch den Dampf, der aus den Gullideckeln strömte, spürte die warme Spätsommerluft auf meiner Haut und den Asphalt unter meinen Schuhsohlen. Alles gelangte ungefiltert in meinen Kopf und brachte mein Herz zum Hüpfen. Mein ganzer Körper war voller Endorphine. Ich wanderte die Lexington Avenue entlang, begegnete Hip-Hop-Typen mit Boomboxen auf den Schultern, aß warme Blaubeermuffins, stieg hoch aufs Rockefeller Center und genoss die Aussicht auf die Skyline, den Hudson River sowie den Central Park und fand mich schließlich gedankenverloren am Ground Zero wieder, wo gerade das One World Trade Center gebaut wurde.

Als es dunkel war, besuchte ich den Times Square mit seinen Tausenden Lichtern und blinkenden Reklametafeln. Zahllose Menschen waren dort unterwegs. Ich traf den berühmten Naked Cowboy, der in einer weißen Unterhose samt Cowboyhut und -stiefeln Gitarre spielte, blieb bei Street-Performance-Gruppen stehen und staunte über die unfassbaren Breakdance-Moves, zu denen die Leute in der Lage waren.

So war beinahe jeder Tag in New York. Einmal sprang ich sogar über meinen Schatten und drückte einem der Tänzer am Times Square meine Kamera in die Hand, um ebenfalls ein paar Moves hinzulegen. Im Vergleich zu diesen Talenten sah ich sicherlich aus wie ein Stock im Mixer, aber hey: Ich hatte mit Breakdancern am New Yorker Times Square getanzt!

Die Abende verbrachte ich oft mit Rita und Miriam, wir machten uns Abendessen, setzten uns auf das warme Teerdach, und ich erzählte ihnen von meinem Tag. New York, das war für mich eine magische Stadt, in die ich mich voll und ganz verliebte.

Kapitel 6
MAL WIEDER PAZIFIK

FIDSCHI-TIME!

Als ich im Flugzeug saß, das mich über die Datumsgrenze zu einer ganz anderen Ecke der Welt bringen sollte, hatte ich keine Ahnung, was mich erwarten würde. Meine Vorfreude war groß, einen genauen Plan, was ich auf den Fidschi-Inseln tun würde, hatte ich allerdings nicht. Ich hatte mir in den letzten acht Monaten angewöhnt, einfach alles auf mich zukommen zu lassen. Schon am Flughafen auf Viti Levu, der Hauptinsel der Fidschis, schlugen mir mit voller Wucht das tropische Klima und die urige, herzliche Freundlichkeit der Fidschianer entgegen. Gegen nichts davon hatte ich etwas einzuwenden.

Schon in Mexiko, in den USA und in Kanada war ich dazu übergegangen, weniger auf die Reisetipps im Internet zu hören, sondern einfach die Leute um mich herum zu fragen, was sie empfehlen könnten. Hier auf Fidschi waren Reiseblogs oder -foren dann überhaupt nicht mehr nötig: Überall traf ich auf Backpacker oder Locals, und jeder von ihnen hatte etwas erlebt oder gesehen, was ich auf keinen Fall verpassen sollte. Einen der Tipps setzte ich sofort um. Es gibt auf Fidschi nämlich den sogenannten Bula-Pass. Das ist eine Art Fahrkarte für eine katamaranartige Fähre zu den Yasawa-Inseln.

Die Yasawa-Inseln bestehen aus sieben größeren Inseln und einer Menge kleineren, die meist komplett unbewohnt sind. Mit dem Bula-Pass kann man dann für eine bestimmte Anzahl von Tagen Inselhopping betreiben. Mit dabei sind auch Unterkunft und Verpflegung. Weil ich schon nach wenigen Tagen überzeugt davon war, dass es mir auf Fidschi richtig gut gefallen würde, buchte ich direkt einen Bula-Pass für drei Wochen in der niedrigsten Kategorie: einer Kokosnuss. Alle Unterkünfte werden auf den Yasawa-Inseln mit einer, zwei oder drei Kokosnüssen bewertet. Je mehr Kokosnüsse, desto mehr Komfort wird geboten – und desto teurer wird das Ganze. Drei Kokosnüsse bedeuten in etwa: klimatisiertes Einzelzimmer mit Vollpension und vermutlich sogar jemandem, der die ganze Zeit ein Palmenblatt über deinen Kopf hält. Zwei Kokosnüsse vergleiche ich am ehesten mit einem normalen Hotel. Eine Kokosnuss wiederum bietet alles, was man als Low-Budget-Traveler brauchen kann, also zum Beispiel ein Bett in einem Hosteldorm.

Ich hatte mir die Fidschis immer als Malediven-Verschnitt vorgestellt, wo Superreiche ihre Flitterwochen verbrachten. Tatsächlich waren die Pazifikinseln der unkomplizierte Reisetraum eines jeden Backpackers. Gleichzeitig waren sie das Paradies auf Erden. Ich wohnte auf kleinen Mini-Inseln mit puderfeinen weißen Sandstränden, leuchtend grünen Palmen und türkisblauem, klarem Wasser. Morgens konnte ich aus meiner Eine-Kokosnuss-Unterkunft hinausstolpern, einen Purzelbaum am Strand machen und lag direkt im Wasser. Streckte ich die Hand aus, begann unter mir schon irgendein Riff mit tausend exotischen Korallen und Fischen.

Die offizielle Amtssprache auf den Fidschis ist Englisch. Die Fidschianer sprechen jedoch hauptsächlich ihre eigene Sprache: Fidschianisch. Auch wenn ich das bis heute nicht beherrsche, hatte ich recht schnell raus, dass sie so kompliziert nicht ist. Eigentlich reicht für die grundsätzliche Verständigung nur ein einziges Wort: *Bula.* So wie auch der Inselhopping-Pass heißt. Ich fand heraus, dass einfach alles »Bula« ist. Eigentlich heißt es so viel wie »Hallo« oder »Wie geht's?«. Dem häufigen Gebrauch nach zu urteilen, hat es aber einige weitere Bedeutungen, zum Beispiel »Gute Nacht«, »Ich muss einkaufen gehen«, »Ich habe einen Hangover« oder »Ich möchte ein Bier, bitte«. Die Fidschianer warfen sich das Wort hin und her wie einen Pingpongball. Im Prinzip konnte man über die Insel rennen und allen nur »Bula«, »Bula«, »Bula«, »Bula« zurufen – und schon hatte man quasi eine tagesfüllende Konversation.

Genau diese Unkompliziertheit lernte ich immer mehr zu lieben. Das ganze Dasein auf den Fidschis ist sehr entspannt. Die Fidschianer leben überhaupt in einer komplett anderen Zeit, nein, sie leben komplett außerhalb irgendeiner Zeit. Denn anders als wir Europäer richten sie sich überhaupt nicht nach Uhren. Es gibt keine Sätze wie »Oha! Es ist schon neun Uhr, Zeit für Frühstück!« oder »Wir treffen uns in einer Stunde am Strand!«. Hier läuft alles nach Fidschi-Time. Wer also beispielsweise fragt, wann es Abendessen gibt, bekommt immer die gleiche Antwort, die jedes Mal von einem breiten Grinsen begleitet wird: »Hehe … Fidschi-Time!« Das kann bedeuten, dass die Teller bereits in zwei Minuten auf dem Tisch stehen, es kann aber auch bedeuten, dass es erst in zwei Stunden Essen gibt – oder auch gar nicht. Anfangs war das für mich als immer noch zeitorientierten Europäer ganz schön gewöhnungsbedürftig. Aber ich ließ mich immer mehr auf diese stressfreie Lebensart ein und mochte sie schon bald wahnsinnig gerne.

BANG, BANG (HE SHOT ME DOWN)

Das warme Süßwasser lief an mir herunter und wusch Salz, Sand und Sonnencreme von meinem Körper. Rick saß ein Stück entfernt im Sand und lachte: »Die haben uns so was von abgezogen!«

»Aber echt, wir sind solche Loser«, kam es von James.

Ich stand mit geschlossenen Augen unter einer Stranddusche und stimmte in das Geplänkel der anderen mit ein. Gerade hatten wir unzählige Partien Volleyball gegen eine Truppe Fidschianer verloren. Fidschianer lieben Volleyball und spielen es in jeder freien Minute. Dementsprechend gut sind sie darin. Wer gegen Fidschianer im Volleyball antritt, sollte prinzipiell mit einer Niederlage rechnen. Ein Team aus Backpackern und Touristen kann noch so talentiert sein, gegen die ganzen Spielzüge, Tricks und Kniffe der Locals gibt es einfach keine Chance.

Als wir endgültig aufgegeben hatten, waren wir ins Meer gesprungen, um uns abzukühlen. Rick aus Manchester und James aus Irland hatte ich hier auf Kuata Island kennengelernt. Wir verstanden uns richtig gut und hatten uns angefreundet.

»Nick!«, rief es aus einer anderen Richtung.

Ich wusch gerade kopfüber meine Haare aus, hatte noch immer die Augen geschlossen und ließ das Wasser auf mich niederprasseln. Nach mehreren Stunden Volleyball genoss ich die lauwarme Erfrischung.

»Nick! Look! Open your eyes!«, rief es erneut.

Es war einer der Fidschianer. Ich strich mir Wasser und Haare aus dem Gesicht und schaute zu ihm. Keine zwei Meter vor mir stand Knox, der im Hostel arbeitete und einer von den Jungs war, die uns gerade so derbe beim Volleyball fertiggemacht hatten. Knox hatte ein riesiges Grinsen im Gesicht und hielt eine Harpune im Arm, die er auf mich gerichtet hatte. Wir alle hatten nach dem Spiel schon eine ganze Weile am Strand herumgealbert, deshalb empfand ich die Situation nicht als Bedrohung. Knox machte einfach ein bisschen albernen Spaß.

»Willst du mich abschießen, oder was?«

Ich nestelte mit der einen Hand noch immer an meinen Haaren herum, die andere hatte ich bei meinen Worten an die Brust gelegt. Knox lachte, visierte mich an und sprang ein bisschen auf der Stelle herum. Dann passierten drei Dinge nahezu gleichzeitig: Gerade als ich wieder zu Knox blickte, bemerkte ich einen erschrockenen Ausdruck in seinem Blick, hörte einen dumpfen Schlag und spürte eine Taubheit in meinem rechten Daumen. Ich wankte zwei Schritte nach hinten.

Was war passiert?

Alles um mich herum war still.

Ich schaute an mir herunter und bekam einen Schock. Knox' Harpune war offenbar geladen gewesen, und wie es aussah, war er versehentlich auf den Auslöser gekommen. Anders konnte ich mir das Bild, das ich sah, nicht erklären: Ein etwa ein Meter langer Speer hatte sich durch den Daumen meiner rechten Hand in meine Brust gebohrt. Ich realisierte das jedoch kaum. Um mich herum ertönten einige Schreie. Das Blut rauschte mir mit aller Macht in den Ohren, und ich atmete schnell. Bis heute kann ich mich an die nächsten Minuten nicht richtig erinnern, aber Rick erzählte es mir später so:

Ich hatte einige Sekunden auf das Harpunengeschoss gestarrt und dann irre laut »FUUUUUCK!« geschrien. Im nächsten Moment zog und zerrte ich mit der linken Hand am Speer, um ihn aus meiner Brust zu reißen. Als ich das geschafft hatte, war um mich herum bereits eine große Blutlache entstanden, die dadurch, dass ich nass war und die Dusche noch vor sich hin tröpfelte, ziemlich schnell an Umfang zunahm. Ich brüllte und umfasste mit zitternden Fingern erneut den Speer, um ihn aus meinem Daumen zu ziehen. Beim zweiten Anlauf hatte ich es geschafft.

Den Moment, als ich den blutigen Speer neben mir in den Sand fallen ließ, sehe ich bis heute deutlich vor mir. Um mich herum war das reinste Chaos ausgebrochen. Die Frauen schrien, die Männer redeten panisch auf mich ein: »Nick, ist alles okay?« – »Scheiße! Geht es dir gut?« – »O Gott, fuck!«

Auch Knox, der in seiner Panik noch immer die Harpune in der Hand hielt, brüllte auf mich ein: »Nick, I'm so sorry! Ich wollte das nicht! Das war ein Versehen! Spürst du Schmerzen? Was sollen wir machen?«

In meinem Kopf überschlugen sich die Gedanken. Mir wurde eiskalt, und mein ganzer Körper begann wie verrückt zu zittern.

»Nein, du verdammter Idiot! Ich hab keine Schmerzen! Ich habe einen Schock!«

Mir schlotterten die Beine, ich atmete schnell und flach. Das Blut lief an mir herunter, und mir wurde immer wieder schwarz vor Augen. Aus irgendeinem Grund brachte ich das mit Zucker in Verbindung.

»Bringt mir eine Cola, mein Kreislauf spielt verrückt. Und Zigaretten!« Ich setzte mich hin. Die anderen rannten immer noch panisch hin und her. Zwei Backpacker waren losgeeilt, um ein Erste-Hilfe-Set zu holen. Ich versuchte, mich zu beruhigen. Meine Gedanken sprangen hin und her, kehrten aber immer wieder zum selben Punkt zurück: Gerade hatte sich ein Harpunenspeer durch meine Hand in meine Brust gebohrt. Ich hatte ihn herausgezogen. Da war ein Fremdkörper in meiner Brust gewesen. Was soll ich jetzt machen? Was kann passieren? Versuch, ruhig zu atmen.

Ich rieb mit den Fingerspitzen meiner linken Hand an meinen Ohrläppchen. In irgendeinem Film hatte ich mal gesehen, dass das helfen soll. War es *Bad Boys 2?* Ich glaube, es war *Bad Boys 2*. Vor meinem inneren Auge sah ich Martin Lawrence, der seine Ohrläppchen anfasste und dabei »Whoosah, whoosah« vor sich hinmurmelte.

Ich weiß nicht, warum ich auf so irre Gedanken kam, aber ich versuchte, es zu machen wie Martin Lawrence. Leider half es gar nicht. Ich schloss die Augen und atmete so tief ein, wie ich konnte. Sofort durchfuhr mich ein stechender Schmerz in der Brust, und ich krümmte mich zusammen. Bis zu diesem Zeitpunkt hatten sich der Schock und die Angst darum gedreht, dass ich von einer Harpune angeschossen worden war und ohne Ende blutete. Jetzt krallte sich meine Panik mit voller Wucht an diesen Schmerz: Aua, was tat da so höllisch weh? Wo war ich getroffen worden? Hatte die Harpune irgendein inneres Organ erwischt? Ich bekam meine Atmung nicht unter Kontrolle. Luft holen gelang mir nur in winzig kleinen, flachen Atemzügen. Es trat ein brennender Schmerz ein. Was konnte verletzt worden sein? Mit völlig wirren Gedanken im Kopf ging ich meine Körperteile durch. Darm? Nein. Herz? Nein. Gehirn? Nein.

»O Gott, meine Lunge!«, schrie es plötzlich in mir auf. »Meine Lunge! Er hat meine Lunge erwischt!«

Gerade als ich diesen furchtbaren Gedanken fasste, kamen die beiden Backpacker zurück und brachten ein Pflaster. Ich lachte bei diesem Anblick wie irre auf: ein Pflaster!

Mir wurde bewusst, dass ich echt in der Scheiße steckte. Ich war nicht in Deutschland, wo jemand den Notruf wählen konnte. Hier kam nicht nach zehn Minuten ein Krankenwagen mit Blaulicht um die Ecke gerast. Hier konnte ich nicht meine Versichertenkarte zücken und mir umgehend helfen lassen. Ich war auf irgendeiner kleinen Insel mitten im Pazifik. Hier gab es keine Krankenhäuser. Hier gab es nur Fidschi-Time und Bula – und ein beschissenes Pflaster!

Ich spürte, dass ich wirklich ein Problem hatte, denn meine Atmung wurde nicht besser. Ich hatte das Gefühl, dass ich meine Lungen gerade mal zu 40 Prozent mit Luft füllen konnte. Und das nur unter Schmerzen. Mir wurde schlecht vor Angst. Rick brachte mir Cola und Zigaretten. Ich nahm einen großen Schluck und versuchte, mich weiter zu beruhigen. Zitternd zündete ich mir eine Zigarette an und stützte meine Ellenbogen auf die Knie. Jetzt erst mal zu rauchen war natürlich eine selten dämliche Idee, aber wie gesagt: Ich war nach wie vor nicht ganz bei mir und meine Gedanken völlig durcheinander. Ich bildete mir sogar ein, dass die Zigarette eigentlich eine gute Möglichkeit sei, um herauszufinden, ob meine Lunge irgendeinen Schaden genommen hatte. Denn dann müsste ja Rauch aus dem Loch in meiner Brust herauskommen, oder? Totaler Schwachsinn natürlich. Aber angeschossen und unter Schock konnte ich nicht mehr klar denken. Ich wusste nicht, was ich tun sollte. Rick saß neben mir und redete beruhigend auf mich ein. An seiner Stimme erkannte ich jedoch, dass auch er voller Panik war.

»Nick, gleich kommt ein Fischer, der dich auf eine Nachbarinsel bringt. Da ist ein Medical Center, und da können sie dir helfen.«

Ich nickte. Okay, das war ein Plan. Nur: »Gleich« konnte hier alles bedeuten. Fidschi-Time. Wer weiß, wie lange es dauern würde, bis mich tatsächlich jemand abholte? Ich hatte einen mentalen Long Island Ice Tea. Doch anstatt aus Tequila, Gin, Rum und Triple Sec bestand dieser aus Panik, Schmerz, Angst und Ungewissheit.

Nach 45 Minuten hörten wir ein Fischerboot. Ich schloss erleichtert die Augen. Endlich. Ich hatte daran gezweifelt, ob überhaupt noch jemand kommen würde. So froh ich darüber war, dass es nun losging: Der Fischer machte auf mich keinen besonders vertrauenswürdigen Eindruck. Sein Boot noch viel weniger. Ich wollte einen Krankenwagen, einen Arzt, jemanden, der Sicherheit und Fachkompetenz ausstrahlte – nicht diesen grinsenden, fast zahnlosen Typen, der eine Mango in der Hand hielt und freudig »Bula!« rief. Ich wollte jetzt kein Bula. Ich wollte jemanden, der meinen Puls fühlte, mir irgendeine Spritze gab und sagte: »Herr Martin, machen Sie sich mal keine Sorgen, das sieht schlimmer aus, als es ist.« Stattdessen halfen mir die anderen in das kleine Holzboot, das gerade einmal so groß war, dass ich am Boden liegen und der Fischer am hinteren Ende sitzen konnte.

Als der kleine Motor knatternd ansprang und das Boot sich unendlich langsam über das Wasser bewegte, zogen meine Gedanken die merkwürdigsten Bahnen. Ich bildete mir ein, dass die Sonne über mir das berühmte Licht am Ende des Tunnels wäre, und wartete darauf, dass mein bisheriges Leben gleich wie ein Film vor mir ablief. Mir kullerten links und rechts Tränen die Schläfen herunter, und ich war sicher, dass ich gleich sterben würde.

»Das war's. Du bist 24 Jahre alt und wirst auf den Fidschis umkommen, weil dich jemand nach dem Volleyballspielen mit einer Harpune angeschossen hat.«

Nach etwa einer halben Stunde, die sich für mich wie mindestens zwei Stunden angefühlt hatte, legten wir endlich an. Anstatt mir aus dem Boot zu helfen, meinte der Fischer nur: »Okay. We are here. You go«, und wies in eine Richtung.

Als er mir noch ein »Bula!« zurief, drehte ich mich nicht einmal mehr um. Der konnte sich sein Bula sonst wo hinschieben. So gern ich die Fidschianer auch hatte, wenn alles in Ordnung war, so sehr hasste ich diese Art nun. Es war, als verstünden sie überhaupt nicht, dass man Hilfe brauchte. Ich zweifelte an ihrer Empathiefähigkeit.

Mit der unverletzten Hand presste ich die andere an meine Brust und lief los. Ich stolperte den Trampelpfad entlang, auf den der Fischer gezeigt hatte. Dieser führte mich ein paar Minuten lang durch ein Dickicht. Immer wieder musste ich Hühner mit den Füßen beiseiteschubsen, um voranzukommen. Um mich herum war schönste Natur: Es lagen Kokosnüsse und Muschelschalen herum, ich hörte das Geschrei von Papageien. Irgendwann lichtete sich der Urwald, und ich trat auf eine Art Rasenfläche. In der Ferne sah ich einige Bambushütten.

Letztere entpuppten sich als kleines Dorf. Kinder spielten auf der Straße, und Erwachsene saßen auf Stühlen und unterhielten sich. Ich war geschwächt und nach wie vor sehr zittrig. Vor einer der Hütten stand eine alte Frau, die in einem riesigen Kochtopf rührte. Ich musste an Miraculix aus *Asterix* denken. Die Frau warf mir einen fragenden Blick zu.

»Was ist denn mit dir passiert?«

Ich war kreidebleich, meine Angst und Panik waren mir deutlich anzusehen. Außerdem war ich noch immer voller Blut. Die Frage reichte aus, um mir erneut Tränen in die Augen zu treiben.

»Ich wurde angeschossen«, presste ich hervor.

Die Frau guckte erschrocken, legte ihren Kochlöffel beiseite, nahm ihre Schürze ab und deutete auf den Eingang zu ihrer Hütte.

»Komm rein, hier ist das Medical Center«, sagte sie.

Die Frau erinnerte mich sehr an meine Oma. Sie hatte dunkle Haare, war ganz dick, und ich wünschte mir in diesem Moment, dass sie tatsächlich Miraculix wäre und in ihrem Kochtopf einen Zaubertrank braute, der mich wieder gesund machte. Es war jedoch kein Zaubertrank. Als sie mir erklärte, dass sie Krankenschwester sei, blickte ich auf ihre dreckige Kochschürze und dachte nur: »O Mann!«

Wie sehr wünschte ich mir einen Arzt in einem weißen Kittel. Als ich in die Hütte trat, hoffte ich noch, dass diese wenigstens von innen an eine Art Krankenhaus erinnern würde, aber tatsächlich standen hier nur zwei kleine Bambusschränkchen, ein Stuhl, eine Pritsche und ein kleiner Tisch mit ein paar Medikamenten drauf. Ich fühlte mich hilflos und verlor das letzte bisschen Vertrauen, dass man mir hier tatsächlich würde helfen können. Ein erneutes Zittern schüttelte meinen Körper, und meine Angst legte wieder zu. Ich traute mich nicht mehr, auf meine Wunden zu schauen, da allein der Schmerz mich langsam an den Rand der Panik brachte.

»Leg dich hin«, hörte ich die Frau hinter mir.

Ich war mit meinen Nerven am Ende und ließ mich auf die Pritsche sinken. Die Frau wandte sich den Schränkchen zu. Ich hoffte, dass sie irgendwelche Medikamente herausholte, doch als sie sich umdrehte, waren ihre Hände leer. Sie zog einen Stuhl zu mir heran und blickte mich mit einer Seelenruhe an, die in krassem Gegensatz zu meiner Verfassung stand. Die Situation erinnerte mich eher an den Beginn einer Gesprächstherapie. Ich wartete auf ihre erste Frage, doch sie schwieg. Nach einer Weile schlug sie ihre Beine übereinander und musterte mich seufzend.

»So. Und jetzt erzähle mir: Warum hast du dich selbst angeschossen?«

Erstaunt suchte ich ihren Blick. Meinte sie das etwa ernst? Ich spürte Aggression in mir aufsteigen. Waren die hier eigentlich alle bescheuert?

Noch bevor ich zu einer wütenden Antwort ansetzen konnte, wurde die Tür aufgerissen, und Hakan stand vor mir. Hakan war ein Backpacker aus der Türkei, den ich schon ein paarmal auf unterschiedlichen Inseln getroffen hatte. Er war an diesem Morgen ebenfalls am Strand gewesen und mir offenbar in einem zweiten Boot gefolgt. Nun wandte er sich zu der Frau und erklärte ihr, dass er gelernter Krankenpfleger sei und sich jetzt um mich kümmern werde. Dann drehte er sich wieder zu mir.

»Pass auf, ich schaue mir jetzt deine Wunde an, denn ich muss sehen, wie tief sie ist und ob irgendwelche Organe verletzt wurden.«

In diesem Moment war es mir total egal, was er mit mir anstellen würde, Hauptsache, er half mir.

Hakan kniete sich neben meiner Pritsche auf den Boden, setzte beide Daumen an meine Wunde und zog sie leicht auseinander. In mir explodierte der Schmerz. Es fühlte sich an, als würde er mir den Brustkorb aufreißen. Ich begann am ganzen

Körper zu zittern und zu schwitzen. In Wirklichkeit hatte Hakan die Wunde nur ein bisschen aufgezogen, um etwas sehen zu können. Ihm lief der Schweiß von der Stirn, was mich nicht unbedingt beruhigte. Die einzige Person, die keine Schweißausbrüche hatte und die Ruhe selbst war, saß in Form der angeblichen Krankenschwester auf einem Stuhl. Die Frau saß einfach nur da. Was war mit den Leuten hier los?

Hakan ließ unterdessen von meiner Wunde ab und wischte sich über die Stirn.

»Also ganz ehrlich: Ich kann überhaupt nichts sehen. Aber da du noch lebst, denke ich nicht, dass deine Lunge verletzt ist. Deshalb sollten wir die Wunde wohl einfach zunähen.«

Ich sagte nichts mehr. Was hatte ich auch für eine Wahl?

Hakan desinfizierte die Wunde und ließ sich Nadel und Faden geben. Er hielt die Nadel unter ein Feuerzeug und begann dann mit der Naht. Ohne Betäubung musste ich sechs überaus schmerzhafte Stiche ertragen. Meinen Daumen schmierte er mit einer Art Wundsalbe ein und legte einen Druckverband an. Die frische Naht an der Brust bedeckte er mit ein bisschen Watte und klebte dann ein großes Pflaster darüber. Das war alles, was ich an Behandlung bekam nach einem Harpunenschuss in den Oberkörper.

Als ich ein wenig zur Ruhe gekommen war, verließen Hakan und ich das Medical Center und fuhren mit einem Boot zurück nach Kuata. Rick erzählte mir später, dass auf der Insel während unserer Abwesenheit eine Art Geisterstimmung geherrscht hatte. Niemand hatte gesprochen, alle hatten sich nur gefragt, ob ich noch lebte und wiederkommen würde. Als sie dann sahen, wie Hakan mir aus dem Boot half und mich den Strand entlang stützte, brachen sie erleichtert in Jubel aus. Ich winkte etwas schwächlich in die Runde und fragte nach Knox. Auch wenn ich fürchterlich müde war: Es war mir ein Anliegen, ihn zu sehen und ihm zu zeigen, dass es mir gut ging.

Knox saß mit verheulten Augen auf der Bettkante in seinem Zimmer. Er hatte unendliche Panik gehabt, dass ich gestorben sein könnte. Er sah mich und sprang auf: »Oh, Nick, sorry, sorry, sorry, sorry, sorry!« Er stürzte auf mich zu und konnte sich gar nicht beruhigen. Erleichterung und Schuldgefühl standen gleichermaßen in seinem Gesicht.

»Alles okay, mir geht es gut«, erwiderte ich.

Tatsächlich wusste ich nicht, wie es mir ging. Aber ich wollte ihm die Sorge nehmen. Dennoch erklärte ich ihm ernst, dass er zur Hölle noch mal niemals mit einer Waffe auf Menschen zielen dürfe, egal, ob geladen oder nicht. Ich hatte als Kind schon gelernt, dass man das nicht einmal mit einer Spielzeugpistole tat.

Nach unserem Gespräch kehrte ich zu den anderen zurück. Sie waren immer noch alle sehr still und zurückhaltend. Obwohl auch ich noch immer wackelig auf den Beinen war, wünschte ich mir Normalität. Erst als Rick nach einer Weile den Blick hob und trocken sagte: »Also, Plan für heute Nachmittag: Wir gehen am Strand ein paar Deutsche jagen. Mit Harpunen«, fingen wir alle an zu lachen. Der Schrecken war nicht wirklich weg, aber wir genossen es, wie die Anspannung von uns abfiel.

Später, als ich in meinem Bett lag und versuchte, ein wenig Schlaf zu finden, bemerkte ich jedoch, dass ich dieses Erlebnis noch lange nicht überwunden hatte. Immer wenn ich die Augen schloss, sah ich diese Szenen vor mir: Knox, wie er mit der Harpune auf mich zielte. Knox' erschrockenen Ausdruck im Gesicht. Der Speer, wie er durch meinen Daumen in meiner Brust steckte. Immer wieder schrak ich hoch, und Panik wallte auf. Erst in den frühen Morgenstunden kam ich etwas zur Ruhe. Bevor ich für ein paar Stunden einschlief, hatte ich beschlossen, dass ich diese Insel so schnell wie möglich verlassen würde.

Bleibt nur noch eines, um die Erzählung von meiner Zeit auf Kuata Island abzuschließen, und zwar ein Rat: Solltest du jemals dorthin reisen und auf einen etwa 1,70 Meter großen, gut gebauten Volleyballer treffen, der sich Knox nennt, dann RENN! Und zwar, so schnell du kannst.

PLANÄNDERUNG

Meine Wunde schmerzte mit jedem Ruckeln der Fähre. Ich war am Morgen von Kuata aufgebrochen. Mein Ziel war Mana Island, eine der Mamanuca-Inseln, die südlich der Yasawa-Inseln liegen. Um diese anzusteuern, musste ich jedoch einen Zwischenhalt auf Beachcomber Island einlegen. Von dort würde erst am nächsten Tag eine weitere Fähre nach Mana Island gehen. Beachcomber Island war eigentlich ganz und gar nicht das, was ich jetzt brauchen konnte. Es handelt sich nämlich um eine totale Partyinsel. Es ist unmöglich, dem Gefeiere dort aus dem Weg zu gehen, denn die Insel ist so winzig, dass man in schlappen zehn Minuten einmal drum herum laufen kann. Ich hatte es jedoch so eilig gehabt, von Kuata wegzukommen, dass ich diesen Umstand in Kauf nahm. Am Ende erwies er sich sogar als ein Segen.

Ich bezog ein 64-Betten-Dorm und war zunächst überfordert. Ich wollte eigentlich nur meine Ruhe haben, denn der Schreck steckte mir noch tief in den Knochen. Abends setzte ich mich dennoch zu den anderen Backpackern. Als sie erfuhren, dass ich gerade von Kuata kam, fragten sie mich, ob ich schon gehört hätte, dass dort gestern ein Deutscher angeschossen worden sei. Ich hob mein T-Shirt und zeigte ihnen meinen Verband. Sofort belagerten sie mich mit Fragen, und ich erzählte wieder und wieder die ganze Geschichte. Das hatte etwas Therapeutisches. Ich ließ mich zu einem Glas Bier überreden, dann zu noch einem – und der Abend wurde länger und länger. Schließlich fiel ich reichlich angetrunken ins Bett und glitt umgehend in einen tiefen Schlaf, den ich bitter nötig gehabt hatte. Weder das Geraschel und Gemurmel im Zimmer noch die Musik, die von draußen hereinwehte, weckten mich auf. Und auch die Harpune tauchte nicht in meinen Träumen auf – zumindest nicht in dieser Nacht.

Mein ursprünglicher Plan war es gewesen, in einer Woche nach Australien zu fliegen. Da ich mich mit meiner Verletzung aber nicht in ein Flugzeug traute, ließ ich mein Flugticket verfallen. Die Druckveränderung im Flugzeug bereitete mir Sorgen, da ich nicht sicher ausschließen konnte, dass meine Lunge einen Kratzer abbekommen hatte. Auf Mana Island angekommen, beschloss ich, eine Pause einzulegen und gesund zu werden. Solange es eben dauerte.

MANA ISLAND

In meiner Erinnerung an meine Zeit auf den Fidschi-Inseln sticht Mana Island sehr heraus. Es war nicht die allerschönste der Inseln, nicht die größte und auch nicht die kleinste, aber es war die Insel, auf der ich die meiste Zeit verbracht, die besten Freunde und auch wieder zu mir selbst gefunden habe. Die ersten Tage nach meiner Ankunft verlebte ich sehr zurückgezogen. Ich ging viel am Strand spazieren, führte unzählige innere Dialoge und schrieb mein Reisetagebuch. Ich hatte große Probleme mit dem Schlafen, denn sobald ich meine Augen schloss, tauchten Knox mit der Harpune, der Speer in meiner Brust und die schreckliche Fahrt zum Medical Center wieder vor mir auf. Ich litt unter Albträumen und erwachte morgens meist schweißgebadet und genauso erschöpft, wie ich mich abends hingelegt hatte. Das Erlebnis und der Schock hatten definitiv ein Trauma hinterlassen.

Mana Island wirkte dagegen wie eine wohltuende Medizin. Es gab ein kleines Dorf, zwei oder drei Hostels für Backpacker, einen weißen Sandstrand, von dem aus man die schönsten Sonnenuntergänge betrachten, und ein paar Hügel, auf denen man die ganze Insel überblicken konnte, die ich zu Fuß in ungefähr anderthalb Stunden umrunden konnte. Ich hielt mich besonders in der ersten Zeit total zurück: keine Ausflüge, keine Partys, ich sprach nicht einmal großartig mit den anderen Backpackern. Ich merkte, dass ich einen ganz schönen Brocken zu verarbeiten hatte – nicht nur die Harpunengeschichte, sondern generell meine ganze bisherige Weltreise. Auch die Zukunft geisterte wieder und wieder durch meinen Kopf. Vielleicht hatte das Erlebnis auf Kuata insofern etwas Gutes, als ich gezwungen war, einmal richtig auf die Bremse zu treten, mich mit mir selber zu befassen, meinen Gedanken Aufmerksamkeit zu schenken und Dinge zu hinterfragen. Ich denke immer, dass alles aus einem bestimmten Grund passiert: *Everything happens for a reason.* Und wenn dem nicht so ist, dann passiert Scheiße manchmal auch einfach so: *Shit happens.* Ich war mir noch nicht sicher, in welche Kategorie ich meine Verletzung packen sollte. Aber nun war ich auf Mana Island und fuhr mit angezogener Handbremse durch die Gegend, um genau das herauszufinden.

An einen Tag kann ich mich deshalb besonders gut erinnern, weil das der Tag war, an dem ich Dan kennenlernte. Dan ist einer jener Menschen, die ich in meinem Leben nicht mehr missen möchte. Bis heute ist er ein sehr guter und enger Freund, und es vergeht kaum ein Jahr, in dem wir nicht ein paar Wochen zusammen reisen. Mittlerweile waren wir schon gemeinsam in acht verschiedenen Ländern auf vier Kontinenten. Auch in Deutschland hat er mich schon besucht. Als ich ihn damals das erste Mal sah, hatte ich jedoch von der tiefen Freundschaft, die über die Jahre entstehen würde, noch keinen Schimmer.

»Sagt mal, wisst ihr, wie man *through* schreibt? Hinten auch mit h?«, fragte ich einen dünnen, sehr schlaksigen Typen und ein dunkelhaariges Mädchen, die sich nicht weit von mir entfernt unterhielten. Ich saß am Strand und schrieb in mein Tagebuch. Manchmal auf Deutsch, manchmal auf Englisch, in Mexiko hatte ich auch einige Absätze auf Spanisch verfasst. Mein Englisch war definitiv noch sehr ausbaufähig, besonders was das Schreiben anging.

»Ja, mit h am Ende«, antwortete der Typ.

»Was schreibst du denn da?«, fragte das Mädchen.

»Mein Reisetagebuch. Ich versuche es auf Englisch, damit ich die Sprache besser lerne.«

Der Typ und das Mädchen waren Dan und Efs. Dan stammt aus Kanada, Efs aus Irland. Nachdem ich noch eine Weile vor mich hingekritzelt hatte, kamen wir ins Gespräch. Wir fanden ziemlich schnell einen Zugang zueinander und sprachen über Gott und die Welt. Ich habe auf meinen Reisen oft die Erfahrung gemacht, dass ich mit vollkommen Fremden, die gerade Ähnliches durchlebten, auf Anhieb über Dinge sprechen konnte, die ich zu Hause nicht einmal mit meinen besten Kumpels thematisierte. So war es auch mit Dan und Efs, ganz besonders aber mit Dan. Innerhalb kürzester Zeit freundeten wir uns so richtig an und hingen nur noch zusammen herum. Gerade nach der Nummer auf Kuata Island tat es unendlich gut, einen Vertrauten zu haben. Stundenlang latschten wir durch den Sand und erzählten uns alles Mögliche. Dan wurde zu einer richtigen Bezugsperson.

Da ich ursprünglich nur drei Wochen auf den Fidschis geplant hatte, ging mir auf Mana Island irgendwann das Geld aus. Dazu muss man wissen, dass es auf den Inseln kaum Geldautomaten gibt. Ich hatte deshalb ganz am Anfang Kohle für drei Wochen abgehoben, saß nun aber auf dem Trockenen. Da ich jedoch noch eine Weile auf Mana bleiben wollte, fragte ich die Familie, die das Hostel betrieb, in dem ich wohnte, ob ich gegen Kost und Logis für sie arbeiten könnte. Sie stimmten zu. Ich verbrachte meine Zeit ab sofort also mit Hilfsarbeiten wie Kochen und Putzen, half den neu ankommenden Backpackern mit ihrem Gepäck, packte in der Tauchschule mit an oder steuerte das Boot für Exkursionen. Abends schauten wir uns die Sonnenuntergänge an oder feierten im benachbarten Hostel. Dort gab es nämlich einen Kühlschrank – also auch kaltes Bier. Nach einer Weile hatte sich eine feste Clique gefunden: Neben Dan und Efs waren da noch Sophie, Paul und Amy sowie Kate und Tomris, alle aus England. Dan, Efs, Sophie und ich bildeten den Kern der Truppe. Wir waren so etwas wie die drei Musketiere, nur dass wir eben zu viert waren. Wir stellten unheimlich viel Quatsch an und hatten eine bombastische Zeit. Bis heute stehen wir miteinander in Kontakt.

Nach und nach ging es mir besser. Als ein paar Wochen verstrichen waren, machte ich sogar einen Tauchkurs für mein Open-Water-Zertifikat, und ab diesem Zeitpunkt war ich absolut sicher, dass mit meiner Lunge alles in Ordnung war. Rückblickend passt meine Verletzung durch die Harpune definitiv in die Kategorie, dass manche Dinge aus einem bestimmten Grund passieren. Ohne die Harpune hätte ich mir keine Auszeit genommen und wichtige Erkenntnisse verpasst. Ich hätte Dan und die anderen nicht kennengelernt, Menschen, die mir bis heute viel bedeuten. Manchmal müssen Dinge sofort einen Sinn ergeben. Manchmal bekommen sie den Sinn, den man ihnen nachträglich zuteilt.

NEXT STOP: AUSTRALIEN

Das erste Mal, dass ich australischen Boden betrat, war in Sydney, von da ging es weiter nach Melbourne. Nach insgesamt zwei Monaten auf den Fidschi-Inseln hatte es mich jetzt also nach Downunder verschlagen. Und dort begann für mich erst mal der Ernst des Lebens, denn ich hatte vor, ein paar Wochen zu arbeiten, um meine Reisekasse aufzubessern.

Mit meinem Work-and-Travel-Visum ging ich auf Jobsuche. Dafür musste ich zunächst einige bürokratische Dinge erledigen: ein Bankkonto eröffnen, eine Steuernummer beantragen und mir eine australische SIM-Karte zulegen. Außerdem kaufte ich mir meinen ersten eigenen Laptop. Jeden Tag saß ich nun in einem kleinen Café mit dem Namen Bellino und checkte im Internet meine Möglichkeiten. Nach und nach kam ich mit den Baristas und den Cafébesitzern Toni und Bruno ins Gespräch. Bei Letzteren handelte es sich um ein italienisches Ehepaar, sehr sympathische Leute. Insgesamt gefiel es mir in dem Café so gut, dass ich kurzerhand dort nach einem Job fragte. Wir einigten uns auf ein Probearbeiten, welches ich erfolgreich absolvierte – und schon war ich Barista in Melbourne. Es dauerte eine Weile, bis ich die ganze Kiste mit der Siebträgermaschine und den Dutzenden unterschiedlichen Kaffeezubereitungsarten raushatte, aber dann stellte ich mich gar nicht so schlecht an. Ich übernahm immer mehr Schichten und verdiente 13 Australische Dollar die Stunde. Mit anfangs drei Tagen in der Woche war mir der Job allerdings noch nicht genug. Ich wollte, wenn möglich, jeden Tag in der Woche arbeiten, um mir innerhalb einer überschaubaren Zeitspanne ordentlich Geld dazuzuverdienen. Meine Reisekasse hatte in den letzten acht Monaten nämlich deutlich an Puffer verloren, sodass ich bereits den Boden des Fasses erahnen konnte.

Eine Woche später wurde ich zwei Straßen weiter erneut fündig: Ich ergatterte ein Probearbeiten, dieses Mal in einem Thai-Restaurant. Das Lokal war ein ganz anderer Laden als das Café Bellino, hier ging es deutlich hektischer zu, was nicht zuletzt an der immerzu herumschreienden Chefin lag. Ich ließ mich nicht abschrecken und hatte bald zwei Jobs. Großartig.

Die nächsten Wochen verliefen relativ gleichförmig: Tagsüber arbeitete ich mehrmals die Woche im Café Bellino, abends ab 18 Uhr begann meine Schicht im Thai-Restaurant. Besonders hier legte ich eine sagenhaft steile Karriere hin: War ich schon am ersten Tag vom Tellerwäscher zum Hilfskoch befördert worden, brachte ich es in den kommenden Tagen zu einer Art Restaurantmanager. In der Gunst der Chefin stieg ich in unendliche Höhen. Anders die zwei indischen Frauen, die als Küchenhilfen angestellt waren: Immer wieder kam es zu lautstarken Auseinandersetzungen, an denen die beiden Angestellten in den seltensten Fällen irgendeine Schuld trugen.

Auch im Café Bellino mauserte ich mich durch meinen Lernwillen und meinen Einsatz zu einer guten Arbeitskraft. Auch wenn es gesitteter zuging als im Thai-Restaurant, wurde hier ebenfalls in aller Regelmäßigkeit mit unbändiger Leidenschaft gestritten, ganz wie man es sich bei italienischen Ehepaaren vorstellt. Während wir im Café am Rotieren waren, kam es vor, dass Bruno hinten ganz genüsslich eine Zigarette rauchte. Bemerkte Toni das, war die Hölle los. Im Anschluss brummelte Bruno dann wie Tony Montana aus *Scarface* mit seinem starken Akzent vor sich hin: »Why is she talking to me like that? Don't talk to me like that, I said, you are my wife, you have to respect me, you know.«

Abgesehen von diesen Streitereien waren Toni und Bruno ein Herz und eine Seele. Bruno war außerdem einer der großartigsten Köche, die ich bis zu diesem Zeitpunkt kennengelernt hatte. Aus wenigen Zutaten zauberte er die fabelhaftesten Soßen.

»Wie machst du das, Bruno, dass du mit so wenigen Zutaten solche Geschmacksexplosionen hinbekommst?«, fragte ich ihn, nachdem ich eine neue Kreation gekostet hatte und am liebsten meinen ganzen Kopf in die Pfanne getunkt hätte.

»Nick«, Bruno ließ den Löffel sinken, schaute mich an wie der Pate und ließ wieder seinen besten italienischen Akzent vom

Stapel. »I tell you a secret about life. You can always compare life with cooking. Cooking is all about simplicity, you know. You don't need much to do good things. Same in life. You don't need to do much to enjoy life.«

Ich habe es einfach geliebt, im Café Bellino zu arbeiten.

Nach zweieinhalb Monaten Akkordarbeit hatte ich es geschafft. Mit der Hilfe von Brunos Neffen, der im Gegensatz zu mir ein wenig von Autos verstand, kaufte ich einen uralten knallgrünen Bus von einem Mann aus Litauen, der im Begriff war, wieder in seine Heimat zu reisen. Indem ich ihm 2900 Dollar bar auf die Kralle gab, konnte ich zwei andere Interessenten ohne Probleme ausstechen.

Da stand ich nun in Melbourne vor meinem grünen Bus und war stolz wie Bolle. Ich kündigte meinen Chefs an, dass ich nur noch kurze Zeit arbeiten und dann wieder weiterziehen würde. Bis es so weit war, stattete ich den bereits ausgebauten Van mit allen nötigen Utensilien aus. Ich besorgte mir ein paar Spraydosen und verschönerte ihn nach meinem Geschmack: Die bisherigen Hibiskusblüten an der Seite übermalte ich mit einer großen orangenen Welle, außerdem bekam mein Bus ein paar Rallye-Streifen, und zu guter Letzt sprühte ich auch noch den Kangaroo Bumper, eine Art Rammschutzbügel vorne am Auto, silberfarben an. Es war der Anfang einer riesengroßen Liebesbeziehung zwischen mir und meinem Wagen, den ich auf den Namen Bumblebee taufte, nach einem der Transformers.

Zwei Wochen später war ich dann so weit: Es konnte losgehen.

Mit einem weinenden und einem lachenden Auge verließ ich Melbourne und all meine Freunde und Bekannten, die ich dort gefunden hatte. Ich steuerte die Great Ocean Road im Südosten an, eine der bekanntesten Küstenstraßen, die man als Backpacker in Australien fahren kann. Zum ersten Mal sah ich die berühmten Twelve Apostles mit eigenen Augen. Die riesigen Kalksteinfelsen mitten im Meer boten einen fantastischen Anblick.

Das Gefühl, in meinem eigenen Wagen, für den ich mir das Geld hart erarbeitet hatte, mit offenen Fenstern und lauter Musik aus der Anlage die Küstenstraße entlangzufahren, war unbeschreiblich. Einzig das Fahren auf der anderen Straßenseite war anfangs etwas gewöhnungsbedürftig. Doch ich genoss einfach alles an meinem Roadtrip: das Aufwachen mit den ersten Sonnenstrahlen, das Fahren an der Küste, die Abende mit lauem Wind, geöffneter Schiebetür und Blick aufs Meer. Weil die Lebenshaltungskosten in Australien enorm hoch sind, behielt ich mein Reisebudget genauestens im Blick und deckte mich lieber bei großen Supermarktketten ein und kochte selber, als zu viel Geld in irgendwelchen Diners auszugeben. Ein Stück Käse für sechs Dollar, eine Schachtel Zigaretten für 18 Dollar, ein Pint Bier im Pub für rund zehn Dollar! Wenn ich da nicht aufgepasst hätte, wäre das Geld schneller weg gewesen, als ich »Bula« sagen kann.

Abends, wenn ich mit anderen Vanreisenden ins Gespräch kam, dachte ich öfter mit einem zufriedenen Grinsen zurück an meine Reise nach Neuseeland. Es kam mir vor, als wäre sie eine halbe Ewigkeit her. Ich erinnerte mich an das französische Pärchen, das schon mehrere Monate unterwegs gewesen war, und daran, wie sehr ich die beiden damals für ihre Erzählungen beneidet hatte. Und jetzt? Jetzt befand ich mich selbst schon seit mehr als einem Jahr auf Weltreise, hatte meinen eigenen Van,

Bumblebee, und lebte genau das Leben, das ich mir erträumt hatte. Das Blatt hatte sich gewendet, und nicht selten war ich es nun, der von anderen Reisenden mit großen Augen angestaunt wurde. Es war ein tolles Gefühl – nicht, dass andere mich beneideten, sondern dass ich aus eigener Kraft umgesetzt hatte, was mir vorgeschwebt hatte. Als ich mir das bewusst machte, durchströmten mich starke Gefühle von Glück und Zufriedenheit.

Irgendwann erreichte ich die Stadt Adelaide und beschloss, weiter nach Westen zu fahren. Ich wusste, dass eine lange und anstrengende Strecke vor mir lag, denn nun hieß es für mich: auf ins australische Outback der Nullarbor-Wüste. Viel passierte unterwegs nicht, ich hatte also ausreichend Zeit, nachzudenken oder meine Gedanken einfach nur schweifen zu lassen. Mitunter kam ich auch auf relativ bescheuerte Ideen. Einmal beschwerte ich das Gaspedal im ersten Gang mit einer vollen Wasserflasche, die ich in einen Schuh steckte, sodass Bumblebee von allein in Schrittgeschwindigkeit geradeaus fuhr. In der Zwischenzeit joggte ich splitterfasernackt neben der Fahrertür her. Aber hey: Warum nicht? Die Strecke geht dort in der Wüste für Hunderte Kilometer einfach immer nur geradeaus, niemand begegnete mir, und ich brauchte Bewegung.

Das einzig wirklich überaus Lästige dort in der Einöde waren die ganzen Moskitos. Sobald ich nicht in Bewegung war, stürzten sich die Viecher wie Vampire auf mich. Jedes Anhalten, um kurz auf die »Wüstentoilette« zu gehen, wurde zum Spießrutenlauf. Irgendeines dieser Drecksviecher schaffte es nachts immer durch den Motorraum oder kleinste Ritzen ins Wageninnere und nervte mich stundenlang bis aufs Blut. Kaum machte ich morgens die Tür auf, hatte ich das Gefühl, ich wäre im Moskito-Welthauptquartier gelandet. Ich wurde dermaßen penetriert von diesen Scheißviechern, dass ich es nie lange aushielt, ohne weiterzufahren. So erreichte ich dann auch ziemlich bald den Grenzübergang nach Western Australia.

In den nächsten Wochen erkundete ich hier die Südwestküste. Ich fuhr durch die Gegend, lernte andere Vanreisende kennen, kaufte mir eine Ukulele, begegnete kleinen, sehr zahmen Kängurus am Strand und lebte einfach in dieser unwahrscheinlich schönen Landschaft vor mich hin.

Eines Tages machte ich in Albany halt, das ungefähr 400 bis 500 Kilometer südlich von Perth liegt. Ich hielt an, weil ich riesige Klippen entdeckt hatte, die rund 40 Meter über den Meeresspiegel ragten. Oben auf den Klippen gab es einen kleinen Trampelpfad, den ich entlangspazierte. Hin und wieder standen Bänke in der Gegend herum, auf denen ältere Australier saßen, hinaus aufs Meer schauten und sich unterhielten. Irgendwann setzte ich mich zu drei Rentnern auf eine Bank. Ich sprach die drei Männer an: »Wirklich toll, von hier aus den ganzen Surfern zuzuschauen!«

Die Männer grinsten. Einer von ihnen beugte sich zu mir: »You know, mate, wir sind nicht hier wegen der Surfer. Wir sind hier wegen der Great Whites!«

»Hier gibt es Weiße Haie?« Ich machte riesengroße Augen.

»Ja klar, schau doch einfach mal da runter«, erwiderte der Mann und deutete nach unten auf ein paar Surfer. Das Ding war: Ich dachte, dass es da unten nur Surfer und ihre durch die Sonne verursachten Schatten zu sehen gebe. Doch als ich jetzt genauer nach unten blickte, erkannte ich, dass das ganz und gar keine Schatten um die Surfer herum waren – sondern Haie! Ich konnte überhaupt nicht glauben, dass ich gerade Weiße Haie sah, die direkt in der Nähe eines Strandes schwammen, wo aktuell Surfer unterwegs waren. Völlig entgeistert fragte ich die Männer, ob das nicht viel zu gefährlich sei, da unten zu surfen.

»Nee, das ist nur gefährlich, wenn sie Hunger haben«, kam es zurück. »Meistens passiert da nichts. Es wird höchstens drei- oder viermal im Jahr ein Mensch von den Haien angefallen.«

Krass. Ich war, gelinde gesagt, ganz schön aus dem Häuschen. Für die Männer hingegen war es vollkommen normal, ihren Nachmittagskaffee auf der Bank zu trinken und über einen Abgrund hinweg Surfer und Haie bei ihren gefährlichen Begegnungen zu beobachten.

HOME SWEET FREMANTLE

Fremantle, eine Art größerer Vorort von Perth, liegt direkt am Meer und wurde für mich eine neue Wahlheimat. Dort lernte ich Isabel und Roy, ein Pärchen aus den Niederlanden, Emily und Patty, zwei Mädels aus den USA, Josh aus Kanada sowie Edgar und Domenika, ein mexikanisches Pärchen, kennen. Wir hingen viel zusammen ab, kochten abends gemeinsam am South Beach und hatten alle vor, ein bisschen in Fremantle zu bleiben, um Geld für unsere Reisekassen zu verdienen. So waren wir also eine längere Zeit dort, arbeiteten tagsüber und verbrachten ansonsten unsere Freizeit zusammen. Ich ergatterte zunächst einen Job in einer Chemiefabrik, wo ich den ganzen Tag im Akkord Pestizidfässer abladen, umetikettieren, auswaschen und in Container stapeln musste. Nach der Arbeit, wenn die Mädels in der Gastronomie jobbten, machten wir Jungs uns fast jeden Abend auf, um am Hafen Krebse zu fischen, die wir uns im Anschluss kochten. Später fand ich durch Roy einen anderen Job als Gärtner, der weitaus angenehmer war als die Arbeit in der Chemiefabrik.

Josh, Patty und Emily mieteten sich irgendwann ein Haus. In der Einfahrt standen dann immer unsere Vans herum – der von Roy und Isabel, der von Edgar und Domenica und natürlich meiner. Es pendelte sich so ein, dass wir morgens und abends oft zusammen aßen. Bei acht Leuten kommt da in Australien ganz schön was an Ausgaben zusammen. Deshalb kamen wir auf die Idee, Dumpster Diving auszuprobieren, in Deutschland auch bekannt unter dem Begriff Containern. Wir zogen also abends öfter mal mit zwei Vans zu den ganzen größeren Supermärkten los, die auf der Rückseite, meist umzäunt, Container stehen hatten. Dort landeten alle Lebensmittel, die nicht mehr verkauft wurden. Und das waren keinesfalls verdorbene, sondern vor allem auch solche, die nicht so hübsch waren – nicht ganz rote Tomaten oder schiefe Möhren beispielsweise. Die Supermärkte sagen dann zu den Lieferanten: »Hey, eure Lieferung war nicht einwandfrei. Schickt uns eine neue.« Da es teurer ist, die Ware zurückzuschicken, landet sie in den Containern, wird also einfach weggeworfen. Das gilt nicht nur für Obst und Gemüse, sondern für alles. Eine Palette mit Coladosen fällt beim Abladen herunter und bekommt ein paar Dellen? Ab damit auf den Müll. Die Cornflakes-Kartons haben oben einen Riss? Auf den Müll! Das heißt, man findet in den Containern hinter den Supermärkten wirklich alles an Lebensmitteln. Das Einzige, was ich in der ganzen Zeit nie gefunden habe, waren TimTams und Nutella. Leider. Nach und nach hatten wir unsere nächtliche Dumpster-Dive-Route ausgetüftelt und konnten uns mit einer Tour für ein paar Tage kostenlos mit Lebensmitteln eindecken, die ansonsten einfach vergammelt und auf dem Müll gelandet wären. So sparten wir einen Haufen Geld und tafelten trotzdem wie Könige.

Die Zeit in Fremantle war besonders. Genau wie in Melbourne arbeitete ich und knüpfte Kontakte, aber auf eine ganz andere Art. Durch den Bus und die Umgebung fühlten sich die Wochen wie das typische Vanlife an, gleichzeitig kam aber viel Geld rein. Nach zwei Monaten in Fremantle und einer wunderbar gefüllten Reisekasse wurde es Zeit für Asien.

Kapitel 7
SÜDOSTASIENTEUER

NO HAVE!

Nach eineinhalb Jahren Weltreise betrat ich zum ersten Mal Südostasien. Die Luftfeuchtigkeit und Hitze ließen mich wie gegen eine Wand rennen. Innerhalb von Minuten lief mir der Schweiß aus allen Poren. Einen Plan, wie ich meine Zeit hier verbringen wollte, hatte ich nicht. Das ganze Plänemachen hatte ich ja schon länger zu den Akten gelegt. Generell hatte ich bei all den Erfahrungen der letzten Monate das Gefühl gewonnen, dass es eine stärkere Kraft dort draußen gibt, die mit unseren fünf Sinnen nicht wahrnehmbar ist. Ich lebte nach dem Motto »Wenn du positiv denkst, passiert auch Positives.« Ich machte mir also auch keine Sorgen, dass ich in Phuket eine Unterkunft finden würde. Mein Flieger aus Perth landete gegen 22 Uhr am Abend. Bis ich mich mit einem Motorradtaxi in die Innenstadt durchgekämpft hatte, war es schon tiefe Nacht. Das schmälerte mein neu gewonnenes Vertrauen in den Faktor unbekannt allerdings nicht.

So marschierte ich in das erstbeste Hostel hinein, das ich auf meinem Weg fand. Es handelte sich um eine ganz schöne

Absteige. Die Bodenbretter knarrten unter meinen Füßen, der ganze Eingangsbereich lag in schummrigem Dämmerlicht, und an der Wand mühte sich ein Ventilator ab, der aussah wie eine schlecht montierte Felge, die jeden Moment von der Wand krachen würde. Von draußen drang der Lärm Hunderter Autos und Tuk Tuks herein, die Luft war verräuchert. Ein kleines Holzpult bildete die Rezeption, dahinter hingen zahlreiche Schlüssel an Wandhaken. Als niemand auftauchte, betätigte ich die Klingel. Mit einem Ächzen und Stöhnen erhob sich ein winzig kleiner Asiate. Er hatte direkt hinter dem Pult auf dem Boden geschlafen. Als er mich sah, fing sein Gesicht sofort an zu strahlen.

»Oooh, good evening, good evening«, singsangte er in typischem Thai-Englisch.

Ich begrüßte ihn und fragte, ob er ein Bett in einem Dorm für mich frei habe.

»Oooh, dorm room, dorm room!«

Die Thailänder wiederholen gerne mal das Gesagte. Ich bestätigte ihm, dass er mich richtig verstanden hatte, und wiederholte meine Frage. Ich fügte hinzu, dass ich vor allem eine billige Übernachtungsmöglichkeit suchte.

»Oooh«, setzte der kleine Mann erneut an. »Yes, cheap, make it cheap, cheap, get a special price for you, my friend.«

Ich musste lachen. Dieses Englisch war irgendwie niedlich.

Wie sich herausstellte, hatte er kein Dorm-Bett mehr frei, es gab nur noch Einzelzimmer. Dies teilte er mir auf eine Art mit, die ich noch so oft hören sollte, dass es für immer das Erste bleiben wird, was mir einfällt, wenn jemand über Thailand spricht: »Oooh, no have, dorm room, no have.«

Es war schon spät, also ließ ich mich zu einem Einzelzimmer überreden. Luxuriös war es nicht gerade, eigentlich sah es aus wie die Eingangshalle, nur mit einem Bett darin. Die Bettwäsche hatte auch schon bessere Zeiten gesehen. Dennoch kam mir das Zimmer irgendwie bekannt vor. Da ich zum ersten Mal in

Phuket war, überlegte ich, wie das sein konnte. Ich lag auf dem Bett, schaute zu, wie sich der Ventilator über mir im Kreis drehte, hörte im Flur einen Wasserhahn tropfen – und plötzlich fiel es mir wie Schuppen von den Augen: Na klar kannte ich diesen Raum. Ich kannte das ganze Hostel – und zwar aus dem Film *The Beach*. Aufgeregt setzte ich mich auf und schaute mich genauer um. Es war tatsächlich dasselbe Hostel! Die Szenen, die eigentlich in Bangkok spielten, wurden damals in Phuket gedreht. Und ich war nun im selben Hostel, in dem Leonardo DiCaprio damals auf dem Bett gesessen hatte. Ich freute mich wie ein kleines Kind und kam zu dem Schluss, dass meine Zeit in Asien überhaupt nicht besser hätte starten können.

Meine Euphorie hielt an. Die nächsten Tage erkundete ich die Stadt, erst zu Fuß, später mietete ich mir auch einen Roller. Ich besuchte die umliegenden Strände, befolgte die Tipps anderer Backpacker und verliebte mich auf Anhieb in das asiatische Streetfood, das es wirklich überall gab. Dann machte ich mich auf den Weg nach Bangkok.

KHAO SAN ROAD

Das Einzige, was ich bisher von Bangkok wusste, hatte ich durch Hörensagen von anderen Backpackern erfahren: In der Hauptstadt gibt es eine Straße, die Khao San Road, in der mehr Party gemacht wird als sonst irgendwo in Thailand. Das wollte ich sehen, also visierte ich ein Hostel in der Nähe der berüchtigten Straße an. Gleich am ersten Tag lernte ich zwei Typen aus dem französischsprachigen Teil Kanadas kennen, Jean-Pierre und Baptiste, außerdem einen US-Amerikaner indischer Abstammung, der ebenfalls Nick hieß. Der andere Nick war entweder permanent auf irgendwelchen Drogen oder ziemlich schwer von Begriff. Eins von beidem. Ich musste ihn gefühlt fünfmal ansprechen, bevor er realisierte, dass ich mit ihm redete. War er dann so weit, kam seine Antwort immer so umständlich aus seinem Mund, als würde sie in seinem Kopf vorher noch ein bisschen Achterbahn fahren.

»Wollen wir ein Bier trinken gehen?«, fragte ich beispielsweise.

»Ähm … ja … ähm … aber, also, ich mein, ähm … ja, ein Bier? Okay«, war dann eine seiner eher konkreteren Antworten.

Es dauerte immer sehr lange, mit ihm ein Gespräch zu führen, aber insgesamt war Nick 2 ein netter Kerl. Auch die anderen beiden waren nicht verkehrt, und zu viert machten wir uns am Abend auf, um die Khao San Road zu erkunden. Es war die totale Überreizung sämtlicher Sinne: Hier blinkte es mindestens genauso viel wie am Times Square, überall hingen Reklameschilder, und aus jedem Laden drang laute Musik. Die Straße war überfüllt mit Touristen und Einheimischen, und über allem hing der Dampf von Frittiertem.

Immer wieder wurden wir von irgendwelchen Männern angesprochen, ob wir eine Pingpong-Show besuchen wollten. In einer Seitenstraße kamen uns zwei Ladyboys entgegen, musterten mich von oben bis unten und stellten sich vor mich: »Oh, hello handsome, want some bumbum?«

Diese Situation werde ich in meinem Leben nicht vergessen. Die beiden Ladyboys waren extrem selbstbewusst, dabei aber nicht auf eine lästige Art aufdringlich. Ich lachte und lehnte dankend ab, dachte mir aber, dass jeder Unternehmensbesitzer, der aus seinen Vertrieblern das Beste herausholen möchte, mal einen Betriebsausflug nach Thailand springen lassen sollte. Von diesen Ladyboys konnte man definitiv viel lernen in Sachen aktiv-aggressive Vertriebsgespräche.

ANGKOR WAT

Bangkok war eine unglaubliche Erfahrung, so vollkommen anders als die Orte, an denen ich bisher gewesen war. Doch nach ein paar Tagen beschloss ich, mit dem Bus nach Kambodscha zu fahren. Ich wollte unbedingt Angkor Wat sehen.

Von der nahe gelegenen Stadt Siem Reap machte ich mich per Tuk Tuk auf den Weg zu dieser riesengroßen Tempelanlage. Um es kurz zu machen: Angkor Wat sieht genauso aus, wie man es von Postkarten, Bildbänden oder auch dem ersten Lara-Croft-Film mit Angelina Jolie kennt. Riesige, jahrhundertealte Sandsteinruinen stehen zwischen noch älteren Bäumen. Alles ist überwuchert von Moos und Wurzeln. Den ganzen Tag lief ich durch die Tempelanlage, saß stundenlang auf Steinen und ließ den Anblick einfach nur auf mich wirken. Das ganze Areal hatte eine magische Ausstrahlung, die mich sofort gefangen nahm und innerlich ganz still werden ließ. Ich verzichtete darauf, eine Million Fotos zu schießen, achtete vielmehr auf die vielen Details in den Steinkunstwerken und genoss die Ruhe.

Siem Reap selbst bot am Abend das komplette Kontrastprogramm dazu. Aus irgendeinem Grund hat sich dieser Ort zu einer regelrechten Partymeile entwickelt. Überall lief Musik, und von allen Seiten blinkten mich Neonlichter an. Es wimmelte von Touristen. Und wo viele Touristen aufeinandertreffen, gibt es immer auch viele Bettler. Ich erinnere mich deshalb so genau daran, weil ich an diesem Abend ein prägendes Erlebnis hatte: Eine Frau lief neben mir her und bedeutete mir mit Handzeichen, dass sie Geld für Essen haben wollte. Ich gebe gern, nur an diesem Tag war ich als Tourist bereits so belagert worden, dass ich einfach nur versuchte, an der Frau vorbeizukommen. Da bemerkte ich plötzlich, dass sie nicht allein war, sondern einen winzigen Säugling bei sich hatte. Das kleine Baby hing auf so verdrehte Weise in ihrem Arm, dass mir das Herz schwer wurde. Es war winzig, wahnsinnig dünn, und der Kopf war viel zu überstreckt. Die Augen waren wie leer, und es war nicht die geringste Regung in seinem Gesicht zu sehen. Mir schossen bei diesem Anblick sofort die Tränen in die Augen.

Wir reden über Zukunftssorgen, Jobchancen, Lebensträume – und es gibt Orte, wo selbst die kleinsten Kinder schon so fertig mit der Welt sind, dass sie gar nichts mehr fühlen. Jeden Tag kämpfen die Menschen dort ums Überleben und schauen dabei zu, wie reiche Touristen durch ihre Städte ziehen und sich von kleinen Fischen in Aquarien die Hornhaut von den Füßen knabbern lassen. Ich weiß, dass der Tourismus für die Menschen vor Ort ungemein wichtig ist, aber in diesem Moment auf der Straße wurde ich fast wütend auf die Welt. Meine Knie wurden weich, und als ich weiterging, versank ich in Gedanken darüber, dass es Menschen wie mich gibt, die sich ihre Träume erfüllen können, während andere nicht die geringste Wahl haben.

Wie viel im Leben kann ich selbst beeinflussen, und wie viel ist einfach Schicksal? Wer entscheidet darüber, welche Menschen ihr bestes Leben leben dürfen und welche sich einfach fügen müssen, ohne je mitbestimmen zu können? Tief in mir hatte ich begonnen, Antworten zu suchen, die es möglicherweise einfach nicht gab. Vielleicht waren sie in den Erlebnissen zu finden, die ich machen durfte, oder sie verbargen sich darin, wie ich selbst mit meinen eigenen Herausforderungen umging. In der kurzen Zeit, die ich nun schon durch die Welt reiste, hatte sich nicht nur mein Leben komplett verändert, sondern vor allem auch ich mich selbst.

EINE NEUE UHR

Ich blieb noch einige Tage in Kambodscha und besuchte Phnom Penh. Dann strich ich die Segel und machte mich auf nach Vietnam. Hier hatte ich vor, mir ein Motorrad zu organisieren und damit quer durchs Land zu fahren.

Doch zunächst wollte ich mir Ho-Chi-Minh-Stadt, ehemals Saigon, ansehen. Ich mietete mich dort für drei Tage in einem der zahlreichen Guesthouses ein. Guesthouses sind ein wenig günstiger als Hostels und befinden sich meist in kleinen, verwinkelten Seitengassen. Wählt man ein Guesthouse, kann man pro Nacht auf jeden Fall ein paar Dollar sparen.

Am zweiten Tag kam mir auf der Straße ein Mann entgegen und suchte meinen Blick. Lächelnd sprach er mich an. »Hi, where are you from?«, fragte er.

Ich grüßte zurück und antwortete ihm, dass ich aus Deutschland sei. Er war sofort aus dem Häuschen. Es sei nämlich so, erzählte er mir, dass seine Schwester vorhabe, nach Deutschland zu gehen, ob ich vielleicht irgendwelche Tipps für sie hätte? Er lud mich ein, ihn nach Hause zu begleiten, damit ich mit seiner Schwester sprechen könne.

Irgendwie kam mir das komisch vor, und ich lehnte dankend ab. Neue Menschen treffen ist eine Sache, aber einem wildfremden Mann in einer Stadt, die mir unbekannt ist, einfach irgendwohin folgen? Besser nicht. Was hatte meine Mutter früher hundertfach zu mir gesagt? »Geh nicht mit fremden Leuten mit!«

Weil ich dem freundlich wirkenden Mann aber auch nicht auf den Schlips treten wollte, sagte ich ihm, dass ich leider keine Zeit hätte. Er zog kurzerhand sein Handy aus der Tasche, rief seine Schwester an und reichte mir den Hörer weiter. Ich könne ihr ja am Telefon ein bisschen was sagen. Na gut, warum nicht? Ich telefonierte also ein wenig mit seiner ebenso begeisterten

RAUS AUS DEM ALLTAG, REIN INS VERGNÜGEN. DIESER WAGEN HAT ALLES INS ROLLEN GEBRACHT UND MEIN LEBEN KOMPLETT AUF DEN KOPF GESTELLT. ZU RECHT.

EINE NICHT GANZ ALLTÄGLICHE FRAGE: WIE ATMET MAN BEIM FALLSCHIRMSPRINGEN?

BILBO, FRODO & LEGOLAS LASSEN GRÜSSEN: HIER WANDERTEN *DIE GEFÄHRTEN* FRÖHLICH UMHER. PERFEKTE SICHT AUS EINEM HELIKOPTER!

MEINE ERSTE SCHÖNE STRAND-
ERFAHRUNG IN TULUM, MEXIKO

SO VERLIESS ICH PLAYA DEL CARMEN: MIT ASOLUT KEINER AHNUNG, WAS MIR BEVORSTEHT.

HIER LIESS ES SICH GUT AUSHALTEN: BOB MARLEY HÖREN,
»BOB MARLEY« RAUCHEN UND EIN KALTES BIER GENIESSEN.

MEINE »HURRICANE CREW«: WIR HÄTTEN DEFINITIV EINE BOYBAND GRÜNDEN SOLLEN.

WENN MAN DEN DREH MAL RAUSHAT, IST SEGELN GAR NICHT SO SCHWER. ZUMINDEST BEI GUTEN WETTER-BEDINGUNGEN.

EINGEPACKT IN ALLE KLAMOTTEN, DIE ICH AUF DER REISE DABEIHATTE – DAZU NOCH HEISSEN INGWERTEE GEGEN DIE KLIRRENDE KÄLTE

KENNST DU DAS GEFÜHL, DAS ERSTE MAL EINEN ORT AUF DEINER BUCKET LIST MIT EIGENEN AUGEN ZU SEHEN?

NACKT MIT 800 ANDEREN MENSCHEN DURCH SEATTLE FAHRRAD FAHREN? KLAR, WARUM NICHT!?

MANCHE BILDER BRAUCHEN EINFACH KEINE ERKLÄRUNG. ACH JA, THI IST DIE GANZ RECHTS …

WER KENNT DAS ENDE VON *OCEAN'S ELEVEN*? GENAU WIE BRAD PITT & CO. HABE ICH MICH GEFÜHLT BEI DIESEM ANBLICK.

AMERIKA, DAS LAND DER UNBEGRENZTEN MÖGLICHKEITEN: GELD VERDIENEN, WÄHREND MAN IN LEDERHOSEN SCHUHPLATTLER TANZT

DER MÄNNERURLAUB AUF DEM HÖHEPUNKT

»ZEEE GERMAN« MUSSTE HIER MAL MIT EINEM HANDSTAND AUF EINEM BIERFASS STEREOTYPE UNTER BEWEIS STELLEN.

DER PERFEKTE WUSA-MOMENT: STRAND, SONNE, VITAMIN D, WAS WILL MAN MEHR?

DAS WAHR GEWORDENE PARADIES

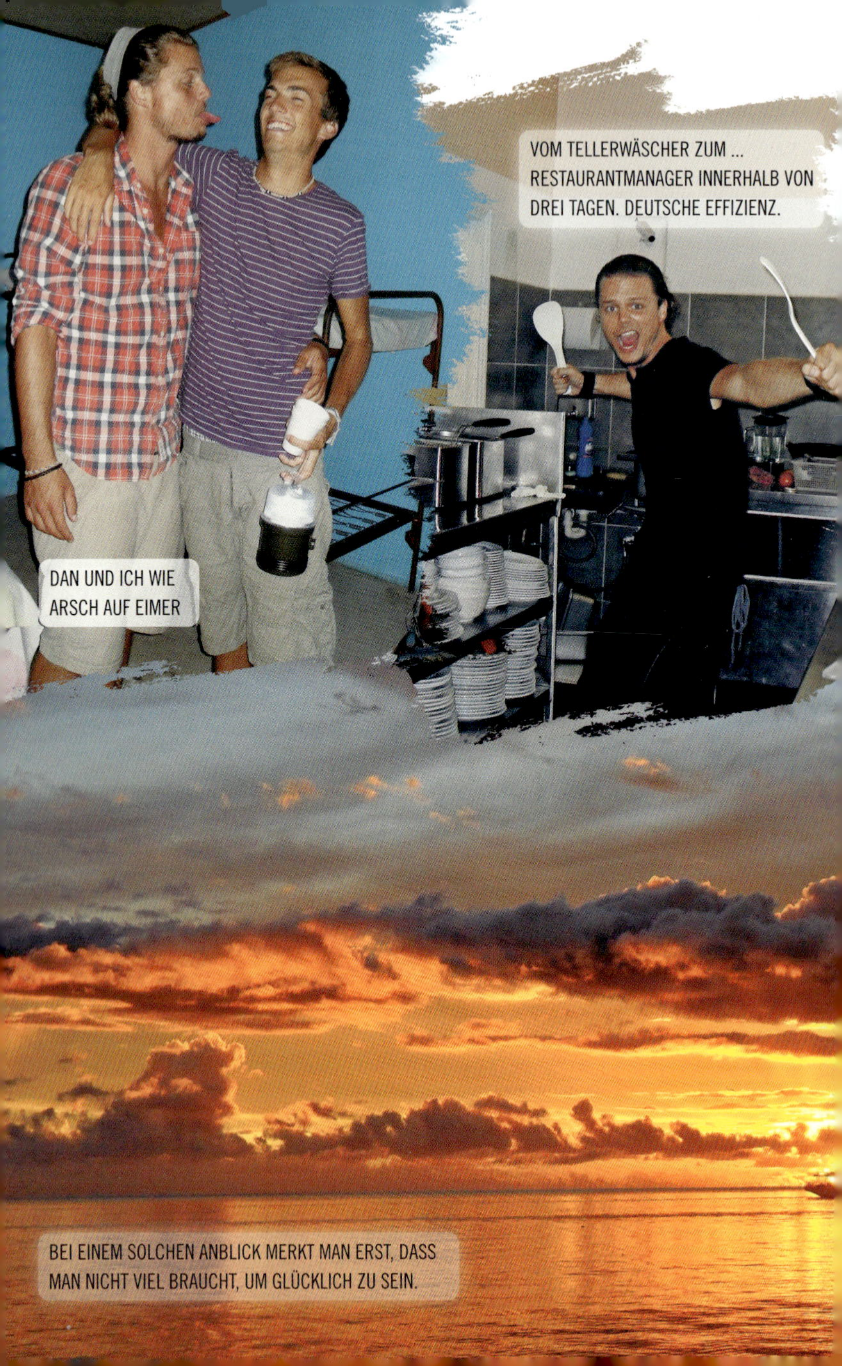

VOM TELLERWÄSCHER ZUM …
RESTAURANTMANAGER INNERHALB VON
DREI TAGEN. DEUTSCHE EFFIZIENZ.

DAN UND ICH WIE
ARSCH AUF EIMER

BEI EINEM SOLCHEN ANBLICK MERKT MAN ERST, DASS
MAN NICHT VIEL BRAUCHT, UM GLÜCKLICH ZU SEIN.

MANCHMAL IST ES SO LEICHT,
UNTERWEGS FREUNDE ZU FINDEN.

WENN ES DARUM GEHT, EINEN ROADTRIP ZU MACHEN, SCHLÄGT DAS HERZ HÖHER.

HIER WUSSTEN WIR NOCH NICHTS VON PING PONG. HIER HATTEN WIR UNS NUR EIN TUK TUK »AUSGELIEHEN«.

KULTURELL GESEHEN DEFINITIV EIN HIGHLIGHT EINES JEDEN REISENDEN: ANGKOR WAT IN KAMBODSCHA

DIE SEITENSTRASSEN HAVANNAS: ICH LIEBTE ES EINFACH, QUER DURCH DIE STADT ZU STRAHLEN.

ZEITREISE GEFÄLLIG? EINFACH AB NACH KUBA!

LACHEN KÖNNEN DIE KUBANER, HIER GERADE BEIM BALLSPIELEN IN DEN STRASSEN HAVANNAS.

MANCHMAL ERLEBT MAN AUF REISEN AUCH ECHTE SCHEISSSITUATIONEN WIE HIER NACH HURRIKAN SANDY. DIE SIND ABER DIE WERTVOLLSTEN ÜBERHAUPT.

SURFEN IN EL TUNICO, BIS DIE SONNE UNTERGEHT

BORKMAN UND ICH BEI UNSERER ERSTEN BEGEGNUNG. ES SOLLTE NICHT DIE LETZTE GEWESEN SEIN.

SO ÜBERSPIELTEN WIR UNSERE ZWEIFEL: ZUNGE RAUS, ARME HOCH UND AB!

WENN MAN(N) KRANK IST ...

DAS KLISCHEE SCHLECHTHIN: WARUM DENKEN SO VIELE, DASS REISEN NUR AUS SOLCHEN MOMENTEN BESTEHEN?

GUATAPÉ IN KOLUMBIEN: DIE AUSSICHT LOHNT SICH TATSÄCHLICH UMSO MEHR, WENN MAN VORAB HUNDERTE VON STUFEN HOCHGEKLETTERT IST.

EINER MEINER HAPPY PLACES AUF DIESEM PLANETEN: HOSTEL COCO LOCO IN CANOA

UNSERE TÄGLICHE »ARBEIT« IN ECUADOR: LONGDRINKS MIXEN, BURGER BRATEN UND ANDERE REISENDE ZUM TRINKEN ANIMIEREN …

… UND ICH HABE MEINEN JOB VERDAMMT ERNST GENOMMEN.

SALAR DE UYUNI: ES HAT BESTIMMT 20 MINUTEN GEDAUERT, UM DIESES FOTO SO HINZUBEKOMMEN.

SALAR DE UYUNI IM JULI? DA GAB'S GEFRORENE BADEHOSEN GRATIS DAZU.

AUTHENTISCHES REISEN IN PERU

NACH DREI TAGEN WANDERUNG ERREICHTE ICH AUF MEINEM GANZ EIGENEN WEG DEN KLASSIKER MACHU PICCHU.

IM TIEFSTEN DSCHUNGEL DES AMAZONAS: DAS GEHEIMNIS VOM ERWACHSENSEIN IST ES, KIND ZU BLEIBEN.

NEW YORK REVIVAL MIT DAN UND CO.

HIER ENTSTAND DAS SPÄTERE COVERFOTO MEINER SHOW.

DAS LIEBLINGSFOTO MEINER MUM. NICHT. ZUSAMMEN MIT STEFFI IM YOSEMITE-NATIONALPARK.

SWELL CHECKEN UND AB IN DIE WELLEN.

EINER UNSERER LIEBLINGSMOMENTE, AN DEN WIR UNS GERNE ZURÜCKERINNERN: SONNENUNTERGANG IN BAGAN, MYANMAR

DAS IST TATSÄCHLICH DIE EINZIGE AKZEPTABLE STRASSE IN GANZ VIETNAM!

DAS ABENTEUER GEHT WEITER: HIER HABE ICH DEN NORDEN ARGENTINIENS UNTER DIE LUPE GENOMMEN.

MEINE ERSTE SHOW VON *6 JAHRE WELTREISEN* IM BADEHAUS. TATSÄCHLICH BIN ICH NOCH HEUTE VOR JEDEM AUFTRITT NERVÖS.

EINER MEINER GRÖSSTEN TRÄUME GEHT IN ERFÜLLUNG: ICH KONNTE MEINE LEIDENSCHAFT ZUM BERUF MACHEN, ERZÄHLE VON MEINEN ABENTEUERN UND INSPIRIERE MENSCHEN.

Schwester. Im Anschluss reichte ich dem Mann sein Handy zurück und wollte mich verabschieden.

»Schade«, sagte er. »Hättest du nicht vielleicht doch Lust, bei uns zu essen? Es würde uns freuen!«

Ich überlegte einen kurzen Moment. Der Typ wirkte wirklich nett, und auch seine Schwester war sehr freundlich gewesen. Schließlich drängte ich mein komisches Bauchgefühl zur Seite und gab mir einen Ruck: Ein Essen, was war schon dabei?

Wenige Minuten später saß ich bei dem Mann hinten auf dem Motorrad, und wir fuhren durch den irrwitzigen vietnamesischen Verkehr zu ihm nach Hause. Dort begrüßten mich seine Mutter, seine Schwester und ihre zwei kleinen Kinder. Wir saßen im Wohnzimmer, tranken etwas, unterhielten uns, und ich alberte ein bisschen mit den Kleinen herum. Irgendwann stieß auch noch der Bruder des Mannes dazu, und es wurde gegessen. Aus irgendeinem Grund war mir noch immer nicht ganz wohl im Bauch, und so wartete ich mit dem Essen, bis alle anderen angefangen hatten. Ich wunderte mich selbst ein kleines bisschen über meine Befürchtung: Vielleicht war die Suppe vergiftet worden, um mich auszuknocken? Dem war natürlich nicht so. Wir saßen einfach gemütlich beisammen, und die Pho-Suppe war köstlich.

Ich kam mit dem Bruder ins Gespräch, und er berichtete mir, dass er professioneller Kartengeber in einem Casino sei. Ich fand das Thema spannend, und als er das bemerkte, zeigte er mir Kartentricks und erklärte mir, wie man Karten richtig mischt. Als der Tisch abgedeckt war, begannen wir drei Männer, eine Runde Black Jack zu spielen. Der Bruder gab mir einige Tipps zum Spiel und wies mich in die Kunst der geschickten Geldeinsätze ein. Ich hatte absolut keinen Schimmer von Black Jack, war aber total interessiert daran, es zu lernen.

Da hatte ich so ein schlechtes Bauchgefühl gehabt und war wieder einmal von meinem typisch deutschen Sicherheitsdenken getäuscht worden: Ich saß im trauten Heim einer netten vietnamesischen Familie, hatte wunderbar gegessen und spielte nun Karten. Ein schöner Nachmittag.

Der Bruder erzählte mir im Laufe des Spiels, dass er auch privat Black-Jack-Spiele ausrichtete, bei denen er oft die Rolle des Kartengebers übernahm. Nicht immer laufe das alles mit rechten Dingen ab, und man müsse vorsichtig sein. Besonders ein Multimillionär aus Brunei spiele immer um sehr hohe Beträge und schulde ihm mittlerweile 3000 Dollar. Da ich nicht ganz folgen konnte und auch nicht im Mindesten wusste, was das mit mir zu tun hatte, ging ich nicht weiter auf diese Anekdote ein.

Als Nächstes drückte mir der Bruder 100 Dollar in die Hand und schlug vor, mit richtigen Einsätzen zu spielen. Einfach, damit ich lernte, wie genau das ablief. Da es nicht mein Geld war, stimmte ich zu. Wir waren mitten in einer weiteren Black-Jack-Runde, als das Telefon des Bruders klingelte.

»Nein, ich habe keine Zeit, wir haben gerade einen Gast aus Deutschland hier«, murmelte er ins Telefon. »Ja, okay, ich frage mal.« Er legte auf und wandte sich uns zu. »Der Multimillionär, von dem ich gerade erzählt habe, fragt, ob wir spielen wollen. Hättet ihr Interesse?«

»Macht mal, ich bin eh gleich weg«, antwortete ich.

»Wirklich? Hättest du nicht Lust, uns ein bisschen zu helfen, den Typen auszunehmen? Für dich besteht absolut kein Risiko, du musst kein Geld einsetzen. Aber egal, welche Summe wir am Ende gewinnen: Wir machen fifty-fifty. Was sagst du?«, fragte er nach. Er führte noch an, dass der Multimillionär eine linke Bazille sei, sein Geld mit kriminellen Machenschaften verdiene, dass man ihm endlich mal einen Denkzettel verpassen müsse und so weiter.

Schließlich ließ ich mich überreden. Wenn das so ein widerlicher Kerl war und ich kein Risiko einginge, was hatte ich zu verlieren? Der Bruder rief den Typen zurück und sagte ihm zu.

Den Rest der Zeit verbrachten wir damit, uns eine Strategie auszudenken. Die beiden zeigten mir einige Kniffe, erklärten, wie die Karten so ausgegeben wurden, dass nur ich gewinnen konnte, und schließlich legten wir noch ein Codewort fest. Wenn wir dieses benutzten, bedeutete das für mich: Das ist das letzte Spiel, nach der Runde steige ich aus. Wir waren noch mitten in unserer Besprechung, da klingelte es auch schon an der Tür. Herein kam ein ausgesprochen unsympathisch wirkender, schmieriger Typ mit einem Haufen Goldringe an den Fingern. In der einen Hand trug er eine Sporttasche. Nach ein paar Spielen zum Aufwärmen packte der Multimillionär sie auf den Tisch, zog 500 Dollar daraus hervor und verkündete: »Alles klar, lasst uns richtig spielen.«

Dann ging es los, das erste inoffizielle Hinterzimmer-Black-Jack-Spiel meines Lebens. Ich setzte den Hundertdollarschein, den ich bekommen hatte, und ab da lief alles so, wie der Bruder es vorausgesagt hatte: Er dirigierte das Spiel, indem er mir die Karten gab, die ich brauchte, um zu gewinnen. Damit es nicht auffiel, ließ er mich hin und wieder auch verlieren, aber insgesamt standen alle Zeichen gut für mich. Je länger wir spielten, desto mehr Geld fand seinen Weg von der Sporttasche auf den Tisch. Irgendwann lagen satte 64 000 Dollar zwischen uns. Ich spielte den Coolen und ließ mir nichts anmerken, aber in meinem Kopf überschlugen sich die Gedanken:

»64 000 Dollar! Das wären 32 000 Dollar nur für mich! Alter! Was ich damit alles anfangen könnte … Ich könnte noch viele Monate reisen, meinen Bruder bei seiner Hochzeit und dem Hausbau unterstützen. 32 000 Dollar. HOLY SHIT!«

Ich wollte es nicht, aber das Geld blendete mich sehr.

»Nick, möchtest du noch etwas trinken?«, fragte mich der Bruder.

Das war unser Code.

»Nein danke. Aber, Leute, noch dieses Spiel, und dann bin ich raus«, verkündete ich wie abgesprochen.

32 000 Dollar. Zweiunddreißigtausend Dollar!

»Alles klar, letztes Spiel«, sagte der Bruder und begann die Karten auszuteilen. Er hatte so flinke Finger, dass er mir nicht nur das bestmögliche Blatt zuspielen konnte, er schaffte es gleichzeitig auch noch, mir die Karten meines Gegenspielers zu zeigen. Dieser hatte ein Blatt mit 20 Punkten. Ich besah mir meine eigenen Karten: eine Fünf, eine Sechs und einen Buben. 21 Punkte – ich hatte Black Jack.

»O Gott, 32 000 Dollar«, dachte ich erneut.

Plötzlich legte der Multimillionär seine Karten verdeckt vor sich hin und beugte sich zu mir herüber. »Hör mal, Junge. Wir haben jetzt eine ganze Weile gespielt, du willst aufhören, und da liegt ein Haufen Geld auf dem Tisch – alles mein Kapital, das ich gesetzt habe. Wer sagt mir eigentlich, dass du Kohle hast?«

»Hey, ich bin Deutscher. Ich habe Geld«, antwortete ich so lässig wie möglich.

»Das reicht mir nicht.« Der Multimillionär schaute mich an. »Ich brauche eine Garantie, dass du mich auszahlen kannst, wenn ich gewinne.«

Geblendet von meinem baldigen Gewinn, merkte ich nicht, wie unlogisch die ganze Sache war: Wieso sollte ich ihm irgendetwas auszahlen, wenn doch die Summe, um die wir spielten, vor uns auf dem Tisch lag? Doch mein Kopf, randvoll mit Endorphinen, war zu sehr damit beschäftigt, was ich mit 32 000 Dollar alles anstellen konnte – und ich ließ mich auf eine Diskussion ein.

»Ich hab genug Geld, ich gebe dir mein Wort.«

Der Bruder schaltete sich ein. »Okay, wir machen jetzt Folgendes: Wir nehmen eure Karten, legen sie in Umschläge und verwahren sie im Safe. Das ist nicht unüblich, und wir haben Zeit, das zu besprechen.«

Gesagt, getan: Unsere Blätter wurden im Safe verschlossen, und der Kartendealer bedeutete mir, ihm in den Nebenraum zu folgen. Dort fiel er mir sofort in die Arme.

»Nick! O GOTT! 64 000 Dollar!!! Wir haben's geschafft! Wir haben's geschafft!«

Ich konnte mein Glück selbst kaum fassen und geriet komplett aus dem Häuschen. Ich würde den Pott gewinnen! Endlich war meine Zeit gekommen. Nach so viel Sparen und Arbeiten würde ich total viel Geld auf dem Konto haben. Ich wollte am liebsten vor Freude in Jubel ausbrechen, aber noch mussten wir uns leise verhalten.

»Also, pass auf!« Der Bruder fasste mich an den Schultern und sah mir ernst in die Augen. »Egal, was du tust, wir müssen jetzt zusehen, dass der Kerl das Spiel zu Ende spielt. Also ganz gleich, was er verlangt, wir machen es, und wir kriegen das hin. Dann holen wir uns den Pott und machen halbe-halbe.«

Wir gingen zurück zu den anderen. Nach weiteren Diskussionen einigten wir uns darauf, dass ich mit dem Typen, mit dem ich gekommen war, zur Bank gehen und ein bisschen Geld abheben würde. Es sollte gar nicht viel sein, der Multimillionär wollte einfach sehen, dass ich liquide war. Wir fuhren also los. Am ATM fragte ich: »Was denkst du, 100 Dollar?«

»Nein, mehr«, antwortete der Typ.

Mein komisches Bauchgefühl meldete sich zurück. Doch gegen die Aussicht auf 32 000 Dollar kam es nicht an. Schließlich hob ich zwei Millionen Dong ab, das waren umgerechnet etwa 500 Dollar – und gleichzeitig alles, was noch auf meinem Konto zu holen war. Im Vergleich zu dem, was auf dem Tisch lag, war es natürlich nichts, aber wenn es dem schmierigen Kerl reichte, um mir zu vertrauen, dann war es eben so. Das Telefon des Typen klingelte wieder.

»Hi, Onkel!« Er schaute mich an. »Ich mein, Bruder. Hi, Bruder!«

Hatte er gerade »Onkel« gesagt? Oder hatte ich mich verhört? Mein komisches Bauchgefühl kämpfte um meine Aufmerksamkeit. Doch ich wurde wieder abgelenkt.

»Also, mein Bruder sagt, der Multimillionär möchte, dass wir das Geld in Gold umtauschen. Das können wir ganz easy machen, ich kenne da einen Typen. Du kannst es danach wieder zurücktauschen.«

Ich blickte durch diese ganze Ich-brauche-Garantien-Geschichte nicht mehr durch. Warum war es so wichtig, dass ich das Geld jetzt auch noch in Gold umtauschte? Mein Kopf schlug erneut die Warnungen meines Bauches in den Wind: Hey, 32 000 Dollar! Wer weiß schon, wie diese illegalen Black-Jack-Spiele ablaufen? Vielleicht ist das alles ganz normal.

Wenig später standen wir in einer Art Schmuckladen, und ich tauschte den größten Teil der 500 Dollar gegen eine Goldkette. Wir hatten nun also den Schmuck und noch ein paar Dollarnoten. Im Geschäft gab es einen weiteren Geldautomaten. Der Blick meines Begleiters blieb daran hängen.

»Nick, wollen wir nicht noch etwas mehr abheben? Zur Sicherheit?«

»Nein, mein Konto ist leer, da sind nur noch ein paar Dollar drauf.«

»Hast du noch irgendwo anders Geld? Es wäre wirklich besser, wenn wir mit ein bisschen mehr Sicherheit zurückkämen. Was, wenn der Typ uns abspringt?«

Ich verneinte erneut, mein schlechtes Bauchgefühl noch immer ignorierend. Dennoch wurde ich ungehalten: »Was soll denn das? Wir haben doch jetzt Geld geholt, warum reicht das denn nicht?«

Der Typ rief noch mal seinen Bruder an, erklärte ihm, dass wir kein weiteres Geld holen konnten, dann reichte er mir den Hörer weiter. Ich hörte die Stimme des Kartengebers: »Hey, Nick, pass auf. Es hat bisher alles so gut geklappt. Ich will dir vertrauen, und du musst mir vertrauen.«

»Ey, Mann, ich würde dir gern vertrauen, aber das ist doch alles langsam totale Scheiße. Ich soll hier Geld abheben, es in

Gold tauschen, jetzt noch mehr Geld besorgen – und alles, um ein Spiel fertig zu spielen?«

»Nick, vertrau mir bitte. So läuft das. Das ist absolut nicht ungewöhnlich, ich sag's dir. Wir machen es so: Ich kenne einen Typen, bei dem kannst du das Geld und das Gold verpfänden. Du lässt es da, und er gibt dir dafür etwas mehr als Leihgabe«, redete der Kartengeber auf mich ein. Und dann: »Gib mir noch mal meinen Bruder.«

Weil nun auf Vietnamesisch geredet wurde, verstand ich nicht, was die beiden besprachen. Als das Telefonat beendet war, verfielen der Typ und ich erneut in Diskussionen. Am Ende hatte er mich so weit: Ich legte auf die 500 noch 200 Dollar drauf, die ich in der Tasche hatte. Wir waren jetzt also bei 700 Dollar in bar und Gold. Damit wollte der Typ zu diesem Verleiher fahren, zu dem ich aber nicht mitkommen sollte.

»Zu gefährlich«, erklärte mir der Typ. »Das ist nichts Offizielles, und wenn ich dich mitbringe, spielt er nicht mit.«

Ich sollte also zurück ins Hostel gehen, der Typ würde mich dann im Anschluss wieder abholen, und wir brächten das Spiel zu Ende.

Nach wie vor so unendlich geblendet von der Aussicht auf die ganze Kohle, als hätte ich direkt in gleich drei Sonnen geguckt, startete ich einen letzten Versuch, mein Bauchgefühl etwas zu besänftigen: »Du fährst jetzt mit meiner ganzen Kohle los – hast du im Gegenzug irgendetwas Wertvolles an dir, das du mir im Austausch dalassen kannst?«

Der Typ zog sein uraltes Handy hervor.

»Nein, Mann, das funktioniert nicht.« Ich schüttelte den Kopf. »Was ist mit deiner Uhr?«

Der Typ drehte sofort den Arm weg. »Nein, die Uhr geb ich dir nicht, die ist von meinem Vater.«

»Aha, sie hat also einen hohen emotionalen Wert für dich?«, fragte ich.

Der Typ nickte.

»Her damit!« Ich streckte die Hand aus.

Wieder nahm der Typ das Handy und rief seinen Bruder an. Offenbar wurde er angewiesen, auf meine Forderung einzugehen, denn er legte auf und fummelte die Uhr von seinem Handgelenk. Ein wenig beruhigt steckte ich sie in meine Hosentasche.

»Alles klar. Wir sehen uns gleich wieder«, sagte der Typ noch und stieg auf ein Motorrad-Taxi. Ich nahm ein anderes zu meinem Hostel.

Dort angekommen, lief ich direkt in mein Zimmer. Jetzt, wo der Mann mit meiner ganzen Kohle weg war, konnte ich das schlechte Gefühl in meiner Magengegend nicht länger ignorieren. Verdammt, was machte ich da eigentlich? Sofort entleerte ich meine Taschen. Handy, Kleingeld, Portemonnaie – alles verschloss ich im Safe. Ich würde mit komplett leeren Händen zum Spiel zurückfahren, denn ich wollte diesen Typen nicht die geringste Möglichkeit geben, mir mein Zeug wegzunehmen. Ich war tierisch nervös. Gleichzeitig versuchte ich mich mit dem Gedanken daran zu beruhigen, dass das gemeinsame Mittagessen so nett gewesen war, die Schwester so freundlich, die Kinder so lieb. Die würden mich nicht über den Tisch ziehen – vollkommen ausgeschlossen. Doch war ich nicht den ganzen Tag über schon misstrauisch gewesen? Ich hatte doch von Anfang an nicht mit dem Typen mitgehen wollen, oder?

Ich schaute auf die Uhr: Es war halb acht durch. Um Viertel nach acht sollte ich unten an der Ampel abgeholt werden. Ich lief noch eine Weile unruhig im Zimmer auf und ab, dann ging ich runter und wartete. Nach einigen Minuten kam ein Obdachloser an mir vorbei.

»Hast du ein bisschen Geld?«, fragte er mich.

»Nein, Mann, aber ich verspreche dir, wenn das alles klappt heute, komme ich wieder, und du bekommst von mir 200 Dollar in bar auf die Hand.«

Der Obdachlose guckte mich irritiert an, nickte und zog weiter.

Ich wartete.

Die Minuten kamen mir vor wie Stunden. Immer wenn eine grüne Welle kam, suchte ich den ganzen Verkehr nach dem Typen ab. Um Viertel nach acht konnte ich die Anspannung kaum noch aushalten. Doch es wurde halb neun, dann neun. Wieso verspätete er sich so? Gut, der vietnamesische Verkehr ist krass. Vielleicht dauerte es einfach länger?

»Denk positiv!«, redete ich mir ein und wartete weiter.

Bis Viertel nach zehn stand ich an der Kreuzung und hoffte, dass der Typ noch auftauchte. Erst dann sah ich ein, dass er niemals kommen würde. Ich war nach Strich und Faden getäuscht und ausgeraubt worden. Auf eine saudumme, aber auch faszinierende Art und Weise. Auf dem Rückweg in mein Hostel fing ich urplötzlich an zu zittern. Was, wenn die Typen meine Warterei ausgenutzt und sich auch noch in meine Unterkunft geschlichen hatten? Ich rannte die letzten Meter ins Zimmer und stürzte zum Safe, um zu überprüfen, ob noch alles an Ort und Stelle war. Glücklicherweise lag mein Handy dort, wo es sein sollte: direkt neben meinem Geldbeutel, meinem Reisepass – und der verdammten Uhr. Na super, jetzt besaß ich diese gebrauchte FOSSIL-Uhr, und der Kerl hatte meine 700 Dollar.

Da ich es in meinem Zimmer nicht aushielt und ich unbedingt mit jemandem reden musste, lief ich ins nächste Internetcafé und rief die Person an, die ich jetzt am liebsten sprechen wollte: meinen Dad.

»Hey, Sohnemann!« Mein Vater freute sich sehr, mich über die Webcam zu sehen.

»Hi, Papa. Du, ich glaube, ich bin ausgeraubt worden.«

Ich erzählte ihm die ganze Geschichte. Während ich schilderte, wie der Tag abgelaufen war, hörte ich selbst, wie dumm es gewesen war, auf so eine Nummer hereinzufallen. Es war doch so offensichtlich gewesen! Warum hatte mich die Aussicht auf 32 000 Dollar nur so blind gemacht?

Mein Dad hörte mir aufmerksam zu und schüttelte dann lachend den Kopf. »Nick, das ist wirklich blöd gelaufen. Aber du kannst jetzt nichts mehr daran ändern. Shit happens. Das weißt du.«

»Ja, du hast recht«, antwortete ich. Mittlerweile musste ich auch schmunzeln. Es tat gut, mit meinem Vater zu reden.

Ein bisschen musste ich die Typen auch bewundern. Was sie alles unternommen hatten, um an meine Kohle zu kommen! Gut, sie hatten vermutlich mit deutlich mehr als 700 Dollar gerechnet. Aber wäre es nicht trotzdem sehr viel einfacher gewesen, mir eine Knarre an den Kopf zu halten und mich an einem Geldautomaten zu zwingen, mein ganzes Erspartes abzuheben? Warum diese ewig lange, ausgefeilte und wirklich überzeugend gespielte Scharade? Das ganze Schauspiel war oscarverdächtig, ein Clou, der es von mir aus auch mit *Ocean's Eleven* aufnehmen konnte. Wer sich so viel Mühe gab, was soll's, der hatte sich meine 700 Dollar auch irgendwie verdient.

Nach dem Gespräch mit meinem Vater blieb ich noch eine Weile am Computer sitzen. Mein Blick fiel auf die Uhr, die ich noch immer in der Hand hielt. Ich googelte die Seriennummer und überlegte, wie viel ich dafür wohl bekommen würde. Vielleicht 100 Dollar? Ich steckte die Uhr in die Tasche, loggte mich aus und verließ das Internetcafé.

Fest stand: So wie die Sache aussah, konnte ich die Motorradtour durch Vietnam knicken. Ich hatte noch rund 40 Dollar in meinem Geldbeutel, mein Konto war leer. Ich musste nachdenken, doch dazu brauchte ich das Meer. Ich nahm mir also die zwei oder drei Tage, die mein Geld in Asien noch reichen würde, und fuhr nach Mũi Né, einen Küstenort am Südchinesischen Meer, der nicht weit entfernt war. Hier sondierte ich meine Möglichkeiten: Ich konnte mich geschlagen geben, meine Eltern um Geld bitten und mit hängenden Schultern zurück nach Deutschland fliegen. Dagegen stand, dass ich trotz – oder gerade wegen – der eineinhalb Jahre, die ich nun unterwegs war, auf keinen Fall mit dem Reisen aufhören wollte. Jetzt noch nicht. Blieb nur Australien: Ich konnte Bumblebee, den ich bei einer Familie untergestellt hatte, abholen und mich erneut auf Jobsuche begeben.

Kaum war der Gedanke gedacht, war meine Entscheidung auch schon gefällt. Ich suchte also erneut ein Internetcafé auf und rief meinen Dad an: »Hey, Pa, das ist jetzt das erste Mal, dass ich dich um so etwas bitte, und es wird definitiv auch das letzte Mal sein: Kannst du mir 211 Euro für den Rückflug von Ho-Chi-Minh-Stadt nach Perth leihen?«

WORK STATT TRAVEL

Statt mit einem Motorrad durch Vietnam zu fahren, befand ich mich also wieder in Australien. Obwohl ich auf Betrüger hereingefallen war, trug ich mich nicht mit wütenden Gedanken herum. Auch der verpassten Motorradtour trauerte ich nicht nach. Vielmehr war ich nachdenklicher geworden und machte mir mehr und mehr Gedanken um die Zukunft. Die Erinnerungen an mein Leben vor der Weltreise und an meine alte Arbeitsstelle waren längst verblasst, aber wie sollte es eigentlich weitergehen? Wenn mir Vietnam eines gezeigt hatte, dann, wie schnell mein Reisetraum vorbei sein konnte. Ich hatte mich so daran gewöhnt, im Hier und Jetzt zu leben, das Reisen zu genießen und jeden Tag zu nehmen, wie er kam, dass mich die Zukunftsgedanken in eine Art Krise stürzten: Durfte ich ewig so weitermachen? Konnte ich ewig so weitermachen? Ich fühlte mich verloren. J. R. R. Tolkien schrieb: »Not all those who wander are lost.« Aber manchmal hatte ich das Gefühl, genau an diesem Punkt angekommen zu sein. Die bisherigen Erfahrungen und die Bekanntschaften mit Menschen aus aller Welt standen in krassem Gegensatz zu meiner Erziehung, zu meinem stereotypen Denken, das ich gerade erst aufgebrochen hatte, zu dem Erwartungsdruck und der generellen Haltung gegenüber Zukunftsfragen in meiner Heimat Deutschland.

In Perth angekommen, hatte ich einen festen Plan: so viel Geld zu verdienen wie möglich. Schon in den ersten Wochen schaffte ich es, mir fünf verschiedene Jobs an Land zu ziehen. In den nächsten drei Monaten riss ich mir den Arsch auf und arbeitete sieben Tage die Woche, zunächst in einem Hotel, einem Restaurant und einer Werft.

Gleichzeitig fühlte ich mich wie ein Schiff ohne Anker. Ich wusste, dass meine Reise jetzt nicht noch fünf Jahre weitergehen würde, denn es gab ihn, diesen Drang, auch mal wieder zu Hause zu sein und meine Freunde und Familie zu sehen. Aber ich wusste auch, dass ein Leben in Deutschland nicht das war, was ich wollte. Das Reisen konnte einfach nicht diese kleine Unterbrechung in meinem Lebenslauf bleiben, von der ich immer und immer wieder erzählen würde, bis alle die Augen verdrehten. Ich wollte nicht in der Vergangenheit leben und jahrzehntelang von diesen knapp zwei Jahren zehren. Genau konnte ich meine Gedanken noch nicht formulieren, aber für mein Unterbewusstsein war es bereits eine klare Kiste: Diese kleine Lücke im Lebenslauf würde keine kleine Lücke bleiben. Vielleicht sogar nicht einmal eine Lücke.

Immer mehr sah ich das Leben als eine Art Puzzle. Mit jeder Entscheidung nahm ich ein Puzzleteil aus der Schachtel. Für mein Leben Verantwortung zu übernehmen, um das zu erreichen, was ich wollte, bedeutete nun, jedes Puzzleteil an das vorige anzufügen. Beim Puzzle des Lebens gibt es kein »Schade, das passt hier nicht dran. Vietnam ist schuld. Der Job ist schuld. Das fehlende Geld ist schuld«. Bullshit! Mit jedem neuen Puzzleteil in der Hand hieß es für mich nun zu überlegen: Wo passt es ran – und wie gehe ich am besten vor? Allein auf diese Weise wäre es möglich, am Ende des Lebens ein Bild zu erhalten, mit dem ich zufrieden sein würde. Bei dem ich sagen könnte: »Nein, ich bereue nichts.«

Nur ich konnte dafür sorgen, dass mein Leben in den Bahnen verlief, in denen es verlaufen sollte – niemand sonst. Ich war verantwortlich. Selbst wenn ich die Bahnen noch nicht genau ausmachen konnte, genügend Geld dafür zu haben würde in keinem Fall schaden. Solche Gedanken reiften in mir, als ich mich nun auf meinen Hintern setzte und mir einen Job nach dem anderen besorgte. Das Reisen stellte ich für eine Weile aufs Abstellgleis, mein Fokus lag auf dem Geldverdienen.

Eines Tages, als ich mich gerade wieder unter der eiskalten Werftdusche gewaschen und meine Barkeeper-Kluft angezogen hatte, blieb ein weißer Pick-up neben mir stehen. Ein relativ wuchtiger Typ mit Glatze und Vollbart lehnte sich aus dem Fenster.

»Du siehst aus wie ein Barkeeper!«, rief er mir zu.

»Ähä«, antwortete ich wenig redegewandt.

»Bist du ein Barkeeper?«, setzte er nach.

»Ähä«, ich wieder.

»Also pass auf: Ich bin gerade auf der Suche nach Leuten wie dir. Hast du Interesse an einem weiteren Job?«

Ich gab erneut das Wort mit den zwei »Ä« von mir.

Als der Pick-up weiterfuhr, blieb ich mit der Visitenkarte des Typen in der Hand und seiner Aufforderung in den Ohren zurück: »Super. Wenn du in den nächsten Tagen Zeit hast, ruf mich an.«

Manchmal sind Bewerbungsgespräche denkbar unkompliziert. Mit drei »Ähä« und einem »Klar, mach ich« kam ich an zwei neue Jobs, die mir in den nächsten paar Wochen eine Menge Geld einbrachten. Für mich bestätigte sich damit erneut, woran ich mittlerweile fest glaubte: Wenn du etwas wirklich möchtest und es gedanklich manifestierst, während du absolut sicher bist, dass es möglich ist, ergeben sich von allein oft viele Möglichkeiten, die deinen Traum zur Realität werden lassen.

Der erste Job, den ich über Shaun bekam, war eine Anstellung in seiner kleinen Catering-Agentur. Er setzte mich als VIP-Bartender auf exklusiven Events für irgendwelche Großunternehmen ein. Während Shaun und seine Angestellten in Show-Küchen Gerichte zauberten, mixte ich für 25 Dollar die Stunde Cocktails für gut betuchte Menschen auf Führungskräftetagungen oder ähnlichen Veranstaltungen. Bei einem dieser Events stand ich sogar einmal in Seidenhemd und Stoffhose auf einer Fünf-Millionen-Dollar-Jacht. Meine einzigen Aufgaben – diesmal für 30 Dollar die Stunde bar auf die Hand – waren den Cocktail-Shaker schwingen und gut aussehen.

Der zweite Job, für den Shaun mich rekrutierte, führte mich an einen Stand auf dem Fremantle Market. Brice, ein französischer Backpacker, und ich verkauften hier für Shauns Cateringfirma einmal in der Woche verschiedene Gerichte aus aller Welt. Für 20 Dollar die Stunde brachten also ein Deutscher und ein Franzose mexikanische Tacos an die Australier. Die Welt war einfach mein Zuhause geworden.

Die viele Arbeit lenkte mich ein wenig von meinen Grübeleien ab, was mir sehr guttat. Der einzige Abend, an dem ich frei hatte, war der Dienstagabend. Diesen verbrachte ich regelmäßig im Brisbane Hotel in Perth. Dort wurde abends in der Bar Stand-up-Comedy veranstaltet. Je öfter ich hinging, desto mehr kam ich auf den Geschmack. Wie wäre es eigentlich, selbst einmal auf der Bühne zu stehen, statt immer nur mit meinen Arbeitskollegen oder Bekannten im Publikum zu sitzen? Wie das bei mir so ist: Ich probierte es aus. An einem Dienstagabend stand ich also auf der Bühne, machte Witze über meinen Akzent und berichtete von dem einen oder anderen lustigen Abenteuer als

Deutscher in Australien. Obwohl ich vor lauter Aufregung einige Gläser Wein getrunken und deshalb leicht einen sitzen hatte, meisterte ich den Auftritt. Die Leute johlten und klatschten, und ich merkte: Dieses Auf-der-Bühne-Stehen, das könnte mir gefallen. Wieder ein Puzzleteil, das ich ausprobiert hatte – und das sich mit einem leisen Plopp in mein Bild einfügte.

So verging die Zeit in Perth mit fünf Jobs und Stand-up-Comedy. Ich arbeitete teilweise bis zu 18 Stunden täglich und verdiente rund 1000 Dollar die Woche. Durch Shaun, Brice und meine Kollegen im Hotel und im Restaurant hatte ich eine kleine »Arbeiterfamilie« um mich versammelt, mit der ich die wenige Freizeit verbrachte. Trotz der anstrengenden Jobs fühlte sich die Zeit nicht wie ein Arbeitsleben an. Es war einfach der Schritt, der nötig war, damit es weitergehen konnte. Ich schlief in Bumblebee und bekam ausreichend Verpflegung im Hotel, im Restaurant oder bei Shaun. Bis auf zwei oder drei Bier am Dienstagabend sowie Benzin hatte ich deshalb so gut wie keine Ausgaben.

Nach drei Monaten, als der Gedanke an eine Heimreise immer konkreter wurde, hatte ich 15 000 Australische Dollar zusammengespart, umgerechnet etwa 12 000 Euro. Vor mir lag nun einer der schwersten Schritte, die ich auf der Weltreise tun musste: meinen geliebten Bumblebee abgeben. Ich hatte ihn für 2900 Dollar gekauft und etwas Geld reingesteckt: Er hatte jetzt einen neuen TÜV, einen Dachträger sowie Nummernschilder von Western Australia, die auch einiges wert waren. So konnte ich den Verkaufspreis auf 5000 Dollar anheben. Der Van war mir so ans Herz gewachsen, dass ich Rotz und Wasser flennte, als ich die Fahrt zum Käufer, einem französischen Backpacker, antrat. Ich kurbelte die Scheiben runter, um ein letztes Mal den Fahrtwind zu spüren, drehte meine Lieblingsmusik auf und heulte wie ein Schlosshund. So viel Zeit hatte ich auf diesen vier Rädern verbracht. Ich dachte daran, wie ich als damals noch komplett andere Person in Mexiko angekommen war: mit rasierter Brust, kurzen Haaren, Ganzkörpersonnenbrand und im Kopf noch ein ganz schöner Idiot. Jetzt war ich sehr verändert: Ich sah aus wie ein Surfer-Dude, braun gebrannt mit langen blonden Haaren, konnte fließend Englisch sprechen und führte ein ganz anderes Leben mit nur noch teilweise idiotischen Ideen. Ich hatte es geschafft, mich um meinen eigenen Arsch zu kümmern, hatte die Welt bereist, einen Van gekauft, fünf Jobs gleichzeitig gemeistert und für meine Verhältnisse irre viel Geld verdient. Das waren die Dinge, die mir durch den Kopf geisterten, als ich dem Franzosen meinen Van und mit diesem auch einen Teil meines Herzens übergab.

Kapitel 8
HOME, BITTERSWEET HOME

DIE RÜCKKEHR

Am 30. November 2011 um die Mittagszeit herum landete ich nach knapp zwei Jahren Weltreise am Flughafen Frankfurt. Ich ließ meinen Blick über die Menge schweifen, bis er an zwei Männern hängen blieb: der eine etwas älter, mit weißen Haaren, der andere jünger und mit einem Handy in der Hand, das auf mich gerichtet war. Sofort ließ ich mein Gepäck fallen und rannte auf sie zu. Ich sprang meinem Bruder in die Arme und drückte ihn fest an mich. Danach warf ich mich meinem Dad um den Hals. Es war so unfassbar schön, die beiden wiederzusehen. Jetzt fehlte nur noch meine Mutter. Als wir mit dem Auto in unsere Einfahrt in Theilheim fuhren, konnte ich es nicht mehr erwarten, sie zu sehen. Ich hatte sie wirklich vermisst. Kaum hielt das Auto, trat sie auch schon aus der Tür und ließ den üblichen Mutter-Sermon los: »Nick, ist dir nicht kalt? Du hast ja nur kurze Hosen an und keine Jacke!« Ich schloss sie einfach nur in die Arme. Als wir uns voneinander lösten und sie einen prüfenden Blick auf mich warf (war ich gesund? Hatte ich genug Fleisch auf den Rippen?), hatten wir beide Tränen in den Augen.

Es war wirklich großartig, meine Familie, diese geliebten Menschen, wieder um mich zu haben, gemeinsam am Tisch zu sitzen, zu quatschen sowie Pellkartoffeln mit Fleischwurst und Mamas hausgemachter Sour Cream zu essen. Als ich nach so langer Zeit das erste Mal mein kleines Zimmer unterm Dach betrat und mein Zeug abstellte, kamen eine Menge Emotionen hoch, und es flossen erneut einige Tränen. Woher sie kamen, wusste ich nicht. Sie mussten einfach aus mir heraus.

Die ersten Tage zu Hause verbrachte ich wie in einem Film. Ich tat alles, was ich lange vermisst hatte. Ich rief meine Freunde an, kaufte mir einen Döner mit Chilisoße bei Tigris Döner, schaufelte ohne Ende Schwarzbrot in mich hinein und dachte beim Anblick der gefüllten Supermarktregale noch mal an meine eiskalte Nacht am Strand von Vancouver Island, als ich versucht hatte, eine halbe Zwiebel über einem Teelicht zu rösten. In was für einem Überfluss wir lebten! Ich lief durch die Gegend und sog das ganze Zuhausegefühl in mich auf. Das Einzige, was mir in diesen ersten Tagen zu schaffen machte, war das Wetter: Nach so vielen Monaten Sonne fror ich erbärmlich, Dunkelheit und Regen schlugen mir aufs Gemüt. Dennoch fühlte ich mich wie in den Flitterwochen nach einer phänomenalen Hochzeit. Doch so, wie Flitterwochen irgendwann ein Ende haben und der Alltag danach mit voller Wucht zurückschlägt, ging es auch bei mir stimmungsmäßig auf einen Schlag sehr schnell sehr steil bergab.

REVERSE CULTURE SHOCK

Von einer »Travel-Depression« hatte ich in meinem Leben noch nicht gehört, und so wusste ich nicht, was plötzlich mit mir los war. Irgendwann hatte ich alle Punkte auf meiner Liste von Dingen, die ich zu Hause unbedingt tun wollte, abgehakt. Dann tat sich der Boden unter meinen Füßen auf, und ich stürzte in einen tiefen dunklen Brunnenschacht. Ich saß an meinem Schreibtisch und fragte mich: »Und jetzt?« Ich wünschte, ich hätte damals eine Antwort gehabt, aber da war nichts außer einer bedrückenden Leere.

Meine Eltern sind die besten Eltern der Welt, aber schon nach wenigen Tagen gingen sie mir unglaublich auf den Keks. Ich hatte so ein komplett anderes Leben gelebt, hatte mich innerlich und äußerlich sehr verändert – wie konnte ich da wieder an das Davor anknüpfen? Ich schlug mit einem gewaltigen Krachen am Boden des Schachtes auf und blieb dort regungslos liegen.

Um mich irgendwie abzulenken, verabredete ich mich mit meinen drei besten Freunden im Reuererbäck, unserer Lieblingsbar in Würzburg. Hier hatten wir schon früher fast jedes Wochenende gesessen und Ramazzotti auf Eis oder Bier getrunken, während wir uns von unserer Arbeitswoche erzählten oder über alles Mögliche philosophierten. In der Bar roch es noch genau wie damals, selbst der Barkeeper war derselbe. Was freute ich mich trotz allem, die Jungs wieder um mich zu haben. Ich saß wie auf glühenden Kohlen: So lange hatten wir nicht mehr miteinander gesprochen, und bisher waren wir thematisch auch noch nicht groß zu meiner Reise gekommen. Was würden JK, Tobi und Basti zu all meinen Abenteuern sagen? Doch da ich nicht angeben oder ihnen meine Erzählungen aufdrängen wollte, beschloss ich zu warten, bis mich jemand aufforderte: »Nick, erzähl mal, wie war's?«

Doch diese Frage kam nicht.

Ich war innerlich unfassbar aufgewühlt, und die Worte warteten nur darauf, aus meinem Mund zu sprudeln. Ich sehnte mich nach begeisterten Fragen, nach Interesse, von mir aus auch Anerkennung. Aber ich wartete und wartete und wartete, ohne dass auch nur eine einzige Nachfrage kam. Irgendwann, als gerade keiner von uns etwas sagte, räusperte sich Basti: »Ey, habt ihr schon von dem neuen *Batman*-Film gehört?«

Ich war perplex. Da war ich fast zwei Jahre weg gewesen ohne den geringsten Kontakt, hatte verrücktes Zeug erlebt und war äußerlich radikal verändert – und er fragte, ob wir schon den neuesten Blockbuster kannten? Keiner meiner Freunde zeigte auch nur das geringste Interesse an meinem Leben der letzten Monate. Ich ließ mir an dem Abend nichts anmerken, doch ich war megaenttäuscht.

Der nächste Schlag ins Gesicht ließ nicht lange auf sich warten. Ich hatte noch Anspruch auf sieben Monate Arbeitslosengeld. Also stand ich eines Morgens im Arbeitsamt und zog eine Wartenummer aus dem Automaten. Von der Decke strahlte grelles Neonlicht auf den Warteraum herab. Ich grüßte in die Runde, aber niemand hob auch nur den Kopf. Obwohl so viele Menschen beieinandersaßen, sprach niemand, und es gab keinerlei Augenkontakt. Jeder wich dem Blick des anderen aus. Ich fühlte mich einfach nur unwohl. Als meine Nummer aufgerufen wurde, ging ich zu meinem Sachbearbeiter. Ich hatte viele Fragen. In meinen alten Beruf als IT-Systemkaufmann wollte ich nicht mehr zurück, aber vielleicht gab es Umschulungen in Richtung Tourismusbranche? Staatliche Förderungen, wenn man eine Selbstständigkeit ins Auge fasste? Ich grüßte freundlich und zog die Tür hinter mir zu. An einem Eckschreibtisch saß ein Mann Mitte 30 in einem mausgrauen, viel zu großen Wollpullover, der auf seinen Bildschirm starrte und keinerlei Notiz von mir nahm. Um nicht weiter doof im Raum herumzustehen, nahm ich unaufgefordert Platz. Nach einigen Sekunden blickte er auf und sah durch mich hindurch.

»Ja, Herr Martin, ich sehe, Sie sind in unserer Kartei als IT-Systemkaufmann gelistet.«

Ich nahm sofort den Faden auf, erzählte ihm kurz, wie ich die letzten Monate verbracht hatte, und bekundete Interesse an einer beruflichen Veränderung. Der Sachbearbeiter schien mich nicht gehört zu haben, anders konnte ich mir seine nächsten Worte nicht erklären: »Also, ich würde sagen, wir tragen Sie jetzt erst einmal wieder als arbeitssuchend in Ihrem alten Arbeitsfeld ein. Sie bekommen dann Briefe von uns zugeschickt mit Stellenangeboten, auf die Sie sich bitte bewerben.«

Ich verstand nicht, warum er nicht auf das einging, was ich gerade gesagt hatte. Doch ein erneutes Nachfragen führte nur wieder zu der gleichen Aussage. Das war's. Ende des Gesprächs. Nach einem kurzen Abgleich meiner Daten wurde ich entlassen und stand wenig später in der Kälte vor den Türen des Arbeitsamtes. In mir kochten Wut und Unverständnis hoch: »Wow, Nick, du bist hier kein Mensch. Du bist in einem richtigen Scheißsystem nur eine Scheißnummer unter vielen.«

Wie der Sachbearbeiter angekündigt hatte, bekam ich Arbeitslosengeld und Briefe mit Stellenanzeigen, aber niemand interessierte sich dafür, was ich wirklich wollte. Alles hatte sich so sehr verändert, nichts war wie vorher. Ich lief durch die Straßen und suchte das Feuer in den Augen der Menschen, welches ich in den letzten zwei Jahren bei so vielen anderen gesehen hatte. Doch hätte ich die Menschen, die damals in den Wintermonaten durch die Würzburger Innenstadt liefen, gefragt, welche Farbe die Dächer der Häuser haben, keiner hätte es mir sagen können, denn alle schauten nur auf den Boden. Ich kam mir immer fremder vor. Alles sah aus wie zu Hause, aber es fühlte sich nicht mehr so an. Es war, als ob ich mein Zuhause nicht mehr kennen würde.

Als ich vom Arbeitsamt nach Hause kam, legte ich mich auf mein Bett und starrte an die Decke. Ich war gerade einmal zehn Tage wieder daheim und fühlte mich so elend wie nie zuvor. Zum hundertsten Mal fragte ich mich, was nur passiert war. Da nahm ein Gedanke immer klarere Formen an: Was, wenn sich nicht alle anderen verändert hatten, sondern nur ich mich? Wenn alles genauso war wie vorher, aber ich es war, der nicht mehr hineinpasste? Je näher ich hinsah, desto genauer erkannte ich, dass sich hier wirklich rein gar nichts verändert hatte: Meine Freunde hatten alle noch die gleichen Jobs, gingen immer noch jedes Wochenende in die gleiche Bar, tranken das gleiche Bier und redeten über die gleichen Themen. Meine Mutter schaute immer noch jeden Abend ihre Lieblingssendung. Es hatte sich überhaupt nichts geändert. Nur fühlte ich mich trotzdem völlig fremd. Ich erkannte, dass das Problem nicht außerhalb von mir lag, sondern tief in mir drinnen. Hatte ich gedacht, dass ich bereits am Boden des dunklen Brunnenschachts angekommen war, hatte ich mich geirrt. Mit einem lauten Quietschen öffnete sich eine Falltür, und ich stürzte erneut ein ganzes Stück in die Tiefe.

Nachts lag ich wach. Ich wollte nicht wahrhaben, dass es vorbei sein sollte mit dem Reisen. Ich wollte nicht wahrhaben, dass ich nun wieder im kalten Deutschland war. Dass noch Monate voll Dunkelheit, Regen und Kälte vor mir lagen. Ich vermisste die Person, die ich auf Reisen gewesen war: diesen fröhlichen, emotional ausgeglichenen, neugierigen und lernbereiten Globetrotter mit dem breiten Grinsen im Gesicht. Ich vermisste die Einstellung, die ich gehabt hatte und die Berge versetzen konnte, wenn ich es nur wirklich wollte. Ich mochte die Person, die ich jetzt war, überhaupt nicht: ein in sich gekehrter, trübsinniger Mensch, bei dem irgendjemand den Stecker gezogen hatte und dessen Blick sich mit jedem Tag mehr Richtung Boden wandte. Wenn ich schlief, träumte ich unruhig vor mich hin. Oft wachte ich auf und bekam keine Luft. In diesen Momenten raste mein Herz wie wild, und ich wurde von einer so tiefen Traurigkeit erfasst, dass es mir die Tränen in die Augen trieb. Ich wünschte, dass ich einfach aus diesem Leben aufwachen würde und wieder in meinem Van lag. Ich würde vom ersten Sonnenstrahl geweckt werden, das Meeresrauschen hören und mich dann fertig machen, um zu einem Job in Fremantle zu gehen – von mir aus auch zu dem in der Giftfabrik. Doch jedes Mal, wenn ich die Augen öffnete, fand ich mich in meinem dunklen Dachzimmer wieder und bekam Schnappatmung. Ich hörte den Regen auf das Dach prasseln, ein Geräusch, das mich früher beruhigt hatte und das ich jetzt nur noch als trist empfand.

Im Internet suchte ich in Foren nach Menschen, denen es ähnlich ging wie mir – und stieß schließlich auf den Begriff »Travel Depression«. Ich erfuhr von den Schwierigkeiten der Heimkehr, dem sogenannten Reverse Culture Shock, der nach einer langen Reise zur Folge hat, dass man sich in seinem eigenen Zuhause wie ein Fremder fühlt. Ich erkannte, dass ich in eine handfeste Depression geschlittert war.

Zudem vermisste ich meine Freunde auf der ganzen Welt, sah ihre Beiträge auf Facebook und versuchte, Kontakt zu halten. Doch jedes Mal, wenn einer von ihnen eine Nachricht schrieb oder Bilder veröffentlichte, übermannte mich eine Mischung aus Trauer, Neid und Selbstmitleid – auch wenn ich nicht stolz darauf war. Ich konnte nicht einmal mehr Musik hören, denn jedes der Lieder in meiner Playlist verband ich mit bestimmten Erfahrungen, einem Land oder einem Gefühl. Diese Emotionen schienen so weit in die Ferne gerückt zu sein. Es war kaum zu ertragen.

IDIOTENSCHULUNG

Was die Briefe vom Arbeitsamt anging: Ich gab mir keine Mühe bei den Bewerbungen. Mit Absicht schrieb ich die Namen der Ansprechpartner falsch, faselte davon, dass ich eh nicht mehr lange in Deutschland bliebe und deshalb überhaupt nur für eine kurze Übergangszeit einen Job suchte. Das Letzte, was ich wollte, war, wieder Tag für Tag in ein Büro zu fahren und erneut zu der Routinemaschine zu werden, die ich einst gewesen war. Nichts würde mich dazu bringen, jeden Tag denselben Arbeitsweg hinter mich zu bringen, das gleiche Essen zu essen und die gleichen nichtssagenden Abendfilme im Fernsehen zu sehen. Kein Mensch, der noch halbwegs bei Sinnen war, würde mich einstellen.

Leider sah das Arbeitsamt das genauso und steckte mich kurzerhand in eine Maßnahme.

Ich wurde also freundlich genötigt, mir jeden Werktag von neun Uhr morgens bis zwei Uhr nachmittags Nachhilfe in Sachen Bewerbung geben zu lassen. Dabei traf ich auf Menschen, deren Mentalität und innere Einstellung mich staunen ließen. Schon bei der Vorstellungsrunde wurde gejammert und genörgelt – und Schuld hatten immer alle anderen. Für mich waren es eine Handvoll Maßnahmenkollegen, die nichts auf die Reihe bekamen, weil sie nichts auf die Reihe bekommen wollten.

Ich fühlte mich so fehl am Platz, wie man sich überhaupt nur fehl am Platze fühlen kann. Jeden Moment war ich drauf und dran, meinen Backpack zu schnappen, das Geld von Australien auf mein Reisekonto zu transferieren und einfach abzuhauen. Allerdings wusste ich ganz genau: Wenn ich jetzt sofort loszog, würde ich einfach nur vor diesen Gefühlen des Nichtakzeptiertseins, des Nichthierwohlfühlens wegrennen. Ich würde das Problem nicht lösen.

Ich weiß nicht, wem ich dafür danken muss, aber im Nachhinein bin ich sehr froh darüber, dass ich damals den langen Atem und die Kraft hatte, diese Zeit durchzustehen und trotz allem in Deutschland auszuharren. Denn egal, wo ich hinkam, ich eckte überall an: zu Hause, in der Maßnahme, bei meinen Freunden oder einfach auf der Straße. Ich fühlte mich unverstanden, ungeliebt und so, als würde sich niemand wirklich für mich interessieren. Mein Ärger darüber verwandelte sich in Missmut. Ich hatte unwahrscheinliche Angst davor, wieder in den alten Trott zu fallen, mich der Masse der Menschen anzuschließen, die sich darüber beschwerten, wenn der Bus zu spät kam, und wieder mit meinen Freunden über das Leben schimpfend in einer Bar zu sitzen.

Dass dies nicht eintrat, hing ganz wesentlich mit dem zusammen, was unmittelbar vor Weihnachten passierte.

GANZ UNTEN

Ich lag am Grund meines düsteren Brunnenschachts und grübelte vor mich hin. Wenn ich die Augen zusammenkniff, konnte ich ganz weit oben den Himmel sehen. Ein paar Wolken zogen vorbei, und irgendwo dort draußen schien die Sonne. Doch da, wo ich saß, kam kaum Licht hin. Es war kalt und klamm. Ich umfasste mich selbst mit den Armen und versuchte, mich warm zu rubbeln, während mein Atem in kleinen Wölkchen nach oben stieg. Auf einmal wurde die Dunkelheit noch dunkler. Irgendjemand hatte sich vor die Öffnung geschoben.

»Hallo? Ist da wer?«, rief eine Stimme zu mir herunter.

»Ja, ich bin hier«, antwortete ich.

»Wer ist denn ›ich‹?«, kam es zurück.

»Nick. Ich bin Nick.« Ich stand auf und legte den Kopf in den Nacken, um die schemenhafte Person besser erkennen zu können.

»Ah, freut mich. Was machst du denn da unten?«, fragte die Stimme belustigt.

»Ich weiß nicht«, sagte ich.

»Mmh. Willst du nicht lieber raufkommen? Hier scheint die Sonne!«

»Ja, schon. Aber ich habe keine Ahnung, wie«, sagte ich. Dann setzte ich hinzu: »Wer bist du überhaupt?«

»Ich?«, sagte die Stimme. »Ich bin Steffi.«

DER 23. DEZEMBER

Ich stand mit JK im Odeon, einem Club in Würzburg. Nach wie vor niedergeschlagen, hatte ich den ausgeklügelten Plan gefasst, mich am heutigen Abend an meinen Freund, das Vergessen, zu wenden und deshalb ordentlich volllaufen zu lassen. Man kann sagen: Ich schlug mich nicht schlecht. Ausgelassen tanzte ich vor mich hin und schüttete einen Drink nach dem anderen in mich hinein, als mich meine alte Bekannte Julia in die Seite stieß.

»Hey, Nick!« Sie umarmte mich stürmisch. »Wie schön, dich zu sehen! Ich hab deine ganzen Bilder auf Facebook gesehen! Was für 'ne coole Reise!« Sie blickte mich voller Freude an. »Pass auf, ich muss dir UNBEDINGT eine Freundin vorstellen, die war auch ein Jahr reisen, genau wie du.«

Ehe mein betrunkenes Gehirn raffte, was geschah, schubste sie mich schon vor sich her. Ich hatte, gelinde gesagt, nicht den geringsten Bock, jemanden kennenzulernen. Das Einzige, was ich wollte, war, meinen Weltschmerz und mein ganzes negativ-emotionales Dasein in einem Bierglas zu ertränken. Doch meine Gegenwehr war bei Julia zwecklos, und ein paar Sekunden später stand ich vor ihrer blonden Freundin, die mich misstrauisch beäugte.

»Nick, das ist Steffi. Steffi, das ist Nick. Ihr wart beide reisen … und ich hole mir jetzt mal einen Tequila.« Schon war sie weg, und ich stand immer noch vor diesem Mädchen. Wir hatten beide in etwa den gleichen Alkoholpegel, und keiner von uns hatte sonderlich viel Interesse an Small Talk. Aber wir hatten beide eine gute Erziehung genossen, also waren wir erst einmal freundlich.

»Ja, äh.« Ich räusperte mich unbehaglich. »Also … du warst auch reisen?«

Steffi sah mich mit einem Blick an, der keinen Zweifel daran ließ, wie wenig Lust sie darauf hatte, jetzt von irgendeinem langhaarigen Typen angegraben zu werden.

»Ähm, ja«, antwortete sie einsilbig.

»Aha, und wo warst du?«

»Hauptsächlich Australien.«

Da hatten wir's: ein Jahr Australien. Wahrscheinlich so ein Work-and-Travel-Jahr sponsored by Mama und Papa. Was sollte ich mich jetzt noch großartig mit der unterhalten? Wie schnell war ich doch wieder beim Aburteilen mir unbekannter Menschen angelangt.

Trotzdem fing ich an nachzubohren. »Wo warst du denn genau?«

»Hauptsächlich in Perth«, antwortete sie.

»Ach, echt?« Mein Interesse war geweckt. »In Perth war ich auch. Kennst du Fremantle?«

»Na klar, ich war da oft in so einer kleinen Brauerei namens Little Creatures.«

»Wirklich? Da war ich auch oft.« Ich wollte mehr wissen. »Was ist mit Scarborough oder Cottesloe Beach?«

»Da, wo man surfen kann? Klar, da war ich auch«, gab Steffi grinsend zurück.

Wenn man so will, hatte Cottesloe Beach endgültig das Eis zwischen uns gebrochen. Von da an spielten wir uns die Bälle nur so zu. Wir fanden heraus, dass wir zur gleichen Zeit in Perth gelebt und sogar in den konkurrierenden Hotels des Ortes als Barkeeper gearbeitet hatten, Steffi im Duxton und ich im Tradewinds. In all der Zeit waren wir uns nie über den Weg gelaufen. Wir redeten und redeten und redeten. Wir erzählten uns unsere Erlebnisse, warfen mit Namen von Orten um uns und freuten uns jedes Mal, wenn wir beide dort gewesen waren. Hin und wieder kamen Freundinnen von Steffi vorbei und checkten unter dem Vorwand, ob sie etwas trinken wolle, ob alles in Ordnung war. Steffi jedoch schob jede Freundin beiseite und kommentierte schließlich: »Nein, nein, der Typ war auch reisen, alles in Ordnung.«

Obwohl ich komplett betrunken war und in einem lauten und schummrigen Club stand, fühlte es sich an, als würde plötzlich das erste kleine Licht vom Himmel auf mich scheinen: Endlich hatte ich jemanden gefunden, der wusste, wovon ich redete! Der Ähnliches erlebt hatte. Bis in die frühen Morgenstunden standen wir beisammen und schnatterten wie die Weltmeister. Ich weiß nicht mehr, wie, aber irgendwie schafften wir es tatsächlich, unsere Telefonnummern auszutauschen, bevor jeder von uns nach Hause torkelte.

Die nächsten Tage verbrachte ich mit der Nase am Handy. Tagelang schrieben wir uns hin und her. Steffi war direkt nach Weihnachten zu einer Snowboardreise aufgebrochen. Eins war jedoch klar: Wenn sie wiederkam, wollte ich sie unbedingt noch einmal treffen. Ich freute mich total, dass es jemanden gab, der genauso drauf war wie ich. Der genauso gern reiste. Allein der Gedanke daran brachte mein verloren geglaubtes Grinsen zurück.

Als Steffi wiederkam, trafen wir uns in einer Shishabar und machten ziemlich genau da weiter, wo wir im Club aufgehört hatten: Wir redeten uns den Mund fusselig. Sie war interessiert an allem, was ich erlebt hatte, und umgekehrt war es genauso. Das ehrliche Interesse, das ich bei meiner Familie und meinen Freunden vermisst hatte, fand ich nun bei Steffi. Es war, als hätte mir irgendjemand dieses Mädel ins Leben gebracht und es hätte meine Hand gegriffen und gesagt: »Komm, lass uns einfach zusammen aus dieser Travel-Depression ausbrechen.«

Auf ein Treffen folgte das nächste, und irgendwann kam dieser typische Abend, bei dem man sich zum »DVD-Schauen« verabredete, obwohl niemand wirklich vorhatte, DVDs zu schauen. Eins ergab das andere. Bei Steffi war allerdings der nächste Trip schon geplant: Sie wollte ab März für drei Monate herumreisen.

Ich freute mich sehr für sie. Es gab nicht einmal den neidvollen Gedanken, dass ich das auch gerne machen würde. Ich freute mich wirklich und wahrhaftig.

BERGAUF

Während Steffis Abwesenheit versuchte ich, mich abzulenken. Auch wenn mein Partner in Crime in Sachen Reisen nun wieder weg war, hatte die Zeit mit ihr mich so weit aus dem Brunnenschacht herausgezogen, dass ich genug hatte von dem ganzen Selbstmitleid. Es wurde Frühling, die Tage wurden länger, und auch meine Laune hob sich wieder. Ich erinnerte mich daran, dass sich im Leben nur etwas änderte, wenn man selbst die Verantwortung übernahm. Wenn mich die dunkle Zeit nach meiner Rückkehr eines gelehrt hatte, dann das. Wollte ich etwas ändern, musste ich das selbst in die Hand nehmen und nicht dem Staat, meinem Schicksal oder der ganzen Welt die Schuld in die Schuhe schieben.

Ich suchte mir also einen Job als Barkeeper, um wieder unter Leute zu kommen und aus meinem Trott auszubrechen. Zu meiner Arbeitsamtsmaßnahme ging ich weiterhin, und dort wurde ich eines Tages von einer Dozentin angesprochen: »Hey, Nick, wir machen einen Weltrekordversuch in Aquagymnastik. Hättest du Lust, uns zu helfen?«

Weltrekordversuch? Da war ich natürlich dabei. Gemeinsam schafften wir es, rotierend für 63 Stunden am Stück Aquagymnastik durchzuziehen. Wieder ein Erlebnis, bei dem ich mit neuen Leuten ins Gespräch kam und das neue Türen öffnete. In der folgenden Zeit arbeitete ich dann tatsächlich als Aquafitnesstrainer und leitete eine Gruppe für Babyschwimmen. All das brachte mich zurück ins Jetzt, und ich begann wieder, den Augenblick zu genießen. Ich fing auch wieder an, Musik zu hören, und brach nicht in Heulkrämpfe aus, wenn meine Playlist anlief. Die Musik versetzte mich erneut in gute Laune. Kurz: Der alte Nick war zurück.

Als ich eines Abends mein Reisetagebuch aufschlug, sah ich eine Notiz von Maria, mit der ich den Roadtrip in den USA gemacht hatte: »Don't be sad it's over. Just smile, because it happened.« Das wurde nun zu meinem Mantra.

Im April beschloss ich, nach Amsterdam zu fahren. Dort traf ich Roy und Isabel, mit denen ich so viel Zeit in Australien verbracht hatte. Natürlich reiste ich wieder per Mitfahrgelegenheit. Auf diese Weise lernte ich einen Kolumbianer kennen. Als ich in sein Auto stieg und nach so langer Zeit wieder die ersten spanischen Worte sprach, schien nicht mehr nur draußen die Sonne, sondern auch wieder in mir drin.

Im Kopf begann ich, konkrete Reisepläne zu schmieden. Ich wusste, dass ich bereit war, erneut in die Welt hinauszuziehen. Ich hatte zwar noch immer keinen Plan, wie es beruflich für mich weitergehen sollte, aber ich war mir sicher, dass es sich ergeben würde, wenn ich einfach meinem Herzen folgte. Ich hatte genug Geld durch die letzten Monate in Australien, meinen Arbeitslosengeldanspruch sowie die Jobs als Barkeeper und Schwimmtrainer gespart.

Irgendwann kam Steffi zurück, und wir freuten uns total, uns endlich wiederzusehen. Nach und nach rutschten wir in einen beziehungsähnlichen Status. Fest zusammen waren wir aber nicht. Ich sträubte mich dagegen, eine richtige Beziehung einzugehen, denn ich wusste, dass ich bald wieder unterwegs sein würde. Dennoch stellte sie mich nach und nach ihren Freunden vor und ich sie meinen Eltern. Gemeinsam fuhren wir Ende August nach Valencia zum Tomatina-Fest und hatten eine Menge Spaß. Zu dieser Feier strömen Menschen aus allen Ecken der Welt nach Spanien, um sich eine Stunde lang mit überreifen

Tomaten zu bewerfen – und das aus keinem besonderen Grund. Den ganzen Sommer unternahmen Steffi und ich eine Menge zusammen und waren kaum zu trennen. Und dann, irgendwann, wurde das Grinsen in meinem Gesicht wieder so richtig breit – und zwar genau in dem Moment, als ich ein One-Way-Ticket nach Mexiko buchte. Ungefähr ein Dreivierteljahr nachdem ich von meiner ersten Weltreise zurückgekommen war, würde ich wieder in Frankfurt stehen und erneut in einen Flieger nach Mexiko steigen. Dieses Mal würde es von dort in die komplett andere Richtung gehen: nach Zentral- und Südamerika.

Kapitel 9
AUF ZU NEUEN ABENTEUERN

MEXIKO, DIE ZWEITE

Was beim ersten Mal gut funktioniert hatte, konnte auch beim zweiten Mal nicht verkehrt sein. Meine erste Station hieß also: Playa del Carmen. Wie es weitergehen sollte, wusste ich nicht genau, außer dass ich zunächst durch Zentral- und Südamerika reisen wollte. Wo genau hin und wie lange? Keine Ahnung.

Ich teilte mir mit einer Kanadierin namens Julie ein großartiges Apartment: Im Erdgeschoss hatte jeder sein eigenes Schlafzimmer mit Bad, im ersten Stock gab es ein großes Wohnzimmer mit Küche, und über eine kleine Holztreppe gelangte man auf die Dachterrasse, die neben einem tollen Ausblick auch einen Jacuzzi zu bieten hatte. Trotz der Lage und dem Luxus kostete mich die Unterkunft nur 25 Euro pro Nacht.

In Playa del Carmen traf ich schon in den ersten Tagen viele alte Freunde und Bekannte wieder: meine Lehrer aus der Sprachschule, einige Locals und Martina. Sie war damals in Playa del Carmen hängen geblieben, hatte hier ihren Freund kennengelernt und arbeitete mittlerweile in einem Hotel. Mein Spanisch war ordentlich eingerostet, aber ein paar Tage in der Stadt und einige

Mezcal-Abende später lief auch das immer mehr wie am Schnürchen. Es dauerte nicht lange, bis ich ein paar neue Leute kennenlernte. Da waren zum Beispiel Alex aus Venezuela, mit dem ich einen Hip-Hop-Salsa-Kurs belegte, und Marike aus Deutschland, die in Playa del Carmen in der Tourismusbranche arbeitete.

Am meisten hing ich mit Michael herum, einem Franzosen, der sich auch gerade auf Weltreise befand und das letzte halbe Jahr in Nordamerika gewesen war. Wir gingen abends viel aus, und ich bemerkte, dass Playa del Carmen sich in den letzten zwei Jahren sehr verändert hatte: Es war größer geworden, voller und teurer. Mehr und mehr fiel mir auf, wie viel Korruption es hier gab und dass die Straßen alles andere als sicher waren.

Eines Nachts machte ich mich bereits ein wenig schwankend auf den Heimweg. Ich war nicht mehr weit von meiner Unterkunft entfernt, vielleicht noch 100 Meter, da bemerkte ich auf dem Gehweg eine Reihe Verkehrshütchen, die aufgestellt worden waren, damit dort niemand parkte. Aus keinem besonderen Grund ging ich im Slalom um sie herum. Als ich noch etwa 30 Meter vor unserer Einfahrt war, hielt hinter mir mit aufheulender Sirene die örtliche Polizei. Ich drehte mich um und stand einem großen Pick-up gegenüber, auf dessen Ladefläche ein Maschinengewehr montiert war. Dahinter ein Beamter. Zwei weitere stiegen aus der Fahrerkabine. Einer davon schnauzte mich an: »Hey, was soll das?«

Ich fragte auf Spanisch, was sie meinten.

»Wir haben gesehen, wie du die Hütchen umgetreten hast«, antwortete der Polizist.

Ich war zwar etwas angetrunken, aber bestimmt nicht jenseits von Gut und Böse – und ich hatte rein gar nichts umgetreten. Das erklärte ich dann auch: »Bitte, was? Ich habe überhaupt nichts gemacht.« Statt mich einfach zu entschuldigen, ließ ich mich auf die Diskussion ein. »Ich bin hier nur herumgelaufen, da vorne wohne ich.«

»Erzähl uns nicht, was wir gesehen haben oder nicht«, schnauzte mich der Beamte weiter an. »Du hast da vorne die Hütchen umgetreten. Also setz dich in Bewegung, Gringo, und heb sie wieder auf.«

Auch wenn ich drauf und dran war, erneut zu widersprechen: Der finster dreinblickende Polizist, der seine Hand an das Maschinengewehr gelegt hatte, machte mir Sorgen. Zähneknirschend lief ich zurück und tat wie mir geheißen.

SCHMUGGLER

Während einer der Nächte, die Michael und ich um die Häuser zogen, bekamen wir Wind davon, dass es in Playa del Carmen eine Möglichkeit gab, umsonst nach Kuba zu fliegen. Jemand namens Ernesto würde einem das Ticket bezahlen, wenn man im Gegenzug ein bisschen mehr Gepäck mitnahm, als man eigentlich besaß.

Dass das nicht unbedingt mit legalen Dingen zuging, war uns natürlich klar. Auf der anderen Seite waren wir Low-Budget-Backpacker und kostenlosen Flügen nach Kuba und zurück nicht abgeneigt. Die Idee, gemeinsam ein wenig durch das karibische Land zu reisen, fanden wir großartig. Und diesen Ernesto zu fragen, was mit »ein wenig mehr Gepäck« gemeint war, konnte ja nicht schaden.

Um Ernesto zu finden, sollten wir in einem kleinen, nicht weit entfernten Supermarkt nach ihm fragen. Doch im Supermarkt schüttelte der Verkäufer den Kopf: Hier gebe es keinen Ernesto.

Als wir wieder draußen standen, kam er uns nach. »Wartet! Wer seid ihr, und was wollt ihr?«

Wir stotterten ein wenig herum: »Äh, wir haben da von einer Sache mit Kuba gehört.«

Der Mann schaute uns an. Dann zog er sein Handy aus der Tasche. Nachdem ich ihm meine Nummer diktiert hatte, ließ er uns wortlos stehen und ging zurück in den Laden.

Am Abend piepste mein Handy. Es war eine WhatsApp von dem geheimnisvollen Ernesto: »Wer bist du, und warum suchst du mich?«

Ich schrieb ihm zurück, dass ich über Bekannte von der Kuba-Sache gehört hätte und ob er mir dazu mehr Details geben könne. Die Antwort folgte umgehend: »Okay. Komm morgen noch einmal zum Supermarkt, und dann reden wir darüber.«

Am nächsten Tag gingen Michael und ich also erneut zum Supermarkt. Wie angekündigt, war Ernesto dieses Mal da. Er erzählte uns, dass es in Kuba Unmengen von Restriktionen gebe. Unter anderem dürften Kubaner so gut wie gar nichts aus dem Ausland mit ins Land bringen. Das gelte auch für Markenklamotten, die sich in Kuba aus diesem Grund natürlich verkaufen ließen wie warme Semmeln. Hier hatte Ernesto sich einen lukrativen Geschäftszweig aufgebaut. Sein Trick war, Touristen, die nach Kuba reisten, Koffer voller Kleidungsstücke mitzugeben, die er in Belize zum Spottpreis einkaufte. Im Gegenzug bezahlte er den Touristen die Reisekosten. Die Sache war nämlich die: Reisende, die nicht kubanisch aussahen, wurden in den seltensten Fällen kontrolliert. Man ließ sie einfach einreisen, sogar mit Übergepäck. Wenn wir also bereit wären mitzumachen, sagte er, könnten wir auf seine Kosten nach Kuba fliegen, dürften für uns selbst dann allerdings nur Handgepäck mitnehmen. Michael und ich schlugen ein. Eine Ladung Klamotten schmuggeln, damit schadeten wir niemandem. Ich hoffte bloß, dass es sich auch wirklich nur um Kleidung handelte.

Leider wurde Michael einen Tag vor unserer geplanten Reise der Laptop geklaut. Weil er die Sache zur Anzeige bringen wollte, sagte er Kuba ab. Blieb also noch ich. Einen Tag vor der Abreise gab Ernesto mir meine Flugtickets und zwei Handynummern.

Die eine gehörte zu meinem Kontaktmann am Flughafen in Cancún. Dieser würde mir eine Sporttasche mitgeben. Die zweite Nummer gehörte zu meiner Ansprechperson, die ich am Flughafen in Havanna treffen würde und der ich die Sporttasche übergeben sollte.

Am Morgen des Abflugs stellte ich meinen großen Backpack bei Martina unter und machte mich auf den Weg nach Cancún. Ich freute mich zwar sehr auf zwei Wochen Kuba, war aber doch reichlich nervös wegen der Art und Weise, wie ich dort hingelangen würde. Auf dem Flughafenparkplatz hielt ich Ausschau nach meinem Kontaktmann mit dem Spitznamen Chili. Ernesto hatte mir im Vorfeld genau beschrieben, woran ich ihn erkennen konnte: blaues Auto, Hut, Sweatshirt, Jeans, weiße Turnschuhe. Es dauerte nicht lange, da sprach mich ein Mann an, auf den diese Beschreibung passte.

»Bist du Nick?«, fragte er recht geheimnistuerisch.

Ich nickte.

»Pass auf, hier ist die Tasche.« Er öffnete den Kofferraum und zeigte auf eine riesige Sporttasche, die bestimmt 30 Kilo wog.

»Ich möchte die Tasche vorher einmal komplett durchsuchen«, sagte ich.

»Kein Problem, lass dir Zeit«, erwiderte Chili.

Ich zog den Reißverschluss der Tasche auf und förderte tatsächlich lauter Markenklamotten zutage – von Calvin-Klein-Boxershorts über Levi's-Jeans bis hin zu Unterwäsche von Victoria's Secret. Ich räumte die Klamotten zum großen Teil aus der Tasche, schaute in Socken und überprüfte, ob es einen doppelten Boden oder irgendwelche versteckten Fächer gab. Ich würde nicht riskieren, unwissentlich Drogen nach Kuba zu schmuggeln, um dann in irgendein Gefängnis gesteckt zu werden. Mit Markenklamotten aufgegriffen zu werden war sicherlich auch nicht schön, aber hier drohte mir einzig eine Verzollung. Käme es so weit, würde ich das Geld auslegen müssen und bekäme es im

Anschluss von Ernesto zurück. So war der Deal. Drogen allerdings wären eine andere Nummer, und in dem Fall würde ich sofort die Biege machen.

In der Tasche fand ich allerdings nichts Verdächtiges, also machte ich mich auf, um einzuchecken und mein Gepäck aufzugeben. Es gab nicht die geringsten Probleme. Mir fiel auf, was für Unmengen Gepäck jeder Fluggast mitschleppte. Ich war sicherlich nicht der Einzige, der »ein bisschen mehr Gepäck mitnahm, als er eigentlich besaß«. Ich war jedoch der Einzige wirklich europäisch aussehende Typ an Bord. Alle anderen waren Kubaner und Mexikaner.

Am Gepäckband in Havanna wurde ich noch einmal nervös. Ich stellte mir vor, dass auf der Sporttasche jetzt vielleicht ein Aufkleber haften würde mit der Aufschrift »Vorsicht! Verdächtiger Inhalt!«. Aber es war einfach nur Kopfkino. Wie schon beim Einchecken verlief auch die Ankunft in Kuba ohne das geringste Hindernis. Es gab keine Drogenspürhunde und keine Polizisten mit Knarren, die mich auf den Boden schmissen und in Handschellen abführten. Ich lief mit der schweren Sporttasche Richtung Zoll und ging dann zur Tür, auf der »Nothing to declare« stand. Dahinter befanden sich Beamte, die jeden, aber auch wirklich jeden herauszogen, der wie ein Kubaner aussah. Sie wurden zu Tischen geführt, auf denen sie ihr komplettes Gepäck öffnen mussten. Mich hingegen beachtete niemand – und schon stand ich im Terminal. Ich war immer noch nervös wie sonst was und bildete mir ein, dass es noch immer möglich war zu scheitern. Gleich würde ein Haufen Sicherheitsbeamter in die Ankunftshalle stürmen, um mich festzunehmen und auf diese Weise auch gleich an meinen Kontaktmann zu kommen. Doch nichts davon passierte tatsächlich.

In Wirklichkeit stand ich nur in der Halle und schaute mich um. Laut Ernesto sollte ein älterer Mann namens Emilio hier auf mich warten. Ein Mann, auf den die zugehörige Beschreibung passte, blieb neben mir stehen, schaute aber in eine andere Richtung.

»Ich nehme an, du bist Nick?«

»Ja, bist du Emilio?«

»Schau mich nicht direkt an. Schau woandershin.«

»Ja, okay«, antwortete ich verdattert, schaute ihn aber trotzdem an.

»Hör auf, mich anzuschauen, guck mich nicht an!«, zischte Emilio zwischen den Zähnen hindurch. Er machte ziemlich einen auf Geheimagent, aber ich tat, was er von mir verlangte. Emilio lief los, und ich folgte ihm in einem Abstand von ein paar Metern. Er wandte sich Richtung Parkplatz, ich hingegen sollte 20 Meter weiter nach rechts gehen und dort auf ihn warten. Gerade als ich die tonnenschwere Sporttasche vor mir abstellte, sah ich ihn mit der ältesten Schrottkarre ankommen, die ich je gesehen habe. Das Ding hatte nicht einmal mehr eine Motorhaube, dafür zahlreiche Steinschläge, Risse und Rost. Ich bin sicher, das Einzige, was an dem Auto noch funktionierte, war der Motor. Statt der Motorhaube hatte jemand einfach ein Brett auf das Auto genagelt und daran zwei Taschenlampen befestigt. Ich war jedenfalls froh, dass es mitten am Tag war und ich nicht rausfinden musste, ob diese Konstruktion die komplette Lichtanlage darstellte. Eines war jedoch sicher: Auffälliger hätte ein Auto kaum sein können. Wie gut, dass wir keine Markenklamotten ins Land schmuggelten … O Mann!

Als Emilio auf meiner Höhe ankam, wollte ich einsteigen, doch er hielt mich auf.

»Nein, lauf noch ein bisschen weiter die Straße hoch!« Emilio fuhr in Schrittgeschwindigkeit weiter. »Jump in, jump in, jump in!«, rief er schließlich, lehnte sich über den Beifahrersitz und stieß die Tür auf.

Ich rannte los, warf die Tasche in den Wagen und sprang hinterher. Unpraktischerweise saß ich nun auf der Sporttasche auf dem Beifahrersitz. Mein Kopf klemmte direkt unterm Wagenhimmel, und Emilio gab Vollgas.

Es dauerte noch eine ganze Weile, bis mein Puls sich nach dieser filmreifen Schmugglernummer wieder beruhigte.

HAVANNA

Auf Kuba übernachtet man entweder in großen Hotels oder in sogenannten Casas particulares. Das sind Gästezimmer in Häusern der Locals, die beim Staat angemeldet werden müssen und mit denen sich die Kubaner etwas Einkommen dazuverdienen können. An meine erste Unterkunft in Havanna gelangte ich mit der Hilfe von Emilio, der mich einfach bei seinen Bekannten absetzte. Ich stellte meinen Backpack ab und konnte es kaum erwarten, durch die Stadt zu laufen und mir alles anzuschauen. Es war schon spät am Abend, dennoch war draußen eine Menge los: Leute liefen umher, saßen auf Plätzen zusammen, und Kinder spielten in den Straßen.

Das Erste, was mir auffiel, war, dass ich mit meinem Spanisch hier nicht sonderlich weit kommen würde. Kubaner sprechen sehr schnell und mit starkem Akzent. Obwohl mein Spanisch schon recht passabel war, verstand ich nichts.

Das Zweite, was ich bemerkte: Es gab sehr viel Prostitution. Waren es in anderen Ländern eher Frauen, die ihre Körper für Geld verkauften, waren es hier hauptsächlich Männer. Wie ich im Laufe meines Aufenthalts erfahren sollte, handelte es sich auch nicht automatisch um Männer aus der sozialen Unterschicht. Auch Ärzte oder Lehrer gingen auf den Strich, weil sie in ihrem erlernten Beruf zu wenig verdienten.

Ich merkte ziemlich schnell, dass es den Kubanern wahrlich nicht besonders gut ging. Anders als in Kambodscha oder auf den Fidschis, wo die Menschen zwar auch oft in Armut lebten, aber mehr positive Ausstrahlung hatten als Menschen in den reichsten Industrieländern, vermisste ich hier Herzlichkeit gegenüber Fremden. Das hatte sicher seinen Grund, denn nichts entwickelt sich einfach so, jedoch fühlte ich mich besonders in der ersten Zeit nicht besonders wohl auf Kuba. Es war, als schwebte über mir ein riesiges Dollarzeichen und als wäre ich für die Einheimischen so etwas wie eine wandelnde Geldmaschine. Egal, worum es ging, ob man nun ein Foto machte, nach dem Weg fragte oder einfach zu lange auf etwas schaute, alles kostete sofort Geld. Aber: Kommunismus, wirtschaftliche Sanktionen, Lebensmittelrationierungen, Unterernährung, mehrere Hurrikans – wem will ich einen Vorwurf machen? Die Menschen sahen Touristen als Möglichkeit, um Geld zu verdienen, und waren emotional komplett distanziert.

Dennoch war Havanna für mich sehr spannend. Es war, als hätte jemand 1969 gesagt: »Auf Kuba halten wir jetzt mal auf unbestimmte Zeit alle Uhren an.« Ich lief den ganzen Tag durch die Straßen, schoss Fotos und bestaunte die alten Autos. Manche waren so abgerockt, dass sogar Emilios Karre daneben wirkliche Klasse ausgestrahlt hätte. Es gab keinen Import, also gab es eben auch kaum Ersatzteile. Ich bin deshalb sicher, dass die besten Automechaniker der Welt in Kuba leben. Neben – und im krassen Gegensatz zu – den ganzen Rostkarren tourten auch aufpolierte Oldtimer aus den 50er-Jahren durch die Innenstadt und kutschierten Touristen herum.

Ich lernte eine Brasilianerin kennen, die ebenfalls auf Reisen war, und gemeinsam wanderten wir durch die Straßen. Wir schauten uns den berühmten Malecón von Havanna an, eine Ufermauer aus Stein, die vor mehr als 100 Jahren gebaut wurde. Die Auswirkungen von Hurrikan Sandy, der erst kürzlich über die Karibik bis in die USA gefegt war und eine Spur der Verwüstung hinterlassen hatte, waren auch jetzt noch zu spüren. Riesige Wellen brachen sich am Malecón und spritzten über die komplette Strandpromenade.

Auf den Straßen gab es besonders am Abend viel Musik. Die Menschen tanzten, und an jeder Ecke wurden Rum und Zigarren angeboten. Dahinter gab es aber auch das andere Kuba: das, in dem die Menschen nicht genug Essen bekamen und durch die Regierung in nahezu jedem Lebensbereich eingeschränkt wurden. Es war traurig, zu sehen, unter welchen Umständen die Kubaner lebten. Havanna erweiterte meinen Horizont und erinnerte mich wieder deutlich daran, wie wichtig es war, vorurteilsfrei durch die Welt zu gehen. Als ich aus der Stadt fuhr, dachte ich daran, wie dankbar ich sein konnte für die Dinge, die ich in meinem Leben machen durfte, ohne dass es mir jemand untersagte.

RICO

Trinidad gehört zu den schönsten kleinen Städtchen, die ich kenne. Ich weiß nicht, wie sich die Stadt bis heute verändert hat, aber 2012 bestanden alle Straßen aus Kopfsteinpflaster. Es gab einen Haufen Kutschen, und alle Häuser waren bunt angemalt. Unzählige kleine Märkte säumten die Plätze, und sobald die Sonne unterging, packte irgendwo eine kubanische Band ihre Instrumente aus.

Als ich eines Mittags über einen der vielen Märkte lief, lernte ich einen Maler namens Rico kennen. Ich fragte ihn nach seinen Bildern, und ehe ich michs versah, erzählten wir uns auch schon von unseren Leben. Nach einer Weile lud er mich ein, für einen Unkostenbeitrag von 20 Pesos bei ihm und seiner Familie zu Abend zu essen. Ich wusste, dass dies ein vollkommen überhöhter Preis war. Aber ich mochte Rico und hatte Lust, also sagte ich zu.

Es wurde ein richtig schöner Abend. Als ich ankam, empfingen mich Rico, seine Frau und seine Tochter und gaben sich sehr viel Mühe, ein langsames Spanisch mit mir zu sprechen. Die beiden waren sehr interessiert an meinen bisherigen Reiseerfahrungen und erzählten mir ihrerseits vom Leben auf Kuba. Es waren bestimmt schon eineinhalb Stunden vergangen, und wir lachten viel, als bei Ricos Frau plötzlich die Stimmung umschlug. Sie wurde stiller und wirkte bedrückt. Rico und ich unterhielten uns weiter, doch irgendwann verstummten wir, als seine Frau mit einem Mal aufstand und in die Küche ging.

»Warte mal kurz einen kleinen Moment«, sagte Rico und lief ihr hinterher.

Ich wusste nicht, was los war, doch einige Minuten später kehrten die beiden zurück. Ricos Frau hatte geweint. Er selbst räusperte sich.

»Hör zu, Nick, es tut uns echt leid, dass wir von dir 20 Pesos fürs Essen verlangt haben. Das war zu viel. Wir würden selbst gern eine Casa particular betreiben, aber das dürfen wir leider nicht. Die Einladungen an Touristen sind unsere einzige Möglichkeit, ein bisschen mehr Geld zu verdienen. Es tut uns wirklich sehr leid.« Betreten hielt er mir zehn Pesos hin.

Offenbar hatte ich mich anders verhalten als die anderen Gäste – oder Rico und seine Frau hatten die gemeinsame Zeit so genossen wie ich. Jedenfalls war ich außerordentlich gerührt von dieser Geste. Ich hatte aber nicht vor, das Geld zurückzunehmen.

»Rico, ganz ehrlich, das war mir von Anfang an klar, und ich finde das überhaupt nicht schlimm. Der schöne Abend, die Erfahrung, mit euch hier zu sitzen, und dass ihr mich an eurem Leben habt teilhaben lassen, ist viel mehr wert als 20 Pesos. Bitte behaltet das Geld«, antwortete ich aufrichtig.

Rico versuchte, darauf zu bestehen, das Geld zurückzugeben, aber ich weigerte mich vehement. Schließlich steckte er es wieder in die Tasche. Ricos Frau brach erneut in Tränen aus und nahm mich in die Arme. Rico lachte und drückte seine Tochter. So standen wir in diesem kleinen Zuhause und umarmten uns alle.

»Weißt du was, Nick?«, sagte Rico, als wir uns wieder voneinander lösten. »Dann will ich dir jetzt aber mit den übrigen zehn Pesos einen richtig schönen Abend machen.«

Er fragte mich, was ich von kubanischem Rum hielte.

»Viel«, sagte ich. »Aber ich möchte nicht, dass du dafür jetzt das Geld ausgibst.«

Ich wusste, wie teuer Rum in Kuba war. Der bekannte Havanna-Rum war für Kubaner zum Beispiel unerschwinglich.

Rico wies zur Tür. »Komm mal mit raus.«

Wir gingen raus vor ihr weiß getünchtes Haus, und Rico überquerte die kleine Straße und klopfte bei seinem Nachbarn ans Fenster. Dieser öffnete die Tür, und die beiden Männer wechselten Worte in einem so schnellen Spanisch, dass ich sie nicht verstand. Rico verschwand im Haus des Nachbarn. Einige Minuten später trat er wieder hervor und hielt zwei kleine PET-Flaschen in der Hand, die jeweils mit einem roten Deckel verschlossen waren. Eine davon reichte er mir. Ich blickte auf die Flasche und bemerkte, dass ein Loch in die Mitte des Deckels gebohrt worden war.

»Das hier, Nick«, sagte Rico grinsend, »das ist das RICHTIGE Kuba.«

Ich setzte die Flasche an und nahm einen Schluck des besten Rums, den ich je getrunken hatte. Ricos Nachbar hatte ihn selbst gebrannt. Durch das kleine Loch im Deckel brauchten wir die Flaschen nicht ständig wieder aufschrauben, wenn wir einen Schluck unsere Kehle hinunterjagen wollten.

Nach einer Weile gesellten sich Ricos Nachbar und zwei weitere Freunde zu uns. Schleichend bahnte sich der Rum einen Weg in meine Blutbahn. Wir wurden immer gelöster und lustiger, lachten eine Menge und hatten einfach eine gute Zeit. Und auf einmal hatte ich auch keine Probleme mehr, das kubanische Spanisch zu verstehen. Rico erzählte von seiner Kindheit, dass er in jungen Jahren auf die schiefe Bahn geraten und keiner Schlägerei ausgewichen war. Er zog sein T-Shirt hoch und deutete auf zwei Narben direkt unter seinen Rippen.

»Das hier habe ich von einer Messerstecherei. Ich wäre an dem Abend fast verblutet, da war ich gerade einmal 20 Jahre alt. Die Messerstiche waren für mich wie zwei Schläge vor meinen hitzigen Kopf, die dafür sorgten, dass ich mein Leben in den Griff bekam«, berichtete er. »Ich begann, Bilder zu malen und sie an Touristen zu verkaufen. Ich lernte meine Frau kennen, wir bekamen unsere Tochter, und jetzt versuchen wir, unser Haus als Casa particular anzumelden. Es wäre schön, wenn das klappt.«

An diesem Abend fühlte ich mich in Kuba zum ersten Mal wirklich rundum wohl und willkommen.

NACH DEM HURRIKAN

Die letzte Station war Santiago de Cuba im Südosten des Landes. Als ich mein Busticket kaufte, wurde ich gefragt, ob ich wirklich dort hinfahren wolle. Ich wusste, dass Santiago de Cuba durch Hurrikan Sandy stark verwüstet worden war, aber ich wollte trotzdem dorthin.

Der Bus war sehr leer. Außer mir fuhren nur vier oder fünf Locals mit, von anderen Touristen keine Spur. Aus irgendeinem Grund, den ich selbst nicht benennen konnte, war mir diese letzte Station wichtig. In meiner Vorstellung sah ich eine kleine Stadt mit ein paar entwurzelten Bäumen und einigen abgedeckten Dächern vor mir. Was mich wirklich erwartete, schockte mich deshalb gewaltig: Santiago de Cuba war komplett verwüstet. Der Hurrikan war acht oder neun Tage her, doch die Straßen glichen Trümmerfeldern. Eingestürzte Häuser, brennende Tonnen, zur Seite gekippte Autos – es war das totale Chaos. Die Hauptstraßen waren einigermaßen freigeräumt, dennoch war der Verkehr komplett zum Erliegen gekommen. Solche Bilder kannte ich bisher nur aus den Nachrichten.

Ich war froh, dass ich durch die Nutzung einer Casa particular zumindest einer Familie mit Geld weiterhelfen konnte. Obwohl sie unter widrigsten Umständen – und seit Tagen ohne Strom – lebten, stellten sie mir abends einen Teller mit trockenen Brötchen, ein bisschen Wurst und einem Stück Käse hin. Es war nicht viel, aber mittlerweile wusste ich, was dieses Essen für einen Luxus bedeutete.

Am nächsten Tag lief ich durch die Straßen. Die kubanische Armee war vor Ort und sägte Bäume durch, die quer über den Straßen lagen. Die Menschen räumten auf, und ich packte mit an, wo ich konnte.

Trotz all der Verwüstung ging das kubanische Leben weiter: In den Straßen wurden Pizzen verkauft, Kinder spielten Verstecken oder rollten mit Stöcken Reifen vor sich her. Ich kam an einem Friedhof vorbei, der wunderschön gewesen sein musste, mit großen weißen, reich verzierten Grabsteinen, und der jetzt in Schutt und Asche lag.

An einem Tag nahm mein Gastgeber mich auf dem Sozius seines Motorrads mit und zeigte mir die Gegend. Wir fuhren aus der Stadt raus und auf einen kleinen Berg, von dem aus wir das ganze Ausmaß der Katastrophe überblicken konnten.

»Nur wenige Stunden hat dieser Sturm gewütet«, sagte er zu mir. »Aber die Natur wird wohl die nächsten 50 Jahre brauchen, um sich wieder zu erholen.«

Den Menschen in Santiago de Cuba sind Hurrikans nicht fremd, es gibt sogar richtige Hurrikan-Saisons, aber Sandy war extrem gewesen. Noch immer waren viele Dächer abgedeckt, und wenn es regnete, dann regnete es mitten in die Wohnzimmer. Die einzigen Licht- oder Wärmequellen kamen von Gasherden und den kleinen Feuern in den Tonnen, ansonsten war es nachts stockfinster.

Ich unterhielt mich viel mit den Leuten auf den Straßen. Der Anblick der zerstörten Stadt und die Menschen, die trotzdem immer wieder Gründe zum Lächeln fanden, hinterließen tiefe Spuren in mir.

Kuba war eine eigenartige Erfahrung, mit vielen extrem schönen, aber auch einigen sehr negativen Eindrücken. Hier habe ich, während dieser merkwürdigen Reise durch die Zeit, gespürt, was es heißt, lebendig zu sein. Ich musste nicht Bungee springen, um am eigenen Leib Grenzerfahrungen zu erleben. Mich bewegte sehr, wie die Menschen, die sowieso schon ein hartes Leben führten und dann auch noch von einer Naturkatastrophe gebeutelt wurden, trotzdem immer wieder Kraft fanden, das Leben zu genießen.

Kapitel 10
AUF DEM »GRINGO TRAIL«

CHICKEN-BUSSE

Nachdem ich wieder in Mexiko gelandet war, stieß Steffi zu mir. Auch sie hatte erneut das Reisefieber gepackt – oder besser gesagt: nicht mehr verlassen. Sie musste einfach immer wieder losziehen, Abenteuer erleben und Lebensmomente sammeln. Also hatten wir spontan geplant, dass ich in Mexiko warten würde, bis sie ihren Job schmeißen konnte. Von dort aus wollten wir gemeinsam Zentral- und Südamerika unsicher machen. Und das taten wir dann auch.

Die Busfahrten in Zentralamerika sind der absolute Wahnsinn. Als Steffi und ich uns ein Ticket nach Guatemala kauften, hatten wir keine Ahnung, was uns erwarten sollte. Aber schon als wir im Bus standen, wussten wir: Das konnte was werden. Bei den zentralamerikanischen Bussen handelte es sich nämlich nicht um die typischen klimatisierten Reisebusse, wie ich sie zum Beispiel aus Kanada gewohnt war. Sie sahen aus wie alte Schulbusse aus den USA, die neu angemalt worden waren, aber ansonsten fuhren, bis nach und nach so viel von ihnen abfiel, dass irgendwann gar nichts mehr ging.

Wir nannten sie Chicken-Busse, weil gleichzeitig mit uns Reisenden auch immer ein Haufen Tiere wie Hühner, Schafe oder Kühe transportiert wurde. Die ganze Fahrt über dudelte Musik in einer Lautstärke durch den Bus, dass es einem in den Ohren klingelte. Außerdem wurden so viele Leute hineingequetscht, dass man sich tatsächlich vorkam, als wäre man eines von vielen Hühnern auf einer Stange. Auf einem Zweisitzer fanden so nicht nur zwei Menschen Platz, sondern gleich ganze Großfamilien – Papa, Mama, Tochter, Enkel, Oma. Bei jedem Halt stiegen dann auch noch Verkäuferinnen zu, die lautstark Essen und Getränke anboten, um dann beim nächsten Halt am anderen Ende wieder auszusteigen. Zeit zum Durchatmen blieb dann allerdings nicht, denn an der Vordertür warteten schon die nächsten Verkäuferinnen.

Die Fahrten waren trotz allem keineswegs unangenehm, sondern ein echtes Erlebnis. Alles Gepäck wurde auf das Dach geschnallt, und in den Passagierraum nahm man nur eine kleine Tasche oder einen Daypack mit. Das einzig wirklich Anstrengende auf den oft stundenlangen Fahrten war die Tatsache, dass es keinerlei Klimatisierung gab. Ich wünschte mir fast die unterkühlten mexikanischen Busse zurück. Sobald wir saßen, lief uns also der Schweiß aus allen Poren. Nur der warme Fahrtwind verschaffte so etwas wie Abkühlung.

So fuhren Steffi und ich also von Belize nach Flores in Guatemala und weiter nach Semuc Champey, einem Naturschutzgebiet mitten im Dschungel, das wir unbedingt sehen wollten.

War die erste Fahrt im Chicken-Bus schon echt ein Erlebnis gewesen, die zweite, fast achtstündige Tour setzte dem Ganzen die Krone auf. Der Chicken-Bus, mit dem wir nun unterwegs waren, war deutlich kleiner als der erste, was aber nicht bedeutete, dass darin weniger Leute mitfuhren. Wir stapelten uns bis unters Dach. Der Busfahrer hatte offenbar seinen sozialen Tag und nahm an jeder Straßenecke immer wieder neue Passagiere auf. Es gab nicht das kleinste Stückchen Sitzplatz mehr, und als die Leute im Mittelgang zu stehen begannen, hielt der Busfahrer an und packte eine Konstruktion aus, die uns staunen ließ: Längs durch den Mittelgang montierte er eine Eisenstange mit hochklappbaren Lehnen. Hier saßen wir dann wahrhaftig wie die Hühner auf der Stange.

Als zwei Stunden vergangen waren, hielt ich es vor Hitze kaum noch aus. Unmöglich, so die sechs verbleibenden Stunden durchzustehen. Ich sah mich um und begegnete den Blicken von zwei Engländern, die weiter vorne saßen und offenbar dasselbe dachten. Einer Eingebung folgend, quetschte ich mich nach vorne zum Busfahrer und fragte ihn, ob es möglich wäre, auf dem Dach mitzufahren. Er überlegte kurz, trat dann auf die Bremse und sagte: »Alles klar, ab aufs Dach!«

Die einzigen Freiwilligen waren besagte Engländer und ich. Wir kletterten an der Seite des Busses hoch, klemmten uns zwischen das ganze Gepäck und hielten uns an den Seilen fest, mit denen alles zusammengehalten wurde. Die Engländer hatten sich schnell die besten Plätze ganz vorne über der Fahrerkabine gesichert, und mir blieb nichts anderes übrig, als mich mitten aufs Dach zu legen. Es war trotzdem toll. Sechs Stunden wurden wir auf diese Weise durch die Pampa geprügelt. Ich vermute, der Busfahrer hatte irgendwann vergessen, dass er drei Leute auf dem Dach hatte, denn es wurde eine wilde Fahrt. Ich hielt mich mit beiden Händen an den Seilen fest und verkeilte mich, so gut es ging, zwischen den Backpacks. Die Aussicht jedenfalls war phänomenal: Wälder, Palmen, dann mehr und mehr Dschungel zogen an mir vorbei. Nach ein paar Stunden merkte ich, wie ich schläfrig wurde. Obwohl der Bus mit rund 60 oder 70 Sachen durch die Gegend heizte, schlief ich in der Sonne liegend ein, während der kühle Fahrtwind mir durch die Haare wehte. Ich muss eine ganze Mannschaft von Schutzengeln gehabt haben, sonst hätte es mich in einer der vielen Kurven bestimmt vom Bus gefegt.

NEUJAHR IM DSCHUNGEL

Silvester verbrachten Steffi und ich in Semuc Champey. Ich muss sagen, dass dies eines der besten Silvester war, die ich bisher erlebt hatte. Wir wohnten in einer von mehreren kleinen Hütten mitten im Dschungel, die zu einer Art Resort gehörten. Wobei das Wort »Resort« nicht wirklich passt, denn es waren wirklich sehr einfache Behausungen mit kleinen Terrassen davor, über die Hängematten gespannt waren. Überall sprangen Äffchen umher, und wir hatten einen tollen Blick auf einen kleinen Fluss.

Ganz ohne Silvesterknaller, nur umgeben von den Geräuschen des Dschungels feierten wir also ins neue Jahr. Steffi hielt gerade so bis Mitternacht durch, dann verschwand sie in unserer Hütte. Ich hingegen lag noch eine ganze Weile in der Hängematte und dachte nach. Hier war wirklich alles anders als zu Hause. Es gab kein Licht, keine Strommasten, kein Raclette-Essen mit Freunden. Wir waren mitten im Urwald.

Ich schaukelte hin und her und überlegte, was das neue Jahr wohl für mich bereithalten würde. 2013 lag vor mir wie eine Wundertüte. Es gab keine großen Pläne, aber auch keine Routinen. Früher im Job hätte ich gesagt: Ja gut, an den Werktagen werde ich arbeiten, Mitte des Jahres winkt vielleicht eine Beförderung, und für diese und jene Wochen habe ich Urlaub eingereicht. Es gibt einfach eine Grundstruktur. Was jetzt aber vor mir lag, war genauso dunkel wie der Dschungel. Während ich einschlief, vermischten sich das Bild des Urwalds und meine Erwartungen an 2013. Es gab Ideen, die hier und da aufblitzten wie die riesigen Augen der nachtaktiven Tiere in den Bäumen. Verheißungsvoll zirpte, quiekte und piepte es um mich herum. »Egal, was kommen wird«, dachte ich noch, bevor ich wegdöste, »es wird auf jeden Fall verdammt viel Spaß machen.« Mit einem

Grinsen wie dem, welches das erste Mal in Neuseeland seinen Weg auf mein Gesicht gefunden hatte, schlief ich schließlich tief und fest ein.

HÖHLENMENSCHEN

Wie ich erfahren habe, ist Semuc Champey mittlerweile sehr touristisch geworden. Damals war es jedoch ein ruhiger, naturbelassener Ort. Wir machten Dschungelwanderungen, kletterten durch die Gegend und erfuhren eine Menge über Kakaopflanzen und wie man ihre Früchte verarbeitet. Wir freuten uns über die vielen Nature Pools, die terrassenartig miteinander verbunden waren. Ganze Nachmittage verbrachten wir damit, über die Steine durch das türkisfarbene Wasser von Pool zu Pool zu rutschen.

Ganz besonders gespannt waren wir jedoch auf eine Höhlentour, die auf der anderen Seite des Flusses angeboten wurde. Dort befindet sich ein großer Berg, der komplett mit Palmen, Bäumen und grünem Buschwerk überwuchert ist. In seinem Inneren existiert ein Höhlensystem, das man zusammen mit einem Guide erkunden konnte.

Bei der Anmeldung wurden wir angewiesen, nur Badehose beziehungsweise Bikini anzuziehen. Als wir dann zum vereinbarten Zeitpunkt an der Höhle ankamen, warteten bereits einige Leute davor, die ebenfalls mit auf die Tour kommen würden. Wir selbst hatten auch ein paar Backpacker zusammengetrommelt, darunter Hayden, einen Neuseeländer, den wir vor ein paar Tagen kennengelernt hatten und sehr mochten. Es stand also eine relativ große Gruppe vor dem Höhleneingang, als der Guide kam und uns eine kleine Einweisung gab. Diese bestand im Wesentlichen darin, dass wir noch einmal daran erinnert wurden, nur Badekleidung zu tragen. Dann gab er jedem von uns eine circa 15 Zentimeter lange Kerze in die Hand. Er erklärte uns, dass immer jemand mit brennender Kerze am Anfang sowie am Ende laufen sollte. Verlor jemand seine Kerze, wechselte er in die Mitte der Truppe. Nach dieser kurzen Einführung bedeutete der Guide uns, ihm zu folgen.

Schon nach wenigen Schritten wurde uns klar, warum wir Badekleidung tragen sollten, denn wir wateten fast die ganze Zeit durch kaltes Wasser. Je weiter wir in die Höhle vordrangen, desto tiefer wurde es. Anfangs ging es uns bis zu den Knöcheln, dann standen wir bis zum Bauch im Wasser, und schließlich konnten wir nicht einmal mehr stehen. Es war ziemlich kompliziert, im Stockdustern zu schwimmen und dabei auch noch die Kerze hochzuhalten, aber es war ein unfassbar spannendes Erlebnis. Allein die hallenden Geräusche in der Höhle erschufen eine unheimlich-abenteuerliche Stimmung. Ich fühlte mich wie in einer anderen Welt. Zentimeter für Zentimeter bewegten wir uns vorwärts, immer darauf bedacht, beim Schwimmen keinen der rasiermesserscharfen Steine am Boden oder den Seitenwänden zu streifen.

Nach einer Weile drehte sich Steffi, die vor mir lief, zu Hayden und mir um. »Sagt mal, wann gehen wir eigentlich zurück? Meine Kerze ist schon ganz schön weit heruntergebrannt.«

Hayden und ich blickten auf unsere eigenen Kerzen, die ähnlich klein geworden waren. Wenn wir auf dem Rückweg nicht durch komplette Dunkelheit stolpern wollten, müssten wir eigentlich spätestens dann umdrehen, wenn sie halb heruntergebrannt waren. Doch unser Guide machte keine Anstalten dazu. Als nur noch ein Viertel meiner Kerze übrig war, hoffte ich, dass vielleicht weitere Kerzen irgendwo auf uns warteten. Dem war aber nicht so. Zusätzlich beunruhigte mich, dass der Abstand zwischen den einzelnen Gruppenmitgliedern nach und nach immer größer wurde. Auch wir verloren den Anschluss an unsere Vordermänner. Als meine Kerze ausging, war vor uns gar niemand mehr zu sehen. Da wir das Schlusslicht bildeten, folgte hinter uns keiner. Wir drei waren also plötzlich allein. In der Hoffnung, bald wieder zur Gruppe aufzuschließen, beschleunigten wir unsere Schritte. Weil auch Steffis Kerze kurze Zeit später einen Abgang machte und einzig Haydens letzter Kerzenstummel etwas Licht spendete, ging es allerdings nicht bedeutend schneller voran.

Langsam wurde es auch richtig kalt. Zwar wateten wir nicht mehr durch Wasser, aber wir waren nass, und in der tropfsteinartigen Höhle waren die Steine feucht und glitschig. Wir begannen, laut zu rufen, damit die anderen mitbekamen, dass wir den Anschluss verloren hatten. Doch zurück kamen nur unsere eigenen Echos. Nach einer Weile redete keiner von uns mehr ein Wort, wir liefen einfach konzentriert, so schnell wir konnten, bis Steffi plötzlich stehen blieb.

»Da vorne ist irgendein Licht!«

Sie hatte recht. Wir liefen noch einige Meter, und als wir um die nächste Ecke bogen, stießen wir auf drei kleine Kerzen, die zwischen ein paar Steine geklemmt worden waren. Die konnten nur von unserer Gruppe stammen.

»Ähm, Leute … da geht es runter.« Steffi deutete auf ein Loch im Boden neben den Kerzen, das etwa einen Meter Durchmesser hatte. Hayden leuchtete mit seinem Kerzenstummel hinein, aber zu sehen war nichts. Wir standen etwas ratlos herum und stellten uns alle dieselbe Frage: Waren die Kerzen dort aufgestellt worden, damit wir nicht versehentlich in das Loch fielen – oder bedeuteten sie, dass wir dort hinunterklettern sollten? Wir wussten es nicht.

Ich sammelte etwas Speichel im Mund und spuckte hinunter. Meine Hoffnung war, dass ich durch das Aufklatschen der Spucke eine Ahnung davon bekommen würde, wie tief das Loch in etwa war. Doch es war nichts zu hören. Entweder ging es runter bis zum Mittelpunkt der Erde, oder es war so flach, dass meine Spucke nicht genug Fahrt aufgenommen hatte. Die Chancen standen fifty-fifty.

»Na super, und was machen wir jetzt?« Hayden hatte den Rest seiner Kerze mittlerweile auf seinem Daumennagel platziert.

Ich kniete mich hin, lehnte mich noch ein Stück weiter nach vorne und steckte meinen Arm in das Loch, um eventuell etwas zu ertasten. Doch sosehr ich mich streckte, ich griff ins Leere.

»Ich würde sagen, wir probieren das einfach mal aus«, erwiderte ich. Der Abenteurer in mir befand, eine Erfolgschance von 50 Prozent sei eigentlich ganz gut.

Ich setzte mich also auf, ließ die Beine in das Loch hineinbaumeln und stützte mich mit den Händen am Rand ab. Vielleicht stieß ich, wenn ich mich tiefer hinabgleiten ließ, irgendwann mit den Füßen auf den Grund.

»O Gott, Nick, pass bloß auf!« Steffi war sichtlich besorgt. Ihre Stimme hallte als Echo durch die Höhle. Stück für Stück ließ ich mich weiter hinabgleiten. Vor Anstrengung begannen meine Arme zu zittern.

»Leute, ihr solltet ein bisschen schneller machen!« Hayden deutete auf den winzigen Rest Kerze auf seinem Daumennagel. Ein Blick auf die drei Minikerzen an den Steinen sagte uns, dass wir schon bald von undurchdringlicher Dunkelheit umgeben sein würden.

Meine Arme begannen zu krampfen, aber mit den Füßen fand ich immer noch keinen Halt. In mir breitete sich Panik aus. Ich zog mich wieder hoch und setzte mich schwer atmend zurück auf den Rand. Auch Steffi und Hayden verloren langsam immer mehr die Nerven.

»O nein, was machen wir denn jetzt?« Steffis Stimme zitterte.

Ich drehte mich um, legte mich auf den Bauch und lehnte mich über den Rand des Loches. »Haltet mal bitte meine Beine fest und lasst mich ein bisschen hinab. Vielleicht kann ich weiter unten irgendwas sehen«, sagte ich zu den beiden anderen.

Steffi und Hayden taten wie geheißen. Kurze Zeit später hing ich mit dem kompletten Oberkörper in absoluter Schwärze und versuchte, mit den Händen die Seitenwände zu ertasten. Plötzlich packte mich etwas an der Schulter und krallte sich an mir fest. Ich schrie erschrocken auf. In wilder Panik versuchte ich, das Ding an meiner Schulter loszuwerden. Dabei zappelte ich wie verrückt hin und her.

Steffi und Hayden riefen wild durcheinander: »Nick! Was ist los? Nick!«

Ich zerrte an dem Ding an meiner Schulter und kreischte wie verrückt. O Gott! Was war das? Eine Hand? Egal, was es war, es versuchte, mich in die Tiefe zu ziehen. Ich schrie und schrie. Steffi und Hayden versuchten, mich festzuhalten, doch auf den glitschigen Steinen gelang ihnen das nur schwer. Wir alle kreischten wild durcheinander, dann ging alles wahnsinnig schnell: Steffi und Hayden zogen mich mit einem Ruck aus dem Loch, und das Ding ließ mich los.

»O! MEIN! GOTT! WAS WAR DAS?«, schrie ich, noch immer panisch. Wir saßen auf dem Boden und atmeten stoßweise. Haydens Kerze war aus, die drei anderen flackerten noch und warfen unsere Schatten unheimlich vergrößert an die Höhlenwände. Wir alle blickten zum Loch zurück und standen langsam wieder auf.

In dem Loch am Boden erkannten wir eine Hand und ein Stück Arm. Dann drang eine Stimme zu uns herauf: »Ey, when do you come?«

Es war unser Tourguide. Er hatte dort unten gewartet und gesehen, wie ich den Kopf in das Loch gesteckt hatte. Offenbar hatte er mir behilflich sein wollen. Was für ein absoluter Vollidiot!

Im Nachhinein habe ich oft überlegt, ob der Guide vielleicht meine Spucke ins Gesicht bekommen und mich deshalb aus Rache so fürchterlich erschreckt hatte.

Einer nach dem anderen stiegen wir in das Loch und ließen uns hinuntergleiten. Unten angekommen, platschten wir ins Wasser. Da keiner von uns mehr eine Kerze hatte, hielten wir uns aneinander fest und liefen im Entenmarsch weiter. Schon nach wenigen Metern sahen wir ein Licht, das einen Höhlenausgang ankündigte. Draußen wartete der Rest der Gruppe. Weil alle bereits die Höhle verlassen hatten, als wir noch vor dem Loch standen, hatten wir keine Geräusche mehr gehört.

GETRENNTE WEGE

Als unsere Zeit in Semuc Champey sich dem Ende näherte, packten Steffi und ich unsere Sachen und setzten uns wieder in einen der Chicken-Busse. Wir besuchten die antike Stadt Antigua, die sich im Süden Guatemalas zwischen mehreren Vulkanen befindet. Ich wurde an das kubanische Trinidad erinnert, denn auch hier bestanden alle Straßen aus Kopfsteinpflaster. Bunte Häuser reihten sich aneinander, und an jeder Ecke spielten Straßenmusiker ihre Lieder. Mit einem Colectivo, einem Sammeltaxi, wie es mir bereits einige Jahre zuvor in Mexiko begegnet war, fuhren wir weiter zum Lago de Atitlán, dem zweitgrößten See Guatemalas, und hielten uns eine Weile im Dorf San Pedro auf. Hier verbrachten wir eine schöne, entspannte Zeit am tiefblauen Wasser, umringt von idyllischen Bergketten. Voller Staunen schauten die Kinder dort zu, wie Steffi per Skype mit ihren Freundinnen telefonierte, und winkten kichernd in die Kamera. Für sie war es unglaublich, dass wir auf diese Weise mit Menschen am anderen Ende der Welt sprechen konnten. Auch Hayden trafen wir in San Pedro wieder, und so manche Abende ließen wir gemeinsam in einer kleinen Reggae-Bar ausklingen.

Nach einer Weile bekam ich allerdings Hummeln im Hintern und wollte weiterziehen. Steffi, die es reizte, ihr Spanisch zu verbessern, entschied sich, noch ein bisschen länger in San Pedro zu bleiben und einen Sprachkurs zu besuchen. So beschlossen wir, dass unsere Wege sich eine Zeit lang trennen würden. Für uns war das vollkommen okay, denn wir beide liebten das Reisen und wussten, wie schön und spannend es sein konnte, auch mal wieder ein paar Dinge ganz allein zu unternehmen. Steffi suchte sich eine Gastfamilie, bei der sie eine Weile leben würde. Ich hingegen kaufte mir ein Busticket nach El Salvador. Wir würden uns später an einer anderen Stelle des »Gringo Trail« wiedertreffen – der Route durch Mittelamerika, die wir bisher entlanggereist waren –, um gemeinsam nach Nicaragua zu fahren.

EL TUNCO

Mit einem kleinen Colectivo fuhr ich über die Grenze bei Honduras nach El Salvador und landete zunächst in El Tunco an der Pazifikküste. Dieser winzig kleine Ort ist bei Surfern besonders beliebt, weil es dort einen richtig schönen Point Break gibt. Seinen Namen hat dieses Surf-Mekka übrigens aufgrund einer Felsformation im Wasser, die an ein Ferkel erinnert. Übersetzt heißt El Tunco nämlich »das Schwein«.

Ich besorgte mir ein Surfbrett, dessen Preis ich herunterhandeln konnte, indem ich es gleich für mehrere Tage auslieh. Sofort sprang ich in die Wellen und probierte mich weiter im Surfen. Dies gestaltete sich jedoch relativ schwer, da ich mich erst an das neue Brett und die Wellen gewöhnen musste.

Am ersten Abend kam ich mit den Jungs aus dem Surfshop ins Gespräch und fragte sie, wo man in El Tunco günstig übernachten könne. Sie deuteten auf eine Baustelle an einem Hang direkt über dem Strand. Hier entstand offenbar der Rohbau für eine Art Resort, jedoch sah die ganze Baustelle recht verlassen aus. Dort jedenfalls, so sagten sie mir, könne man für wenig Geld in Hängematten übernachten.

Später am Abend stiefelte ich zur Baustelle hoch. Oben angekommen, traf ich tatsächlich auf ein paar Leute, die es sich im oberen Stockwerk gemütlich eingerichtet hatten. Sogar eine kleine Küche war vorhanden. Als mir angeboten wurde, für 2,50 Dollar die Nacht eine der Hängematten zu beziehen, schlug ich sofort ein. Ich übernachtete also auf der halb fertigen Baustelle mit einem grandiosen Blick auf den Strand und das Meer.

DISTRICT 13

Ich bekam plötzlich Lust, mal wieder zu couchsurfen. Warum nicht gleich in der Hauptstadt San Salvador? Ich loggte mich auf der Plattform ein und fand kurze Zeit später einen Host, der bereit war, mich für ein paar Tage bei sich aufzunehmen.

Am nächsten Tag brach ich gegen Mittag nach San Salvador auf. Die Adresse meines Couchsurfing-Hosts befand sich mitten im Stadtteil Soyapango. Eine kurze Internetrecherche hatte ergeben, dass es sich um einen eher gefährlichen Teil von San Salvador handelte, in welchem viel Bandenkriminalität herrschte. Auch hier war es also besser, wenn ich tagsüber ankäme. Leider haute mein Reiseplan vorne und hinten nicht hin, sodass es am Ende bereits 22 Uhr war, als ich endlich aus dem Bus stieg.

»Nick? Bist du Nick?« Ein kleiner Typ in meinem Alter trat auf mich zu und grinste mich an. Es handelte sich um meinen Couchsurfing-Host Borkman, der angeboten hatte, mich von der Bushaltestelle abzuholen. Ich war überrascht, dass er etwas Deutsch sprach. Wie ich später erfuhr, hatte Borkman von früheren deutschen und Schweizer Couchsurfing-Gästen ein wenig Deutsch gelernt. Den Rest brachte er sich selber bei, indem er viel

BAYERN-3-Webradio hörte. Dadurch konnte er witzigerweise nahezu akzentfrei sagen: »Zäh fließender Verkehr auf der A3!«

Wir liefen eine Weile durch die Straßen und gingen dann durch ein großes Tor, das den Eingang eines Wohngebiets markierte. Obwohl es sehr dunkel war, konnte ich erkennen, dass die Autos an den Straßenrändern teilweise schon sehr lange dort standen: Manche hatten kaputte Scheiben, andere platte Reifen, und einige waren sogar komplett ausgebrannt. Zwei Blocks weiter blieb Borkman vor einem winzig kleinen Haus mit einem Flachdach aus Blech stehen.

»Hier wohnen wir«, sagte er und öffnete eine Tür, die auf eine Art Terrasse führte. Eine weitere Gittertür, die Borkman mit einem Schlüssel aufschloss, gab den Weg zum Hauseingang frei. In diesem stand eine ebenfalls sehr kleine Frau und begrüßte mich mit einer Umarmung. Es war Borkmans Mutter Elvira, genau wie ihr Sohn ein wunderbar herzlicher Mensch. Beide waren mir auf Anhieb sympathisch. An diesem ersten Abend saßen wir zusammen und lernten uns kennen. Nach einer Weile räusperte sich Borkman und setzte eine bedauernde Miene auf.

»Nick, es tut mir sehr leid«, sagte er.

Ich hatte keine Ahnung, was jetzt kam. Wollte er mir eröffnen, dass ich doch nicht hier übernachten könne? Ich fragte ihn.

»Nein!«, antwortete er sofort. »Ich meine, ich muss langsam ins Bett gehen, da ich morgen früh aufstehen muss, um zur Arbeit zu fahren. Du kannst gerne so lange bei uns wohnen, wie du möchtest.« Er erklärte, dass Elvira mir am Morgen gerne ein Frühstück machen wolle. »Und wenn ich abends nach Hause komme, dann können wir ja noch etwas zusammen unternehmen«, schloss er.

Ich versicherte ihm, dass es nicht den geringsten Grund gab, sich zu entschuldigen. Ich deutete auf die kleine Couch: »Ich mache es mir einfach auf der gemütlich.«

Borkman guckte mich verwundert an. »Nick, du bist Gast in meinem Land und in meinem Zuhause. Du wirst natürlich in meinem Bett schlafen, und ich nehme die Couch.«

Der Typ war wirklich die reine Herzensgüte in Person. Doch ich wollte dieses Angebot nicht annehmen. Ich erklärte ihm, dass ich schließlich Couchsurfer sei, da stecke das Wort »Couch« ja auch schon drin. Wir verfingen uns in einer freundschaftlichen Diskussion, denn Borkman wollte, was seine Vorstellungen von sich als Gastgeber anbelangte, keinen Meter zurückweichen. Am Ende gewann sein Sturkopf, und ich legte mich in ein frisch bezogenes Bett, während er selbst sich auf der höchstens 1,50 Meter langen Couch einrollte. Auch wenn es mir ein wenig unangenehm war, dass ich nun in seinem bequemen Bett lag, war ich doch froh, dass ich meine knapp 1,90 Meter nicht auf dem Sofa zusammenfalten musste.

Als ich am nächsten Morgen erwachte, war Borkman schon unterwegs zur Arbeit. Elvira machte mir tatsächlich ein tolles Frühstück, bestehend aus Fricoles – einem Gericht aus schwarzen Bohnen und Avocado, welche mit kleinen Tortillas gegessen werden –, Käse und Kaffee. Es war total gemütlich, wir unterhielten uns, und anschließend half ich ihr beim Abwasch. Danach wollte ich mich aufmachen, um San Salvador zu erkunden.

»Da sei bitte vorsichtig, Nick«, sagte Elvira. »Hast du die Telefonnummer von Borkman?«

Ich war gerührt von ihrer Sorge und zeigte ihr, dass ich Borkmans Nummer eingespeichert hatte. Dann ging ich los.

Schon nach wenigen Straßen wusste ich, warum Elvira so einen besorgten Tonfall angeschlagen hatte. Die Gegend, in der Borkman mit seiner Familie wohnte, war nicht gerade Beverly Hills – und ich als großer blonder Typ fiel auf wie ein bunter Papagei. Ich lief quer durch Soyapango, auch in die umliegenden Stadtbezirke hinein und versuchte, ein Gefühl für San Salvador zu bekommen. Auf einem Markt kaufte ich Obst und Gemüse, woraus ich mir zu Hause bei Borkman ein Essen kochen wollte.

Später am Abend kam Borkman von seiner Arbeit heim. Erst jetzt hatten wir Gelegenheit, uns ein bisschen mehr zu unterhalten. Er erzählte mir, dass er Zahnarzt sei und in einer Gemeinschaftspraxis einen Zahnarztstuhl angemietet habe. Er stand morgens in aller Frühe auf, fuhr zwei Stunden mit den öffentlichen Verkehrsmitteln zur Praxis, arbeitete dann für zwölf Stunden, um dann wieder zwei Stunden nach Hause zu fahren. Und das alles für gerade mal 300 Dollar im Monat. Als Zahnarzt. Trotz seines langen Arbeitstages war Borkman munter und gut gelaunt, er wollte wissen, wo ich überall gewesen war, und fragte mich, ob ich Lust hätte, seine Freunde kennenzulernen. Also zogen wir hinaus in die Nacht. Dieser kleine Typ war einfach ein Energiebündel. Wir liefen durch die Straßen, fuhren mit einem Bus in eine andere Gegend und gingen dort in ein Restaurant. Noch während wir aßen, stießen zwei Kumpels von Borkman hinzu. Genau wie ich mir seine Freunde vorgestellt hatte, waren die beiden ebenfalls ausgesprochen liebenswert, und wir unterhielten uns lange.

Auf dem Rückweg erzählte mir Borkman mehr über Soyapango. Der Stadtteil ist in mehrere Distrikte aufgeteilt, Borkman und seine Familie leben in Distrikt 13. Wie ich schon im Internet gelesen hatte, gibt es in Soyapango eine ausgeprägte Bandenkriminalität. Die schwersten Auseinandersetzungen bestehen deshalb, weil die Gangs von Distrikt 13 mit denen aus Distrikt 18 verfeindet sind und sich auf offener Straße bekriegen. Das macht das Leben in Soyapango besonders in den Abend- und Nachtstunden gefährlich. Wird nachts laut Musik gespielt oder sonst irgendwelcher Lärm gemacht, kann niemand etwas dagegen sagen. Wer geht schon vor die Tür und bittet die Gangster, ein bisschen Rücksicht zu nehmen? Borkman wäre gerne woanders hingezogen, in einen Stadtteil, in dem nicht ständig jemand erschossen wird, aber dafür reichte das Geld der Familie bei Weitem nicht aus. Also machten sie einfach das Beste aus ihrer Situation.

Wieder einmal lehrte mich ein bis dato vollkommen Fremder, dass Glück und positive Lebenseinstellung nicht an materiellen Besitz geknüpft sind. Borkman besitzt wirklich nicht viel, arbeitet fast jeden Tag von früh bis spät und ist dennoch einer der lustigsten und offensten Menschen, die ich kenne. Ebenso seine Mutter Elvira. Sie arbeitete als Friseurin, aber weil sie keinen Salon hatte, schnitt sie die Haare ihrer Kunden einfach im eigenen Wohnzimmer. Das Haus war winzig, die Wohnfläche betrug vielleicht 25 Quadratmeter, und trotzdem wurde alles so geschickt verstaut und organisiert, dass sogar fürs Haareschneiden genug Platz blieb. Wer gerade nicht dran war, saß auf Plastikstühlen im Outdoor-Wartezimmer, der Terrasse. Außerdem gab es das kleine Zimmer von Borkman, das seines Bruders und eine winzige Schlafnische, in die Elvira sich nachts zurückzog. Die Küche war nur wenige Quadratmeter groß und hatte kein Dach. In das kompakte Bad passten genau eine Toilette und eine Dusche hinein. Die Dusche bestand einzig aus einem Wasserhahn auf Kniehöhe, unter dem zwei Eimer mit Schöpfkelle standen. Geduscht wurde also mit einer Art großer Suppenkelle, mit der man sich das Wasser über den Kopf schüttete. Die ganze Familie hatte so wenig, und dennoch gab sie so viel. Ich kann mir beim besten Willen nicht viele Menschen in Deutschland vorstellen, die unter solchen Umständen auch noch Couchsurfer aufnehmen würden.

Eine ganze Woche blieb ich bei dieser tollen Familie, dann fuhren Borkman und ich noch ein paar Tage zusammen nach El Tunco. Als sich unsere Wege schließlich trennten, umarmten wir uns und sagten: »Bis bald!« So oft ist das nur eine nicht wirklich ernst gemeinte Floskel. Bei Borkman aber hätte ich die

Hand ins Feuer legen können, dass es keine war. Und ich sollte recht behalten.

»OUUUH!«

Mit einem Colectivo fuhr ich nach León in Nicaragua. Hier traf ich Steffi und auch Thomas und Hayden, die ich bereits aus Mexiko und Guatemala kannte. Wir wollten die bekannteste Touristenattraktion Leóns ausprobieren: Volcano-Boarding. Im Grunde ist das wie Rodeln, nur eben einen sandigen Vulkan hinunter. Wir freuten uns wie Kinder auf dieses Erlebnis. Am Vulkan angekommen, bekamen wir jeder einen orangenen Overall und einen Holzschlitten ausgehändigt. Dann hieß es erst einmal klettern. Mehr als eine Stunde waren wir unterwegs, um den Vulkan mit seinen spitzen schwarzen Steinen zu erklimmen. Weil es ein aktiver Vulkan war, umgaben uns dabei die ganze Zeit nach faulen Eiern stinkende Schwefeldämpfe.

Als wir endlich den Gipfel erreicht hatten, bedeutete uns der Guide, dass wir unsere Overalls anziehen sollten. Die Anzüge hatten alle eine Einheitsgröße, die selbst mir zu groß war, und so kicherten wir herum, da wir aussahen wie orangene Michelin-Männchen. Zusammen mit den Schutzbrillen, die wir zusätzlich aufsetzen sollten, gaben wir ein Bild ab wie eine Horde Außerirdischer.

Bei der Einweisung wurde uns ans Herz gelegt, unseren Schlitten niemals mit den Händen zu bremsen, wenn wir Wert auf unsere Handflächen legten. Mit den Füßen sollten wir das Bremsen ebenfalls tunlichst vermeiden und auch nicht zu viel lenken, da der Vulkansand samt aller darin enthaltenen spitzen Steine sonst sofort im eigenen Gesicht landen würde. Die ganze Kunst des Volcano-Boarding bestand also im Grunde darin, sich auf den Schlitten zu setzen und an der Schnur festzuhalten, die an der Vorderseite des Gefährts befestigt war. Das war's. Alles, was danach geschah, war dann einfach Schicksal.

Wie sich herausstellte, war das Schicksal ein riesengroßer Spaß. Als ich an der Reihe war, sprang ich auf den Schlitten, ließ ein lautes »Hiiijaaaaaa!« ertönen und fuhr langsam an. Ehe ich michs versah, wurde ich schneller und schneller und schneller. Dann raste ich auch schon mit einem riesigen Grinsen im Gesicht und rund 40 Sachen den Vulkan runter. Leider geriet ich in Schieflage und spürte auf schmerzhafte Weise, was es heißt, wenn einem Vulkansand ins Gesicht gepfeffert wird. Ich schlitterte – und schließlich kam ich so ins Wanken, dass mein Schlitten sich querstellte und ich in hohem Bogen ohne ihn weiterflog. Ungeplant legte ich eine nahezu perfekte, jedoch reichlich unelegante Parkourrolle hin und blieb etwa zehn Meter weiter den Berg hinunter liegen. Von den anderen, die unten warteten, hörte ich ein lautes »Ouuuh ...!«. Eine Sekunde lag ich still da, dann rappelte ich mich auf und winkte den anderen zu. Erst als sich das Adrenalin einige Sekunden später verflüchtigte, bemerkte ich, dass ich mir einige schmerzende Schürfwunden und Prellungen zugezogen hatte. Mühsam kletterte ich zurück, um meinen Schlitten zu holen. Dann rodelte ich den Rest der Strecke hinunter.

SCHACHMATT

Von einem der Backpacker in León hatten Steffi und ich erfahren, dass es abseits des »Gringo Trail« einen entlegenen Strand gab, an den sich so gut wie nie Touristen verirrten. Dort sollte es eine Art Resort namens Rancho Tranquilo geben, wo wir unterkommen könnten. Wir zwängten uns also wieder in einen der Chicken-Busse.

An unserer Endstation angekommen, mussten Steffi und ich noch etwa drei Kilometer einen Strandpfad entlanglaufen, der an einem hölzernen Zaun endete. An diesem klapperte ein Schild vor sich hin, auf dem »Rancho Tranquilo« zu lesen war. Wir hatten es gefunden. Nach der Chicken-Bus-Tortur und dem langen Fußmarsch wurden wir mit dem schönsten und einsamsten Stück Strand belohnt, das wir uns hätten wünschen können. Außer mir und Steffi hielt sich niemand am Meer auf. Wir genossen einen phänomenalen Sonnenuntergang, als wären wir die einzigen Menschen auf der ganzen Welt. Am Abend liefen wir eine Straße entlang, die zu einem kleinen Restaurant führte. Wir aßen Gallo Pinto, ein traditionelles Gericht aus Nicaragua, das aus Bohnen, Reis und allen möglichen anderen Zutaten zubereitet und zusammen mit Mais-Tortillas gegessen wird. In unserem Fall waren Bohnenmus, frittierte Bananen, Fleisch, Fisch und verschiedene Gemüsesorten dabei. Wenig später fielen wir mit vollen Mägen und reichlich erledigt ins Zelt. Ich war durch den Sturz auf dem Vulkan äußerlich nach wie vor ziemlich derangiert. Als ich ein paar Stunden später mit Magenschmerzen aus der Hölle aufwachte, war ich auch innerlich vollkommen hinüber.

Wie sich herausstellte, hatte ich mir die zweite Lebensmittelvergiftung meines Lebens eingefangen. Diese jedoch war um ein Vielfaches schlimmer als jene, die ich damals im mexikanischen Tiefkühlbus hatte durchleben müssen. Mehr als drei Tage lang konnte ich so gut wie gar nicht aufstehen und behielt absolut nichts bei mir. Ich schleppte mich in regelmäßigen Abständen zur Toilette, ansonsten lag ich nur in der Hängematte vor dem Zelt. Ich weiß nicht, ob mir jemals zuvor so elend zumute gewesen war. Mich verließ alle Kraft.

Steffi tat ihr Möglichstes, um mir ein wenig Erleichterung zu verschaffen. Sie schleppte Obst und Reis heran, doch ich war komplett appetitlos. Irgendwann zauberte sie einen Österreicher herbei, den ich nur »Dr. Bob« nannte, weil mich meine ganze Situation an das Fernseh-*Dschungelcamp* erinnerte. Dr. Bob hatte ganze Batterien von Globuli dabei, doch nichts half. Schließlich bekam ich ein Breitbandantibiotikum.

Das Gruseligste an Krankheiten auf Reisen, besonders wenn kein Arzt in der Nähe ist, sind die eigenen Befürchtungen. Natürlich gingen wir davon aus, dass ich eine Lebensmittelvergiftung hatte. Doch nach zwei Tagen tauchte eine Stimme in meinem Kopf auf, die leise fragte: »Und wenn es doch etwas Schlimmeres ist? Welche giftigen Tiere gibt es in dieser Gegend?«

Erst am vierten Tag war eine leichte Verbesserung zu spüren. Ich musste mich nicht mehr ständig zur Toilette schleppen und behielt auch ein wenig Essen im Magen. Als ich nach der ganzen Zeit das erste Mal in den Spiegel sah, waren meine Wangen komplett eingefallen, und auch mein restlicher Körper war ziemlich abgemagert. Meine Badehose schlackerte mir so um die Hüften, dass ich sie verlor, als ich beim Baden unter einer kleinen Welle hindurchtauchte. Da stand ich dann splitterfasernackt im Wasser und musste nach Steffi rufen, die am Strand lag.

»Ähm, Steffi? Könntest du mir mal ein Handtuch bringen?«

Steffi stützte sich auf ihre Unterarme und schob ihre Sonnenbrille hoch. »Warum, was ist denn los?«

Ich zeigte ihr meinen blanken Hintern, indem ich einen kleinen Köpper aus dem Stand machte.

Nachdem Steffi sich mehrere Minuten kaputtgelacht hatte, kam sie mir mit einem Handtuch entgegen. Meine Lieblingsbadehose fanden wir leider nie wieder.

SEAFOOD-PASTA IN PANAMA-STADT

Nach einem zweiwöchigen Zwischenstopp im wunderschönen, aber extrem teuren Costa Rica machten wir uns auf den Weg nach Panama. Schon der Grenzübergang war außergewöhnlich: Es führte lediglich eine marode Holzbrücke von einem Land ins andere. Steffi und ich konnten uns das Grinsen nicht verkneifen, als wir mit unseren Backpacks beschwingt an den ganzen Touristen vorbeiliefen, die mit ihren großen Rollkoffern auf den morschen Brettern kaum vorankamen. Weniger ist einfach sehr oft mehr.

Wir hatten Panama nur als kleine Zwischenstation auf dem Weg nach Kolumbien eingeplant. Und so verbrachten wir einige Tage in Bocas del Toro, einem Inselparadies auf der karibischen Seite von Panama, beschlossen aber nach einigen Tagen, gemeinsam mit Thomas aus Mexiko und zwei neuen Freunden, Erica und Filip, nach Panama-Stadt zu reisen. Wie sich herausstellte, ist das eine wirklich sehenswerte und abwechslungsreiche Stadt. Es gibt eine moderne Innenstadt mit Hochhäusern, die für eine extrem tolle Skyline sorgen, aber auch eine teilweise sehr abgeranzte Altstadt mit engen Gässchen und vielen Straßenverkäufern. Panama-Stadt ist übrigens die bisher einzige Stadt, die ich kennengelernt habe, in der sogar Fahrräder Nummernschilder tragen.

Wir checkten in ein Hostel in der Nähe des Meeres ein, wo wir dem Holländer Kees über den Weg liefen, dem wir auch schon mal in Costa Rica begegnet waren. Von da an waren wir zu sechst.

An einem der Tage in Panama-Stadt bekamen Thomas und ich Lust, für uns alle Seafood-Pasta zu kochen. Wir gingen also spät am Nachmittag zum nahe gelegenen Fischmarkt und deckten uns mit allerhand Meerestieren ein. Auf dem Nachhauseweg hielten wir die Tüte mit unserer Ausbeute ein Stück von uns weg, denn sie stank ungewöhnlich stark nach Fisch.

In der Hostelküche machten wir uns dann ans Werk. Wir rieben Knoblauch, schnitten Tomaten und brieten dann alles mit Salz und Öl in zwei großen Pfannen an. Um den wirklich sehr starken Fischgeruch zu mildern, sparten wir nicht mit Sahne und Weißwein. Als alles vor sich hin blubberte, saßen wir in

Gedanken schon am Tisch und genossen unser großartiges Mahl. Doch obwohl wir unsere Kreation wirklich lange köcheln ließen, nahm der Fischgeruch nicht ab. Wir wunderten uns, denn normalerweise sollte dieser schon längst einem schönen Weißweinaroma gewichen sein. Wir versuchten es mit noch mehr Sahne und noch mehr Weißwein, doch nichts half.

»Meinst du, wir können das essen?« Thomas sah mich zweifelnd an.

»Ich weiß nicht«, antwortete ich. »Willst du es mal probieren?«

»Irgendwie nicht«, erwiderte Thomas. »Wie wäre es, wenn du das machst?«

Wir reichten uns den Löffel zum Probieren hin und her.

Mit der letzten Lebensmittelvergiftung im Hinterkopf tendierte ich dazu, das Risiko lieber nicht einzugehen. Doch weit kam ich mit meinen Überlegungen nicht, denn plötzlich stand eine Frau, die ebenfalls im Hostel wohnte, bei uns in der Küche.

»O mein Gott, was stinkt denn hier so bestialisch?«, rief sie verärgert, während sie sich eine Hand vor Mund und Nase hielt.

Thomas und ich versuchten, uns herauszureden.

»Der Geruch war schon da, bevor wir angefangen haben«, sagten wir. »Hier hat kürzlich jemand etwas ganz Stinkiges gekocht.«

Wir waren wenig glaubwürdig. Die Frau schaute uns extrem böse an, machte dann auf dem Absatz kehrt und verließ die Küche.

Jetzt konnten wir uns nicht mehr einreden, dass der Fischgestank normal war. Wir kamen zu dem Schluss, dass unser Essen nur absolut ungenießbar sein konnte, und mussten wohl oder übel einen Haufen teurer Meerestiere in den Müll kippen. Doch schlimmer war, dass der Fischgeruch sich mittlerweile in den Gängen und Zimmern des Hostels ausgebreitet hatte. Offenbar war er so penetrant, dass bereits das komplette Hostel-Team damit begonnen hatte, die Leute aus ihren Zimmern zu holen und in den Hof zu schicken. Dort wurde mit Freibier dafür gesorgt, dass trotzdem gute Stimmung herrschte. Thomas und ich schauten uns schuldbewusst an.

Als alle Gäste draußen waren, rissen die Mitarbeiter sämtliche Fenster und Türen auf, damit der Gestank abziehen konnte. Zusätzlich liefen sie mit Räucherstäbchen und Duftkerzen durch die Gänge, um den Fischgeruch zu übertünchen. Das Ganze war wirklich ausgesprochen unangenehm, wurde aber später zu einer Reisegeschichte, die an jedem Lagerfeuer für Lacher sorgt. Ich schätze, Thomas und ich sind die einzigen Menschen, die es je geschafft haben, dass ein ganzes Hostel wegen einer einzigen Seafood-Pasta evakuiert werden musste. Das bekommt sicher nicht jeder hin.

Kapitel 11
BIENVENIDOS A SÜDAMERIKA!

DURCH HOHE WELLEN INS PARADIES

Unser Plan war, einen Segeltrip nach Kolumbien zu machen. Dazu fuhren wir zu den San-Blas-Inseln östlich des Panamakanals. Die Inseln werden auch »Jahresinseln« genannt, weil sie aus 365 Einzelinseln bestehen. Wir reisten mitten in der Nacht aus Panama-Stadt ab und wurden mit einem Auto zwei Stunden hoch in den Norden an die Küste gefahren. Mit einem kleinen Boot wollten wir von dort zu einer bestimmten Insel übersetzen, von der aus dann der Segeltörn nach Kolumbien erfolgen sollte.

Am Hafen gab man uns große schwarze Plastiktüten, in denen wir unser Gepäck verstauen sollten, um es vor Regen und Meerwasser zu schützen. Ein relativ kleines Holzboot mit drei Sitzreihen für etwa zwölf Leute und zwei Bootsführer stand schon für uns bereit. Als die ganzen Backpacks auf dem Boot untergebracht waren, bedeutete uns einer der Bootsführer zu warten. Der Wind war reichlich aufgefrischt, und das Wetter wurde rauer. Aus diesem Grund musste erst eine Erlaubnis zum Ablegen eingeholt werden. Wir machten uns bereits Sorgen, dass wir nicht auf die Insel übersetzen konnten, da kam der Typ zurück.

»Alles klar, beeilt euch, wir legen jetzt schnell ab, bevor eine Warnung rausgeht und wir nicht mehr fahren können«, sagte er.

Wir legten unsere Schwimmwesten an, stiegen rasch ins Boot, und schon ging es los. Auf dem offenen Meer erwarteten uns ziemlich hohe Wellen, sodass wir nur sehr umständlich vorwärtskamen. Die Bootsmänner mussten immer wieder parallel zu den Wellen fahren, denn um sie frontal zu kreuzen, waren sie zu hoch – beziehungsweise das Boot zu klein. Es dauerte nur Minuten, da waren wir bereits durchnässt. Zusätzlich schwappte immer wieder Meerwasser ins Boot. An Steffis Gesicht sah ich, dass es ihr nicht allzu gut ging. Ich versuchte, nicht daran zu denken, was wäre, wenn wir kenterten oder unser Gepäck über Bord gehen würde. Das Boot war wirklich sehr klein – ich hoffte, dass es die großen Wellen aushalten würde.

Plötzlich bemerkten wir, dass die beiden Bootsmänner jeder eine aufgeschnittene Plastikflasche in die Hand nahmen und damit begannen, Wasser aus dem Boot zu schaufeln. Ich hatte das Wasser zu meinen Füßen natürlich auch schon bemerkt, mir deshalb aber bis zu diesem Zeitpunkt keine großen Sorgen gemacht. Als nun die beiden Männer mit den Plastikflaschen hantierten, meldete sich mein Bauchgefühl mal wieder zurück. Was hier ablief, war ganz und gar nicht gut.

»Nehmt euch eine Flasche und helft mit!«, rief uns einer der Bootsmänner zu.

Nachdem wir uns kurz fragend angeschaut hatten, machten wir uns ans Werk. Wenigstens sorgte das Wasserschaufeln für etwas Ablenkung von der Angst, die sich langsam, aber sicher in uns breitmachte. Allerdings stellten wir schnell fest, dass wir gar nicht so schnell schaufeln konnten, wie neues Wasser ins Boot schwappte. Schweigend kämpften wir gegen den steigenden Pegel an.

Zum Glück tauchte wenig später eine kleine Insel vor uns auf, auf der wir notlanden konnten. Die Einheimischen schauten mit relativ großen Augen auf diese in grell orangene Schwimmwesten eingepackte und vollkommen durchnässte Touristengruppe. Nachdem wir unsere Backpacks an den Strand gehievt hatten, vertrieben wir uns die Zeit, indem wir durch das nahe gelegene Dorf liefen und dort mit den Kindern ein bisschen Fußball spielten. Glücklicherweise dauerte es nicht allzu lange, bis wir weiterfahren konnten. Wir erreichten mit einiger Verspätung die Insel, auf der wir übernachten sollten, bevor es nach Kolumbien ging.

Für unsere unangenehme Überfahrt wurden wir dadurch belohnt, dass unsere Insel ein absoluter Traum war. Sie war so klein, dass wir sie zu Fuß in knapp 15 Minuten komplett umrunden konnten. Im flachen Wasser paddelten unzählige bunte Tintenfische, und überall standen wunderschöne Palmen herum.

Am Morgen stürmte es wieder auf dem Meer, weshalb uns eröffnet wurde, dass wir auch an diesem Tag mit Sicherheit noch nicht abreisen konnten. Kein Segelboot würde sich bei einem solchen Wellengang auf den Weg nach Kolumbien machen. Es gab sogar ein Segelverbot für die Schiffe. Wir nahmen das sehr gelassen hin, denn ein weiterer Tag im Paradies – wer wollte da jammern? Also gingen wir baden und machten einen Bootsausflug zu kleineren Nachbarinseln.

Insgesamt verbrachten wir drei Tage auf der paradiesischen Insel. Am vierten gab es grünes Licht zur Weiterfahrt. Zwar fuhren noch immer keine größeren Schiffe in Richtung Kolumbien, aber unser Bootsführer von der Inselüberfahrt machte uns einen Vorschlag: Ein Freund von ihm besitze einen Katamaran und sei bereit, die Strecke mit uns zu segeln. Als der Bootsmann uns diese Möglichkeit anbot, saßen wir gerade mit zwei weiteren Pärchen zusammen. Zunächst waren wir skeptisch. Der Bootsmann versicherte uns allerdings, dass sein Kumpel wirklich in

Ordnung sei – und so sagten wir schließlich zu. Mit allen, die der Bootsmann zusammentrommeln konnte, der Besatzung und Steffi und mir würden am Ende zwölf Leute auf den Katamaran steigen. Unser Ziel: die Hafenstadt Cartagena an der Karibikküste Kolumbiens.

WIEDER EIN KATAMARAN

Als ich am Nachmittag auf dem kleinen Boot stand, das ganz sicher nicht für zwölf Leute ausgelegt war, dachte ich: »O Mann, Nick erneut auf einem Katamaran. Ob das gut geht?«

Es ging nicht gut.

Jedenfalls nicht richtig.

Kapitän Ron, der US-amerikanische Freund unseres alten Bootsführers, stellte sich als dauerkiffender Rum-Liebhaber heraus.

»Das fängt ja schon mal gut an«, raunte Steffi mir zu.

In der Folge hörte ich von ihr und den meisten anderen Mitreisenden allerdings nicht mehr viel bis auf Würgegeräusche. Die Wellen waren nämlich nach wie vor sehr hoch, der Wind wehte stürmisch, und die Seekrankheit brach über unser Boot herein wie eine der biblischen Plagen. Steffi tat mir unendlich leid. Wenn sie nicht über der Reling hing, versuchte sie, einen Punkt am Horizont anzustarren, damit die Übelkeit ein wenig nachließ. Doch bei den starken Wellen war das aussichtslos. Auch wenn mein Hurrikan-Erlebnis bedeutend schlimmer gewesen war, angenehm war diese Segelfahrt mit Sicherheit nicht. Hinzu kam, dass ich Käpt'n Ron, der immer einen Joint und eine Flasche in den Händen hielt, nicht vertraute.

Als die Nacht hereinbrach, lagen alle erschöpft irgendwo herum. Da es nicht genug Betten gab, schliefen einige auf dem Boden. Steffi hatte sich, ganz grün im Gesicht, unter den Küchentisch gelegt. Ständig riss es sie wieder auf die Füße, und sie eilte zur Reling. Sie war ziemlich fertig mit den Nerven. Ron drückte ihr eine Limette in die Hand.

»Riech daran, dann wird es besser«, sagte er.

Eine ganze Weile versuchte sie, mit der Limette an der Nase unter dem Küchentisch zur Ruhe zu kommen. Weil es einfach nicht besser wurde, bat ich eine Schweizerin um eine ihrer Schlaftabletten. Ich hatte gesehen, dass sie welche in ihrer Reiseapotheke dabeihatte. Obwohl es die letzte war, drückte sie mir die Tablette in die Hand. Auch sie hatte mitbekommen, wie Steffi litt. Ich kletterte wieder hoch an Deck, weil es Steffi erneut dorthin getrieben hatte. Ich reichte ihr eine Flasche Wasser und hielt ihr die Tablette hin.

»Nimm mal die Schlaftablette, dann kannst du ein bisschen zur Ruhe kommen.«

Steffi schaute mich wie ein Häufchen Elend, aber wenigstens müde lächelnd an. Doch gerade als sie nach der Tablette greifen wollte, kam ein heftiger Windstoß und fegte sie mir aus der Hand. Mit großen Augen starrte Steffi hinterher und dann wieder auf meine Hand. Obwohl die Situation wirklich schlimm war, mussten wir plötzlich loslachen und konnten überhaupt nicht mehr aufhören. In manchen Situationen bleibt dir einfach nur die Wahl zwischen Lachen und Weinen. Ich bin sehr froh, dass wir beide uns immer wieder fürs Lachen entscheiden.

Als wir uns beruhigt hatten, ließen wir uns erschöpft gegen die Reling sinken. Steffi lehnte ihren Kopf gegen meine Schulter, schniefte und sagte nur noch: »Ach Mann.«

Irgendwie überstanden wir die Nacht. Obwohl der Wind am nächsten Tag schon ein wenig ruhiger geworden war, eröffnete uns Käpt'n Ron, dass wir auf keinen Fall bis nach Cartagena segeln konnten. Er vermutete nämlich, dass das Wetter nicht besser, sondern eher noch einmal schlechter werden würde. Zur

Sicherheit steuerten wir also das weiter südlich gelegene Turbo am Golf von Urabá an.

KAMIKAZE-BUSFAHRER

Mit dem Bus ging es weiter in die zweitgrößte Stadt Kolumbiens, Medellín. Wir waren nicht die Einzigen mit diesem Plan, denn rund die Hälfte der Reisenden vom Katamaran war auf dieselbe Idee gekommen.

Ich hatte auf meinen Reisen nun schon verschiedenste Kulturen und ihre Busfahrgewohnheiten kennengelernt. Von Tiefkühlbussen bis Schrottkarren war wirklich alles dabei gewesen. Nichts von dem war jedoch vergleichbar mit dem Schrecken, den mir die Fahrweise der Kolumbianer einjagte. Dass dort nicht jede Minute ein Bus von irgendeinem Abhang fiel oder mit Höllentempo in einen anderen krachte, kann ich mir bis heute nicht erklären. Wahrscheinlich wurden die kolumbianischen Busfahrer nach ihrer Lebensmüdigkeit ausgewählt. Das zumindest war schon in der ersten halben Stunde, nachdem wir in Turbo losgefahren waren, mein Eindruck.

Der Busfahrer raste mit einer Geschwindigkeit die Serpentinen rauf und runter, dass ich mich fast auf den Katamaran zurückwünschte. Wie die anderen Mitfahrer überhaupt in der Lage waren, ein Auge zuzumachen, war mir ein Rätsel. Eigentlich war es ganz gut, dass wir in stockfinsterer Nacht fuhren, denn so sah ich zumindest nicht ständig, dass es nur wenige Meter neben uns immerzu in tiefe Schluchten hinunterging. Der Busfahrer trat gefühlt die ganze Zeit das Gaspedal bis zum Anschlag durch und bremste auch bei waghalsigen Überholmanövern kein bisschen ab. Ständig wurden wir bei röhrendem Motor hin und her geworfen. Teilweise raste der Kerl sogar auf der Gegenfahrbahn um steile Kurven. Es war überhaupt nicht einsehbar, ob hinter einer Kurve freie Bahn war oder sich eine Lkw-Kolonne näherte. Einmal riss der Busfahrer das Lenkrad so hart nach links, dass die Räder auf der rechten Seite den Bodenkontakt verloren. Mit einem mächtigen Rumms fiel der Bus dann wieder auf alle vier Räder zurück. Wir wurden dabei so durchgeschüttelt, dass sämtliche Passagiere aufwachten. Ich stand völlig unter Strom und wandte mich Steffi zu, die neben mir geschlafen hatte.

»Boah, krass, hast du das mitbekommen?«

»Was meinst du, den Ruckler?«, fragte Steffi gähnend.

»Den Ruckler! Der Bus ist grad so gekippt, dass die Reifen auf der rechten Seite in der Luft hingen!«, antwortete ich lauter, als ich vorgehabt hatte.

Steffi sah mich erstaunt an: »Echt? Quatsch!«

Sie wollte mir erst nicht glauben, was gerade passiert war, aber weil der Busfahrer genauso irre weiterfuhr wie bisher, schaute auch sie irgendwann beunruhigt aus dem Fenster.

Ich würde gerne behaupten, dass dies die einzige wirklich schreckliche Busfahrt in Kolumbien war, aber das wäre glatt gelogen. Die Fahrten waren durch die Bank weg alle so furchtbar. Ich habe in der ganzen Zeit nicht eine einzige Busfahrt erlebt, in der nicht irgendwann irgendwer kotzte. Meistens waren es die Kinder.

DIE KREUZIGUNG JESU

Abgesehen von den Busfahrten war Kolumbien wirklich beeindruckend. Besonders Medellín hat es mir angetan, dort verbrachten wir eine wunderschöne Zeit und reisten dann weiter in den Westen nach Bucaramanga. Ein Bekannter von Steffi hatte auf Facebook gesehen, dass wir uns gerade in Kolumbien aufhielten. Juan stammt ursprünglich aus Kolumbien, hat nach wie vor Familie da und wollte unbedingt, dass wir seine Verwandten und Freunde besuchten. Er ließ nicht locker, weshalb wir seine

Einladung schließlich auch annahmen. Die Fahrt zu Juans Familie war eine echte Odyssee, bestehend aus mehreren Busfahrten, Fußmärschen und ewig langen Wartezeiten. Umso schöner war es dann, als wir endlich in dem kleinen Dorf ankamen. Claudia, eine Freundin von Juan, begrüßte uns unwahrscheinlich herzlich und nahm uns für drei Tage und zwei Nächte in ihrem Haus auf. Es war gerade Ostern, weshalb in der Ortschaft einige Festivitäten stattfanden, unter anderem ein Theaterstück, das Steffi und ich mit ungläubigen Mienen verfolgten.

Mitten auf dem Dorfplatz wurde die Kreuzigung Jesu von Kindern und Jugendlichen aufgeführt – und zwar so realitätsnah, dass die Theatertruppe es locker mit Mel Gibsons *Die Passion Christi* hätte aufnehmen können. Die Hauptrollen wurden von Jugendlichen im Alter von 15 bis 20 Jahren gespielt, ein etwa 16-jähriger Junge war Jesus. Er lief quer über den Platz und schleppte ein riesiges echtes Holzkreuz auf seinem Rücken, das reichlich schwer aussah. Die Massen, durch die er hindurchlaufen musste – und die ebenfalls zum Ensemble gehörten –, beschimpften und bespuckten ihn dabei aufs Übelste. Er wurde sogar mit Sand und anderen Dingen beworfen. Als Jesus die Bühne erreichte, wurde er dann auch tatsächlich mit Fesseln am Kreuz befestigt und aufgehängt. Allein das fanden Steffi und ich schon beängstigend. Als er allerdings auch noch ausgepeitscht wurde und sich rote Striemen auf seinem Körper abzeichneten, schaute ich mich zweifelnd um. War das jetzt wirklich ein Theaterstück, oder waren wir hier in irgendeiner fragwürdigen Sektenzeremonie gelandet? Ich suchte Claudias Blick und fragte vorsichtshalber nach.

»Nein, nein, das ist normal. Das ist jedes Ostern so«, antwortete sie.

Nun gut. Solange die Leute das alles freiwillig taten, war wohl nichts dagegen einzuwenden. Was sie hier wohl an Weihnachten aufführten?

SCHOKOLADEN-KOMA

Juan hatte in seiner Kindheit viele Sommer bei Bekannten auf der Kakaofarm Granja el Puente im nahe gelegenen Lebrija verbracht und uns empfohlen, dort ebenfalls hinzureisen. Uns kam dieser Vorschlag sehr gelegen, denn Steffi und ich waren vom vielen Unterwegssein so erschöpft, dass wir uns nach ein paar Tagen Ruhe und Abgeschiedenheit sehnten.

Auf der Kakaofarm kamen wir in einem kleinen Haus unter und fielen umgehend ins Bett. Dort blieben wir dann auch für die nächsten zwei oder drei Tage, schauten Serien auf Netflix und standen höchstens mal auf, um uns etwas zu essen zu machen. Ansonsten tranken wir dort Unmengen Kakao, aber das bot sich ja auch an. Es tat gut, einfach mal nichts zu tun. Deshalb war es fast schade, als wir irgendwann wieder aufstehen und weiterreisen mussten.

Ich dachte mir zu diesem Zeitpunkt noch nichts bei meiner generellen Müdigkeit und ging davon aus, dass wir einfach nur k. o. waren. Tatsächlich aber war es so, dass sich bei uns der berühmte Travel Blues anbahnte, von dem wir bisher noch nie etwas gehört hatten.

KOLUMBIEN IM SCHNELLDURCHLAUF

Die restliche Zeit in Kolumbien erlebte ich wie in einem Plastiskop, diesem kleinen Spielzeugfernseher von früher, bei dem man hinter einem Guckloch einzelne Bilder durchklicken konnte. Wir waren bereits so viel umhergereist, dass mein Kopf kaum noch aufnahmefähig war. Dennoch hielten wir nicht an. Wir wollten schließlich mehr von Kolumbien sehen.

Klick: San Gil

Dieser Ort ist dafür bekannt, dass es viele Extremsportangebote gibt. Von Wildwasserrafting bis Bungeespringen ist alles dabei. Wo wir schon einmal da waren, entschieden wir uns für Paragliding. Zu dieser Sportart muss ich sagen: Das war tatsächlich eines der langweiligsten Dinge, die ich in meinem Leben je gemacht habe. Im Grunde hängt man einfach an einem Flugbuddy dran, bewegt sich nicht, schaut umher und landet dann wieder.

Nachdem ich unten war, kam Steffi an die Reihe. Ich sollte ein paar Fotos vom Start machen, also lief ich mit der Kamera hinter ihr und ihrem Flugbuddy her. Gerade als sie abheben wollten, flaute der Wind ab, und sie mussten stehen bleiben. Ihr Schirm, der bereits in der Luft war, kam heruntergesaust – und zwar genau dort, wo ich stand. Es brauchte die Hilfe von zwei oder drei Leuten, mich aus dem ganzen Stoffgewirr zu befreien. Diese fünf bis zehn Minuten gehörten jedenfalls zu den spannendsten des ganzen Ausflugs. Für Adrenalinjunkies wie mich ist Paragliding also wirklich nicht zu empfehlen.

Klick: Bogotá

In der Hauptstadt Bogotá checkten wir in einem Hostel ein, das in einem eher gefährlichen Viertel lag. Das allerdings wussten wir nicht. Da es bei unserer Ankunft schon spät am Tag war, hatten wir einfach das erstbeste Hostel genommen. Am Abend trat ich vor die Tür, um eine Zigarette zu rauchen. Ich hatte die Eingangstür einen Spalt offen gelassen und lehnte mich an der gegenüberliegenden Seite des kleinen Gässchens an die Hauswand. Auf einmal kam der Hostelbesitzer mit einem wutverzerrten Gesicht aus der Tür herausgerannt und baute sich vor mir auf. Er brüllte mich an, warum ich die Tür offen gelassen hätte. Ich verstand nur Bahnhof. Wie sich herausstellte, waren offene Türen in dieser Gegend Bogotás eine gefährliche Sache, ganz besonders abends und nachts. Als sich der Hostelbesitzer beruhigt hatte und merkte, dass ich in Unwissenheit gehandelt hatte, erzählte er mir, dass wir uns mitten in einem sozialen Brennpunkt befanden.

»Nachts treiben hier ganze Banden ihr Unwesen«, erklärte er mir. »Sie senden mehrere Späher auf Motorrädern aus, die durch die Gassen fahren, um auszukundschaften, ob irgendwo Türen offen stehen oder wenigstens nicht verschlossen sind. Sobald sie eine finden, rufen sie ihre Kumpels, und dann führen sie bewaffnete Überfälle durch. Sie raffen alle Wertgegenstände, Geld und Reisepässe an sich und verschwinden dann so schnell, wie sie gekommen sind.«

Ich war baff und konnte seinen anfänglichen Ärger nun durchaus verstehen.

Klick: Santiago de Cali

Wenn man in Cali, das südwestlich von Bogotá liegt, eines tun kann, dann Salsa tanzen. Genau das taten wir. In einer kleinen Bar im Stadtzentrum gesellten wir uns zu einem ganzen Haufen Kolumbianer, die fröhlich lachend das Tanzbein schwangen. Es war genau das, was wir gerade brauchten: Menschen, die ihr Leben genossen, die sahen, wie schön die Welt war, und offen gegenüber Fremden waren. In Kolumbien sind die Menschen nicht reich, aber unglaublich fröhlich und herzlich. Ganz besonders, wenn sie sich abends treffen und Salsa tanzen.

Steffi stürmte sofort auf die Tanzfläche. Sie hatte früher in Würzburg schon viel Salsa getanzt und war gar nicht mehr zu bremsen. Ich tat mich anfangs noch ein bisschen schwerer, was auch daran lag, dass der Mann beim Salsa die Führung übernehmen muss. Ganz entspannt war ich als unerfahrener Salsatänzer also nicht, vor allem weil meine Tanzpartnerinnen hüftschwingende Kolumbianerinnen waren, die den Dreh nun wirklich raushatten. Ich bekam viele Tipps, wurde immer lockerer, und schließlich tanzten wir ausgelassen bis in die frühen Morgenstunden.

Klick: Leeres Bild

Eigentlich sollte unsere nächste Station endlich die Hafenstadt Cartagena an der Karibikküste von Kolumbien sein. Von dort aus wollten wir im Anschluss weiter nach Ecuador. Doch als wir abends im Bett lagen und über unsere Weiterreise sprachen, beschlossen wir, die Station Cartagena ausfallen zu lassen. Wir befanden uns schon relativ weit im Süden von Kolumbien und hatten wenig Lust, die ganze Strecke in den Norden auf uns zu nehmen. Das Bild von Cartagena in meinem kleinen Erinnerungs-Plastiskop blieb also leer. Irgendwann, so kamen Steffi und ich überein, würden wir noch einmal durch Kolumbien reisen. Spätestens dann würden wir diese Stadt nachholen.

Beim langen Reisen gibt es zwei Schwierigkeiten, die einem oft begegnen. Zum einen muss man immer wieder Abschied von lieb gewonnenen Menschen nehmen. Das ist oft sehr schwer. Zum anderen muss man ständig abwägen, was genau man sich anschauen will. Man kann einfach nicht alles sehen und überall gleichzeitig sein. Wenn man immerzu versucht, so viele Orte wie möglich abzuklappern, läuft man Gefahr, sich auf nichts wirklich einlassen zu können und dadurch wirklich schöne Erlebnisse zu verpassen. Als würde man statt nur einen gleich drei Filme sehen wollen und deshalb ausschließlich im Vorspulmodus gucken. Klar, die Handlung bekommt man so in etwa mit, aber die Dialoge, die Wortwitze und Feinheiten bleiben außen vor. Ich fand es also einerseits schade, dass wir nicht nach Cartagena reisten, war andererseits aber überzeugt davon, dass wir die richtige Entscheidung getroffen hatten.

Am nächsten Tag packten wir unsere Sachen und wandten uns nach Süden in Richtung Ecuador.

HOP ON, HOP OFF

Eine gute Art, neue Städte kennenzulernen, sind die sogenannten Hop-On-Hop-Off-Bustouren. Man kauft sich ein Tagesticket und kann dann immer wieder ein- und aussteigen. Auf diese Weise entdeckten Steffi und ich Quito, die Hauptstadt von Ecuador, die in den Anden liegt und die höchstgelegene Hauptstadt der Welt ist. Immer dort, wo es uns gefiel, stiegen wir aus und liefen herum. Dann ging es irgendwann mit einem anderen Bus weiter.

Ganz oben auf El Panecillo, einem Hügel mitten in Quito, steht eine große Madonnenstatue. Gerade als Steffi und ich dort angekommen waren, um uns die Madonna näher anzuschauen, wurde ich von einigen Touristen angesprochen. Das passierte mir tatsächlich öfters in Ländern, in denen große Männer mit langen blonden Haaren eher ungewöhnlich sind. Ich hatte es deshalb schon hin und wieder erlebt, dass sich Leute regelrecht in eine Schlange stellten, um ein Foto mit mir zu machen. So also auch auf dem Panecillo. Da stand ich mit mehreren Frauen im Arm und grinste in die Kamera, während Steffi kichernd fotografierte, wie die Leute mich fotografierten.

Im Hop-On-Hop-Off-Bus sorgten wir dann ein wenig für ausgleichende Gerechtigkeit, indem wir uns einen harmlosen Spaß mit den anderen Touristen erlaubten, die zum großen Teil aus Asiaten bestanden. Fuhren wir zum Beispiel an grauen Hauswänden vorbei, zeigten wir uns absolut begeistert, als hätten wir schon den ganzen Tag auf diesen Anblick gewartet. Dann lachten wir uns darüber kaputt, dass die anderen Mitfahrenden ihre Fotoapparate zückten und sicherheitshalber unzählige Fotos von den Hauswänden machten. Man könnte ja etwas verpassen.

Steffi und ich machten eine Menge solchen Quatsch und hatten eine wirklich gute Zeit in Quito. Doch irgendwann waren wir so erledigt, dass wir bei der Stadtrundfahrt einfach einschliefen und den halben Tag nicht wieder aufwachten.

AUSSER PUSTE

Die Erschöpfung, die uns im Bus hatte einschlafen lassen, begleitete uns inzwischen schon seit der Kakaofarm in Kolumbien. Ich führte das anfangs darauf zurück, dass wir vielleicht beide mal wieder ein bisschen Zeit allein verbringen mussten. Wir sprachen lange darüber und beschlossen, eine Weile jeder für sich weiterzureisen. Gesagt, getan: Zwei Tage später suchten wir uns jeder ein eigenes Hostel in Quito und gingen getrennte Wege. Wir dachten, es sei bestimmt gut, wenn jeder von uns ein paar eigene Erfahrungen machen und sich mit seinen individuellen Gedanken auseinandersetzen könne.

Unsere getrennten Wege kreuzten sich allerdings bereits am Abend auf dem Marktplatz wieder. Beide waren wir mit dem Vorhaben dorthin gelaufen, uns etwas zu essen zu besorgen. Als wir aufeinandertrafen, mussten wir sehr lachen. Das funktionierte ja super mit dem getrennten Reisen.

Als wir uns etwas zum Abendessen besorgt hatten, setzten wir uns nebeneinander auf die Stufen einer Treppe und redeten. Wir sprachen darüber, dass wir uns beide unendlich erschöpft fühlten und uns irgendwie komisch verhielten. Die Stadtbesichtigung in Quito war toll gewesen – aber im Grunde hatten wir kaum etwas wahrgenommen. Standen wir vor einer imposanten Kirche, dachten wir nur: »Ah toll, eine Kirche.« Es war für uns beide untypisch, aber keine schöne Aussicht haute uns noch vom Hocker, und auch die imposanteste Sehenswürdigkeit rief kaum mehr als ein Nicken hervor. Gemeinsam grübelten wir, woran es liegen mochte, dass wir nichts mehr richtig genießen konnten, und tauschten unsere Gedanken aus.

Nach einer Weile kamen wir auf den Trichter, dass wir nach den ganzen Erlebnissen der vergangenen Monate ziemlich reizüberflutet sein mussten. Wir hatten so viel erlebt, so viele Länder gesehen, so viele Menschen kennengelernt – wann hatten wir eigentlich mal eine richtige Pause eingelegt? Es war, als wären wir zu Beginn unserer Reise zwei trockene Schwämme gewesen, die sich nun vollgesogen hatten. Wir hatten alles aufgenommen, was uns begegnet war, und nun konnten wir einfach nicht mehr. Ohne zu wissen, dass es so etwas gab, steckten wir mittendrin im Travel Blues, einer Reisemüdigkeit, die besonders Langzeitreisende nach zu vielen Eindrücken erwischen kann. Der Kopf streikt und braucht eine Auszeit, um Erlebtes zu verarbeiten. Man wird lust- und antriebslos, bringt kaum noch Interesse für die Umgebung auf und ist ständig müde.

Als es dunkel geworden war, standen wir auf und hatten zwei Entscheidungen getroffen. Erstens: Wir würden uns vorerst nicht trennen, sondern noch eine Weile gemeinsam durch die Gegend ziehen. Zweitens: Wir brauchten dringend eine Erholungspause. Am nächsten Tag packten wir also unsere Sachen und machten uns auf nach Canoa, einem Fischerdorf an der Küste. Dort wollten wir uns in irgendeinem Hostel niederlassen, um uns die nötige Zeit zu geben, alle bisher gewonnenen Eindrücke zu verarbeiten.

DIE VERRÜCKTE KOKOSNUSS

Das Hostel unserer Wahl hieß Coco Loco, also »die verrückte Kokosnuss«. Durch Zufall fanden wir mit diesem Ort eine für uns fast heilige Stätte. Selten hatten wir uns irgendwo so wohlgefühlt wie in diesem Hostel direkt am Strand des kleinen Fischerdorfes. In Canoa gab es nicht viel – ein paar Restaurants, eine Bäckerei, einen Surfshop –, aber das, was es gab, war wunderschön. Unter der Woche war hier der Hund begraben, am Wochenende jedoch kamen die ganzen Einheimischen und erweckten den Ort so richtig zum Leben. Es wurden Quiz-Nights veranstaltet, Partys gefeiert, und es wurde bis zum Morgengrauen am Strand getanzt.

Schon nach wenigen Tagen hatten wir uns mit der Hostelbesitzerin Elisabeth angefreundet. Sie kam ursprünglich aus den USA und war mit einem Ecuadorianer zusammen. Gemeinsam hatten sie eine kleine Tochter, die dreijährige Sophie. Das Hostel war wunderschön, die Leute unfassbar nett, deshalb war Steffi und mir ziemlich schnell klar, dass wir eine ganze Weile bleiben würden. Genau so ein Ort hatte uns vorgeschwebt, als wir auf den Treppen in Quito gesessen und beschlossen hatten, eine Auszeit zu nehmen.

Morgens standen wir auf, tranken Kaffee, legten uns in Hängematten, lasen Bücher oder chillten am Strand. Die Wellen waren einfach großartig, und ich genoss es, das erste Mal an einem Ort zu sein, wo ich jeden Tag surfen gehen konnte. Dem Barkeeper des Hostels ging es da wie mir. Auch er stürzte sich regelmäßig in die Wellen, bevor seine abendliche Schicht begann. Eines Tages verletzte er sich dabei am Fuß.

»Ausgerechnet heute«, sagte Elisabeth, als wir gerade beisammensaßen. »Heute Abend haben wir eine Party geplant – und nun fehlt uns der Barkeeper.«

Ich bot ihr meine Hilfe an. Den ganzen Abend über stand ich hinter der Bar und mixte Longdrinks. Mir machte die Arbeit richtig Spaß, also übernahm ich auch die Schichten der folgenden zwei Tage.

Elisabeth war begeistert von meiner Arbeit, und so kam es, dass wir uns auf folgenden Deal einigten: Steffi und ich würden bei den abendlichen Bar-Schichten sowie dem Barbecue und der Gäste-Bespaßung helfen, dafür durften wir umsonst im Hostel wohnen und essen. Ab sofort standen wir also jeden Abend von

18 bis 23 Uhr hinter der Bar, nahmen Bestellungen auf, brieten Burger und mixten Getränke. Ich animierte die Backpacker zu Trinkspielen, veranstaltete kleine Billard- oder Tischtennisturniere und brachte den Gästen Kartenspiele bei. Es war großartig.

Die Arbeit tat Steffi und mir sehr gut, denn nach Wochen des Reisens bekamen wir so etwas wie einen geregelten Tagesablauf. Wir genossen unsere freie Zeit tagsüber und arbeiteten abends in einem Job, der uns schon immer viel Spaß gemacht hatte.

PERFEKTE WELLE

Besonders fantastisch fand ich an Canoa, dass ich jeden Tag einfach ein hosteleigenes Surfbrett schnappen und surfen gehen konnte. Zum ersten Mal in meinem Leben surfte ich wirklich kontinuierlich. Durch das Paddeln wurde meine Rückenmuskulatur immer stärker, was sich an sich schon großartig anfühlte, aber auch das Wellenreiten gelang mir dadurch immer besser. Täglich glitt ich durch das warme Wasser bis zum Line-up und wartete nie lange auf wirklich tolle Wellen. Dort hatte ich auch eine der besten Surferfahrungen meines Lebens.

Es war am späten Nachmittag. Die Sonne war bereits zu einem großen orangenen Ball am Horizont geworden. Am Strand versammelten sich die ersten der vielen Backpacker, die sich jeden Abend den Sonnenuntergang anschauten. Es wehte kaum Wind, die Luft war warm und das Wasser kristallklar. Die Wellen waren nicht zu groß oder zu klein und glitten fast lautlos zum Strand.

Ich lag gerade bäuchlings auf dem Surfbrett und schaute auf den Abendhimmel mit seinen Gelb-, Orange- und Rottönen. Zusammen mit der Spiegelung der Wolken vermischten sie sich zu einem wunderschönen Farbenspiel auf dem Meer. So dazuliegen, auf den Wellen sanft hin- und herzuschwappen, das löste in mir eine unglaubliche Ruhe und Entspannung aus. Ich stelle mir vor, dass es dieses Gefühl ist, das andere durch Yoga oder Meditation erreichen.

Ich richtete meine Aufmerksamkeit aufs Meer und entdeckte ein Set von Wellen, das langsam näher kam. Ich drehte mein Surfbrett mit der Spitze zum Strand und begann zu paddeln. Ich spürte den Sog und bemerkte, wie mein Board von der Welle erfasst wurde. Mir gelang ein nahezu perfekter Pop-up (so nennt man es, wenn man sich aus der liegenden Position in den Stand hochdrückt). Die Welle war perfekt, meine Füße standen genau richtig, und ich war komplett im Gleichgewicht. Die Welle trug mich dahin. Als hätte ich es jahrelang trainiert, schaffte ich einen echten Cutback, also einen Schwenk mit dem Brett, um auf der Welle wieder ein Stück zurückzusurfen. Ich glitt die Welle erneut hinab und tauchte meine Hand seitlich ins Wasser. Es fühlte sich wahnsinnig toll und erhaben an. Ich sah den Sonnenuntergang, den goldgelb angestrahlten Strand und glitt die Welle immer wieder rauf und runter. Genau dieser Moment ist es, nach dem Surfer geradezu süchtig sind. Lauter Endorphine strömten durch meinen Körper, und ich stieß ein lautes »Wohoooo!« aus, weil ich gar nicht wusste, wohin mit all dem Glück. Der ganze Ritt dauerte bestimmt eine Minute. Eine Minute größter Zufriedenheit.

Als ich an den Strand zurückkam, bestand mein ganzes Gesicht nur noch aus Grinsen. Ich lief zu Steffi, die am Strand lag, und fragte sie völlig aufgeregt, ob sie das gerade gesehen habe.

»Nee, was denn?«, antwortete sie.

Ich setzte mich neben sie in den Sand, und mir wurde klar: Das eben hatte ich nur für mich erlebt. Der Moment war allein meiner gewesen. Alles Erzählen darüber würde dem Gefühl, das ich in mir spürte, niemals gerecht werden. Also ließ ich es bleiben.

Im Lauf der Zeit entwickelten wir eine sehr gute Freundschaft mit Elisabeth. Wir lebten ein ganz entspanntes Leben, das dennoch nicht langweilig war. Wir arbeiteten, feierten am Wochenende und ließen die Seele baumeln.

Eines Tages wachte ich auf und bekam übelsten Appetit auf Schokolade. Leider war nirgends in Canoa auch nur ein einziges Snickers aufzutreiben. Ich fand nur diese dicken Blockschokoladen, die man für Kuchen verwendet. Da ich Kochen und Backen liebe und gerne herumprobiere, kaufte ich die Blockschokolade einfach. Ich erwärmte sie in einem Topf, vermischte sie mit einem Becher Sahne und erhielt eine richtig schöne, dunkle Schokoladencreme. Einen ganzen Tag lang ließ ich sie im Kühlschrank durchziehen und fester werden. Dann schnappte ich mir Butterkekse und haute mir da jeweils zwei, drei Zentimeter Schokocreme drauf. Als Topping bröselte ich noch Erdnüsse drüber. Es war ein Fest.

Eine Weile versuchte ich, meinen Schokoladenschatz unbemerkt von Steffi und den anderen Backpackern für mich zu bewahren. Doch wie das so ist: Kaum öffnet irgendwer irgendwo eine Tafel Schokolade, kommen von überallher Leute und wollen was abhaben.

Also besorgte ich mehr Blockschokolade, mehr Sahne und noch mehr Kekse und stellte mich wieder in die Küche. Wie die Heuschrecken fielen die ganzen Backpacker über meine Kekskreation her. Kaum waren sie alle aufgegessen, wurde auch schon wieder nach Nachschub gefragt. Jeden Tag kam irgendwer zu mir und fragte, ob es noch Kekse gebe. Da erwachte mein Geschäftssinn.

Ich dachte mir: »Wenn ich mich jetzt jeden Tag in die Küche stelle und Tonnen Kekse fabriziere, könnte ich die Dinger eigentlich auch verkaufen.« Also gründeten Steffi und ich das erste Schokoladenkeksmonopol von Canoa. Ein Keks kostete 50 Cent, vier gab es zum Preis von dreien. Die Kekse gingen weg wie warme Semmeln, und die Existenz unserer Zuckerbäckerei sprach sich herum. Mittlerweile kamen Leute aus den umliegenden Orten Montañita oder Ayampe und sagten: »Wir haben von so einem deutschen Pärchen gehört, das hier Schokokekse verkauft. Die wollen wir uns nicht entgehen lassen.«

HUMMELN

Die Zeit in Canoa war genau das, was Steffi und ich gebraucht hatten. Irgendwann konnten wir regelrecht spüren, wie sich unsere Akkus langsam wieder aufluden. Nach sieben Wochen merkte ich, wie meine Energie vollends zurückgekehrt war. Gleichzeitig machten sich die ersten Hummeln in meinem Hintern bemerkbar, die summten: »Los! Lass uns wieder reisen gehen. Es wird Zeit für neue Abenteuer!«

Steffi und ich setzten uns zusammen und tüftelten aus, wie es weitergehen sollte. Wir beschlossen, dass nun der Zeitpunkt gekommen war, wirklich eine Weile getrennt zu reisen. Ich wollte noch eine Zeit lang in Ecuador bleiben, Steffi hingegen zog es gleich nach Peru. Sie wollte das Land sehen und dann die Möglichkeit nutzen, einen ihrer besten Freunde in New York zu treffen.

Als der Tag der Abreise kam, hatten wir beide ganz schön Pipi in den Augen. Steffi stieg in ihren Bus und winkte mir noch eine Weile durch das Fenster zu. Wir wussten genau, wann wir uns wiedersehen würden, dennoch war es nach so langer gemeinsamer Zeit ein sehr komisches Gefühl, sie abfahren zu sehen.

Kapitel 12
ABGEFAHREN ABENTEUERLICH

IN DER HÄNGEMATTE ÜBER DEN AMAZONAS

In Peru gibt es eine Stadt, die so isoliert mitten im Dschungel liegt, dass sie nur per Boot oder Flugzeug zu erreichen ist: Iquitos. Etwa 400 000 Einwohner leben dort und werden auf dem Luft- und Flussweg mit allem beliefert, was sie brauchen. Um dorthin zu gelangen, musste ich zuerst mit mehreren Bussen ins Landesinnere zur Stadt Yurimaguas fahren, die direkt am Amazonas liegt und eine Art Warenumschlagplatz ist. Am Hafen fand ich ziemlich schnell ein Frachtschiff, das Lebensmittel in die Dörfer am Amazonas hochbringen wollte und Passagiere mitnahm. Bevor ich jedoch an Bord durfte, erklärte mir der Guide, der mir das Ticket verkauft hatte, dass ich mir für die etwa zweieinhalbtägige Reise noch ein paar Sachen besorgen musste: eine Hängematte, eine Zehn-Liter-Gallone Wasser, eine Tasse, einen Teller und Besteck. Auf dem Schiff würden um die 50 Personen mitreisen, weshalb man selbst für ausreichend Trinken sorgen musste. Betten gab es auch keine, deshalb die Hängematte.

Das Schiff war in etwa 50 Meter lang und zwölf Meter breit. Der ganze Frachtraum war voll mit Lebensmitteln und anderen

Waren, die für die Dörfer auf unserem Weg bestimmt waren. An Deck gab es eine größere Freifläche mit Eisenstangen, an denen unsere Hängematten befestigt werden konnten. Darüber befand sich ein Wellblechdach zum Schutz vor Sonne und Regenfällen.

Zweieinhalb Tage hatte ich nichts weiter zu tun, als zu schlafen, zu lesen, zu essen und die Natur zu beobachten. Dichte Mangrovenwälder wechselten sich mit kleinen Dörfern ab. Hier spielten Kinder an den Ufern; sie lachten und winkten, sobald sie das Schiff näher kommen sahen. Es war unglaublich, dass hier, mitten im Dschungel, so viele Menschen lebten. Die Kinder sprangen ins Wasser, und ich fragte mich, ob sie keine Angst vor den ganzen gefährlichen Tieren hatten. Anakondas oder Piranhas zum Beispiel.

Abends lag ich in meiner Hängematte und tauchte in eine vollkommen andere Welt ein. Die untergehende Sonne verwandelte die Farben des Dschungels in noch sattere Grüntöne als tagsüber. Sobald der letzte Sonnenstrahl verschwunden war, hob eine komplett neue Geräuschkulisse an. So etwas hatte ich in meinem ganzen Leben noch nicht gehört. Damit war nichts zu vergleichen. Es kreuchte und fleuchte, fiepte, tschirpte, jaulte, knackte, raschelte und schrie überall um uns herum. Ich schloss meine Augen. Die Geräusche waren so laut, dass ich sie in meine Träume einbaute, als ich schließlich mit einem Lächeln im Gesicht einschlief.

Als ich nach unserer Ankunft auf einem Platz im Zentrum von Iquitos stand, konnte ich kaum glauben, dass ich mich noch immer mitten im Dschungel befand. Es war eine richtige Stadt mit Sehenswürdigkeiten und Supermärkten. Wäre ich nicht gerade mehr als zwei Tage über den Amazonas gefahren, um hierherzugelangen, ich hätte es kaum glauben können.

Im Hostel lernte ich Samuel, einen Waliser, und Helen, eine Peruanerin, kennen. Wir unterhielten uns den ganzen Abend und beschlossen dann, schon am nächsten Tag gemeinsam tiefer in den Dschungel einzutauchen. Wir hatten nämlich erfahren, dass es nicht weit von Iquitos die Möglichkeit einer Dschungelexpedition gab, und waren allesamt Feuer und Flamme.

FAULTIERE, PIRANHAS UND TURBO-MOSKITOS

Am Morgen standen wir also früh am Hafen und fuhren mit einem weiteren Boot noch einmal vier Stunden flussaufwärts, bis wir ein Resort erreichten, das mitten im Dickicht errichtet worden war. »Resort« ist eine eher wohlwollende Bezeichnung, denn es bestand im Grunde einzig aus mehreren großen Holzhütten auf Stelzen mitten auf einer Wiese.

Die Stelzen hatten folgenden Grund: Wenn es am Amazonas regnet, dann regnet es so richtig. Da tröpfeln nicht ein paar Tropfen wie aus einer Gießkanne. Es ist mehr so, als ob dir jemand einen kompletten Eimer Wasser über den Kopf kippt. Die Nebenflüsse des Amazonas steigen dann schnell mal zwei oder drei Meter an, und im Nu steht die Wiese unter Wasser.

Helen, Samuel und ich waren für die ersten Tage die einzigen Gäste. Außer uns gab es noch drei Angestellte, und am dritten Tag stieß unser Guide zu uns, ein Peruaner namens Charles. Jeden Tag führte er uns in den Dschungel und zeigte uns die unglaublichsten Sachen. Wir fuhren immer mit einem kleinen Boot raus, das vielleicht vier Meter lang und einen halben Meter breit war. Es hatten genau drei Leute darin Platz, Charles selbst saß immer am Heck. Jeder von uns bekam ein kleines Holzpaddel in die Hand, und so schipperten wir durch wilde, ursprüngliche Natur. Einmal wies Charles auf einen Punkt etwa 100 Meter von uns entfernt und sagte, dass da ein Faultier im Baum hänge. Ich erkannte es aber erst, als wir bis auf zehn Meter herangekommen waren, da sein Camouflage-Fell es gut tarnte.

Weniger niedlich waren die Piranhas. Charles zeigte uns, wie man sie angelte. Dazu gab er uns jeweils einen kleinen Stecken mit einem Faden daran, an dessen Ende ein Haken baumelte, im Grunde eine kleine Angel. Auf den Haken sollten wir ein wenig Hühnerfleisch aufspießen. Um die Piranhas anzulocken, mussten wir zunächst mit dem hinteren Ende des Steckens – also dem Ende ohne Faden – Wasser aufwirbeln. Durch das Geräusch und die Luftblasen werden die Fische nämlich angezogen wie die Motten vom Licht. Sobald Piranhas zu sehen waren, sollten wir unsere Stecken umdrehen und die Schnur mit dem Stück Huhn in den Fluss halten. Dann hieß es: schnell sein. Denn Piranhas fackeln mit den Ködern nicht lange. Sie kommen einfach vorbeigeschwommen und schnappen sich das Ding.

»Sobald ihr spürt, dass etwas den Haken berührt, müsst ihr die Angel blitzschnell aus dem Wasser ziehen. Wenn ihr schnell genug seid, habt ihr dann einen dran«, erklärte Charles.

Am Ende zogen wir alle zwei bis drei Sekunden auf gut Glück immer wieder unsere Angeln aus dem Wasser. Meist war der Haken leer, doch ab und zu hatten wir tatsächlich Erfolg. Ich fing insgesamt zwei Piranhas. Als ich den ersten an der Angel hatte, war ich zunächst total begeistert, wusste dann aber absolut nicht, was ich tun sollte. Ich konnte den Fisch ja nicht einfach in unser Boot legen. Am Ende würde er uns noch um unsere Zehen erleichtern. Charles sah meine ratlose Miene, lachte und nahm mir die Angel aus der Hand. Mit Daumen und Mittelfinger drückte er den Kiefer des Piranhas auf und legte ein Stück Ast dazwischen. Kaum lockerte er den Druck seiner Finger, biss der Piranha den ganzen Ast so leicht durch wie ein Stück weiche Butter. Wirklich krass, was diese Tiere für eine Kraft in ihren Kiefern haben. Ich nahm mir vor, unter keinen Umständen ins Wasser zu fallen.

Doch auch ohne zu baden, wurden wir bald darauf so richtig nass, denn es fing an zu regnen. Zuerst freuten wir uns wie Kinder: Wir waren auf dem Amazonas, mitten im Dschungel, und es regnete Bindfäden – was für ein Abenteuer! Dann merkten wir aber, dass unser Boot langsam, aber sicher volllief. Bis zum Resort schippten wir im Wechsel Wasser aus dem Boot und paddelten. Als wir endlich bei den Stelzenhäusern ankamen, gab es nicht einen Millimeter an mir, der noch trocken gewesen wäre.

Das Leben im Dschungel war einfach großartig. Das Einzige, auf das ich liebend gern verzichtet hätte, waren die Moskitos. Es gab Abertausende von ihnen. Besonders wenn die Sonne unterging, kamen sie in Heerscharen, denn das war sozusagen ihre Primetime.

Die Moskitos in Peru klangen nicht wie unsere heimischen Minimücken. Die Viecher machten Lärm wie kleine Helikopter. Nachts unter meinem Moskitonetz hörte ich sie überall um mich herum. Genauso wie sie klangen, stachen sie übrigens auch.

Einmal machten wir uns viel zu spät auf den Heimweg. Die Moskitos standen schon in den Startlöchern für ihre Rushhour, als wir uns gerade durch ein Feld zurück zum Boot kämpften. Zwischen den kniehohen Gräsern hörten wir die brummenden Rotoren Tausender Moskitos – und dann ging es auch schon los. Von überall stach es auf unsere Beine ein. Charles legte einen Zahn zu und rief: »Nicht kratzen! Nicht kratzen! Einfach nur zum Boot rennen!«

Schreiend rannten wir durch das Feld. Wir brauchten nur wenige Minuten, aber als wir am Boot angekommen waren, jaulten wir alle vor Schmerzen. Ich schaute auf meine zerstochenen Beine und hätte mir am liebsten die Haut von den Beinen gezogen. Es juckte und brannte unfassbar. Charles erklärte uns, dass wir nur fünf Minuten die Zähne zusammenbeißen mussten, dann würde es besser werden. Ich wickelte meinen Hoodie um meine Schenkel, damit ich nicht in Versuchung kam, mich doch zu kratzen. Es waren wirklich sehr lange fünf Minuten. Am liebsten hätte ich meine Beine ins Wasser gehalten, aber dann hätten sich die Piranhas gefreut. Also lieber juckende Beine als gar keine.

Abends im Bett zählte ich meine Stiche. Links waren es von der Mitte des Oberschenkels bis zum Knöchel satte 78 Stück. Das andere Bein sah nicht viel besser aus, aber ich hatte keine Lust mehr zu zählen. Ich war froh, dass der größte Juckreiz endlich nachgelassen hatte. Das Problem war nur: Sobald ich unbewusst dran kam, ging das Gejucke wieder los. Es war die absolute Mückenstichhölle.

EIN BAD IM FLUSS

Nach drei oder vier Tagen wuchs unsere Expeditionsgruppe an, da zwei Engländer das Resort erreicht hatten. Von nun an marschierten wir also zu sechst durch den Dschungel. Als wir wie eine kleine Entenfamilie in einer Reihe hinter Charles hertapsten, blieb er plötzlich stehen und drehte sich zu uns um.

»Was schätzt ihr, in welcher Richtung unser Resort liegt?«, fragte er uns grinsend.

Wir waren gerade einmal zehn Minuten unterwegs, deshalb deuteten wir allesamt in die Richtung, aus der wir gerade gekommen waren.

Charles' Grinsen verbreiterte sich: »Ohne mich wärt ihr echt verloren. Es liegt genau in der anderen Richtung.«

Wir konnten es kaum fassen, glaubten ihm aber sofort. Es gab keinerlei Trampelpfade oder irgendetwas, woran wir uns hätten orientieren können. Wir stapften über Stock und Stein und kletterten über umgefallene Bäume.

Plötzlich raschelte etwas neben uns im Busch, und wir blieben wie angewurzelt stehen.

»Scheiße, was ist das?«, flüsterten wir unisono.

Charles hingegen hielt kurz inne und vollführte dann einen Kopfsprung in den Busch. Als er wieder auftauchte, hatte er eine Schlange in der Hand.

»Die ist giftig«, sagte er und hielt sie uns entgegen. Er hatte, wie zuvor bei dem Piranha, ihren Kopf zwischen den Fingern. Mit einem Stock fummelte er ein wenig an ihrem Maul herum, bis wir sahen, wie Gift austrat. Ich stand wie versteinert daneben. Einer der Engländer, der schon die ganze Zeit ziemlich schreckhaft gewesen und eher pessimistisch veranlagt war, schlug sofort vor, umzudrehen und zurück ins Resort zu gehen.

Am selben Tag zeigte uns Charles noch Insekten, die aussahen wie Tausendfüßler. Sie waren etwa 15 Zentimeter lang und kringelten sich zusammen, wenn man sie berührte. Charles erklärte uns, dass sie bei Furcht einen Verteidigungsduftstoff ausstoßen, der für Menschen ein Aroma von Marzipan und Vanille hat.

»Riecht mal«, sagte Charles und hielt uns eines der Tiere unter die Nase. Es war tatsächlich ein unglaublich angenehmer Geruch.

»Inhaliert nicht zu tief«, warnte er. »Davon kann man angeblich high werden.«

Kaum hatte er den Satz ausgesprochen, kroch der ängstliche Engländer auf allen vieren auf dem Boden herum und schnüffelte an den Viechern. Plötzlich hatte er keine Angst mehr davor, Schlangen oder Skorpionen zu begegnen. Er klaubte eine Raupe nach der anderen auf, schüttelte sie und sog den Duft ein. Er wirkte wie ein Junkie, der schon sehr lange auf Stoff gewartet hatte. Wir lachten uns alle kaputt. Nach einer Weile machte der Engländer tatsächlich den Eindruck, als wäre er etwas benommen. Ich kann aber nicht sagen, ob das echt oder nur gespielt war.

»Na, wer traut sich, ins Wasser zu springen?«, fragte Charles uns am nächsten Tag, als wir wieder mit dem Boot unterwegs waren. Er grinste und war sich wohl vollkommen sicher, dass keiner von uns sich melden würde. Wir hatten Piranhas gefischt, Giftschlangen gesehen, Spinnen beobachtet – niemand konnte uns da einen Vorwurf machen, wenn wir kniffen. Doch irgendwie forderten Charles' blitzende Augen mich heraus. Wenn die Kinder der Dörfer im Fluss badeten, könnte ich es wohl auch riskieren.

»Ja, eigentlich müsste ich das schon einmal machen«, sagte ich, stand auf und zog mir mein T-Shirt über den Kopf. Mein Herz klopfte wie der Teufel, und in Gedanken brummelte ich die ganze Zeit: »O Gott, o Gott, o Gott!«

Nach außen gab ich mich abgeklärt. Ich tat auch noch cool, als ich in den Fluss sprang. Aber als ich erst einmal drin war, verließ mich mein Mut wieder – und ich war mindestens genauso schnell wieder draußen, wie ich reingehüpft war. Mein Puls raste. Keine Ahnung, wie ich es innerhalb von zwei Sekunden wieder zurück in das wackelige Boot geschafft hatte, aber ich denke, mit der Vorstellung von an mir nagenden Piranhas hätte ich sogar Berge versetzen können.

Das Gefühl, dass hinter jeder Ecke irgendetwas lauerte, was mich töten wollte, wurde ich im Dschungel nie ganz los. Ganz besonders, als wir eines Abends bei Einbruch der Dunkelheit rausfuhren, um nachtaktive Tiere zu beobachten, bekam ich mehr als einmal Gänsehaut. Charles leuchtete mit der Taschenlampe in die Bäume und ins Wasser und erklärte uns, was wir sahen. Es war faszinierend. Immer wieder mussten wir das Boot aus dem Wasser heben und es mitten in der Nacht etwa 20 Meter durch den Dschungel zum nächsten Flusslauf schleppen, um weiterpaddeln zu können. Als wir in unseren Gummistiefeln durch das tiefschwarze Stückchen Dschungel stolperten, hatte ich wieder mal ein breites Grinsen im Gesicht.

AYAHUASCA-ZEREMONIE

Eines Abends kamen wir auf Ayahuasca-Zeremonien zu sprechen. Jeder von uns hatte die verrücktesten Geschichten darüber gehört, es aber nie selbst ausprobiert. Man konnte diese Zeremonien bei peruanischen Schamanen durchführen. Bei einer Ayahuasca-Zeremonie bekommt man einen Sud aus psychedelisch wirkenden Pflanzen zu trinken, die von den Einheimischen seit Tausenden von Jahren für medizinische Zwecke eingesetzt werden. Das Ziel der Zeremonie ist es, Körper und Geist zu reinigen.

Wir gingen zu Charles und fragten ihn, ob es möglich sei, an einer Ayahuasca-Zeremonie teilzunehmen. Er erzählte, dass es ganz in der Nähe ein Dorf gebe, in dem ein Schamane lebe, der Ayahuasca selbst herstelle und die Zeremonien durchführe. Er versprach, dort einmal nachzufragen.

Schon bald kam er zu uns und erklärte, dass der Schamane grundsätzlich bereit sei, aber eine Bedingung stelle: »Er möchte, dass ihr zu seiner Hütte kommt, damit er euch zuvor begutachten kann«, sagte Charles.

Am nächsten Tag standen wir also früh auf und machten uns auf den Weg. Als wir vor der Hütte ankamen, klopfte Charles. Der Schamane, ein sehr alter Mann, trat vor die Tür und betrachtete uns lange, ohne ein Wort zu uns zu sagen. Irgendwann fing er an, mit Charles in der Landessprache zu reden. Ob es sich um Spanisch mit sehr starkem lokalem Akzent oder vielleicht auch eine indigene Sprache handelte, kann ich bis heute nicht sagen. Wir verstanden jedenfalls nichts. Im Anschluss schaute er uns wieder eine Weile an. Nach ungefähr zwei Minuten nickte er Charles zu: »Okay, sie sind bereit. Wir kommen morgen zu euch.«

Der alte Mann hatte uns die ganze Zeit über nicht einmal direkt angesprochen, dennoch wurde ich das Gefühl nicht los, dass er mich vollkommen durchschaut hatte. Als hätte er durch mich durch bis in meine Seele geblickt und dort meine Energie und Aura wahrgenommen. Den anderen ging es ähnlich.

Zur Vorbereitung auf die Zeremonie durften wir 24 Stunden lang nichts essen und zwölf Stunden vorher keine Flüssigkeit mehr zu uns nehmen. Zusammen mit meiner Nervosität erzeugte dies eine Gefühlsmischung, die mich ganz hibbelig machte. Durch Erzählungen von anderen Reisenden wusste ich, dass Ayahuasca auf jeden eine andere Wirkung hatte. Kaum jemand schilderte das Gleiche. Einer hatte erzählt, dass er während der Zeremonie Kontakt zu seinem verstorbenen Großvater aufgenommen hatte. Ein anderer berichtete, er habe seine komplette Kindheit als Baby durchlebt. Ich hatte auch gehört, dass es mehrwöchige Ayahuasca-Treatments gab, wo Menschen mit psychischen Problemen unter strenger Aufsicht eines Schamanen in mehreren Sitzungen tief in ihr Unterbewusstsein vordrangen, um verdrängte Belastungen ans Licht zu zerren und aufzuarbeiten. Trotz all dieser Gedanken versuchte ich, ohne irgendwelche Erwartungen an die Sache heranzugehen und einfach alles auf mich zukommen zu lassen. Dass der Schamane uns für »bereit« hielt, gab mir außerdem eine gewisse Sicherheit. Er hätte uns schließlich auch wegschicken können. Mein Urvertrauen in das Gute im Menschen sagte mir, dass der Mann wusste, wovon er sprach.

»Der Schamane ist jetzt bereit«, sagte Charles am nächsten Abend gegen 19 Uhr. Er führte uns in einen Raum, der in einem der Stelzenhäuser vorbereitet worden war. Meine Augen mussten sich erst an die Dunkelheit gewöhnen, denn es brannte kein Licht. Ich konnte drei Betten erkennen, die längs an den Wänden aufgestellt worden waren. In der Mitte des Raumes saß der Schamane vor ein paar brennenden Räucherstäbchen. Auf einem weiteren, kleineren Bett saß die Frau des Schamanen. Sie würde die

Zeremonie überwachen und zu Hilfe eilen, sollte es einem von uns schlecht gehen. Von draußen drangen die nie abreißenden Geräusche des Dschungels herein.

Der Schamane wies uns an, uns auf die Betten zu setzen. Dann begann er, in seiner Stammessprache vor sich hin zu brummen. Er zündete sich eine Art dicke Zigarre an, die sofort anfing, viel Rauch zu entwickeln. Ihr Geruch erinnerte mich an die handgerollten Zigarren aus Kuba.

Die Frau des Schamanen übersetzte die Worte ihres Mannes ins Englische: »Falls ihr euch unwohl fühlt und irgendwelche Visionen bekommen solltet, blast sie einfach weg.«

Der Schamane machte eine Kopfdrehung von links nach rechts und blies dabei Rauch aus.

»Egal, was passiert, ihr müsst keine Angst haben. Lasst euch einfach darauf ein, es kann euch nichts zustoßen, denn wir kümmern uns um euch.«

Der Schamane zog eine Flasche mit einer bräunlichen Flüssigkeit hervor, die er in kleine Shot-Gläser goss. Er reichte jedem von uns ein Glas, und wir tranken. Plötzlich fing der Schamane an, eine langsame Melodie zu pfeifen. Fünf Minuten lang saß ich auf der Kante des Bettes und wartete darauf, dass etwas passierte. Ich betrachtete das Glimmen der Zigarre und lauschte dem Pfeifen des Schamanen. Hin und wieder streckte ich meinen Rücken durch, um mich wieder gerade hinzusetzen. Schon bald bekam ich das Bedürfnis, mich hinzulegen. Kaum lag ich, fühlte ich, wie mein Körper leichter wurde. Ein Kribbeln breitete sich von den Zehen überallhin aus. Ich hatte das Gefühl, in eine innige Verbindung mit meinem Körper zu treten. Ich öffnete die Augen und starrte nach oben. Über mir tauchten auf einmal Leuchtspuren auf, als ob man eine nächtliche Straße mit langer Belichtung fotografierte und die Autos zu Lichtspuren verschwämmen. Immer mehr Leuchtspuren verwoben sich und bildeten eine Art Decke, die langsam auf mich herabsank. Der

Teppich aus orangem, neongelbem, grünem und blauem Licht kam immer näher. Als die Lichter nur noch Zentimeter von mir entfernt waren, spürte ich eine Vibration, die von der Lichterdecke ausging. Plötzlich bekam ich Angst und dachte: »O Gott, was passiert hier? Will das Ding mich angreifen?« Genau in dem Moment, als meine Kehle anfing, sich zuzuschnüren, hörte der Schamane auf zu pfeifen und begann stattdessen, tief brummend zu summen. Meine Angst war wie weggewischt. Die Decke aus Licht kam weiter herab, legte sich auf mich und sank in mich hinein. Ich war mit einem Mal vollkommen entspannt, denn ich wusste: Die Decke wollte mich nicht angreifen, sondern umarmen.

Als die Decke komplett in mir versunken war, begann für mich eine Reise durch meinen Körper. Ich fühlte mich verbunden mit allem um mich herum und in mir drin. Ich sah die einzelnen Haare auf meiner Haut, meine Haut selbst, meine Muskeln, die darunter lagen, meine Sehnen, Adern und Knochen. Jedoch sah ich nicht die Zellen und Fasern an sich, ich nahm all dies mehr auf einer energetischen Ebene wahr. Ich musste meinen Arm beispielsweise nicht anschauen, ich nahm ihn und seinen Aufbau einfach wahr. Es war, als würde ich die Energie meines Körpers in ihren ganzen Einzelteilen sehen und spüren können. Ohne mich zu bewegen, konnte ich mit meinem Geist meinen ganzen Körper durchwandern. Ich sah den Blutstrom, erfasste, wo meine Kraft und meine Bewegungen herkamen und wie mein Gehirn alles steuerte. Ich sah, wie ich funktionierte. Währenddessen spannte ich immer wieder für einige Sekunden meine Muskeln an und lockerte sie erneut.

Bei meiner Reise durch meinen Körper begegnete ich der mir innewohnenden Energiequelle, die mich zu dem macht, der ich bin. Sie hatte meine Lieblingsform sowie meine Lieblingsfarbe und führte mich durch mich selbst, genau wie Charles uns durch den Dschungel geführt hatte. Ich konnte ihr Fragen stellen, und ich erhielt Antworten. Ich fragte beispielsweise, ob es in meinem Körper Krankheiten gebe oder ob irgendetwas nicht normal sei. Tage zuvor war ich Zeuge eines epileptischen Anfalls am Hostel-Pool von Máncora geworden, deshalb hatte ich mit dem Rauchen aufgehört. Doch noch immer hatte ich jeden Tag unbändiges Verlangen nach einer Zigarette. Deshalb fragte ich meinen Spirit, wo das Nikotin-Monster wohne, das mich andauernd überreden wolle, wieder zu rauchen. Meine Energie blickte mich an und führte mich weiter, bis ich eine Art schwarzgraues Schimmern wahrnahm, von dem eine böse Aura ausging.

»Wo ist das Nikotin-Monster?«, fragte ich erneut.

»Nick, du hast dich dazu entschlossen, nicht mehr zu rauchen. Deshalb ist es nicht mehr da«, antwortete der Spirit. Im selben Moment sah ich, wie das schwarze Schimmern verschwand.

Obwohl ich Visionen hatte und das Ayahuasca in meinem Körper wirkte, war ich die ganze Zeit klar im Kopf und nahm alles sehr bewusst wahr. Immer wieder spannte ich die Muskeln in meinem Körper an und ließ wieder locker. Ich absolvierte quasi ein mehrstündiges Muskeltraining. Obwohl ich bei Verstand war, konnte ich nicht beeinflussen, was ich tat. Irgendwann verspürte ich zum Beispiel das große Bedürfnis, Fahrrad zu fahren. Ich streckte meine Beine in die Luft und begann zu strampeln. Ich wusste, dass ich das tat. Ich merkte auch, wie es nach einer halben Stunde ganz schön anstrengend wurde, aber ich konnte nicht aufhören. Ich wollte weitermachen. Vielleicht machte mein Körper auch einfach von selbst weiter – genau kann ich das gar nicht sagen.

Während der Wanderung durch meinen Körper und dem Gespräch mit meinem Spirit erfuhr ich sehr viele Sachen, die in meinem Leben passieren würden. Ich hatte unter anderem die Vision eines Buches über meine Reisen. Ich sah außerdem, wie ich mir wie bei einem Handywecker mit digitalen Zahnrädern ein Datum einstellte.

»Das ist der Tag, an dem du wieder zu reiner Energie werden wirst«, sagte mein Spirit zu mir. Bis heute kann ich mich an dieses Datum erinnern, das mein Todestag sein könnte. Doch niemals würde ich es jemandem verraten, auch nicht meinen Eltern oder Steffi.

Alles, was ich während der Ayahuasca-Zeremonie erlebte, war reichlich abgedreht. Dabei war es aber weder beängstigend, noch fühlte es sich unwahr oder falsch an.

Als drei Stunden vergangen waren, wurden die Geräusche in meiner direkten Umgebung wieder deutlicher. Ich hörte Helen leise mit der Frau des Schamanen flüstern. Im Nachhinein erfuhr ich, dass das Ayahuasca bei ihr überhaupt keine Wirkung gehabt hatte. Die Frau des Schamanen hatte sie beruhigt und ihr erklärt, dass so etwas vorkomme: »Wenn es nicht richtig für dich ist, dann ist es nicht richtig. Dann sagt dein Körper dir das auf diese Weise.«

Noch während die Wirkung des Ayahuasca bei mir nachließ und ich meine Umgebung immer intensiver spürte, änderte der Schamane seine Melodie erneut. Er nahm ein Bündel getrockneter Blätter in die Hand und begann damit herumzuwedeln. Das trockene Rascheln zog mich mehr und mehr in die reale Welt zurück, in der ich atmete, lange blonde Haare hatte und Deutsch sprach. Während der Zeremonie war alles so anders gewesen. Da war ich nicht Nick, es gab keine unterschiedlichen Sprachen, alles war irgendwie vereint. Nun fühlte sich die Rückkehr an, als ob ich vom Grund des Meeres auftauchte. Ich hatte eine Unterwasserwelt gesehen, von der ich nicht gewusst hatte, dass sie existiert. Doch nun kehrte ich zurück und nahm dieses Bewusstsein mit. Auch wenn ich jetzt nur noch die Wasseroberfläche sah, ich hatte eine Ahnung von dem bekommen, was darunter lag.

Dass Ayahuasca auch zur Reinigung des Körpers eingesetzt wird, äußert sich meist darin, dass sich die Teilnehmer im

Anschluss an die Zeremonie übergeben und Durchfall bekommen. Auch ich spürte ein Grummeln im Bauch, als ich mich schließlich wieder aufsetzte. Dabei blieb es jedoch. Ganz im Gegensatz zu Samuel, der sich beim Hochkommen in einer fließenden Bewegung über den Rand des Bettes beugte und sofort loskotzte. Helen nahm ihn bei der Hand, und zusammen gingen sie hinaus. Ich blieb noch eine Weile sitzen und spürte dem nach, was ich gerade erlebt hatte.

Der Schamane saß noch immer in der Mitte des Raumes. Er wandte sich mir zu und sagte in gebrochenem Englisch: »Ich will die Leute anschauen, bevor ich mit ihnen eine Zeremonie durchführe, damit ich weiß, ob sie das können.«

Obwohl ich das schon wusste, verstand ich nun viel besser, was er damit meinte. Er hatte mir nicht ins Gesicht geblickt oder mich mit geheimen Röntgenstrahlen durchbohrt. Er hatte meine Energie gespürt.

»Wie fühlst du dich, Nicolas?«, fragte er.

Ich war erstaunt, weil ich weder ihm noch Charles noch den anderen je meinen vollen Namen genannt hatte. Sie alle kannten mich nur als »Nick«. Ich bin sicher, dass ich dem Schamanen nicht mal diese Kurzform genannt hatte, denn bisher hatten wir kein einziges Wort miteinander gewechselt. Woher wusste er also meinen richtigen Namen? War das auch die Energie?

Ich schaute den Schamanen an. »Sehr gut. Es geht mir irgendwie … sehr leicht«, versuchte ich meinen Zustand zu beschreiben.

Der Schamane drückte seine Zigarre aus und lächelte mich an. »Ja, das habe ich gemerkt«, sagte er. »Es kommt nicht sehr oft vor, dass jemand bei seiner ersten Ayahuasca-Zeremonie so intensive Erfahrungen macht.«

LAUF, FORREST!

Mit Peru war ich noch nicht fertig. Am nächsten Tag fuhr ich zurück nach Iquitos, stieg in ein Flugzeug nach Lima, der Hauptstadt, und trat dann eine 18-stündige Busfahrt nach Cusco an, dem Tor zu Machu Picchu. Wie überall in Peru waren die Menschen in Cusco unglaublich freundlich. Die Stadt selbst ist wunderschön, mit lauter verwinkelten Gässchen und bunten Farben, und ich fand mich schnell auf dem Markt und vor einem Teller Ceviche wieder.

Es war bereits Ende Juni und deshalb in der südlichen Hemisphäre ziemlich kalt. Mittlerweile trug ich tagsüber einen Hoodie und kaufte mir zusätzlich eine typisch peruanische Pudelmütze mit geflochtenen Bändern an den Ohrenklappen. Noch hatte ich keine Ahnung, wie ich nach Machu Picchu kommen sollte. Ich wusste nur: Ich würde keine dieser geführten Touren mitmachen, bei denen unzählige Touristen in Gruppen hintereinander herliefen. Ich suchte also eine Möglichkeit, individueller zu der Ruinenstadt zu gelangen.

Irgendwann unterhielt ich mich mit einer alten Frau, an deren Stand ich Ceviche in mich hineinschaufelte. Als wir auf das Thema Machu Picchu zu sprechen kamen, spitzten die Reisenden um uns herum die Ohren und beteiligten sich an unserem Gespräch. Ich erfuhr von einem Inka-Trail, auf dem man in vier Tagen durch den Dschungel wanderte. Es fielen Ortsnamen wie Santa Teresa, Santa Maria, Central Hidroelectrica und Aguas Calientes. Offenbar waren das alles kleine Orte, die man auf dem Weg nach Machu Picchu durchquerte.

Nachdem ich einen ganzen Tag durch die Stadt gelaufen war, verfestigte sich mein Wunsch, *off the beaten track* zu reisen. Dazu musste ich ein bisschen planen, aber schließlich hatte ich den für mich besten Weg gefunden. Mit einem Van fuhr ich zunächst nach Santa Maria und machte mich dann zu Fuß durch die peruanischen Berglandschaften auf den Weg nach Santa Teresa. Ich lief an einem Fluss und weiten Wiesen vorbei und sog die Natur in mich auf. Einmal begegnete ich einem wilden Hund, der mir ziemliche Angst einjagte. Er war sehr groß und machte einen ungesunden Eindruck. Sein Fell war an vielen Stellen ausgefallen, und er kam aggressiv knurrend auf mich zu. Ich wusste, dass Wegrennen überhaupt nicht helfen würde, also tat ich das Einzige, was mir einfiel: Ich streckte beide Arme aus und lief schreiend in seine Richtung. Ich wollte ihm zeigen, dass ich ein noch größeres und viel gefährlicheres Tier war als er. Damit hatte ich zum Glück Erfolg, denn er drehte um und machte sich aus dem Staub. Nach dieser Begegnung suchte ich mir einen großen Stock, den ich als Wanderstab benutzte und im Notfall zur Verteidigung gegen weitere Hunde einsetzen konnte. Ich war jedoch froh, dass mir keiner begegnete.

Ab Santa Teresa führte mich mein Weg zu Ort Nummer drei: Central Hidroelectrica. Das war eigentlich weniger ein Ort als vielmehr eine Bahnstation. Hier hielt der Zug, der Touristen nach Aguas Calientes brachte, der letzten Ortschaft vor Machu Picchu. Als ich am Bahnhof stand und die Massen von Menschen betrachtete, die auf den nächsten Zug warteten, wurde mir klar, dass ich da ganz sicher nicht mitfahren würde. Ich schulterte also erneut meinen Backpack, griff meinen Wanderstock und lief weiter. Zwei Israelinnen schlossen sich mir an. Zu dritt liefen wir den ganzen Weg an den Schienen entlang.

Ich hatte gehört, dass eine vom Zug platt gewalzte Münze Glück bringen sollte. Als wir den Zug hinter uns näher kommen hörten, legte ich schnell eine peruanische Münze auf die Schienen. Nachdem der Zug an uns vorbeigefahren war, steckte ich den neu gewonnenen Talisman in meine Tasche. Jahre später, als mein Neffe geboren wurde, ging ich mit der Münze zum Juwelier, ließ sie in zwei Hälften schneiden und jeweils ein kleines Loch hineinbohren. Mein Neffe, der mein Patenkind wurde, bekam die eine Hälfte der Münze an einer Kette, die andere behielt ich. So, hatte ich mir gedacht, werde das Glück aus Peru uns beide begleiten.

Als wir schließlich das hoch gelegene Aguas Calientes erreichten, war ich ganz nervös vor lauter Vorfreude. Ich sah die Steilwände des Bergmassivs, auf dem Machu Picchu liegt, und versuchte, die Ruinenstadt zu erspähen. Das war natürlich allein aufgrund der Entfernung aussichtslos. Dennoch jubelte ich innerlich bei dem Gedanken an den nächsten Tag. Ich würde einen Haken hinter einen Punkt auf meiner Bucket List setzen, der schon ewig lange draufstand. Endlich würde ich mit eigenen Augen erblicken, was ich bisher nur von Bildern kannte.

Im Ort selbst reihte sich ein Hotel an das andere. Dieser Anblick zerstörte auf eine Art den magischen Flair, den ich vom letzten Ort vor Machu Picchu erwartet hatte. Ich konnte nicht anders, als ein wenig enttäuscht zu sein. Ich besorgte mir etwas zu essen und ging dann relativ zeitig ins Bett, da ich am nächsten Morgen in aller Frühe aufstehen wollte. Ein kleines Gartentor, das den Weg nach Machu Picchu freigab, würde um 5:30 Uhr geöffnet werden, und ich wollte definitiv einer der Ersten sein, die hindurchgingen.

Als ich am nächsten Morgen dort ankam, standen bereits eine Handvoll Leute davor. Pünktlich um 5:30 Uhr kam dann tatsächlich ein Wärter vorbei und schloss die Tür auf. Vor mir gingen 16 Leute hindurch. Ich nahm mir vor, sie alle auf dem Weg zu überholen und als Erster in der Ruinenstadt anzukommen. Ich wetteifere immer gerne, hier aber gab mir allein die Vorstellung, eine Aussicht auf das menschenleere Machu Picchu zu bekommen, ordentlich Antrieb. Wir alle legten ganz schön Tempo vor, doch nach und nach hielten immer mehr Leute an, um kurz wieder zu Atem zu kommen oder etwas zu trinken. Ich gönnte mir keine Pause und kletterte die hohen Stufen eine nach der anderen weiter hinauf. Unter meiner nicht sonderlich atmungsaktiven Regenjacke schwitzte ich bereits wie aus Eimern. Als ich sie öffnete, um mich ein wenig abzukühlen, stieg richtig Dampf daraus empor.

Am Anfang des Aufstiegs hatte ich mir vorgenommen, die Stufen zu zählen, doch die Kletterei wurde so anstrengend, dass ich es irgendwann aufgab. Mit jedem pausierenden Wanderer rückte ich näher an die Poleposition heran. Ganz schaffte ich es allerdings nicht: Ich erreichte das Ziel als Achter. Als ich am 13. Juni 2013 also endlich einen meiner größten Reiseträume erfüllte, standen sieben Leute vor mir am Eingang, an dem die Eintrittskarten eingescannt wurden. Gleichzeitig kamen auch die ersten Busse an.

Als mein Ticket eingescannt wurde, fiel mir auf, dass die sieben Personen vor mir direkt hinter dem Eingang stehen geblieben waren. Offenbar gehörten sie zusammen und warteten noch auf jemanden. Das war meine Chance! Ich stiefelte einen kleinen Berg hinauf, bog um eine Linkskurve, um eine weitere Ecke – und dann lag sie da: die Ruinenstadt in all ihrer Pracht. Kein Mensch war zu sehen, alles breitete sich still und friedlich vor mir aus. Für ungefähr drei Minuten hatte ich Machu Picchu ganz für mich alleine. Es war unglaublich schön. Wieder einmal erlebte ich dieses großartige Gefühl, das aufkommt, wenn man etwas, das man sich vorgenommen hat, auch wirklich erreicht. Das gleiche Gefühl hatte ich damals im Flugzeug gehabt, als ich zu meiner ersten Weltreise aufgebrochen war. Ein riesiges Grinsen breitete sich auf meinem Gesicht aus, das der Welt verkündete: »Ja, Nick, du hast es geschafft! Du hast es dir selbst erarbeitet, alles dafür getan, viel Energie hineingesteckt – und jetzt bist du hier!« Die schönste Belohnung, die ich hatte bekommen können, waren diese drei einzigartigen Minuten allein mit Machu Picchu.

Weil es früh am Tag war, steckte die Ruinenstadt noch größtenteils im Nebel. Ich stieg ein Stück weiter auf eine kleine Anhöhe und setzte mich auf den Boden. Ich beobachtete, wie abwechselnd dünne und dicke Nebelschwaden vorbeizogen. Immer wieder lag Machu Picchu komplett unsichtbar unter mir. Der Berg im Hintergrund war von Wolken verdeckt. Besucher, die in genau solchen Momenten um die Ecke bogen, stießen dann enttäuschte Seufzer aus: Da hatten sie solche Anstrengungen unternommen, nur damit sie jetzt absolut nichts sehen konnten? Ich rief ihnen dann zu, dass sie einfach nur ein bisschen warten müssten, dann würden sie schon sehen, was passiere.

Es war ein unglaubliches Naturschauspiel: Immer wieder lichteten sich die Wolken, und die Sonne zerriss das Nebelfeld. Dann sah man Machu Picchu plötzlich in seiner ganzen Schönheit. Man konnte sogar Lamas beobachten, die sich über die Sonne offenbar so sehr freuten, dass sie gleich anfingen, ein wenig herumzuvögeln. Dann zogen die Wolken wieder zu, und alles begann von vorn.

Erst als es Mittag wurde, verzog sich der Nebel vollends. Bis nachmittags lief ich durch die Ruinenstadt und kehrte immer wieder zu meinem Aussichtspunkt zurück. Ich legte mich ab und zu hin und hörte Musik über meine Kopfhörer. Gelegentlich döste ich weg. Irgendwann jedoch musste ich Abschied nehmen und machte mich an den Abstieg.

DEATH ROAD

Weil es in Südamerika immer kälter wurde, wurde Bolivien meine letzte Station in diesem Teil der Welt. Zuerst besuchte ich La Paz, mit durchschnittlich 3500 Metern über dem Meeresspiegel der höchstgelegene Regierungssitz der Welt.

Schon als ich aus dem Bus stieg, merkte ich, dass die Luft hier dünner war und mir deshalb das Atmen schwererfiel. Ansonsten herrschte auf den Straßen von La Paz eine unglaubliche Leichtigkeit – allein weil die Menschen so viel Freude und Energie versprühten. Die Leute, die ich in dieser Stadt, diesem Land traf, waren der Grund dafür, warum Bolivien bis heute eines meiner Lieblingsländer in Südamerika ist. Obwohl La Paz als gefährliche Stadt gilt, fühlte ich mich dort pudelwohl.

Doch der eigentliche Grund, warum ich hierhergekommen war: Ich wollte mit einem Mountainbike die gefährlichste Straße der Welt hinunterbrettern, die Death Road oder der Camino de la Muerte. Mit einem Tourenanbieter, den ich vor Ort gefunden hatte, war ausgemacht, dass es schon am nächsten Morgen in aller Frühe losgehen sollte. Ohne genau zu wissen, was mich erwarten würde, stand ich pünktlich um sieben Uhr vor dem Hostel und sah zu, wie die Fahrräder auf Auto und Anhänger geladen wurden. Unsere Gruppe bestand außer mir noch aus acht weiteren Verrückten. Eine ganze Stunde fuhren wir durch die Pampa Boliviens. Irgendwann hielten wir auf einem verlassenen Parkplatz hoch oben auf einem Berg. Der Fahrer drehte sich zu uns um, grinste und sagte: »Let's go!«

Jeder von uns bekam einen Overall, einen Helm und ein Bike. Weil ich noch immer keine Ahnung davon hatte, wie viel »Death« diese »Road« wirklich bot, überprüfte ich als Erstes ausgiebig die Bremsen. Dann schaute ich mich um. Besonders beeindruckend war dieser Abschnitt irgendwie nicht. Ich sah eine menschenleere asphaltierte Straße vor mir. Der Guide sprang aufs Rad und winkte uns, damit wir ihm folgten. So ging es eine ganze Weile bergab. Mich nervte es ein wenig, dass der Guide nie wirklich schnell fuhr, und so versuchte ich hin und wieder, ihn zu überholen. Da die Strecke aber eigentlich nicht für Radfahrer gemacht ist und uns ab und zu Autos entgegenkamen, war ich gezwungen, mich immer wieder hinter ihm einzureihen. Doch dann kam ein Abschnitt von ungefähr 20 Kilometern, den wir den Berg hinabrasten. Manchmal löste ich mich von meinem Sattel und stand vornübergebeugt auf den Pedalen, um noch windschnittiger zu werden und mehr Fahrt draufzubekommen. Ganz ungefährlich war es nicht und vielleicht sogar etwas verrückt, aber irgendwann packte mich das Adrenalin. Ich raste die Serpentinen hinunter und wich Autos und Lastern im Slalom aus. Es war schon abgefahren und definitiv ein Ausflug nach meinem Geschmack. Doch die richtige Death Road sollte erst noch kommen.

Irgendwann hörte die geteerte Straße nämlich auf und ging in eine Schotterpiste über. Anfangs waren links und rechts neben uns Wälder und Wiesen zu sehen, doch schneller, als wir »Death Road« sagen konnten, wurde es unter uns immer schmaler und neben uns immer abgründiger. Schließlich wurde mir klar, was mit »Todesstraße« gemeint war: Wir fuhren auf einer gerade einmal zwei Meter breiten Schotterstraße, rechts neben uns zog sich eine Steilwand bis in den Himmel hoch, und links ging es im 90-Grad-Winkel ein paar Hundert Meter in den Abgrund. Allein das wäre schon beängstigend genug gewesen, aber wie auch die geteerte Straße zuvor schlängelte sie sich um lauter enge Kurven. Noch viel krasser als die Kurven waren jedoch die Lkws, die uns nach wie vor entgegenkamen. Sie nahmen in etwa 95 Prozent der Straßenbreite ein, was bedeutete, dass gerade noch eine Hand zwischen uns und die Außenspiegel passte, wenn wir uns an den Rand der Straße quetschten, um die Lkws vorbeizulassen. Kaum war die Straße wieder frei, preschten wir weiter. Ich hatte meine Playlist auf den Ohren, sang lauthals bei *Pretty Fly (For a White Guy)* von The Offspring mit und trat in die Pedale. Ein Adrenalinstoß jagte den nächsten.

Schwierig wurde es jedes Mal, wenn sich zwei motorisierte Vehikel auf dieser engen Straße begegneten. Dann musste nämlich eines von beiden so lange rückwärtsfahren, bis die Straße irgendwann breit genug wurde, damit sie sich aneinander vorbeischieben konnten. Ich war froh, dass ich mir diese Strecke nicht als Lkw- oder auch nur als normaler Autofahrer geben musste.

Mit dem Fahrrad aber war es unglaublich berauschend, die Death Road hinunterzurasen. Die Steine spritzten unter unseren Reifen in alle Richtungen, und als wir anhielten, um ein Gruppenfoto an einem besonders steilen Abhang zu machen, sah ich, dass die Augen der anderen genauso glasig aussahen, wie meine sich anfühlten. Wir waren alle wie in Ekstase.

Mir war klar, dass das alles auch unsagbar schiefgehen konnte. Deshalb hatte ich bei der Auswahl des Tourenanbieters große Sorgfalt walten lassen und mir auch das Bike mehr als genau angeschaut. Dieses Vorgehen kann ich jedem nur ans Herz legen, der ebenso große Lust verspürt, seinen Hals auf der Todesstraße zu riskieren, wie ich damals. Für mich machen diese einmaligen *No risk, no fun*-Momente das Leben ganz schön lebenswert. Ich brauche manchmal diese Erlebnisse, die mich in hohem Bogen aus meiner Komfortzone kicken und mir die Endorphine in die Blutbahn prügeln. Natürlich gibt es auch Situationen, die ich nicht unbedingt haben muss. Die Begegnung mit dem Hurrikan, als ich das erste Mal auf einem Katamaran segelte, war eher ein *Just risk, no fun*-Moment. Aber die Death Road war einfach episch!

Während unserer Abfahrt trafen wir auch auf eine Stelle, an der kurz zuvor ein Unfall passiert war. Ein Fahrer hatte die Kontrolle verloren, und nun stand sein Auto quer auf der Straße. Uns blieben gerade einmal 30 Zentimeter, um uns zwischen Wagen und Abgrund vorbeizuschieben. Der Guide wies uns alle an, abzusteigen und unsere Räder zu schieben. Diese paar Sekunden auf dem schmalen Wegstück waren ganz schön furchteinflößend. Umso enthusiastischer trat ich danach erneut in die Pedale. Die Abfahrt baute alle Anspannung in mir wieder ab. Es war ein riesengroßer Spaß: Wir durchquerten Tunnel, preschten durch Wasserlöcher und waren irgendwann so voller Schlamm, dass einige von uns ihre Overalls auszogen. Auch ich band mir Knie- und Ellenbogenschoner neu um und fuhr in kurzer Hose und Unterhemd weiter. Als wir nach insgesamt eineinhalb Stunden mit Vollkaracho unten ankamen, sprangen wir von unseren Rädern, hüpften wild herum und schrien vor Begeisterung: »Hell yeah, what a ride!«

Wir sahen aus, als hätte man uns einmal durch ein Schlammloch gezogen, und grinsten so breit, wie unsere Gesichter es zuließen. Nichts an diesem Tag hätte mir das Lachen wegwischen können. Noch am Abend, als ich im Hostelbett lag, zuckten Bruchteile der Strecke vor meinem inneren Auge herum. Ich schlief hochzufrieden ein.

IN DER SALZWÜSTE

Bevor ich Bolivien verließ, wollte ich unbedingt einen Abstecher in die Salzwüste machen. Deshalb verschlug es mich als Nächstes in den Südwesten, nach Uyuni. Dort war es mit minus fünf Grad Celsius eisig kalt. Dennoch schien die Sonne den ganzen Tag. Die Stadt hatte einen ganz anderen Flair als La Paz. Obwohl Menschen unterwegs waren, wirkte Uyuni wie ausgestorben. Es fühlte sich fast so an, als würde ich durch eine Winterlandschaft laufen. Die Geräusche meiner Schritte wurden ähnlich verschluckt wie im tiefen Schnee, obwohl kein Schnee zu sehen war, sondern nur Staub.

In dem Hostel, in dem ich übernachtete, stand ein kleiner Korb mit warmer Kleidung, die man sich ausleihen konnte. Bevor ich gemeinsam mit drei Italienerinnen, einer Kolumbianerin und einem Franzosen zu einem Trip in die Salar de Uyuni, die Salzwüste, aufbrach, schnappte ich mir daraus einen weiteren dicken Hoodie. Wir engagierten einen Fahrer, der uns am Morgen an einer Bushaltestelle in der Nähe abholte. Besonders in den frühen Stunden des Tages wirkte Uyuni wie eine Geisterstadt. Ich fror mir fast den Hintern ab. Die ganze Nacht über hatte ich schon vor mich hin gebibbert. Aus einer warmen Dusche war auch nichts geworden, da es im Hostel nur Kaltwasser gab.

Während der ganzen Fahrt hatten wir einen Mordsspaß. Wir drehten das Radio auf und sangen lauthals zu den Vengaboys mit. Unser Fahrer, ein kleiner, knuffiger Bolivianer Ende 20, war anfangs ein wenig schüchtern, taute dann aber richtig auf und erzählte uns, dass er unbedingt mal aufs Tomorrowland fahren wolle, ein Festival für Electro-Musik in Belgien.

Die ganze Zeit über fühlte ich mich wie auf einem anderen Planeten. Als würden wir mit einem Raumfahrzeug über die Marslandschaft fahren. Wenn wir aus dem Auto stiegen, umgaben uns Temperaturen, die sich wie minus 20 Grad anfühlten. Zusätzlich wehte ein scharfer, kalter Wind. Dennoch drückte uns das nicht aufs Gemüt, da immerzu die Sonne schien. Mittlerweile befanden wir uns ungefähr auf 4000 Metern über dem Meeresspiegel. Die Luft war sehr dünn. Das merkte ich besonders, als uns einmal einer der Schlafsäcke vom Dachgepäckträger wehte und ich versuchte, ihn wieder einzufangen. Er flatterte quer durch die Wüstenlandschaft, und ich rannte ihm hinterher. Schon nach ein paar Sekunden rang ich nach Atem. Schließlich mussten wir dem flüchtenden Schlafsack mit dem Jeep hinterherdüsen, um ihn einholen zu können. Die kurze Zeit, die ich brauchte, um aus dem Auto und auf den Schlafsack zu springen, ihn wieder zusammenzurollen und auf dem Dach zu verstauen, kühlte mich komplett aus.

Als wir nach einiger Zeit in der richtigen Salzwüste ankamen, waren wir alle baff. Die Ebene erstreckte sich kilometerweit – und wir fuhren tatsächlich auf Salz! Hin und wieder durchquerten wir kleine Ortschaften, in denen Menschen lebten, die sich mit der Salzgewinnung beschäftigten. Unser Fahrer erklärte uns, was wir sahen: Hier wurde das Salz abgetragen und zum Austrocknen zu kleinen Pyramiden aufgetürmt, bevor es auf Lkws umgeschichtet und zu Raffinerien gebracht wurde.

»Wenn ihr Glück habt und es regnet, dann verwandelt sich die ganze Salzwüstenfläche in einen riesigen Spiegel«, fügte er noch hinzu.

Ich wünschte wirklich, es hätte während meines Aufenthalts wenigstens ein bisschen genieselt. Doch alles, was wir schließlich noch bekamen, war Schnee. Für Regen war es einfach viel zu kalt.

Die zweite Nacht verbrachten wir in einem richtigen Salzhotel. Es war tatsächlich komplett aus Salzsteinen erbaut. Ich weiß nicht, ob mir schon mal so kalt war wie in diesem Hostel. Vielleicht bei meiner Übernachtung damals auf Vancouver Island, als ich nach meinem langen Fußmarsch kein freies Zimmer mehr gefunden hatte. Jetzt wusste ich: Die Salzwüste war schlimmer als die Strandnacht in Kanada. Draußen hatte es um die minus 25 Grad. Auch drinnen war es nur unwesentlich wärmer. Ich hatte alles angezogen, was ich dabeihatte – zwei Hoodies, T-Shirt, Unterhemd, Mütze, Handschuhe, Thermounterwäsche, Multifunktionshose, Wanderboots –, und trotzdem fror ich so sehr, dass ich vor Zittern kaum die wunderbar warme Suppe löffeln konnte, die es zum Abendessen gab.

Irgendwann lagen wir alle in einem großen Schlafsaal, jeder in Schlafsäcken und unter zusätzlichen zwei oder drei Decken. An Schlaf war für mich überhaupt nicht zu denken, denn mir war einfach zu kalt. Ich war nicht der Einzige, dem es so erging. Irgendwann machte einer aus meiner Gruppe den Vorschlag, dass wir uns warm tanzen könnten.

»Unser Fahrer ist doch Tomorrowland-Fan. Der müsste im Auto doch irgendwelche CDs haben …«, warf ein anderer ein.

Ich war einverstanden. Wir krabbelten aus unseren Schlafsäcken, stolperten vor das Hostel und starteten die Autos beider Reisegruppen. Hätte irgendjemand in diesem Moment eine Drohne über die Salzwüste von Bolivien geschickt oder uns über einen Satelliten angepeilt, er hätte auf 4000 Metern Höhe ein kleines Hostel entdeckt, vor dem vier Autoscheinwerfer eine Gruppe von zwölf Personen anstrahlten, die die kälteste Rave-Party aller Zeiten veranstalteten. Es war ausgesprochen lustig.

Obwohl wir wegen unserer generellen Erschöpfung und der dünnen Luft nicht lange durchhielten, wurde uns durch die Anstrengung endlich warm. Als keiner von uns mehr eingefrorene Gliedmaßen hatte, schalteten wir die Autos wieder aus und rannten zurück in den Schlafsaal, um schnell einzuschlafen, solange wir noch warm waren. Das klappte auch, zumindest ein paar Stunden lang, denn als ich aufwachte, war es noch stockfinster. Meine Nase war so eiskalt, dass ich meine Ärmelöffnung über mein halbes Gesicht stülpte und wie Darth Vader hineinatmete, in der Hoffnung, sie so wieder auftauen zu können. Für den Rest der Nacht machte ich kein Auge zu und war froh, als wir am nächsten Morgen wieder aufbrachen.

Der krönende Abschluss unserer Tour ließ uns deshalb auch alle in Jubelrufe ausbrechen: Wir kamen nämlich an heißen Quellen vorbei, in denen man baden konnte. Nach drei Tagen des Frierens konnten wir gar nicht schnell genug in das 35 Grad warme Wasser springen. Mehr als eine halbe Stunde lagen und saßen wir alle zufrieden brummend in den Hot Springs.

Es kostete große Überwindung, wieder aus dem Wasser in die eisigen Minusgrade der Luft zu krabbeln. Deshalb machten wir einfach ein Spiel daraus. Per Schnick, Schnack, Schnuck losten wir eine Reihenfolge aus. Ich war als Zweiter an der Reihe. So stiegen wir einzeln aus den Becken, während die anderen zusahen und sich kaputtlachten, als wir nacheinander wie Road Runner durch die Gegend rasten, unsere Klamotten einsammelten, uns in Windeseile abtrockneten und uns blitzschnell wieder anzogen. Immer wenn einer fertig war, musste der Nächste losrennen.

Als ich fertig angezogen war und meine Badehose vom Boden aufhob, war sie hart gefroren wie ein Brett.

Zurück in Uyuni, buchte ich mir einen Nachtbus nach La Paz. Mittlerweile hatte ich so viel gefroren, dass ich mich nach einem warmen Land sehnte. Ich beschloss deshalb, mir Paraguay, Chile oder Argentinien für wärmere Zeiten aufzuheben, und buchte ein Flugticket in die USA. Steffi war zu der Zeit noch in Kanada unterwegs. Also beschloss ich, die Feierlichkeiten zum 4. Juli, dem Independence Day, in Miami mitzuerleben.

WELCOME TO MIAMI

Nur zwei Tage später stand ich auf dem Balkon einer Apartmentvilla mitten in Miami und schaute mir das Feuerwerk zum Unabhängigkeitstag an. Ich war umgeben von feierwütigen Leuten, die ich tagsüber am Strand kennengelernt hatte. Miami war das komplette Kontrastprogramm zu Bolivien. Eben hatte ich noch frierend in einem Salzhostel übernachtet, nun hatte ich einen Haufen junger US-Amerikaner den ganzen Abend in einer klimatisierten Wohnung mit meinen verrückten Reisegeschichten unterhalten. Der Kontrast war so stark, dass er mich ein wenig an die Hitzewand erinnerte, die mich erwartet hatte, als ich das erste Mal in Asien aus dem Flugzeug gestiegen war. Genauso wie damals rannte ich zusätzlich zu dem veränderten Klima auch gegen eine Art »Kulturwand«. Aber das gehört zum Reisen eben dazu, dieser mitunter krasse Wechsel zwischen Kulturen. In Bolivien waren die Menschen teils sehr arm gewesen, dabei aber herzlich, freundlich, fast familiär. Hier in Miami kam mir plötzlich alles sehr künstlich und oberflächlich vor: Frauen mit Modelmaßen liefen in Bikinis durch die Gegend, Muskelprotze trainierten am Strand, überall standen die dicksten Karren herum, und der Eintritt in einen Club kostete mal eben 50 Dollar.

Dennoch genoss ich meine Zeit in Miami. Ich hatte einen wirklich netten Couchsurfing-Host gefunden, Ayman, der mich sogar vom Flughafen abgeholt hatte. Wir verstanden uns großartig, und ich fühlte mich bei ihm wie zu Hause. An einem Abend schleppte mich Ayman, der homosexuell ist, in einen seiner Lieblingsclubs. Keine fünf Minuten dauerte es, da wurde ich auch schon hart angegraben. Das war für mich reichlich ungewohnt. Ayman stand daneben und amüsierte sich köstlich.

»Nick, du bist hier der einzige Heterosexuelle«, grinste er und quittierte meinen unsicheren Blick mit einem kleinen Lachanfall. Schüchtern waren die Männer in diesem Club jedenfalls nicht, und ich hatte meine liebe Not, immer wieder zu erklären, dass ich nicht daran interessiert sei, »irgendwo anders hinzugehen«. Ayman und ich hatten eine sehr lustige Zeit zusammen. Noch heute stichelt er manchmal über Facebook, wie ich, komplett grün hinter den Ohren, aus der Wäsche geguckt habe, als ich das erste Mal in einen Schwulenclub kam. Ich nenne ihn dann immer »Ayman, the devil«. Versteht sich von selbst, dass ich »Nick, the angel« bin.

THE HITCHHIKER'S GUIDE TO NORTH CAROLINA

Seit ich das Buch *On the Road* von Jack Kerouac gelesen hatte, stand auf meiner Bucket List folgender Punkt: quer durch die USA trampen. Reisen war für mich mittlerweile wie eine Droge geworden: Ich konnte damit einfach nicht mehr aufhören und war ständig auf der Suche nach einem neuen Kick, einer neuen Herausforderung. Warum also nicht den Daumen raushalten und ein bisschen hitchhiken? Über Facebook schrieb ich Emily an, die ich noch aus meiner Zeit im australischen Fremantle kannte. Ich wusste, dass sie irgendwo in North Carolina wohnte.

Ich fragte sie also, ob ich ein paar Tage vorbeikommen könnte. Sie freute sich riesig. Natürlich erklärte ich ihr auch, wie ich zu ihr reisen wollte. Sie war gespannt darauf, ob ich es schaffen und wie lange ich dazu wohl brauchen würde.

Mein Plan war also, von Florida über Georgia und South Carolina bis nach North Carolina zu trampen. Dazu malte ich mir bei Ayman ein Schild, auf das ich einfach nur das Wort »North« schrieb.

Mit meinem Backpack auf dem Rücken, ordentlich angezogen und gepflegt (ein Tipp von Ayman, damit die Leute mich mitnahmen) und mit dem Schild in der Hand stand ich wenig später in South Beach an der Straße. Schon nach einer Viertelstunde hielt der erste Wagen. Leider handelte es sich um eine örtliche Polizeistreife. Die beiden Polizisten, die kurz darauf ausstiegen und auf mich zukamen, wollten wissen, was genau ich da tat. Ich erklärte, dass ich vorhatte, nach North Carolina zu trampen. Daraufhin schauten mich die Polizisten an, als ob ich nicht alle Tassen im Schrank hätte.

»Das ist ja schön und gut«, meinte der eine dann. »Aber per Anhalter fahren ist hier verboten.«

»Aber wie soll ich denn sonst von hier wegkommen? Ich muss schließlich irgendwo anfangen«, warf ich ein.

»Ja, aber nicht hier. Hier ist es nicht erlaubt.«

Die Polizisten waren, was diesen Punkt betraf, nicht umzustimmen. Auf die Frage, ob sie mich nicht ein Stück mitnehmen wollten, schmunzelten die beiden schließlich, lehnten aber ab. Also schulterte ich meinen Backpack und lief los, nur um sofort wieder mein Schild hochzuhalten, sobald der Polizeiwagen außer Sichtweite war.

Wenig später hielt eine Frau Mitte 40 an, und ich durfte einsteigen. Sie erklärte mir, dass sie öfter mal Tramper mitnehme, sie damit aber eher die Ausnahme bilde. Die Leute in Florida wüchsen nämlich mit dem Klischeedenken auf, dass es sich bei

Hitchhikern ausschließlich um Leute handle, auf die eine der folgenden Beschreibungen zutreffe: Sie seien Vergewaltiger, Massenmörder, Obdachlose – oder ein Mix daraus. Ich runzelte die Stirn. Wie sich in den nächsten Tagen herausstellte, hatte die Frau allerdings nur allzu recht.

Im Auto unterhielten wir uns eine Weile und machten am Ende ein Erinnerungsfoto. Hinter Fort Lauderdale ließ sie mich dann am Highway raus, weil sie in eine andere Richtung weiterfuhr.

Es dauerte glücklicherweise nicht lange, bis ein Pick-up anhielt. In der Fahrerkabine saß ein Ehepaar. Ich umriss ihnen kurz, dass ich aus Deutschland kam, mich auf Weltreise befand und nun eine Freundin in North Carolina besuchen wollte. Sie betrachteten es daraufhin als eine Ehre (ihre Worte, nicht meine), mich ein Stück mitnehmen zu dürfen. Ich kletterte also auf die Ladefläche, und für die nächste Wegstrecke pfiff mir dort ordentlich Wind um die Ohren. Ich war fast froh, als der Pick-up irgendwann vom Highway abfuhr und an einer Tankstelle hielt. So ganz ungefährlich war es hinten auf der Ladefläche nicht gewesen. Weil das Pärchen sein Ziel fast erreicht hatte, hieß es für mich nun: neuer Fahrer, neues Glück.

Während ich wartete, erstellte ich mir eine Liste mit Autos, in denen ich während meines Hitchhiking-Abenteuers gerne mitfahren würde. Ich hatte auf meinen Reisen nun schon sehr oft die Erfahrung gemacht, dass Dinge einfach funktionierten, wenn ich sie in Gedanken manifestierte und bewusst das Gefühl in mir hervorrief, dass alles klappen konnte, was ich mir vornahm. Ich würde es als Tramper bis nach North Carolina schaffen. Das sagte ich mir immer wieder. Auf meiner Fahrzeugliste standen übrigens unter anderem ein 18-Tonner, eine Harley Davidson und ein Ford Mustang.

Nach einer halben Stunde Warterei kam eine Frau auf mich zu, die mich fragte, ob sie mir helfen könne. Leider fuhr sie nicht in meine Richtung, sagte mir aber, wie mutig sie meine Aktion finde. Sie bot mir Geld an, doch das lehnte ich ab. Daraufhin bat sie mich, kurz zu warten, und ging zu ihrem Auto.

»Ich würde dir gern etwas schenken«, sagte sie, als sie zurückkam. Sie reichte mir ein blaues Armband, auf dem »Tikvah« stand, das hebräische Wort für Hoffnung.

»Damit du die Hoffnung nicht aufgibst, wenn es mal nicht so klappt«, erklärte sie, wünschte mir Glück und fuhr weiter. Jahrelang trug ich dieses Band an meinem Arm. Heute befindet es sich zusammen mit anderen emotional wertvollen Reiseerinnerungen, wie zum Beispiel der Uhr, die ich von meiner Black-Jack-Abzocke in Vietnam zurückbehalten hatte, in einer kleinen Kiste in meinem Zimmer.

Meine nächste Mitfahrgelegenheit brachte mich bis zu einer Tankstelle nördlich von Tampa Bay. Ich war an meinem ersten Tag also schon ein ganzes Stück vorangekommen, doch nun brach die Nacht an. Leider befand ich mich mitten im Nirgendwo. Keine Übernachtungsmöglichkeit war in Sicht. Ich schnappte mir also meinen Backpack, entfernte mich ein Stück von der Tankstelle und legte mich mit meinem Schlafsack hinter ein Gebüsch. Zur Sicherheit versteckte ich mein Gepäck im Gestrüpp und ließ nur eine kleine Ecke herausgucken, die ich als Kopfkissen nutzte. Ein bisschen mulmig war mir schon bei dem Gedanken, dass mich jemand überfallen könnte, aber irgendwann schlief ich ein.

Am nächsten Morgen konnte ich das erste Auto von meiner Wunschliste abhaken: den Ford Mustang. Für die nächsten 60 oder 70 Meilen genoss ich die Fahrt in diesem Wagen und landete schließlich an einem Motel mit Diner. Dort aß ich etwas und fand wenig später auch schon den nächsten netten Menschen, der mich ein Stück mitnahm. Dann allerdings verließ mich meine Glückssträhne für eine Weile.

Bisher waren zwar auch eine Menge Autos an mir vorbeigefahren, aber irgendetwas hatte sich am Ende immer ergeben. Nun stand ich an einer Tankstelle, es war vielleicht zehn Uhr morgens, und einfach niemand wollte mich mitnehmen. Weil sich die Tankstelle an einer Kreuzung befand, an der es in alle vier Himmelsrichtungen weiterging, schüttelten viele den Kopf, da sie nach Osten, Süden oder Westen fuhren. Erstaunlich viele jedoch wollten auch einfach keine Tramper im Auto haben. Wieder und wieder sprach ich die Leute an, die anhielten, um zu tanken, Kaffee zu trinken oder auf Toilette zu gehen – doch vergebens. Sechs oder sieben Stunden lungerte ich herum oder redete mir den Mund fusselig. Dann trat plötzlich ein Mann auf mich zu, der sich als der Besitzer der Tankstelle vorstellte.

»He du«, sprach er mich an. »Ich habe jetzt den ganzen Tag über Beschwerden bekommen, dass hier draußen ein Typ herumschleicht, der meine Kunden belästigt.«

»Ich belästige niemanden«, antwortete ich. »Ich suche nur jemanden, der mich ein Stück in den Norden mitnimmt.«

Wie sich herausstellte, war mit dem Tankwart nicht zu spaßen. Er erklärte mir, dass ich seinem Ruf schadete, drohte damit, die Polizei zu rufen, und verjagte mich von seinem Grundstück.

Wütend schulterte ich meinen Backpack. Nach Stunden des Wartens hatte ich ein wenig den Glauben an die Menschheit verloren. Ich sah weder abgerissen noch gemeingefährlich aus, was also war los mit den Leuten? Ich war ziemlich enttäuscht. An der nächsten Highway-Auffahrt setzte ich mich hin, drehte mein Schild um und malte etwas auf die Rückseite. Dann hielt ich es hoch. Weil »North« wohl einfach nicht mehr klappte, hatte ich nun Folgendes draufgeschrieben: »Why not?«

Von nun an zeigten die Autofahrer auf mich, lachten oder hupten, aber es hielt nach wie vor niemand an. Ärgerlich brummelte ich jedem hupenden Fahrer Verwünschungen hinterher.

Schließlich, nach insgesamt zehn Stunden, kam ein uralter Ford neben mir zum Stehen. Normalerweise klopfte ich immer erst an die Scheibe und erklärte, wer ich war und was ich vorhatte, doch dieser Fahrer öffnete einfach die Tür und sagte, ich solle reinspringen. Ich war so dankbar, dass ich meinen Backpack auf die Rückbank warf und einstieg. Erst nach einer Weile fiel mir auf, dass der Typ irgendwie merkwürdig war.

Es fing alles ganz harmlos an. Der Mann erzählte, dass er einen wirklich beschissenen Tag gehabt habe und alles doof sei.

»Wem sagst du das«, antwortete ich und erzählte kurz von meiner Tankstellenodyssee.

Der Typ war um die 50 Jahre alt, hatte graue Haare, einen Bart, eine ziemliche Wampe und roch nach Schweiß. Er erklärte mir, dass er eine Freundin habe, mit der er sich öfter treffe, heute aber habe sie kurzfristig abgesagt. Das hatte ihm sehr die Laune verhagelt. Dann ergänzte er etwas, von dem ich zunächst glaubte, ich hätte mich verhört: »Sie verdient sich immer ein bisschen was dazu, indem sie mir meinen Bauch streichelt. Ich liebe das, meinen Bauch gestreichelt zu bekommen. Aber heute hatte sie einfach keine Zeit.«

Meine Nackenhaare stellten sich ein wenig auf, während ich schwieg und fieberhaft überlegte, wo genau mein Messer war. Alles an dem Typen kam mir plötzlich unheimlich vor: sein ungepflegtes Äußeres, seine komische Laune, vor allem aber die Art, wie er mir von dieser Freundin erzählt hatte. Dass es mittlerweile 22 Uhr abends und dunkel war, machte mich noch unruhiger.

Während ich darüber nachdachte, welche Ausrede möglichst glaubhaft klingen würde, um bei der nächsten Möglichkeit den Wagen zu verlassen, erzählte er weiter.

»Es ist nicht meine feste Freundin, nur EINE Freundin. Ich bin echt enttäuscht, denn ich habe mich den ganzen Tag total drauf gefreut, dass mir jemand den Bauch massiert. Weil ich das wirklich liebe. Das ist nichts Sexuelles oder so, es macht mir nur einfach Spaß und fühlt sich so gut an.«

Mit dünner Stimme versuchte ich, das Thema zu wechseln, und brabbelte irgendwas über das Wetter und den Verkehr. Er ging jedoch auf keines meiner Ablenkungsmanöver ein. Stattdessen schaute er mich an, verstellte auf eine wirklich beängstigend merkwürdige Art seine Stimme und machte den Eindruck, als wollte er gleich seine Hand auf mein Knie legen, könnte sich aber gerade noch zurückhalten.

»Also, wenn DU dir vielleicht ein bisschen Geld dazuverdienen möchtest? Du weißt, was ich meine.« Er bot mir an, ihm für 20 Dollar den Bauch zu kraulen.

Mir wurde ein bisschen schlecht. Ich suchte noch immer nach einer Möglichkeit, umgehend aus dem Auto herauszukommen. Durch meinen Kopf schossen Ausreden wie »Oje, so was Dummes, ich habe glatt meinen kleinen Rucksack an der Tankstelle vergessen! Würdest du mich rauslassen, ich lauf dann halt zurück, kein Ding!« oder »Du, da fällt mir ein, ich treff mich hier direkt um die Ecke mit einem Freund! Würdest du bei nächster Gelegenheit rechts ranfahren?«.

Auch in meinen Ohren klang das alles ganz schön durchsichtig, und ich wollte den Typen wirklich nicht verärgern. Schließlich blieb mir nichts anderes übrig, als mit offenen Karten zu spielen – wenn auch so vorsichtig wie möglich.

»Du, also, äh, ich fühl mich echt geehrt und so, und ich weiß dein Angebot wirklich zu schätzen, aber es ist so, dass ich grad kein Geld brauch. Wenn du deswegen böse bist, kannst du mich gern einfach irgendwo an der nächsten Ausfahrt rausschmeißen.«

Der Typ sagte daraufhin nichts. Es breitete sich das unangenehmste Schweigen aus, das ich je erlebt hatte. Ich betete innerlich, dass er nicht plötzlich ausflippte oder gar eine Waffe bei sich trug.

Als er irgendwann den Blinker setzte und rechts ranfuhr, jubelte ich innerlich vor Erleichterung. So schnell ich konnte, schnappte ich meinen Rucksack und sprang aus dem Auto. Ich murmelte noch ein »Thank you« und sah zu, dass ich Land gewann.

Ein paar Hundert Meter weiter setzte ich mich in ein Diner und bestellte mir eine bodenlose Tasse Kaffee, also eine, die immer nachgefüllt wurde. Nach diesem Tag war ich unendlich müde und nickte am Tisch immer wieder ein. Ich war zu erschöpft, um mir noch irgendwo ein Hostel oder Motel zu suchen. Das Diner hatte schließlich 24 Stunden geöffnet, also konnte ich auch einfach sitzen bleiben. Immer wieder kamen Trucker herein, ließen sich ihre Thermoskannen auffüllen, aßen eine Kleinigkeit und gingen dann wieder. Nach meiner Erfahrung mit dem Bauchkrauler hatte ich keine Muße mehr, einen von ihnen anzusprechen. Irgendwann jedoch betrat ein schmächtiger Typ in meinem Alter das Diner. Er machte einen normalen, sogar fast coolen Eindruck. Ich gab mir einen Ruck und sprach ihn an.

»Hey, entschuldige, dass ich dich einfach so anquatsche, aber ich bin gerade auf dem Weg nach North Carolina. Könntest du mich vielleicht ein Stück mitnehmen?«

Der Typ blickte mich nachdenklich an. »Trucker dürfen eigentlich keine Anhalter mitnehmen, das hat versicherungstechnische Gründe«, sagte er.

Ich sackte innerlich etwas zusammen. Kein Wunder, dass nie ein 18-Tonner angehalten hatte. Offenbar war mir meine Reaktion auch äußerlich anzusehen, denn der Typ meinte plötzlich: »Ach, weißt du was: Scheiß drauf, ich nehm dich mit.« Er stellte sich mir als Wladimir vor und erklärte, dass er nach Georgia fuhr. Ich war überglücklich.

Auf der Fahrt unterhielten wir uns lange. Er erzählte mir, dass er ursprünglich aus Atlanta stamme und mit dem Truckfahren ein bisschen Kohle machen wolle. Unterwegs hörte er eine

Menge Podcasts, um sich weiterzubilden. Irgendwann wollte er sich mit dem angesparten Geld dann selbst etwas aufbauen. Ich muss nach einer Weile eingeschlafen sein, denn plötzlich rüttelte Wladimir mich wach. Es war sechs Uhr morgens.

»Pass auf, Nick. Wir sind jetzt gleich an meiner Endstation. Ich muss den Truck dort abgeben, aber wenn du möchtest, kann ich dich noch ein Stück in meinem eigenen Auto mitnehmen. Dann schmeiße ich dich einfach am Highway Richtung South Carolina raus«, schlug er vor. Ich willigte sofort ein.

Als ich später, durch mein Nickerchen im Truck etwas ausgeruht, am Highway stand, war meine Glückssträhne vollends wieder da. Ich musste nicht lange warten, schon hielt ein Auto und nahm mich mit. Drinnen saß ein Familienvater, der mir von seiner Tochter und ihrem bevorstehenden Roadtrip erzählte. Als er mich fragte, wer ich war und woher ich kam, erzählte ich ihm meine Geschichte. Er war sofort hellauf begeistert. Als es Zeit für ein Mittagessen war, wollte er mich unbedingt einladen. Wir hielten bei einem typisch amerikanischen Diner, und er sagte der Kellnerin, dass er heute einen Special Guest bei sich habe, einen Hitchhiker aus Deutschland. Die Bedienung lächelte freundlich und tischte mir ordentlich auf. Der Mann nahm mich im Anschluss noch ein ganzes Stück mit, und am Ende tauschten wir sogar unsere Facebook-Kontakte aus.

So reiste ich Stück für Stück in den Norden. Es war sehr interessant, die unterschiedlichen Menschen kennenzulernen, die sich bereit erklärten, mich mitzunehmen. Insgesamt fuhr ich auf meinem Hitchhiking-Trip bei 15 verschiedenen Leuten mit. Der letzte Typ nahm sogar einen Umweg von 80 Kilometern, um mich zu meinem Zielort zu bringen. Er wollte dafür nicht einmal ein bisschen Geld haben. Ich hatte es innerhalb von drei Tagen und drei Nächten nach Charlotte in North Carolina geschafft, das sind circa 1200 Kilometer. Zum Glück war die Erfahrung mit dem Kerl in dem alten Ford die einzige schlechte gewesen. Alle anderen Menschen waren sehr freundlich und hilfsbereit. Leider kam keiner von ihnen mit einer Harley Davidson um die Ecke.

RICHIE RICH

Als ich bei Emily ankam, war ich ziemlich k. o., aber noch wach genug, um zu bemerken, dass ich durch eine ziemlich feine Gegend lief. Kurz überlegte ich, ob ich die Adresse falsch verstanden hatte, da öffnete sich die Tür, und Emily sprang mir entgegen. Ich brachte die Low-Budget-Backpackerin, mit der ich in Australien Dumpster Diving gemacht hatte, überhaupt nicht mit dieser *Desperate Housewives*-Gegend zusammen. Alles war unglaublich gepflegt, grün … und reich. Schon als ich durch die Nachbarschaft lief, in der überall Nobelkarossen parkten, befürchtete ich, mit meinem im Vergleich abgerissenen Äußeren bald von der Polizei aufgegriffen zu werden.

Die Haustür, aus der Emily freudig stürzte, gehörte zu einer riesigen Villa. Innendrin blieb mir regelrecht der Mund offen stehen. In mein Zimmer hätte so ziemlich meine ganze Wohnung in Deutschland gepasst. Ich hatte ein Kingsize-Bett, ein eigenes, ebenfalls riesiges Bad und eine Terrasse, die auf den parkähnlichen Garten hinausführte.

Emily stellte mich ihren Eltern vor, zwei sehr netten Menschen. Das war bei Emily auch nicht anders zu erwarten gewesen. Ihr Vater war irgendeine Art Diplomat, der durch die Welt reiste, und mit Sicherheit befand sich das ein oder andere Milliönchen auf dem Familienkonto. Ich muss sagen, dass ich es Emily hoch anrechnete, wie sehr sie auf dem Boden geblieben war. Nie im Traum hätte ich in Australien geglaubt, dass sie so privilegiert war. Als wir später alleine im Garten standen, musste ich trotzdem nachfragen: »Sag mal, Emily, wohnst du hier wirklich?«

»Ja. Warum?«, fragte sie.

Ich erzählte ihr meine Gedanken. Sie lachte und erklärte mir, wie wichtig es ihr immer gewesen sei, auf eigenen Beinen zu stehen und unabhängig zu sein. Für ihre Weltreise hatte sie sich deshalb auch nicht von ihren Eltern helfen lassen und ihr eigenes Geld verdient. Ich hatte Emily vorher schon gemocht, jetzt aber war ich tief beeindruckt. Ich denke, nicht jeder, der in solch einem Luxus aufwächst, verspürt das Bedürfnis, sich seine Träume selber zu erarbeiten.

Am nächsten Morgen – ich hatte nach den drei Tagen hitchhiken unglaublich gut geschlafen – weckte mich Emily mit einer Tasse Kaffee und fragte, was wir unternehmen wollten. Sie schlug vor, eine Runde Jetski zu fahren – quasi vor der Haustür. Das Grundstück der Familie grenzte an einen See, es gab sogar einen privaten Steg. Neben einem kleinen Boot standen zwei Jetskis bereit, und damit heizten wir übers Wasser. Ihr Vater hatte Motoren in die Dinger einbauen lassen, die auf den ersten 70 Metern sogar einen Porsche Carrera hinter sich gelassen hätten. Emily zeigte irgendwann auf die andere Seite des Sees und meinte: »Dort drüben ist übrigens das Sommerhaus von Michael Jordan.« Ich dachte, sie wolle mich verarschen, aber sie meinte es tatsächlich ernst.

Die Zeit bei Emily war mal wieder ein Kulturschock der besonderen Art. In so einer Gegend, in so einem Haus hatte ich noch nie gelebt. Gemeinsam mit ihren Freunden veranstalteten wir ein Barbecue im Garten, besuchten ein Hip-Hop-Festival und gingen im Anschluss auch noch auf eine private Aftershow-Party, weil Emily einen der DJs kannte. Während ich vor den Turntables tanzte, dachte ich daran, wie ich wenige Tage zuvor noch von einer Tankstelle verjagt worden war. Und als an einem der Tage bei Emily mein Bruder anrief und verkündete, dass ich im Februar des nächsten Jahres Onkel würde, setzte das meiner guten Laune das Sahnehäubchen auf.

Irgendwann rückte natürlich der Abschied näher. Ich war unglaublich erholt und froh, Emily besucht zu haben, wollte jetzt aber mehr von den USA sehen. Mein Weg führte mich weiter nach Washington, D. C., und dann nach New York. Hier traf ich einige andere Reisefreunde wieder – unter anderem Dan, mit dem ich so eine gute Zeit auf den Fidschis und in Australien gehabt hatte. Gemeinsam unternahmen wir einen Roadtrip bis nach Kanada. Dort zeigte er mir Sparta, den Ort, in dem er aufgewachsen war.

Schließlich reiste ich zurück in die USA und blieb ein paar Tage in Chicago, bevor es mich aus einem ganz besonderen Grund nach San Diego verschlug: Dort traf ich Steffi wieder. Wir hatten uns mittlerweile mehr als zwei Monate nicht gesehen, während derer sie Peru, Kanada und die USA bereist hatte.

Kapitel 13
WIEDER VEREINT

DOPPELPACK-GLÜCK

Egal, wie man reist, es hat alles seine Vor- und Nachteile. Ist man alleine unterwegs, muss man auf niemanden Rücksicht nehmen, kommt schneller mit anderen in Kontakt und ist insgesamt offener und flexibler. Man verbringt viel Zeit mit den eigenen Gedanken, läuft immer der Nase nach und lernt sich selbst besser kennen.

Zu zweit hingegen kommt man öfter mal ins Diskutieren und muss sich absprechen. Auf der anderen Seite spart man als Pärchen eine Menge Kosten, weil man sich vieles teilen kann – sei es nun Sprit oder ein Doppelzimmer, das oft billiger ist als zwei Betten in einem Hosteldorm. Noch viel wichtiger als die Kosten sind jedoch die gemeinsamen Erfahrungen, von denen man noch jahrelang zehren kann. Es ist einfach etwas anderes, wenn man mit einem Partner gemeinsam Abenteuer erlebt. Mit Steffi zu reisen war generell cool. Sie ist superaktiv, spontan und offen für alle möglichen Ideen. Durch Steffi erfuhr ich mehr und mehr, wie recht Albert Schweitzer hatte, als er sagte: »Das Glück ist das Einzige, was sich verdoppelt, wenn man es teilt.«

Als Steffi und ich uns also endlich wiedersahen, freuten wir uns total. Sie war schon einen Tag früher angekommen und hatte bei meinem alten Couchsurfing-Host Abraham übernachtet. Ich feierte somit in mehrfacher Hinsicht ein glückliches Wiedersehen: Nicht nur Steffi wartete in San Diego auf mich, auch Abraham und Thi sah ich endlich mal wieder.

Nach ein paar Tagen beschlossen Steffi und ich, ein Auto zu mieten und einen Roadtrip durch die USA zu machen. Diese Fahrt wurde eines der schönsten Abenteuer, die ich bisher zusammen mit Steffi erlebt habe. Drei Wochen lang fuhren wir von San Diego aus bis nach Denver in Colorado. Wir hielten in Las Vegas, bei der Hoover-Talsperre an der Grenze zwischen Nevada und Arizona und fuhren nach Utah ins Monument Valley. Wir stoppten am Horseshoe Bend am Colorado River, einer Flussbiegung, die sich über Jahrtausende hufeisenförmig in die Steine gefressen hat. Im Yosemite-Nationalpark wanderten wir zwischen den alten Riesenmammutbäumen und kletterten auf den berühmten Granitberg Half Dome. In der Nähe von Moab in Utah stiefelten wir durch den Canyonlands-Nationalpark.

Meistens schliefen wir einfach im Auto. Wenn wir Hunger hatten, hielten wir nach All-you-can-eat-Buffets Ausschau und deckten uns dort heimlich für mehrere Tage mit Essen ein. Wir nutzten es total aus, dass man seinen Softdrink-Becher bei McDonald's immer wieder auffüllen konnte. Natürlich war dieser Service nur auf eine Filiale beschränkt, aber es fiel nie jemandem auf, wenn wir mit unseren Bechern bewaffnet in einen anderen McDonald's auf unserem Weg marschierten. Einmal lief ich sogar mit einem Fünf-Gallonen-Kanister in einen McDonald's rein und füllte ihn dort zur Hälfte mit Wasser auf. Genau genommen war das nicht gerade die feine Art, aber wir stumpften, was das Kostensparen anging, ganz schön ab. Für die Abende kauften wir in Supermärkten ein und kochten dann am Lagerfeuer.

Unterwegs kamen wir immer mal wieder bei unseren Reisebekanntschaften unter. Wir beide hatten mittlerweile so viele Leute getroffen, dass wir überall irgendwen kannten. In Denver Springs, Colorado, besuchten wir zum Beispiel einen Freund von Steffi, den sie in Peru kennengelernt hatte.

Eine Besonderheit an Colorado ist, dass dort Marihuana legal ist. Das Einzige, was man dazu braucht, ist eine Art Apothekenausweis, der bestätigt, dass man Gras kaufen darf. Steffis Kumpel war ein guter Kunde der Weed-Apotheken, denn er und seine Freunde rauchten, was das Zeug hielt. Eines Abends, als wir zu fünft beisammensaßen und gerade ein leckeres Barbecue gegessen hatten, bekamen Steffi und ich auch mal Lust, eine Bong mitzurauchen. Das Marihuana, das auf dem Tisch lag, trug den Namen Hawaiian Sunrise. Das letzte Mal, dass ich eine Bong in der Hand gehabt hatte, war über 15 Jahre her. Daher hatte ich vollkommen vergessen, dass man nur kurz an so einem Ding zieht. Da ich ein großer Wasserpfeifen-Fan bin, inhalierte ich also viel zu sehr. Innerhalb von zehn Sekunden sah ich alles nur noch in Zeitlupe und hatte kurze Zeit später das dringende Bedürfnis, über Quantenphysik zu diskutieren. Auf Englisch. Steffi hingegen wurde umgehend müde und legte sich ins Bett. Auf sie wirkte Marihuana immer sehr einschläfernd. Das wusste ich, weil wir schon einmal zusammen in Mexiko gekifft hatten. Sie hingegen hatte noch deutlich vor Augen, dass ich mich damals schrecklich übergeben hatte, und im Bett liegend, befürchtete sie das Schlimmste.

Als ich eine halbe Stunde später ins Schlafzimmer gestolpert kam, verkündete ich, wie sie vorausgeahnt hatte, dass mir sehr schlecht sei. Doch zunächst ließ ich mich einfach auf die Bettkante fallen. Wir bekamen einen unglaublichen Laberflash und lachten uns kaputt. Worüber, wissen wir heute nicht mehr. Nach rund einer Stunde jedoch kam das Unvermeidliche: Ich stürzte zur Toilette und veranstaltete noch mal ein Barbecue – nur rückwärts. Ich glaube nicht, dass ich jemals zuvor so unglaublich gekotzt hatte, nicht einmal bei meinen beiden Lebensmittelvergiftungen. Ich saute alles voll. Ewigkeiten ging das so, bis ich irgendwann zitternd neben der Toilette saß und es überstanden hatte. Das war das letzte Mal, dass ich Marihuana geraucht habe. Heute vertrage ich nicht mal mehr den Geruch.

Am nächsten Morgen begrüßten uns die anderen grinsend am Frühstückstisch.

»Na, schöne Nacht gehabt?«, fragte Steffis Kumpel.

»Mhpf«, antwortete ich nur. Mir war noch immer ausgesprochen flau zumute.

Die anderen lachten, denn sie hatten natürlich gehört, wie ich meinen Magen im Bad einmal auf links gedreht hatte.

»Wir haben das Hawaiian Sunrise übrigens umbenannt.« Steffis Kumpel grinste noch immer über beide Ohren. »Es heißt jetzt German Sunset.«

ZURÜCK IN NEUSEELAND

Nach unserem Roadtrip herrschte in den Reisekassen gähnende Leere, wir mussten wieder Geld verdienen. Dafür wollten wir nach einem Zwischenstopp auf den Fidschis, der für längere Zeit der letzte »Urlaub vom Urlaub« sein sollte, mit einem Work-and-Travel-Visum nach Neuseeland. Als ich aus dem Flieger stieg, dachte ich daran, dass hier vier Jahre zuvor alles angefangen hatte. Damals war ich für drei Wochen hierhergereist und hatte damit den Grundstein für meine erste Weltreise gelegt. Wer weiß, wie mein Leben jetzt aussähe, wenn ich diesen Urlaub nicht gemacht hätte.

Unsere Work-and-Travel-Visa hatten Steffi und ich bereits von den USA aus beantragt. Jetzt waren die ganzen weiteren organisatorischen Dinge zu klären: Steuernummer beantragen, Bankkonto eröffnen, SIM-Karte besorgen, Bewerbungen aktualisieren. Dann machten wir uns an die Jobsuche.

Wir würden in Auckland bei Rick unterkommen, den ich auf den Fidschis kennengelernt hatte und der bei meiner Harpunen-Verletzung dabei gewesen war. Er war mittlerweile nach Neuseeland gezogen und hatte uns angeboten, bei ihm zu wohnen, solange wir wollten.

Als wir ankamen, regnete es. Davon ließen wir uns nach zwei Wochen Fidschis nicht die Stimmung verderben. Wir begannen, sämtliche Bars und Cafés in Auckland abzuklappern. Steffi fand gleich am ersten Tag zwei Möglichkeiten zum Probearbeiten: in einem Café als Barista und in einem Hotel im Servicebereich.

Bei mir lief es ähnlich: In Downtown Auckland kam ich an einem Café vorbei, das mich sehr an das Café Bellino in Australien erinnerte. Es hieß Café Remedy und war einer der gechilltesten Orte, die ich mir vorstellen konnte. Es war etwas alternativ angehaucht, aus den Boxen klang Old-School-Hip-Hop, überall lagen Comic-Bücher herum, und ein langhaariger Typ hinterm Tresen begrüßte mich lässig mit: »Hello mate, how're you doin'?« An den Tischen saßen Anzugträger, tranken Kaffee oder heiße Schokolade und lasen *Spider-Man*.

Ich war sofort verliebt in diesen Laden. Ich fragte den Typen hinter der Bar, ob sie einen Job zu vergeben hätten – und das hatten sie. Mein Bewerbungsgespräch bestand im Grunde darin, dass er mich fragte, ob ich Kaffee zubereiten könne. Ich bejahte, und schon bekam ich ein Probearbeiten. Dieses lief so gut, dass die beiden Geschäftsführer, Rich und Dave aus England, mich wenig später einstellten.

Ein paar Tage darauf holte ich Steffi von ihrer ersten Schicht im Hotel ab, war aber ein wenig zu früh dran. Deshalb wartete ich in einer Bar gegenüber mit dem Namen Highstreet One. Es war ein relativ großer Laden, der auch gleichzeitig als Eventlocation vermietet wurde. Tagsüber fungierte die Bar als Restaurant, abends trafen sich die Locals hier, um ihr Feierabendbier zu trinken. Auch dieser Laden gefiel mir auf Anhieb, also fragte ich nach einem Job als Barkeeper. Eine Frau hinterm Tresen meinte, sie müsse mit der Personalchefin reden, aber ich könne meine Bewerbungsunterlagen dalassen. Ich kramte in meinem Backpack und reichte sie ihr.

»Was? Du reist schon seit vier Jahren um die Welt?«, fragte sie erstaunt, als sie einen Blick drauf geworfen hatte. Sie war ziemlich begeistert und wollte am liebsten alles wissen: wie es dazu gekommen und wo ich bisher überall gewesen war. Sie sagte noch mal, dass sie mit der Chefin reden würde, aber ihrem Gesicht nach zu urteilen, standen meine Chancen mittlerweile extrem gut. Tatsächlich bekam ich schon einen Tag später eine Einladung zum Probearbeiten.

Wir hatten vor, ein halbes Jahr in Neuseeland zu bleiben und so viel zu arbeiten, wie es ging. Jeder von uns arbeitete also 70 bis 80 Stunden die Woche, und den Rest der Zeit lebten wir auf Sparflamme, damit unsere Reisekassen wieder richtig anwachsen konnten. Es war eine stressige, aber schöne Zeit, die auch wieder ein Stück Lebenserfahrung mit sich brachte. Steffi und ich arbeiteten wie die Weltmeister, und oft kam es vor, dass wir uns aufgrund unterschiedlicher Schichten kaum sahen. Wenn ich nach Hause kam, schlief sie schon, und wenn sie losmusste, war ich noch nicht aufgewacht.

Weihnachten verging, wir arbeiteten auch an Silvester – und dann kam nach vier oder fünf Monaten der lange erwartete Anruf meines Bruders: Die Geburt meines Neffen stand kurz bevor. Weil ich unbedingt dabei sein wollte, beschlossen Steffi und ich, unsere Work-and-Travel-Zeit für eine Weile zu unterbrechen und nach Deutschland zu fliegen. Der Abschied fiel uns ganz schön schwer, da wir uns mittlerweile so gut eingelebt hatten. Dennoch stiegen wir Mitte Februar in den Flieger und standen nach eineinhalb Jahren Weltreise wieder zu Hause vor der Tür.

Kapitel 14
SHIT GETS REAL

WIEDER ZU HAUSE

Ich kann nicht leugnen, dass ich schon Tage zuvor ein mulmiges Gefühl bekam, wenn ich an die erneute Rückkehr nach Hause dachte. Natürlich freute ich mich auf meine Familie und meine Freunde. Gleichzeitig konnte ich mich aber auch sehr gut erinnern, wie es mir 2011 gegangen war, als die Travel-Depression mich in ihren Klauen gehabt hatte. Es gab jedoch gravierende Unterschiede zwischen der damaligen Rückkehr und der jetzigen. Erstens: Ich wusste, was mich zu Hause erwartete. Niemand würde Loopings schlagen, weil ich eineinhalb Jahre gereist war. Keiner meiner Freunde würde jedes Detail meiner Abenteuer erfahren wollen. Jeder lebte sein eigenes Leben, und das Reisen tat ich für mich. Zweitens: Ganz anders als nach meiner ersten Weltreise war ich nicht mehr orientierungslos. Ich wusste zwar damals schon, dass ich unbedingt weiterreisen wollte, aber jetzt wusste ich auch, wie. Ich hatte nicht nur meine Klamotten, sondern eine Menge mehr Erfahrung in meinem Backpack. Drittens: Ich war nicht alleine. Steffi saß neben mir im Flieger, wir hatten so vieles gemeinsam erlebt, und selbst wenn wir in einen kleinen dunklen Brunnenschacht fallen sollten: Zu zweit konnten wir eine Räuberleiter machen und waren im Nu wieder draußen.

Am Ende überwog also die Wiedersehensfreude. Gleich am ersten Abend feierten wir, dass wir alle wieder zusammen waren. Bei der Gelegenheit lernte ich auch endlich Steffis Eltern kennen, mit denen ich bisher nur über Skype gesprochen hatte. Als wenige Tage später mein Neffe Joshua auf die Welt kam, schlich sich wieder dieses Grinsen auf mein Gesicht, das ich bisher nur vom Reisen kannte. Ich wurde sein Patenonkel. Diesmal war ich zu Hause – und wirklich glücklich.

Natürlich brannten Steffi und ich darauf, sobald wie möglich wieder loszuziehen, aber aus unseren Plänen, nach Neuseeland zurückzukehren, wurde vorerst nichts. Zwei Monate später heiratete nämlich einer meiner besten Kumpels – und wo wir schon einmal in Deutschland waren, blieben wir natürlich bis zu diesem Ereignis. Als die Hochzeit vorbei war, hielt uns der herannahende Winter auf der Südhalbkugel zurück. Es machte nicht wirklich viel Sinn, genau jetzt nach Neuseeland zu fliegen.

Wir verlagerten das weitere Arbeiten für unsere Reisekassen also erst einmal nach Deutschland. Steffi fand einen Job beim Stadtmagazin in Würzburg, der ihr unglaublich gut gefiel. Sie ging darin richtig auf, weil sie es einfach liebt, mit Menschen zu kommunizieren. Mich inspirierte das, ich fing an zu überlegen, was ich neben dem Reisen besonders mochte.

Weil ich gleich wusste, dass dies nicht im Bereich IT-Systemkaufmann zu finden war, besuchte ich ein IHK-Seminar zum Thema Selbstständigkeit. Das fand lustigerweise im selben Institut statt, in dem ich vor einigen Jahren die Maßnahme für Langzeitarbeitslose besucht hatte. Auch der Seminarleiter war ein alter Bekannter, denn er war damals einer meiner Dozenten gewesen. Während eines Vortrags sah er mich im Publikum sitzen und erkannte mich wieder. In meinem Kopf spukten Ideen wie »Selbstständigkeit« oder »Reiseinspiration« herum, und ich stellte Fragen dazu. Am Ende des Vortrags schaute der Dozent in meine Richtung und sagte: »Machen wir doch mal die Probe aufs Exempel. Herr Martin, kommen Sie doch mal vor, und tragen Sie ein bisschen was zur allgemeinen Erheiterung und Inspiration bei.«

Die Herausforderung nahm ich gerne an, und ich hielt einen kleinen Impulsvortrag über das Reisen und darüber, was es bedeutet, seine Träume zu leben. Obwohl ich komplett aus dem Stand erzählte, kam der kleine Vortrag beim Publikum extrem gut an. Im Anschluss kam der Dozent zu mir und fragte mich, ob ich mir vorstellen könnte, am Institut zu arbeiten. Ich konnte.

Ein paar Tage später stand ich als Dozent vor genau so einer Gruppe Arbeitsloser wie der, in der ich selbst gesessen hatte. Ich gab Tipps, versuchte zu helfen und vor allem: Ich hörte zu. Der Job machte mir unwahrscheinlich viel Spaß. In einer Sitzung bat ich meine Teilnehmer, alles auf ein Papier zu schreiben, was sie in ihrem Leben nervte, alle negativen Dinge, die ihnen einfielen. Sie hörten gar nicht mehr auf zu schreiben. Als ich sie aber bat, auf der Rückseite aufzulisten, was sie alles an ihrem Leben schätzten und liebten, kamen nur sehr wenige Punkte zusammen – einige hatten sogar gar nichts geschrieben. Ich fand das sehr bezeichnend. Wie sollte jemand, der gar nichts Positives mehr an seinem Dasein fand, plötzlich einen Job finden, der ihn erfüllte? Hier setzte ich an. Wir redeten unglaublich viel, und ich versuchte zu vermitteln, wie man selbst dafür sorgen konnte, dass das Glas halb voll war. Wie man seine Einstellung änderte, indem man den Blickwinkel wechselte. Wir machten Übungen, um herauszufinden, wo die eigenen Stärken lagen, was genau die Leidenschaften von jedem waren. Und indem ich mich dort so intensiv mit den Teilnehmern beschäftigte, fand ich nach und nach meine eigenen. Genau das war es nämlich, was ich konnte: an Menschen positiv herantreten und sie auf meine eigene Art und Weise dazu inspirieren, ihre Träume anzugehen. In dieser Zeit wurde irgendwie ein erster Dominostein angestoßen, der im Laufe der Zeit viele weitere zum Fallen bringen würde.

KAMPF UM DEN SCHWEIZER TRAUMJOB

In den kommenden Wochen arbeitete ich also am Institut, während Steffi für das Stadtmagazin tätig war. Eines Tages schaute ich in mein E-Mail-Postfach und fand eine Nachricht von Borkman. Er schickte mir einen Link mit den Worten: »Nick, schau dir das mal an, das sieht ganz nach dir aus.«

Ich klickte auf den Link, und es startete ein Marketingvideo der Airline Swiss, in dem es um einen Aufruf ging. Gesucht wurde der sogenannte Swiss Explorer, also eine Person, die dafür bezahlt werden würde, um die Welt zu reisen und ihre Erfahrungen übers Internet zu teilen. Es klang insgesamt einfach zu gut, um wahr zu sei. Obwohl Borkman meinte, dass ich mich unbedingt bewerben müsse, tat ich es nicht. Zumindest nicht sofort. Am selben Tag bimmelte mein Postfach auf Facebook noch ein paarmal, und ich erhielt Nachrichten von anderen Reisebekanntschaften, unter anderem von Abraham aus San Diego, die mir denselben Link schickten. Immer hieß es: »Nick, das bist du, bewirb dich da mal!«

Ich bin niemand, der großartig an Zeichen glaubt, aber wenn sie sich dermaßen aufdrängen, dann muss ja etwas dahinterstecken. Also schnitt ich ein kleines Bewerbungsvideo zusammen und schickte es raus. Später erfuhr ich, dass es insgesamt 1440 Leute gewesen waren, die an Zeichen geglaubt und sich beworben hatten.

Wenige Tage später klingelte mein Handy, und mir wurde mitgeteilt, dass ich es in die nächste Bewerbungsphase geschafft hatte. Es folgte eine Einladung zum Assessment-Center in Zürich. Einen Tag saß ich dort mit den anderen Auserwählten und musste verschiedene Aufgaben lösen. Es waren alles super Leute, und wir hatten eine gute Zeit. Ich kämpfte nicht verbissen um den Job, es waren einfach so viele Bewerber, dass es mir hauptsächlich darum ging, ein paar Erfahrungen zu sammeln. Die Abschlussaufgabe bestand darin, zwei Stunden am Flughafen Zürich herumzulaufen und mit Fotos, Video und Text zu beschreiben, was es dort alles zu erleben gab. Als ich am Ende mein Ergebnis auf einem USB-Stick einreichte, rechnete ich noch immer nicht damit, dass ich es in die engere Auswahl schaffen würde. Obwohl ich mir natürlich sehr viel Mühe gegeben hatte. Doch ich hatte die anderen Teilnehmer kennengelernt – die waren alle wirklich cool und hatten einiges drauf.

Als bald darauf wieder mein Telefon klingelte und ich erneut die Schweizer an der Strippe hatte, klappte mir die Kinnlade bis auf die Knie: Ich hatte es tatsächlich unter die letzten vier Bewerber geschafft. Wie krass war das denn?

Ab sofort änderte sich meine Einstellung gegenüber der ganzen Sache, da der Hauptgewinn plötzlich in greifbare Nähe gerückt war: Nun ging es mir nicht mehr nur um die Erfahrung – jetzt wollte ich gewinnen.

Ich flog also wieder nach Zürich. Dieses Mal in Hemd und Anzug, da es jetzt um Vertragliches und Gehaltsvorstellungen ging. Außer mir waren noch eine weitere Deutsche und zwei Schweizer, ein Typ und ein Mädel, im Rennen. Am Ende des Tages kam die Deutsche im übertragenen Sinn als Letzte ins Ziel. Das bedeutete: Zwei Schweizer und ein Deutscher machten sich auf in die Endrunde.

Das Finale fand einige Zeit später statt und bestand aus einer ganz besonderen Aufgabe: Jeder von uns wurde in eine bestimmte Stadt geflogen, über die wir dann in einem selbst gedrehten und geschnittenen dreiminütigen Video berichten sollten. Dafür hatten wir insgesamt 36 Stunden Zeit. Die Videos sollten dann im Anschluss auf der Swiss-Facebook-Seite hochgeladen werden. Derjenige, dessen Video die meisten Likes erzeugte, würde gewinnen.

Die Schweizerin wurde nach Barcelona geschickt, der Schweizer landete in Berlin, und für mich ging es wieder einmal nach Zürich. Ich gab alles: Von Freitagabend bis Samstagabend lief ich durch die Stadt, erkundete für mich unbekannte Ecken, holte mir von meinen Reisebekanntschaften Tipps und filmte, was das Zeug hielt. Auf dem Rückflug arbeitete ich weiter, sprach am Sonntag noch eine Tonspur drauf und hinterlegte alles mit dem Lied *Easy* von Cro. Mein Kumpel Dan half mir mit den Texten, denn wir mussten alles auf Englisch abliefern. Montagmorgen um fünf Uhr lud ich das Video hoch und hatte es damit zwei Stunden vor Ablauf der offiziellen Abgabefrist geschafft. Nun lag alles in den Händen der Internetnutzer, die eine Woche Zeit hatten, für ihren Favoriten abzustimmen.

Schon Wochen zuvor hatten wir geplant, an diesem Montag mit Freunden von Steffi nach Österreich zu fahren. Ich war komplett k. o., meganervös, weil ich wirklich gewinnen wollte, und froh, dass ich durch unsere kleine Reise ein wenig Abstand gewinnen konnte. In den Bergen Österreichs hatten wir kaum Handyempfang, und so bemerkte ich zuerst nicht, dass einer der Schweizer Projektmanager etliche Male versucht hatte, mich zu erreichen. Als er mich endlich an die Strippe bekam, sank mir mein Herz in die Hose: YouTube hatte mein Video gesperrt, weil ich das Cro-Lied aus lizenzrechtlichen Gründen nicht hätte verwenden dürfen. Ich Depp! Da ich keinen Computer dabeihatte, konnte ich nichts tun. So traurig ich war, dachte ich mir: »Everything happens for a reason – es hat nicht sollen sein.«

Als ich am Donnerstag wieder zu Hause angekommen war, setzte ich mich trotzdem noch einmal an den Laptop, löschte die Musik und unterlegte mein Video mit einem neuen Lied. Der Schaden war allerdings schon angerichtet: Die Schweizerin hatte mittlerweile um die 500 Likes, der Schweizer ganze 800, und ich bildete mit gerade einmal 67 Stimmen das Schlusslicht. Auf der anderen Seite: Das waren eigentlich ziemlich viele Stimmen für ein Video, welches dank der GEMA gar nicht zu sehen war.

Obwohl der Zug für mich abgefahren schien, wallte in mir erneut Ehrgeiz auf. Borkman, Abraham, Thi, Marc und Kat, Maria, Laura, Thomas, Dan, Efs, Sophie sowie alle anderen Reisebekanntschaften und Freunde unterstützten mich und stimmten ab. Sogar mir fremde Menschen posteten und trugen dazu bei, dass meine Likes unter dem Video langsam, aber stetig nach oben gingen. Bei meinen Konkurrenten allerdings auch. Der härtere Gegner war der Schweizer, denn er kam aus dem Marketingbereich und hatte ein richtig abgefahren cooles Video abgeliefert. Mit dem Video der Schweizerin konnte ich locker mithalten, und so kam es, dass ich nach und nach zu ihr aufschloss. Tag und Nacht verbrachte ich vor dem Rechner und unternahm alles, was mir einfiel, um den Wind zu meinen Gunsten zu drehen.

Am Samstag verzeichnete ich den ersten Erfolg, denn ich überholte die Schweizerin. Sie verstand, dass sie nun keine Chance mehr hatte, und fing an, ihren Landsmann zu unterstützen. Wenn schon einer den Traumjob der Schweizer Airline gewinnen sollte, so ihre Meinung, dann wenigstens ein Schweizer. Wir lieferten uns ein echtes Kopf-an-Kopf-Rennen. In der Nacht zum Sonntag erreichten wir Gleichstand, und ich flippte beinahe aus. Der Sieg war so nah! Im Sekundentakt aktualisierte ich die Website: Mal war der Schweizer ein paar Likes voraus, mal ich. In den letzten Minuten der Abstimmung war ich komplett übermüdet, wurde aber von meinem hohen Adrenalinspiegel wach gehalten. Am Ende gewann ich mit acht Stimmen

Vorsprung. Ich konnte mein Glück kaum fassen. Am nächsten Morgen klingelte mein Telefon, und der Projektleiter machte es offiziell: Ich hatte das Rennen um den Titel »Swiss Explorer« gewonnen.

ALS SWISS EXPLORER UM DIE WELT

Steffis und mein Neuseelandplan war damit in noch weitere Ferne gerückt. Nun hieß es für mich erst einmal: ab in die Schweiz und von dort aus ein halbes Jahr als Reisejournalist um die Welt jetten. Von September 2014 bis März 2015 wohnte ich mit einer Studentin und einer Flugbegleiterin in einer Züricher WG in Kloten, ganz in der Nähe des Flughafens. Jede Woche flog ich mittwochs zu einer von Swiss Airlines vorgegebenen Destination und hatte dort drei Tage Zeit, die besten Ecken zu erkunden und alles per Fotos und Videos festzuhalten. Immer samstags kam ich zurück nach Zürich. Sonntags saß ich meist acht Stunden im Büro der Fluggesellschaft und arbeitete wie verrückt, um die ganzen Notizen und Erfahrungen in Texte zu verpacken und die Videos zu schneiden. Viele Marketingkanäle mussten befüllt werden: Twitter, Facebook, Instagram, ein Reiseblog, eine Onlinekolumne und ein fester Artikelplatz im Bordmagazin. Es war unendlich viel Arbeit, vor allem weil jeder Text jeweils auf Englisch und Deutsch verfasst werden musste. Im Büro half mir ein Marketingteam, die Texte abzurunden. Montags wanderte alles, was ich produziert hatte, ins Lektorat, während ich die Fotos bearbeitete und mich noch mal an den Videoschnitt machte. Dienstags wurde der ganze Kram dann hochgeladen. Danach fing ich direkt an, für das nächste Reiseziel zu recherchieren. Es ging also alles wieder von vorne los. Ich arbeitete sieben Tage die Woche und führte mit Steffi eine richtige Fernbeziehung, da wir uns nur etwa einmal im Monat sahen. Manchmal konnten wir es so lösen, dass sie mich bei meinen Trips begleiten durfte. Aber viel hatte sie dann auch nicht von mir, weil ich nur durch die Gegend rannte und versuchte, so viel wie möglich zu entdecken, damit ich auch etwas zu berichten hatte.

Der Flughafen Zürich wurde mein zweites Zuhause. Immerzu war ich dort – oder eben im Flugzeug. In meiner Zeit als Swiss Explorer besuchte ich Orte wie Hamburg, Stockholm, Lissabon, Riga, Dublin, Manchester, Kopenhagen, Los Angeles, San Francisco, New York, Tokio, Tansania, Sansibar oder Mumbai und kam bei Langstreckenflügen in den Genuss der Businessclass, wo ich Champagner gereicht bekam. Als leidenschaftlicher Backpacker, der normalerweise low-budget-mäßig unterwegs ist, war das für mich alles eine ganz neue Welt. Diese vielen unterschiedlichen Orte zu besuchen war großartig, aber auch unheimlich anstrengend. Mein Kopf funktionierte dank des Jetlags irgendwann gar nicht mehr richtig, doch die Arbeit hörte nicht auf. Ich hatte keine Zeit, mich an neue Städte, Länder und Kulturen zu gewöhnen, sondern musste sofort funktionieren – und zwar immer. Es gab keine Pause. Meine Kamera lief die ganze Zeit, und wenn ich in Zürich war, saß ich nur vorm Computer.

Unterwegs kam es vor, dass mich Menschen erkannten, Selfies machen wollten oder um Autogramme auf ihrem Bordmagazin baten. Das war toll, aber auch sehr ungewohnt. Ich war dankbar für die Möglichkeiten, die mir dieser Job bot, und die Arbeit machte mir auch viel Spaß. Sie forderte allerdings meine ganze Kraft. Schön war, dass ich viele alte Reisebekanntschaften und Freunde treffen konnte, wie Maria in New York, Andrea in L. A. oder Dan in Stockholm. Ich hatte auch die Gelegenheit, hinter die Kulissen einer Fluggesellschaft zu gucken. Ich arbeitete unter anderem einen Tag als Flugbegleiter, durfte bei einem Langstreckenflug im Cockpit mitfliegen und eine Firma besuchen, die das Flugzeugessen zubereitete.

Anfangs wurden mir die Themen meiner Berichte vorgegeben, nach einer Weile durfte ich auch selbst entscheiden. So wanderte ich beispielsweise drei Tage durch den Dharavi-Slum von Mumbai oder besuchte Dhobi Ghat, die größte Freiluftwäscherei der Welt. In L. A. sollte ich über die besten Burger der Stadt berichten, und so fuhr ich tagelang von einem Restaurant zum nächsten, bis mir das Essen zu den Ohren herauskam. Es war eine wirklich tolle Zeit. Eine Kehrseite der Medaille gab es leider auch, denn nicht jeder fand meine Texte und Videos gut. Immer mal wieder las ich Nachrichten oder Kommentare von irgendwelchen Menschen, die richtig auf mich abhassten. Weil ich jeden Tag wie ein Bekloppter arbeitete und mein Allerbestes gab, zog mich das teilweise schon ziemlich runter. Doch auch das verbuchte ich als Erfahrungen, aus denen ich lernen konnte.

Alles in allem erlebte ich wirklich unglaublich viel, aber ich war trotzdem auch froh, als das halbe Jahr vorbei war und ich endlich mein normales Leben zurückbekam.

WEITER GEHT'S

Um mich von diesem unglaublichen Arbeitspensum zu erholen, flog ich im Anschluss einen Monat nach Bali und lernte das Surfen noch einmal von der Pike auf. So richtig mit Surfkurs und allem Drum und Dran. Während der ganzen Zeit hatte Steffi beim Stadtmagazin in Würzburg gearbeitet, und auch ich nahm nach Bali meine dortige Dozententätigkeit am Institut wieder auf.

Mein Gedankenkarussell wurde angeworfen, und ich überlegte, was ich im Leben erreichen wollte. Meine Weltreisen und auch die Zeit als Swiss Explorer hatten mich näher an die Antwort gebracht. In einer seiner berühmtesten Reden sagte Steve Jobs einmal zu seinem studentischen Publikum in etwa: »Man kann die Punkte nicht verbinden, wenn man sie vor sich hat. Die Verbindung ergibt sich erst im Nachhinein. Man muss also darauf vertrauen, dass sich die Punkte irgendwann einmal zusammenfügen. Man muss an etwas glauben – Intuition, Schicksal, Leben, Karma, was auch immer. Diese Haltung hat mich nie enttäuscht, sie hat mein Leben entscheidend geprägt.« Das passte auch sehr gut zu meiner Situation. Ich hatte mittlerweile das Gefühl, dass sich auch bei mir nach und nach verschiedene Punkte im Leben verbanden und ich langsam herausfand, wer ich eigentlich war.

Mittlerweile hatte ich meinen Reiseblog *Travel Echo* gegründet und spielte mehr und mehr mit dem Gedanken, mir irgendeine Form von Selbstständigkeit aufzubauen, durch die ich das Reisen und Arbeiten besser verbinden konnte. Mein erstes Produkt sollte ein digitales Kochbuch sein, in dem ich die vielen unterschiedlichen Rezepte für Gerichte vorstellte, die ich auf der ganzen Welt kennen- und lieben gelernt hatte. Der Titel lautete damals *Fuck Pasta 'n' Ketchup* und spielte darauf an, dass man auch als Low-Budget-Backpacker mehr machen kann, als sich in Hostel-Gemeinschaftsküchen Nudeln mit Tomatensoße zu kochen.

Bei meinen Recherchen zum Thema Onlinebusiness stolperte ich eines Tages über die Werbung für eine Konferenz: DNX, die Digitale-Nomaden-Konferenz. Hier lernte ich auf einen Schlag viele Menschen kennen, die genauso tickten wie ich: Es waren in der Mehrzahl Weltreisende, die sich ihr Leben über ein ortsunabhängiges Business finanzierten. Hier fühlte ich mich auf Anhieb zu Hause. Bei der ersten Konferenz war ich noch Teilnehmer. Bei der zweiten, ein halbes Jahr später, meldete ich mich bereits als Speaker für meinen eigenen Vortrag an. Ich erzählte von meinen Abenteuern, meinen Erfahrungen und wie ich es geschafft hatte, das Leben zu führen, das ich liebte. Das Feedback, das ich daraufhin bekam, festigte meinen Wunsch, irgendetwas mit meinem Leben anzufangen, das andere Menschen dazu inspirierte, ihre eigenen Träume wahr werden zu lassen.

So vergingen der Frühling und der Sommer 2015 mit lauter Ereignissen, die mich immer mehr auf meinen eigenen Weg lenkten. Zwischendurch unternahm ich Kurztrips mit Steffi und reiste zwei Wochen per Anhalter durch Tschechien, Slowenien, Ungarn und Österreich. Als es schließlich September wurde, beschlossen Steffi und ich, dass es Zeit war, unsere Backpacks zu packen und in die Ferne zu reisen. Parallel hatten wir vor, an unseren neu aufgesetzten Reiseblogs zu arbeiten.

FIGHT!

Das Flugzeug katapultierte uns aus dem langsam kälter werdenden Deutschland ins warme Asien. Für uns beide war es das erste Mal auf den Philippinen. In unserem Hostel in der Hauptstadt Manila lernten wir schon am ersten Abend Keisha kennen, eine kleine, etwas korpulente US-Amerikanerin mit großem Herz. Sie fragte uns, ob wir sie und ein paar andere Backpacker am Abend mit in die Stadt begleiten wollten. Dort feierte ein mexikanisches Restaurant sein fünfjähriges Bestehen, und zu diesem Anlass gab es Margaritas für umgerechnet fünf Cent (!). Eigentlich waren wir beide ziemlich müde, aber wir ließen uns überreden.

Im mexikanischen Restaurant schlugen wir uns die Bäuche voll und investierten ganze 50 Cent in Margaritas. Entsprechend angetütert, beschlossen wir, mit ein paar Locals ein wenig durch das Nachtleben von Manila zu ziehen. Irgendwann landeten wir auf der städtischen Partymeile und dann in einer dunklen Bar, in der einzig einige indirekte Lichtquellen für ein bisschen Helligkeit sorgten. In der Mitte des Raumes wurde ein Boxring angestrahlt, in dem sich zwei kleinwüchsige Männer mit überdimensional großen Boxhandschuhen bekämpften.

Kurze Zeit später liefen einige Promoter durch den Laden und suchten im Publikum einen Schiedsrichter für den nächsten Kampf. Natürlich war ich es, der zwei Minuten später im Ring stand. Ich bin ja generell nicht so der Typ, der sich als Letzter meldet, aber gepaart mit den Margaritas, war ich sofort am Start.

Als Nächstes kämpften zwei Philippinerinnen gegeneinander, wieder mit diesen riesigen Boxhandschuhen. Die Kämpfe waren natürlich nicht ernst gemeint, sondern eher Spaßkämpfe. Uns wurden die Regeln erklärt, und dann ging es auch schon los. Sobald ich »Fight!« rief, stürzten sich die Mädels aufeinander. Immer wieder trennte ich sie, bis sie irgendwann beschlossen, zusammen auf mich loszugehen. Eine sprang mir auf den Rücken, die andere traktierte mich von vorne. Das Publikum johlte. Als wir schließlich fix und alle aus dem Ring stiegen, wurde ich von einem Promoter abgefangen, der mich mit einem typischen Promotertrick dazu brachte, den beiden Philippinerinnen und mir selbst Tequila zu spendieren. Er schlug das so vor, als würden wir eingeladen, am Ende wurde dann aber mir die Rechnung hingehalten. Steffi schüttelte darüber den Kopf, dass ich auf so eine billige Masche hereingefallen war, nun 20 Dollar blechen musste und überhaupt mit zwei leicht bekleideten Philippinerinnen im Ring gerauft hatte. Ich schüttelte auch den Kopf – allerdings vor Lachen und wegen des bitteren Geschmacks des Tequilas.

FILMSTARS

Unsere Asienreise hatte mit diesem ersten Abend in Manila auf jeden Fall einen glorreichen Einstieg gefunden. Von dort aus reisten wir nach Bohol Island, wo uns freundliche Menschen anlachten und zuwinkten, wohin wir auch kamen. Wir sahen

Koboldmakis, winzige Kulleraugenäffchen, die in Baumkronen saßen und mich an Gollum aus *Der Herr der Ringe* erinnerten. Im Nu waren wir also wieder mittendrin im Reisen.

Keisha hatte uns den White Beach in der Nähe von Manila empfohlen, und so stand unser nächstes Ziel nach Bohol Island auch schon fest. Während Steffi und Keisha unterwegs waren, hing ich eine Weile am Strand ab. Hier fand gerade ein kleiner Filmdreh statt, bei dem ich eine Weile zuschaute. Plötzlich trat einer der Kameramänner auf mich zu: »Hey, wir sind von einer Filmagentur und drehen einen Weihnachtswerbespot für Philippine Airlines.* Hättest du Lust, ein bisschen mitzuwirken?«

»Wie jetzt? Also gleich? Klar«, antwortete ich – und schon ging es los. Ich musste irgendwelche Sätze auf Filipino in die Kamera sagen *(Pupulupot Lupot Paikot ng Paikot)* und mich mit einem Stock drehen, als hätte ich einen Selfiestick in der Hand. Als Steffi dazustieß, wurde auch sie für den Werbespot rekrutiert. Den ganzen Tag brachten wir damit zu, verschiedene Szenen zu spielen. Am Ende wurden wir zu einem Abendessen mit dem gesamten Filmteam eingeladen.

Nachdem wir also auch das Thema »Filmstars werden« auf unserer Bucket List abhaken konnten, reisten wir weiter nach El Nido. Dort und auf den umliegenden Inseln erwarteten uns puderweiße Strände und türkises Wasser. Neben den Fidschis und Sansibar hatten es die Inseln rund um Palawan in meine Top 3 der schönsten Stranddestinationen geschafft.

* Such mal bei YouTube nach »Foreigners Love Celebrating Paskong Pinoy«!

AUSGERAUBT

Nach ein paar Tagen Schnorcheln, Schwimmen und Sonnen auf den traumhaften Inseln rund um El Nido landeten Steffi und ich irgendwann auf Cebu. Diese Insel hatten wir ursprünglich nur als Zwischenstopp vorgesehen, um von dort aus weiter nach Siargao zu reisen. Doch es kam alles anders, denn auf Cebu erwartete uns ein regelrechter Albtraum.

Als wir ankamen, checkten wir zuerst in ein Hostel ein. Bevor wir uns in die Stadt aufmachen wollten, um noch etwas zu essen, gingen wir in das Acht-Bett-Zimmer, in dem wir zwei Betten gebucht hatten, und richteten unsere Lager ein wenig her. Der Einzige, der sich ebenfalls gerade im Zimmer aufhielt, war ein tschechischer Backpacker, mit dem wir uns eine Weile unterhielten. Er erzählte uns, dass er vorhatte, noch ein bisschen auf Cebu zu bleiben und dann weiter durch Asien zu reisen.

Wir selbst waren zu dieser Zeit nur mit Handgepäck unterwegs. Für das Herumreisen auf den Inseln brauchten wir nicht viel, also hatten wir die sperrigen Backpacks so lange im Hostel in Manila gelassen. So hatten wir hauptsächlich unsere Dokumente, ein paar Klamotten, unsere Kulturbeutel und ein wenig Technik dabei, wie zum Beispiel Steffis Kamera und unsere Handys samt Zubehör. Als wir fertig waren, schlossen wir unsere Taschen in die Schließfächer auf dem Gang und liefen los.

Wir steuerten ein Einkaufscenter an und setzten uns in ein Restaurant. Anschließend hingen wir dort noch ein wenig herum und machten uns etwa eineinhalb Stunden später schließlich wieder auf den Rückweg. Als wir auf der Rolltreppe standen, zeigte Steffi nach unten und sagte: »Guck mal, da sitzt der Tscheche aus unserem Zimmer!«

Auch der Typ hatte uns gesehen und schaute uns mit großen Augen an.

Als wir ins Hostel zurückkamen, setzten wir uns zu ein paar anderen Backpackern auf einen großen Balkon. Ein Mädel sprach uns an: »Habt ihr schon gehört? Jemand hat ein paar Schließfächer aufgebrochen und Sachen geklaut!«

Steffi sprang sofort auf und rannte los. Irgendwie ahnte ich es schon, und tatsächlich hörte ich Steffi ein paar Sekunden später nach mir rufen: »Noooooo! Fuck! Niiiiiiiick! Niiiiiiiiiick! Fuck!«

Ich rannte sofort zu ihr. Als ich ankam, saß Steffi komplett aufgelöst vor ihrem Schließfach. Ihres und ein weiteres der ungefähr 16 Schließfächer hatte es getroffen: Sie waren komplett ausgeräumt worden, und nichts war mehr da.

Wir rannten umgehend runter zur Rezeption, wo schon ein kanadisches Pärchen stand und ebenso aufgelöst war wie Steffi. Sie hatte es echt hart getroffen: Sie hatten Computer, Kameras und eine Menge sonstiger Technik im Wert von rund 9000 Euro dabeigehabt. Ich war nur froh, dass wir unsere Laptops in Manila gelassen hatten.

Zu viert standen wir am Empfang, wo die Kanadier schon eine ganze Weile auf drei Rezeptionisten eingeredet hatten. Die Männer allerdings bewegten sich nicht großartig und behandelten uns wie Luft – vermutlich standen sie ein wenig unter Schock, da wir, aufgebracht, wie wir waren, immer lauter wurden. Sie starrten lediglich auf die Überwachungskameras. Bloß: Auf denen war nichts zu sehen, denn keine hatte die Wand mit den Schließfächern gefilmt. Ich fragte mich, wozu es die Kameras überhaupt gab, wenn sie nicht einmal die wichtigsten Ecken aufzeichneten.

Weil die Männer hinter der Rezeption so teilnahmslos waren und überhaupt nicht auf uns eingingen, trat Steffi irgendwann vor lauter Wut gegen einen Stuhl und brach sich dabei fast noch die Zehen. Sie hatte wirklich gar nichts mehr außer den Klamotten, die sie gerade trug, und ihrem Handy, das in ihrer Hosentasche gesteckt hatte.

Die Polizei war laut Rezeptionisten bereits alarmiert, also konnten wir nichts weiter tun, als zu warten.

Ich nahm Steffi zur Seite, damit sie sich etwas beruhigte. Außerdem redete ich auf sie ein, dass sie sofort ihre Kreditkarten sperren müsste. Sie war jedoch so aufgelöst, dass sie das alleine gar nicht hinbekam. Also nahm ich ihr Handy und ließ mir von ihr die Passwörter diktieren, um die Sache schnell hinter uns zu bringen.

Wir waren alle froh, als nach über einer halben Stunde endlich zwei Uniformierte ins Hostel kamen. Sie schauten sich erst einmal in aller Seelenruhe die Überwachungsbänder an, nachdem wir ihnen geschildert hatten, was vorgefallen war. Doch wie wir bereits wussten, war auf den Aufnahmen nichts zu sehen. Einzig der tschechische Backpacker lief mit seinem riesigen Rucksack einmal durchs Bild. Das machte mich stutzig: Hatte der Typ nicht gesagt, er wolle noch ein paar Tage bleiben? Warum checkte er dann so urplötzlich aus? Mit so viel Gepäck? Ich erinnerte mich an den komischen Blick, den er uns zugeworfen hatte, als wir ihn im Einkaufszentrum gesehen hatten. Für mich war der Fall klar: Er musste der Dieb sein!

Sofort forderte ich von den Rezeptionisten seine Ausweiskopie, die beim Check-in gemacht worden war. Das ist zum Glück immer so: Will man sich in ein Zimmer einbuchen, muss man seine Papiere vorlegen. Die Männer gaben die Kopie jedoch nicht mir, sondern den Polizisten. Diese ließen mich nicht einmal einen Blick drauf werfen.

»Nein«, sagte der eine Polizist ruhig. »Das betrifft laufende Ermittlungen und fällt unter den Datenschutz. Ich kann Ihnen die Ausweiskopie weder geben noch zeigen.«

Klar, ich verstand das schon, fragte mich aber langsam, ob hier alle ein bisschen bescheuert waren. Meine Freundin und die Kanadier waren gerade komplett ausgeraubt worden, wir wussten, wer es gewesen sein könnte, und trotzdem sah sich keiner in der Pflicht, mal einen Zahn zuzulegen, solange der Typ vielleicht noch in der Nähe war!

Stattdessen mussten wir den Polizisten nun erst einmal im Entenmarsch zum nicht weit entfernten Polizeirevier folgen. Dort ging dann alles noch mal von vorne los: Wir mussten eine Anzeige aufgeben, erneut schildern, was passiert, und dann im Detail aufsagen, was alles geklaut worden war. Bei Steffi waren es ihre Klamotten, ihr Kulturbeutel samt Kontaktlinsen und die dazugehörige Lösung, ihre Brille, die Kamera samt Zubehör, ihr iPhone-Ladekabel, sämtliche Papiere wie Reise- und Impfpass sowie Kreditkarten, ihr Bargeld und ihre GoPro. Während Steffi einen Gegenstand nach dem anderen aufzählte, flossen mehr und mehr Tränen. Als sie fertig war, kamen die Kanadier an die Reihe. Danach mussten wir uns auf ein paar Stühle setzen und ewig warten. Das alles dauerte so lange, der Dieb hätte rückwärts fliehen können und wäre trotzdem nicht einzuholen gewesen.

Eine ganze Weile später wurden wir dann in das Büro des Polizeichefs gerufen. Er hatte den Bericht vor sich liegen und wiederholte noch mal alles, was darin stand. Als wir die Richtigkeit der Angaben bestätigt hatten, seufzte der Typ und meinte, er wisse genau, wie wir uns jetzt fühlten. Das war der Moment, in dem ich endgültig ausrastete. Ich schrie den Polizeichef an, dass er einen Scheiß wisse, denn schließlich sei nicht er ausgeraubt worden, sondern meine Freundin, die nichts mehr habe als die Klamotten, die sie am Leib trage. »Und anstatt hier irgendetwas zu unternehmen oder mal nach dem Typen zu suchen, der es mit hoher Wahrscheinlichkeit gewesen ist, bringen wir hier Stunden um Stunden mit irgendwelchem Bürokram zu!«, setzte ich hinzu. Ich ließ eine ganze Litanei vom Stapel, was uns alles geklaut worden war und wie lange es dauern würde, allein die ganzen Dokumente wieder zu beantragen. Irgendwann legte einer der anderen Polizisten eine Hand auf meine Schulter und sagte mir ernst, dass ich mich jetzt wieder beruhigen solle.

»Wir haben das Foto des Verdächtigen, und wir haben seine Angaben bereits an die umliegenden Reviere gefaxt«, erklärte der Polizeichef. »Das Problem bei der Sache ist, dass es sich um einen Touristen handelt und wir nicht wissen, wo er sich hinbegeben wird. Bei einem Landsmann wüssten wir, welche Schwarzmärkte wir sofort überprüfen müssten.«

Jetzt war es der Kanadier, der plötzlich aus der Haut fuhr. Er fing sich jedoch schnell wieder und erklärte, dass er demjenigen, der seine Sachen – auch anonym – zurückbrächte, 2000 Euro zahlen würde. Offenbar schloss er die Möglichkeit nicht aus, dass die Polizisten mit dem Dieb unter einer Decke stecken könnten.

Ich wiederum wollte nicht lockerlassen, was die Ausweiskopie anging. Ich argumentierte, dass ich ein großes Netzwerk hätte und sich so über Facebook vielleicht etwas herausfinden lasse.

»Und wenn er es nicht war?«, fragte der Polizeichef zurück. »Wie willst du den Schaden dann wiedergutmachen, ihn öffentlich als Dieb hingestellt zu haben?«

Ich musste zugeben, dass an diesem Argument etwas dran war. Dennoch wollte ich zumindest den Namen wissen. Ich hob gerade wieder zu einem neuen Schwall Argumente an, als mich der Polizeichef mit einer Geste unterbrach.

»Ich verstehe dich ja, das tue ich wirklich. Aber ich darf euch diese Ausweiskopie nicht geben.« Er machte eine kurze Pause und schob die Kopie über den Schreibtisch, sodass sie in der Mitte lag. »Aber sagen wir mal so: Ich kann auch nicht verhindern, dass ihr einen Blick drauf werft, wenn ich es gerade nicht merke.«

In Windeseile zückte ich mein Handy und fotografierte den Zettel.

Schon als wir das Polizeirevier verließen, hing ich über dem Smartphone und googelte den Namen des Tschechen. Gleichzeitig checkte ich Facebook. Leider stellte sich heraus, dass der

Typ in Tschechien einen sehr geläufigen Namen hatte. So wie bei uns »Müller« oder »Schmidt«. Meine Internetrecherche führte also zu keinem Ergebnis. Steffi seufzte und sagte: »Nick, uns bleibt nichts anderes übrig, als jetzt noch eine Runde einkaufen zu gehen.« Und so machten wir uns zum zweiten Mal an diesem Tag auf ins Einkaufszentrum. Es war mittlerweile nach 22 Uhr, aber die Läden waren zum Glück noch offen. Wir besorgten Steffi alles, was sie am dringendsten benötigte, und fielen danach vollkommen erledigt ins Bett. Es brauchte noch eine ganze Weile, bis wir einschlafen konnten. Vor allem Steffi war unglaublich traurig, und die Tränen kullerten.

BAYERISCHE HERZLICHKEIT

Die Deutsche Botschaft auf den Philippinen befindet sich in Manila. Glücklicherweise gibt es auch auf Cebu ein deutsches Konsulat. Das wurde dann unsere erste Station des Tages. Nachdem wir der Vorzimmerdame geschildert hatten, was unser Problem war, wurden wir ins Büro des Konsuls gebeten. Bei diesem handelte es sich um einen gemütlichen Urbayern Mitte 50, der uns in breitestem Bayerisch begrüßte: »Ouh, des hört si scheise an, sog i moi, oje, oje, kimmd eastmoi mid nei!«

Als wir Platz genommen und ihm die ganze Geschichte erzählt hatten, schaute er uns voller Mitleid an und sagte: »Wisst ihr wos, etz dringt east moi oan Schnaps!« Und tatsächlich holte er aus einem Schrank eine Flasche Zwetschgenschnaps von seiner Mutter aus Bayern sowie zwei Gläser und schenkte uns ein.

Danach erklärte er uns bedauernd, dass wir ohne Dokumente tatsächlich nicht ausreisen konnten. Allerdings hatte Steffi unter der Schutzhülle ihres Handys aus irgendeinem Grund ihren Führerschein verstaut gehabt. Sie reichte ihm diesen und fragte, ob es damit vielleicht ginge. Tatsächlich war es damit möglich, so der Konsul, zumindest innerhalb der Philippinen zu reisen. Nach Manila würden wir also auf jeden Fall kommen. Dieser herzliche Bayer war für uns ein echter Lichtblick.

DIE BÜROKRATIEHÖLLE VON MANILA

Zurück in der Hauptstadt, checkten wir erst einmal, ob unsere großen Backpacks noch sicher im Hostel verwahrt waren. Zum Glück war alles noch da und Steffi froh, endlich ein paar ihrer eigenen Klamotten wiederzuhaben. Doch die Freude währte nur kurz, denn jetzt ging der ganze Bürokratieterror so richtig los.

Die erste Schwierigkeit war, überhaupt erst einmal in die Deutsche Botschaft hineinzukommen, denn uns erwartete eine ganze Reihe von Sicherheitskontrollen. Als wir endlich am Schalter standen, mussten wir zum gefühlt hundertsten Mal erklären, was passiert war. Die Sachbearbeiterin war eine junge, sehr freundliche Philippinerin. Wir legten ihr den Polizeibericht und Steffis Führerschein vor, und sie erklärte uns, dass deutsche Pässe gerne geklaut wurden, da sie auf dem Schwarzmarkt sehr viel Geld einbrachten. Manche Touristen verkauften ihre Pässe sogar selbst und gaben dann einfach an, beklaut worden zu sein.

Steffi, die immer unglaublich organisiert ist, hatte ihren Reisepass abfotografiert und zeigte ihn der Frau. Doch leider reichte das nicht aus, um einen neuen Pass ausgestellt zu bekommen.

»Ich brauche Passbilder von Ihnen und diese Reisepasskopie in ausgedruckter Form. Dann müssten Sie mir außerdem noch diese Formulare ausfüllen. Am besten, Sie organisieren das alles und kommen morgen noch mal vorbei.« Sie reichte uns besagte Formulare und wünschte uns trotz allem einen schönen Tag.

Um es kurz zu machen: Den hatten wir nicht. Wir durchlebten eine Odyssee durch strömenden Regen und mit unwilligen

Taxifahrern, bis wir endlich Passbilder machen konnten. Dafür waren die griesgrämigen Fotos, die wir am Ende in den Händen hielten, wirklich Weltklasse.

Am nächsten Tag teilte uns die Sachbearbeiterin in der Deutschen Botschaft mit, dass wir nun alle erforderlichen Unterlagen beisammenhätten. Den Reisepass würden wir jedoch frühestens am nächsten Tag in der Einwanderungsbehörde abholen können.

Also machten wir uns einen Tag später auf den Weg dorthin. Wir wurden den halben Tag lang von einem Büro zum nächsten geschickt, ich fühlte mich wie bei *Asterix erobert Rom.* Zuerst mussten wir eine Wartenummer am Schalter für ausländische Pässe ziehen. Nachdem wir dort eineinhalb Stunden gewartet hatten, gab man uns einen Abholschein und schickte uns in ein anderes Büro im zweiten Stock. Hier bekamen wir erneut eine Wartenummer und standen uns die Beine in den Bauch. Als wir endlich an der Reihe waren, teilte man uns mit, dass noch ein bestimmtes Formular fehle, und zwar das Affidavit of Loss, die Eidesstattliche Versicherung bei Verlust. Die war allerdings nicht in der Einwanderungsbehörde zu bekommen, sondern nur bei einem Notar, ungefähr 100 Meter die Straße runter. Ich rauchte innerlich vor Zorn, weil die ganze Warterei umsonst gewesen war. Aber es half alles nichts.

Das Notariat war nicht viel mehr als ein Hinterhof neben einem Garagenverkauf, in dem lange Tische aufgestellt waren. Mehrere Reihen von Menschen standen an den unterschiedlichen Tischen an. Wir konnten gar nicht glauben, dass dies eine offizielle Stelle sein sollte, bei der man notariell beglaubigte Formulare bekam. Auf Nachfrage wies man uns zur Reihe sieben, und wir warteten wieder. Als wir dran waren, reichten wir den Polizeibericht und die Reisepasskopie und bekamen dann alles abgestempelt zusammen mit dem Affidavit of Loss zurück.

Schweigend gingen wir zurück zur Einwanderungsbehörde, wehrten die Wartenummer am Eingang ab und liefen gleich in den zweiten Stock. Hier verzichteten wir ebenfalls auf die Wartenummer, klopften kurz an und marschierten einfach ins Büro. Die Sachbearbeiterin seufzte und wollte unsere Dokumente trotzdem entgegennehmen, doch ein Kollege hielt sie zurück.

»Nein, tut mir leid, hier muss alles seine Ordnung haben, sonst halten Sie die ganzen Prozesse auf. Ihnen fehlt noch die Mappe«, sagte er.

»Was für eine Mappe?«, erwiderte ich äußerst genervt.

»Sie hätten vom Notar eine Mappe bekommen müssen, in die alle Dokumente einsortiert werden.«

Ich konnte es nicht fassen und war kurz vorm Platzen. Doch gegen die Bürokratie kamen wir nicht an. Wir mussten also wieder zurück zum Hinterhofnotar. Dort stellten wir uns gar nicht erst an, drängelten uns einfach vor und verlangten die Mappe, die uns auszuhändigen man vergessen hatte. Wir erfuhren, dass diese ausschließlich zwei Reihen weiter käuflich zu erwerben war. Wir sahen langsam richtig rot, stellten uns aber dennoch wieder hinten an.

Als wir zurück in der Einwanderungsbehörde waren und die Mappe abgegeben hatten, ließ man uns noch einmal warten, denn jetzt fehlte noch das Visum. Nach Stunden hielten wir dann endlich Steffis vorläufigen Reisepass in den Händen. Die Story von Asterix und Obelix war wirklich nichts dagegen.

Abends im Hostel war uns klar, dass wir die Philippinen sobald wie möglich verlassen wollten, um möglichst viel Abstand zwischen uns und die Ereignisse der letzten Tage zu bringen. Wir brauchten einen Ort, an dem wir die nächsten Wochen verbringen konnten, um auf Steffis neue Kreditkarten zu warten. Nach ein wenig Überlegen fiel Steffi eine Freundin ein, die sie auf ihrer ersten Australienreise kennengelernt hatte und die auf Bali lebte. Wir schrieben ihr, und noch am selben Abend lud sie uns ein, eine Weile bei ihr zu wohnen. Wir machten Nägel mit Köpfen – und schon zwei Tage später ließen wir die Philippinen hinter uns.

SURF SIDE OF LIFE

Nach Bali zu fliegen war für Steffi und mich die richtige Entscheidung. Genau genommen war es sogar die beste, die wir hätten treffen können. Hier konnten wir uns nach all der Wut und dem Frust richtig erholen und bekamen die schönen Seiten des Reisens auf einem Silbertablett serviert. Wir genossen es in vollen Zügen.

Die ersten paar Tage verbrachten wir bei Steffis Freundin in Denpasar. Von hier war es nicht weit bis Canggu, dem Küstenort, den ich direkt nach meiner Zeit als Swiss Explorer besucht hatte. Im Frühjahr war ich hier vier Wochen im SurfWG Bali Surf Camp gewesen. Ich schlug Steffi vor, dass wir uns einen Roller mieten und dort einfach mal vorbeischauen könnten. Wer weiß, vielleicht war sogar einer der Surfguides da, die ich kennengelernt hatte!

Als wir vom Roller stiegen und ich gerade ein paar Meter gelaufen war, hörte ich hinter mir eine Stimme: »Hä, Nick? Bist du das?«

Ich drehte mich um und erkannte Susi, die Frau des Surfcamp-Gründers Frank. Zufällig waren die beiden auch gerade auf Bali. Sie kommen etwa drei- bis viermal im Jahr aus Deutschland vorbei, um zu checken, ob alles läuft. Das wusste Steffi allerdings nicht. Das Einzige, was sie sah und dachte, war: Na super, kaum laufen wir drei Schritte, kennt schon die erste hübsche blonde Frau meinen Freund. Als sie mir das später sagte, mussten wir ziemlich lachen.

Zusammen mit Frank feierten wir unser Wiedersehen und setzten uns zu viert in das zum Surfcamp gehörende Warung, ein indonesisches Minirestaurant, in dem man, ähnlich wie bei einem Imbiss, ein paar kleine Speisen bestellen kann. Vom Nachmittag bis zum Abend unterhielten wir uns über Gott und die

Welt. Natürlich erzählten wir Susi und Frank auch die Umstände, unter denen es uns nach Bali verschlagen hatte. Frank, der aus Bayern kommt, reagierte ziemlich genau wie der Konsul in Cebu, wenn auch mit nicht ganz so starkem Dialekt: »Ja mei, do miassn mia erst moi a Bier dringa.«

Aus einem indonesischen Bintang Beer wurden zwei, aus zweien immer mehr – und schließlich hatten wir alle vier gut einen sitzen. Steffi meinte deshalb irgendwann: »Ich glaube, wir sollten mal langsam aufhören, wir müssen noch mit dem Roller nach Denpasar zurückfahren.« Das wurde von Frank entschieden abgewehrt. Er bestand darauf, dass wir in einem seiner freien Zimmer übernachteten – und Susi besiegelte das Ganze, indem sie eine Flasche Jägermeister auf den Tisch stellte.

Am nächsten Morgen saßen wir alle glücklich-matschig am Frühstückstisch und ließen uns die Sonne aufs Gesicht scheinen. Frank hatte sich in der Zwischenzeit ein paar Gedanken gemacht: »Was meint ihr, wollt ihr nicht einfach die nächsten Wochen hier bei uns auf die Kreditkarten warten, anstatt in Denpasar zu bleiben?«

An sich fanden wir die Idee natürlich verlockend, doch leider waren unsere Reisekassen anderer Meinung. Vor allem, da wir beide uns momentan nur von meiner Reisekasse ernähren konnten. »Wirklich gerne, Frank«, sagte ich deshalb. »Aber für ein paar Wochen hier im Surfcamp haben wir gerade nicht das Budget.«

Doch Frank hatte gleich die nächste Idee: »Kein Problem, dann machen wir es so: Ihr wechselt einfach immer in Zimmer, die gerade nicht belegt sind, und im Gegenzug erstellt ihr in der Zeit, in der ihr hier seid, ein kleines Imagevideo für unser Surfcamp.«

Dieses Angebot konnten wir nicht ablehnen, und so kam es, dass wir insgesamt vier tolle Wochen bei Susi und Frank verbrachten. Als hätte das Karma beschlossen, uns für das schlechte

Erlebnis auf den Philippinen zu entschädigen. Jeden Tag gingen wir surfen und lernten nach und nach auch die anderen Gäste kennen. Unter ihnen gab es eine Deutsche, Lisa, mit der wir uns sehr gut verstanden. Sie erzählte uns, dass ihre Eltern in drei Wochen aus Deutschland dazustoßen würden, und bot an, dass sie bei der Gelegenheit auch Steffis Kreditkarten mitbringen könnten. Das war ein großartiger Vorschlag, und so wurde es dann auch gemacht.

Bis es so weit war, ließen wir so richtig unsere Seelen baumeln, entspannten, schlossen neue Freundschaften, probierten uns im Yoga, gingen surfen und drehten nebenbei das Imagevideo.

Zusammen mit drei der Surfguides und ein paar anderen Jungs fuhr ich einmal für vier Tage auf eine kleine Surftour auf die Insel Java. Im Gegensatz zum touristischen Bali wirkte Java wie unberührt. Wir fuhren fast sechs Stunden durch die Gegend, um G-Land zu erreichen. Jeden Tag standen wir gegen fünf Uhr früh auf, wachsten unsere Surfbretter und stürzten uns in die Wellen. Das taten wir dann mit kleinen Pausen so ziemlich den ganzen Tag. An den Abenden grillten wir am Strand und fielen meist schon gegen 19 Uhr todmüde, aber glücklich grinsend in unsere Betten.

Die Wellen dort am Strand waren der absolute Wahnsinn. Beim Surfen misst man Wellenhöhen am Körper – es gibt beispielsweise *waist high* (hüfthoch), *shoulder high* (schulterhoch) oder *head high* (kopfhoch). Da man flach auf dem Brett liegt, wirken selbst die schulterhohen Wellen riesig. Die Wellen am Strand in Java waren allerdings *head high,* also noch mal eine Nummer größer. Beim Auslaufen formten sie richtige Barrels, was bedeutet, dass sie sich überschlugen und Tunnel bildeten, durch die man hindurchfahren konnte. Bis heute habe ich es allerdings noch nie geschafft, durch so eine Barrel zu fahren. Das tat meinem Surfspaß jedoch keinen Abbruch, denn auf Java surfte ich erfolgreich meine ersten kopfhohen Wellen. Obwohl ich anfangs ganz schön Muffe davor hatte, merkte ich schnell, dass das nur eine Frage der Einstellung war. Ich musste einfach bei mir bleiben und in mir ruhen.

Ich liebte dieses Gefühl, wenn ich den Schub der Wassermenge unter meinem Brett spürte, aufspringen und dann die Welle nehmen konnte. Für mich war Surfen eine Art Meditation geworden. Egal, wie schlecht mein Tag gewesen war: Wenn ich ein Brett nahm und die erste Welle ritt, ging es mir einfach wieder gut.

Bei einem weiteren mehrtägigen Surftrip ging es für mich zum Balian Beach, zwei Stunden nördlich von Canggu. Dieser Strand war dafür bekannt, dass hier hin und wieder zwei Tigerhaie gesichtet wurden. Tigerhaie sind eine andere Nummer als die Riffhaie, denen ich bisher begegnet war. Sie werden gern mal über fünf Meter lang und sind dementsprechend gefährlicher. Mein Drang, auf den Wellen am Balian Beach zu surfen, war jedoch größer als meine Furcht vor einer eventuellen Hai-Begegnung. Schließlich hatten auch die Surfer in Australien inmitten von Weißen Haien gesurft – *no risk, no fun.* Dass sich bereits zwischen zehn und fünfzehn Surfer im Wasser befanden, beruhigte mich zusätzlich, und ich hüpfte in die Wellen. Von Tigerhaien war weit und breit nichts zu sehen, also verdrängte ich den Gedanken an die mögliche Gefahr erfolgreich.

Um mich für immer an das Gefühl zu erinnern, das ich in Balian erlebte, schrieb ich an einem der Nachmittage dort folgende Zeilen in mein Reisetagebuch:

Nur du, das Meer, die Wellen und der seinesgleichen suchende Anblick blühend grüner Palmenhaine, welche sich vom heißen, schimmernden schwarzen Sandstrand über die steilen Klippen Balians erstrecken. Eine leichte Brise lässt die Palmenblätter in der Ferne schwebend Freudentänze zelebrieren. Es scheint fast so, als ob das grüne Dickicht sich mit dem gleichen Rhythmus wie dein im Kreis springendes Herz bewegt. Pure Freude. Vollkommen zufrieden. Ein Lachen im Gesicht. Der Wind gibt den Takt. Für die Wellen, die Wolken und die unaufhaltbaren Sonnenstrahlen, welche durch die watteförmigen weißen Schwaden am Himmel unaufhaltbar ihren Weg suchen, um das sich aufbäumende Wasser im perfekten Licht anzustrahlen und mit Wärme zu umarmen. Eine farbenfrohe Symphonie der Natur.

DIE FREUNDLICHSTEN MENSCHEN DER WELT

Nach ein paar Wochen landeten Lisas Eltern schließlich auf Bali und übergaben Steffi ihre heiß ersehnten Kreditkarten. Das war der Startschuss fürs Weiterreisen: Unser nächstes Ziel nach Neujahr war Myanmar, auch Burma. Von diesem Land hatte ich keine genaue Vorstellung. Ich war nur einmal ganz kurz hier gewesen, als ich einen sogenannten Visa Run von Thailand aus gemacht hatte. Visa Run bedeutet: Man reist aus einem Land aus und gleich wieder ein, um so sein Visum zu verlängern. Im Grunde war ich also noch nicht wirklich in Myanmar gewesen.

Die erste Stadt, die wir besuchten, war die größte des Landes, Yangon. Um vom Flughafen dort hinzukommen, besorgten wir uns ein Taxi. Taxifahrer bedienen oft ein bestimmtes Klischee – und zwar das von Typen, die Touristen einfach nur das Geld aus der Tasche ziehen wollen. In meiner Rangordnung der schlimmsten Menschen kommen sie gleich nach den lebensmüden kolumbianischen Busfahrern. Der Mann, der uns fuhr, sorgte aber dafür, dass ich mein Bild wieder etwas revidierte. Er überraschte uns nämlich mit unfassbarer Freundlichkeit.

»Woher kommt ihr?«, fragte er in gebrochenem Englisch, als wir gerade losgefahren waren.

»Aus Deutschland«, antwortete Steffi.

»Oh, toll! Seid ihr vorher schon einmal in Myanmar gewesen?«

»Nicht direkt«, erwiderte ich.

»Könnt ihr ein bisschen Burmesisch?«

Steffi und ich schüttelten beide den Kopf, woraufhin der Taxifahrer mit der rechten Hand neben sich herumkramte und uns dann einen kleinen Zettel nach hinten reichte. Auf diesem hatte er handschriftlich einige englische Wörter sowie die zugehörige Übersetzung samt Aussprache notiert. Wir absolvierten also in unseren ersten Minuten in Myanmar gleich einen lustigen kleinen Sprachkurs mit unserem Taxifahrer.

Normalerweise dauert eine Fahrt vom Flughafen ins Zentrum etwa 40 Minuten. Unser Taxifahrer war aber so enthusiastisch bei der Sache, dass er mit uns noch eine Stadtrundfahrt machte und uns unheimlich viele Tipps gab, was wir uns unbedingt anschauen sollten, solange wir hier waren. Als wir an einem kleinen Markt hielten, fragte ich etwas grübelnd: »Ist hier unser Hostel?«

»Nein, nein«, erwiderte der Taxifahrer. »Ich gehe nur schnell auf den Marktplatz und hole euch eine Kleinigkeit zu essen.«

Nach ein paar Minuten kehrte er mit zwei Gemüsespießen zurück, die großartig schmeckten. Danach fuhr er uns in unser Hostel.

In den nächsten Tagen wanderten wir durch Yangon. Die Stadt ist in etwa genau so, wie man sich asiatische Großstädte vorstellt: laut und voll mit sehr viel Verkehr sowie jeder Menge Essens- und Verkaufsständen.

Die Menschen jedoch waren anders als die, die ich bisher oft in asiatischen Ländern kennengelernt hatte. Sie sahen in uns nicht nur die Touristen, aus denen man eine Menge Geld rausholen konnte. Wir hatten niemals den Eindruck, eine Sonderrolle einzunehmen. Die Burmesen hießen uns mit ihrer freundlichen Art willkommen und gaben uns das Gefühl, ganz selbstverständlich dazuzugehören.

Besonders aufregend war die Fahrt mit dem Yangon Circle Train. Dieser fährt in rund drei Stunden in einem riesengroßen Kreis einmal komplett um die Stadt herum und streift die ganzen Außenbezirke. Anfangs befanden wir uns alleine in einem Abteil, in dem auf jeder Seite lange Bänke unter den Fenstern installiert waren. Wir saßen also nebeneinander und schauten aus dem gegenüberliegenden Fenster. An jeder Station stiegen Leute hinzu, sodass sich unser Waggon mehr und mehr füllte. Kaum hielt der Zug an einer Station, wurden plötzlich lauter Tüten und Taschen mit Gemüse, Obst und persönlichen Gegenständen durch die Fenster und Türen geschmissen. Die Einheimischen, die zu dem Gepäck gehörten, kamen erst hinterher rein. Als wir das zum ersten Mal erlebten, erschraken wir ein wenig, weil uns plötzlich lauter Tüten um die Ohren flogen. Sobald der Zug losfuhr, machten es sich die Burmesen erst einmal gemütlich. Sie setzten sich auf die Bänke und den Boden und fingen an, ihr Gemüse zu sortieren oder Essen vorzubereiten, das sie dann für kleines Geld an die Mitfahrer verkauften.

An einer Haltestelle stiegen ein paar Verkäuferinnen mit Bauchläden ein, in denen Gewürze, Früchte und Blätter verstaut waren. »Boah, guck mal, die machen so Naturkaugummis«, sagte ich zu Steffi und gab einer der Frauen ein Zeichen. Sie nickte mir zu und fing an, weißes Zeug in eines der Blätter zu schmieren. Dann streute sie ein paar der Gewürze und Früchte darüber, klappte das Blatt zu und reichte es mir. Ich steckte es mir gleich in den Mund. Es schmeckte ziemlich komisch, und ich konnte es kaum kauen. Wie ich da so stand und mir alle Mühe gab, das Zeug mit den Zähnen zu zerkleinern, schaute ich durch das Abteil und bemerkte, dass mich viele Mitfahrer interessiert beobachteten und anfingen zu lachen. Ich wusste nicht, warum, war aber auch ordentlich mit Kauen beschäftigt. Ich versuchte sogar vergeblich, das Zeug herunterzuschlucken. Es schmeckte immer ekliger. Mit vollem Mund blickte ich auf einige Locals, die versuchten, mir per Handzeichen zu verstehen zu geben, dass ich das Ganze ausspucken sollte. Das tat ich schließlich. Als ich auf die braune Masse blickte, dämmerte mir dann auch, was alle anderen so witzig gefunden hatten: Ich hatte keinen KauGUMMI gekauft, sondern KauTABAK!

Aus meiner Sicht gibt es in Myanmar vier große Touristenziele: Yangon, die Königsstadt Bagan, den Inle-See und Mandalay, die zweitgrößte Stadt. Diese Orte standen für die knapp drei Wochen, die wir in Myanmar verbringen wollten, auch auf unserer Unbedingt-anschauen-Liste. Für uns ging es im Anschluss an Yangon deshalb weiter nach Bagan.

Die alte Königsstadt ist mit ihren rund zweitausend kleinen Tempeln ein bisschen das Aushängeschild von Myanmar. Wenn wir das nicht schon vorher gewusst hätten, spätestens durch die ganzen Busse, aus denen Heerscharen von Touristen ausstiegen, wäre es uns aufgefallen. Wir versuchten trotzdem, die Stadt ein wenig abseits der ausgetretenen Pfade zu erkunden. Dazu mieteten wir uns zwei kleine Elektroroller und standen schon um vier Uhr morgens auf, um den Sonnenaufgang hoch oben von einem Tempel aus zu beobachten. Es war ein unglaublich magisches Schauspiel. Nebel hing zwischen grünen Baumkronen und goldenen Tempelspitzen, während am Horizont langsam unzählige Heißluftballons aufstiegen. Arm in Arm saßen Steffi und ich da, sprachen kein Wort und sogen jede Sekunde dieses Anblicks in uns auf.

Die Zeit auf den schmalen Mauern des Tempels verging wie in Zeitlupe. Ich hatte alles um mich herum vergessen. Die aufgehende Sonne warf einzelne Lichtkegel durch die Wolken auf die atemberaubenden Tempellandschaften. Es war absolut still. Steffi und ich drückten uns fester und schauten uns an. Unsere Kommunikation bestand einzig aus einem warmen Lächeln und einem Kuss. Wir hatten wohl beide die gleichen Gedanken:

Reisen ist nicht immer schön. Du wirst mental und körperlich immer wieder gefordert. Unbequeme Betten, unzählige Moskitos, die Hitze, Horrorbusfahrten, Hirntacos, gestohlene Kreditkarten, Harpunen, Lebensmittelvergiftungen … doch Steffi und ich haben in genau diesem Moment, als wir über den Tempeln Bagans saßen und die Sonne in unser Gesicht schien, gefühlt, warum wir reisen. Ein Moment wie dieser bleibt für immer in deinem Herzen. So etwas kann dir keiner mehr nehmen.

Im Süden von Myanmar mieteten wir uns einen Roller und fuhren dann stundenlang die Strände entlang. Gerade als wir einen Palmenhain durchquerten, blieb unser Roller stehen: Steffi und ich hatten keinen Sprit mehr. Umzukehren machte keinen Sinn, denn wir waren auf dem ganzen Weg an keiner einzigen Tankstelle vorbeigekommen. Also setzten wir uns erst einmal für eine kleine Pause unter die Palmen, um uns zu beratschlagen. Es waren kaum ein paar Minuten vergangen, da kamen zwei Locals vorbei, die stehen blieben und fragten, was wir machten. Wir erklärten ihnen, was unser Problem war.

»Habt ihr Durst?«, fragte der eine. Als wir bejahten, kletterte er in Windeseile an einer ungefähr zehn Meter hohen Palme hinauf und drehte an den Kokosnüssen, bis sie herunterfielen. Einige platzten am Boden auf, doch manche blieben heil. In diese bohrte er dann im Anschluss mit einer Machete kleine Löcher. Es schmeckte einfach köstlich. Natürlich gingen wir davon aus, dass der Mann dafür nun entsprechend bezahlt werden wollte. Er schüttelte aber energisch den Kopf. »Warum solltet ihr denn für eine Kokosnuss von einer Palme Geld bezahlen?«, fragte er verständnislos.

»Wenn ihr wollt, wartet hier im Schatten, und wir besorgen euch Sprit für den Roller«, sagten die beiden nach einer Weile. Erfreut, dass sie uns ihre Hilfe anboten, gaben wir ihnen circa sieben Euro für das Benzin. Eine Viertelstunde später waren sie zurück und unser Roller wieder vollgetankt. Sie hatten außerdem eine Tüte mitgebracht.

»Es war noch ein bisschen Rückgeld übrig, deshalb haben wir euch auf dem Markt noch Gemüse und Obst besorgt, falls ihr Hunger habt«, erklärten sie.

Ich kenne so viele Orte, an denen für die Hilfe auf jeden Fall Geld verlangt oder zumindest ein Teil des Tankgeldes einbehalten worden wäre. Nicht aber in Myanmar. Da wurde vom Restgeld einfach noch Essen gekauft. Erlebnisse wie dieses sorgten dafür, dass ich ein bisschen mein Herz an Myanmar und seine Einwohner verlor. So viel Freundlichkeit und Hilfsbereitschaft, gepaart mit der herzlichen Willkommenskultur, waren einfach schön.

Leider weiß ich auch, dass der immer stärker werdende Tourismus negative Veränderungen auslösen kann, wie es andernorts bereits passiert ist. Einerseits profitieren die Einwohner natürlich von dem Geld, das ins Land gebracht wird. Sie können für sich und ihre Familien ein angenehmeres Leben aufbauen. Andererseits machen Touristenströme oft genug die zuvorkommende Mentalität der Locals kaputt. Irgendwann werden Touristen dann verständlicherweise einfach zu wandelnden Einnahmequellen – und die Authentizität eines Landes geht an vielen Orten unweigerlich flöten.

DIE GEILSTE LÜCKE IM LEBENSLAUF

Im Anschluss an Myanmar reisten Steffi und ich weiter nach Chiang Mai in Thailand. Was durch meine Zeit als Swiss Explorer und durch die Besuche der beiden Konferenzen für digitale Nomaden angestoßen worden war, bekam in dieser Zeit immer schärfere Umrisse: Ich war mittlerweile mehr als fünf Jahre unterwegs, und in mir drin verfestigte sich der Gedanke, dass sich dies auf absehbare Zeit auch nicht ändern würde. Ich interessierte mich mehr und mehr für das Digitalnomadentum. Dabei stand für mich weniger im Vordergrund, tatsächlich ein ortsunabhängiges Business aufzubauen. Vielmehr war ich davon begeistert, plötzlich so viele Menschen zu kennen, die das gleiche Mindset hatten wie ich: Leute, die ihren Nine-to-five-Job an den Nagel gehängt hatten, um ihre Träume zu verwirklichen; die ihr Geld nicht mehr mit Dingen verdienen wollten, an denen sie keine Freude empfanden. Gleichgesinnte zu treffen, die sich für ihre Träume aus der Komfortzone herauswagten, um einfach mal auszuprobieren, ob etwas funktionierte, war unfassbar inspirierend und pushte mich enorm.

In Thailand stellte ich mein digitales Kochbuch fertig. Schon nachdem wir aus Neuseeland nach Deutschland zurückgekehrt waren, hatte ich begonnen, alle Gerichte nachzukochen und zu fotografieren. Nun standen auch die Texte, und mein Kumpel JK half mir von Deutschland aus mit der Formatierung. Als wir mit allem fertig waren, bot ich das E-Book online zum Kauf an. Ich war tierisch aufgeregt und bewarb es in Facebook-Gruppen zu den Themen Work and Travel oder Backpacker. Stundenlang saß ich in den Internetcafés von Chiang Mai und sammelte meine ersten E-Commerce-Erfahrungen. Ich hatte keine Ahnung, wie das alles funktionierte, aber irgendwann verdiente ich auf diese Weise meinen ersten Euro online. Es war ein unglaubliches Gefühl. Zwar handelte es sich wirklich nur um einen einzigen Euro, aber für mich war es so viel mehr als das. Ich hatte eine Idee gehabt, war drangeblieben, hatte sie umgesetzt – und es funktionierte! In diesem Moment machte es bei mir noch mal so richtig klick: Es war wirklich möglich, Dinge wahr werden zu lassen, wenn man fest an sich glaubte und nicht aufgab. Was für ein Wahnsinnsgefühl!

Als ich am nächsten Morgen aufwachte, ging ich direkt wieder in ein Internetcafé, um zu schauen, was in der Zwischenzeit rund um das Kochbuch passiert war. Ich checkte den Status und war sprachlos: Ich hatte über Nacht ganze 20 E-Books verkauft! Von nun an hieß es für mich, bei allem, was ich mir vornahm: *The sky is the limit.* Vorausgesetzt, ich klemmte mich wirklich dahinter und war bereit, viel Zeit zu investieren, mir Wissen anzueignen und keine Angst davor zu haben, Fehler zu machen oder auch mal auf die Fresse zu fliegen. Denn jede negative Erfahrung, die erst einmal nach einem Rückschlag aussieht, ist einfach nur eine Erfahrung, aus der ich lernen kann.

Ich hatte damals noch nicht die geringste Ahnung von Selbstständigkeit, Produkterstellung, E-Commerce oder was es bedeutete, ein Unternehmen zu führen. Aber ich war über die Maßen motiviert, das alles zu lernen. Aus diesem Grund meldeten Steffi und ich uns bei einem DNX-Camp auf der Insel Ko Lanta an, das die Gründer der DNX-Konferenz organisierten. Hier trafen sich einige digitale Nomaden und verbrachten rund zehn Tage, um gemeinsam zu arbeiten, zu brainstormen und sich gegenseitig zu helfen.

Einige der Teilnehmer waren »onlinemäßig« schon viel weiter als ich, wodurch ich die Chance bekam, von ihnen zu lernen und dadurch zu wachsen. Bei den sogenannten Masterminds stellten wir gegenseitig in kleinen Gruppen unsere Ideen vor und diskutierten sie im Anschluss. Hier sprach ich folgende Tatsachen zum ersten Mal so richtig vor anderen aus. Erstens: Das Reisen war meine Leidenschaft, ich tat es nun seit fast sechs Jahren. Zweitens: Jedes Mal, wenn ich anderen meine Geschichte erzählte, bekam ich positives Feedback. Die Leute fanden meine Erzählungen witzig oder inspirierend – oder beides. Manche hatte ich dadurch sogar schon motiviert, selbst ein paar ihrer Ideen in die Tat umzusetzen. Drittens: Ich liebte es, auf der Bühne zu stehen.

Ich schaute in die Runde und ergänzte: »Und das Ganze möchte ich irgendwie in eine Tätigkeit verpacken, die Sinn macht, an der ich Spaß habe, die andere unterhält, ihnen hilft und mit der ich bestenfalls auch noch die eine oder andere Hostelübernachtung finanzieren kann. Was ist eure Meinung?«

Es folgte eine für mich ausgesprochen wichtige und lebensverändernde Diskussion, denn es war die Geburtsstunde meiner Show *6 Jahre Weltreisen – die geilste Lücke im Lebenslauf.*

Immer wieder kam ich an diesen Punkt, den ich schon beschrieben habe: dass wir unser Leben vorwärts leben, aber im Rückblick Weichen erkennen können, die so gestellt wurden, dass wir irgendwann an einen Punkt gelangten, an dem alles einen Sinn ergibt. Ich war in meinem alten Job unzufrieden gewesen, hatte so lange vom Reisen geträumt und es dann einfach getan. Damals wusste ich nicht, wohin mich diese Entscheidung sechs Jahre später führen würde. Ich erlebte Abenteuer, machte positive und negative Erfahrungen, beging einige Fehler, lernte aus Enttäuschungen – und jetzt fühlte sich alles mehr und mehr an wie Fügung. Als würden immer mehr Puzzleteile zusammenfinden und ein Bild ergeben. Die Freude, die ich damals auf der Bühne bei der IHK und als Dozent in der Arbeitsamtsmaßnahme empfunden hatte, gehörte auch dazu. In meinem Kopf war eine Maschinerie angesprungen, die sich nicht mehr aufhalten ließ und die meinen ganzen Körper zum Kribbeln brachte. War es das, was ich gesucht hatte? Fand ich gerade irgendeine Art von Bestimmung?

So oft lassen sich Menschen von der Kritik anderer oder den ersten negativen Erlebnissen auf ihrem Weg aufhalten. Ich bin jemand, der eher alle Knöpfe ausprobiert, als einmal das Handbuch zu lesen. Dadurch stolpere ich oft und falle auch mal hin. Doch eine meiner Stärken ist es schon immer gewesen, gerade dann weiterzumachen. Ganz nach dem Motto »Jetzt erst recht!«. Ich hatte gelernt, dass es eigentlich niemanden wirklich interessierte, was ich tat, denn jeder war mit seinem eigenen Leben und den darin enthaltenen Problemen beschäftigt. Also warum sich darum kümmern, was andere denken oder hinter deinem

Rücken reden? Nur auf einen selbst kommt es an, wenn es darum geht, am Ende die eigene Erfüllung zu finden.

Natürlich kann ich niemandem den Sinn des Lebens erklären, für andere Probleme lösen oder Hindernisse aus dem Weg räumen. Aber ich kann meinen eigenen Weg als Beispiel geben und andere mit meinen Gedanken inspirieren. Ob diese nun ebenfalls reisen möchten oder etwas ganz anderes sehen, wenn sie ihre Augen schließen, ist dabei völlig egal. Indem ich auf der Bühne ganz authentisch von meinen Reiseerfahrungen erzähle, so dachte ich, von der Heulerei bei meiner Kündigung bis hin zu dem Punkt, an den ich irgendwann gelangt war – wer weiß, was ich damit anstoßen könnte!

Schon nach den ersten Tagen auf Ko Lanta stand ich dermaßen unter Strom, dass ich mit meiner Energie irgendwo hinmusste. Ich hatte so viele Ideen. Tagelang saß ich da und schrieb alles in ein Notizbuch. Ich hatte so Lust, direkt zu starten. Ich spürte tief in mir, dass es genau das war, was ich machen wollte. Und plötzlich ging dann alles Schlag auf Schlag: Zuerst fand ich den Titel für die Show. Der ergab sich einfach aus den fast sechs Jahren seit meiner Kündigung und der Tatsache, dass Menschen, denen ich damals erzählt hatte, was ich vorhatte, vor allem folgende Dinge sagten: »Was machst du dann mit deinem Lebenslauf? Wie erklärst du diese Lücke bei deinen Bewerbungsgesprächen im Anschluss? Und was bedeutet das für deine Rente, wenn du so lange nichts in die Kasse einzahlst?« Der Titel *6 Jahre Weltreisen – die geilste Lücke im Lebenslauf* war da irgendwie naheliegend.

Um zu testen, ob meine Idee auf Interesse stoßen würde, erstellte ich nach dem DNX-Camp ein Facebook-Event mit diesem Titel. Weil wir weiter durch Asien reisten, hatte ich im Anschluss drei Tage kein Internet. Als ich mich dann wieder einloggte, staunte ich nicht schlecht: In Berlin war die Eventidee ein bisschen viral gegangen, denn es gab bereits über 7000

Interessenten für die Veranstaltung. Ein so überwältigendes Feedback hatte ich im Leben nicht erwartet. Nun brannte ich darauf, richtig anzufangen. Ich wollte die Show ausarbeiten, das Event planen, lernen, wie ich das mit dem Ticketverkauf regeln könnte, und so weiter. Ich wusste: Dazu musste ich zurück nach Deutschland. Genau das hatten Steffi und ich auch vor, doch zuerst musste ich noch etwas erledigen, was ich mir schon bei meiner ersten Weltreise vorgenommen hatte. Etwas, das ich für mich tun musste, um mit einer ganz besonderen »negativen« Erfahrung wirklich abzuschließen. Also trennten sich Steffis und meine Wege noch einmal für vier Wochen, und ich reiste nach Vietnam.

GLÜCK KANN MAN NICHT KAUFEN. EIN MOTORRAD SCHON

Vollgepumpt mit Energie, erreichte ich wenige Tage später Ho-Chi-Minh-Stadt, um mir einen lang ersehnten Traum zu erfüllen: eine Motorradtour quer durch Vietnam. 2011 war dieser Plan durch das schicksalhafte Black-Jack-Spiel durchkreuzt worden. Vietnam war seit dieser Zeit ein rot leuchtender Punkt auf meiner gedanklichen Bucket List gewesen. Ich wusste: Irgendwann würde ich zurückkehren und meinen Plan in die Tat umsetzen. Jetzt war es also so weit.

Ich besuchte noch mal den Ort, an dem ich Jahre zuvor so verzweifelt gestanden hatte: die Straßenkreuzung, an der ich hätte abgeholt werden sollen. Nun, fünf Jahre später, stand ich wieder hier, und ein Lächeln schlich sich in mein Gesicht: Was war seit diesem Tag alles passiert! Ich bemerkte, dass sich in mir ein Gefühl des Stolzes ausbreitete: Ich hatte mich nicht unterkriegen lassen – und jetzt war ich zurück! Um es mit den Anfangsworten meines Lieblingsliedes *Without Me* von Eminem zu sagen: *Guess who's back, back again …*

Mein Plan war es, die 2000 Kilometer lange Strecke von Ho-Chi-Minh-Stadt bis Hanoi mit einem Motorrad zurückzulegen. Das stellte mich zunächst vor zwei Herausforderungen. Erstens: Ich hatte nicht wirklich Ahnung, wie man Motorrad fährt. Zweitens: Ich hatte kein Motorrad. Noch nicht.

Die nächsten drei Tage verbrachte ich also damit, mich zu informieren, wie ich am besten an ein Motorrad kommen konnte. Über Facebook fand ich schließlich einen anderen Deutschen, der gerade eine Tour durch Vietnam beendet hatte und jemanden suchte, der ihm seine Maschine abkaufte, eine Honda Win. Perfekt.

Wir trafen uns, und er erklärte mir alles, was ich über das Motorrad wissen musste. Es war nicht in allerbestem Zustand – der Tacho funktionierte nicht, und auch die Kilometeranzeige hatte den Geist aufgegeben –, aber es hatte seinem Besitzer gute Dienste geleistet und kostete mich nur 250 Dollar.

Was das Motorradfahren selbst anging, sprang ich wie üblich einfach ins kalte Wasser. Es war sicher nicht die beste Idee, das in einer Millionenmetropole in Vietnam zu üben, in der sich absolut niemand an die Straßenverkehrsordnung hält, aber so war es nun einmal. Als ich überzeugt war, dass ich das schon hinkriegen würde, schnallte ich mein Gepäck auf die Ablage und machte mich auf den Weg.

Der Straßenverkehr in Vietnam ist wirklich die Hölle. Ich stellte mir den Wecker zwar schon auf drei Uhr morgens, um gut aus der Stadt herauszukommen, aber der Highway war am Ende nicht besser. Riesige Trucks fuhren nur Zentimeter an mir vorbei. Jedes Mal, wenn mich so ein Riese anhupte, erschrak ich bis auf die Knochen. Ich fuhr deshalb die ersten sechs oder sieben Stunden am Stück durch, um so schnell wie möglich an die Küste zu gelangen. Ich brauchte trotzdem beinahe zwei Tage, um in Mũi Né am Südchinesischen Meer anzukommen. Spätestens jetzt wusste ich: Mit einem Motorrad durch Vietnam reisen dauert ewig.

Doch wie bei allem im Leben galt auch hier: Der Weg ist das Ziel. Die Wege in Vietnam hielten allerdings so einiges bereit, unter anderem Schlaglöcher, die eher etwas von Schlagkratern hatten. Doch von Kühen, Schafen und Hühnern, die seelenruhig auf den Straßen entlangspazierten, bis zu umgefallenen Kokosnuss-Trucks war auch alles dabei. Am gefährlichsten waren jedoch die anderen Verkehrsteilnehmer. Egal, ob man einfach geradeaus fahren, abbiegen oder parken will, überall gilt: Friss oder werde gefressen!

Einmal überholte ein riesiger Lastwagen auf der Gegenfahrbahn einen Pkw. Dazu fuhr er auf der zweispurigen Straße eine Weile auf meiner Seite. Er beschleunigte immer weiter und machte überhaupt keine Anstalten, sich wieder einzufädeln, obwohl ich ihm entgegenkam. Als mir klar wurde, dass er nicht ausweichen würde, musste ich in einen Straßengraben fahren, um eine Kollision zu vermeiden. Der Fahrer hatte sicherlich kurz abgewogen, wer von uns beiden gewinnen würde, sollten wir aufeinanderprallen, und war zu der logischen Schlussfolgerung gekommen, dass ihm deutlich weniger passieren würde.

So verging kein Tag, an dem ich nicht Dutzende Male meinen eigenen Unfalltod vor Augen hatte. Das klingt vielleicht krass, aber so war es tatsächlich. Irgendwann merkte ich, dass ich mit Rücksichtnahme oder grundlegenden Sachen wie Blinken nicht weit kam. Ich beschloss also, mich den Verhältnissen anzupassen, und fuhr irgendwann auch wie ein Irrer hupend samt gefährlichen Spurwechselmanövern durch die Gegend. Anders war es beispielsweise auch nicht möglich, aus einem mit Dutzenden Rollern, Pkws und Trucks vollgestopften Kreisverkehr zu entkommen. Nur wenn man sein eigenes Tempo hielt und, ohne zu bremsen, genau dahin fuhr, wo man hinwollte, konnten die anderen einschätzen, was man vorhatte. Aus irgendeinem Grund funktionierte das dann auch.

Als ich an einer Tankstelle hielt, lernte ich zwei Typen kennen – Nico aus Aachen und Kyle aus Wales. Wir kamen schnell ins Gespräch und beschlossen, gemeinsam weiterzufahren. Das taten wir dann für insgesamt zwei Wochen. Obwohl wir in einer Kolonne fuhren, verloren wir uns oft im Trubel des Verkehrs. Aber an den Zielorten trafen wir uns immer wieder. Über lange Serpentinenstraßen durch die Berge kamen wir immer öfter an abgelegenen Ortschaften vorbei, von denen aus uns halb nackte Kinder entgegenrannten. Sie wollten uns bei voller Fahrt High fives geben. Hielten wir an, wollten sie uns unbedingt anfassen, Fotos mit uns schießen und Süßigkeiten von uns haben.

Die Freiheit, die ich auf diesem Trip spürte, war unglaublich schön. Es gab nur uns, die Motorräder, unser Gepäck und die malerischsten Landschaften, die man sich vorstellen kann. Manchmal fuhren wir so lange die Berge hoch, dass wir sogar die Wolken unter uns ließen.

Als wir durch einen kleinen Ort im Landesinneren fuhren, bemerkte ich, dass mein Motorrad immer wieder ins Schwanken kam. Dass ich anhielt, bemerkten die beiden anderen nicht, weil ich als Letzter in der Reihe fuhr. Nach einem kurzen Check stellte ich fest, dass mein Gepäckträger an den Schweißnähten gebrochen war. Ich musste lachen und sagte in Gedanken zu mir: »Here we go again. Darf ich kurz vorstellen: Nick – Herausforderung. Herausforderung – Nick. Ihr kennt euch ja mittlerweile ganz gut. Viel Spaß!« Ich stand eine Weile herum, bis ein Local auf einem Motorrad neben mir hielt. Ich konnte kein Vietnamesisch, der Typ sprach kein Wort Englisch, doch mit Händen und Füßen kann man sich auf der ganzen Welt verständigen. So verstand er schnell, wo mein Problem lag, und bedeutete mir, dass ich ihm mein Gepäck geben und ihm folgen sollte. Er schnallte also meinen Backpack auf seinen Gepäckträger und lotste mich zu einer kleinen Werkstatt in der Ortschaft. Während Freunde von ihm damit beschäftigt waren, meinen Gepäckträger wieder zusammenzuschweißen, stand ich vor der Werkstatt und trank einen Kaffee. Ein paar Kinder kamen vorbei, zeigten auf mich, lachten und staunten mich unverhohlen an. So einen weißen, langhaarigen Hünen bekamen sie wohl selten zu Gesicht. Weil Asiaten wenig Körperbehaarung haben, waren die Kinder fasziniert von meinen Arm- und Beinhaaren und konnten gar nicht aufhören, sie anzufassen. Da stand ich nun als halber Chewbacca und wurde von den Kindern immer wieder aufgefordert, Fotos mit ihnen zu machen und sie ihnen im Anschluss auf dem Display zu zeigen. Sie lachten sich jedes Mal kaputt. Es war einfach unglaublich süß.

Als die Schweißerarbeiten an meinem Motorrad fertig waren, bezahlte ich drei Dollar für die ganze Reparatur. Der Mann, der mich aufgelesen hatte, zeigte mir dann noch stolz ein Fahrrad, an das er einen Motor gebaut und seinem elfjährigen Sohn zum Geburtstag geschenkt hatte. Als ich mich wieder auf den Weg machte, um die anderen beiden einzuholen, begleitete mich der kleine Junge auf seiner Maschine noch ein ganzes Stück aus dem Ort raus und machte sich einen wilden Spaß daraus, mich mit seiner kleinen Kiste zu überholen.

Ich will nichts beschönigen: Der Motorradtrip durch Vietnam entpuppte sich an vielen Stellen als ausgesprochen lebensgefährlich. Aber gerade deshalb kann ich diese Tour jedem Adrenalinjunkie, der auf Abenteuer steht, von Herzen empfehlen. Sie gehört zu den tollsten Reisen, die ich je gemacht habe. Besonders die Zeit mit Nico und Kyle bleibt unvergesslich. Wir haben uns als Fremde an einer Tankstelle im Nirgendwo getroffen und uns als Freunde verabschiedet.

Irgendwann jedoch erreichte ich Hanoi, und meine Tour fand ihr Ende. Das Motorrad hatte mir auf den gesamten 2000 Kilometern gute Dienste geleistet, und ähnlich wie bei meinem Van Bumblebee in Australien fiel es mir unglaublich schwer, mich wieder davon zu trennen. Dennoch musste es sein, und ich verkaufte meinen treuen Gefährten für 200 Dollar an einen Backpacker, der sich denselben Traum erfüllte: Er hatte vor, von Hanoi nach Ho-Chi-Minh-Stadt zu fahren. Mein Motorrad würde also gleich wieder auf Tour gehen – und das war gut so.

ALLES FÜGT SICH

Die Rückkehr nach Deutschland lief dieses Mal ganz anders ab.

Beim ersten Mal war ich orientierungslos in ein tiefes Loch gestürzt. Ich wusste nicht, was aus mir werden sollte, ich wusste nur: So wie bisher ging es nicht weiter.

Bei meiner zweiten Rückkehr war da kein Loch mehr. Ich hatte zwar immer noch keine konkrete Idee, wie meine Zukunft aussehen sollte, aber es gab eine Ahnung und die ersten ausgestreckten Fühler in Richtung Selbstständigkeit und Onlinebusiness.

Als ich jetzt, nach insgesamt sechs Jahren, zum dritten Mal nach Hause zurückkehrte, hatte ich einen Plan.

Ich saß in einem winzigen Raum. Hochnervös. Hummeln im Arsch. Es war der Backstage Room vom Badehaus auf dem RAW-Gelände in Berlin. Mein Herz klopfte bis zum Anschlag. Steffi kam zur Tür rein: »O Gott, hast du die ganzen Leute gesehen?«.

Ich atmete lang und tief durch, zog meine Baseball-Cap zurecht und musste daran denken, wie mir vor ein paar Jahren meine Brust geschmerzt hatte, als ich versuchte, tief zu atmen. Im Kopf war ich zurück auf den Fidschis, dort, wo ich mir die Harpune aus der Brust gerissen und Panik bekommen hatte. Dann dachte ich an Dan und die tolle Zeit auf Mana Island. Ich sprang von den Fidschis nach Mexiko. Dorthin, wo alles angefangen hatte. Danach hatte ich mich auf dem Katamaran wiedergefunden, und von da war es über Kanada nach Australien gegangen. Von Bolivien nach Vietnam. Die letzten sechs Jahre spulten sprunghaft in meinem Kopf herum.

Steffi drückte und küsste mich und flüsterte mir ins Ohr: »Voll dein Ding. Genieß es!« Als ich die Tür öffnete, erkannte ich am Geräuschpegel, dass viele Menschen gekommen waren. Ich lief Richtung Vorhang. Es war stickig und dunkel. Dann nahm ich das Mikro in die Hand. Meine Hände zitterten, und mein ganzer Körper bebte. Ich schloss die Augen.

Ich wusste, ich würde nun einen Satz sagen, der ein neues Kapitel in meinem Leben startete. Einen einzigen Satz, der ein ganzes Buch braucht, um erklärt zu werden. Ein Wortgefüge, das für mich mehr als nur eine Aneinanderreihung von Subjekt, Prädikat und Objekt war. Es war eine Verknüpfung von Ereignissen, Träumen, Ideen, Herausforderungen, Rückschlägen und letztendlich einer Vision. Ich öffnete meine Augen und blickte in einen Raum mit knapp 200 Personen. Alle Augen waren auf mich gerichtet. Ich grinste und fing an: »Willkommen zu *6 Jahre Weltreisen – die geilste Lücke im Lebenslauf!*«

Es machte irrsinnigen Spaß. Natürlich lief nicht immer alles wie am Schnürchen – und besonders bei meinen ersten Shows gingen immer irgendwelche Sachen schief. Den einen oder anderen Stolperstein hätte ich vermeiden können, wenn ich vorher das Handbuch gelesen hätte. Aber wie gesagt: Ich bin mehr der Typ, der alle Knöpfe ausprobiert und sich auf diese Weise seine Sporen verdient. Ich lerne am besten, wenn ich Dinge einfach tue.

Mit meiner Bühnenshow Mitte 2016 in Berlin habe ich den Grundstein für Europas erfolgreichste Reise- und Abenteuershow gelegt. Bis heute habe ich mehr als 100 Shows in vier Ländern gegeben. Mehr als 25 000 Menschen haben *6 Jahre Weltreisen – die geilste Lücke im Lebenslauf* gesehen. Niemals hätte ich mit so einem Erfolg gerechnet, als ich damals auf Ko Lanta über dem Titel brütete. Umso stolzer bin ich auf das, was ich bisher erreicht habe. Es macht mich unglaublich glücklich, auf einer Bühne zu stehen und wie ein Kind von meinen Träumen zu erzählen.

War's das? Habe ich meinen Backpack an den Nagel gehängt? Im Gegenteil.

Meine folgenden Reisen führten mich zu den Nordlichtern in Island, in die ägyptischen Wadis und zurück nach Südamerika. Ich tanzte in den Strandbars Brasiliens, bestaunte die Landschaften Argentiniens und surfte entlang der Küsten Indonesiens. Auch kehrte ich nach El Salvador zurück und empfing 2017 meinen guten Freund Borkman bei mir zu Hause in Würzburg. Reisen wird für mich immer ein großer Bestandteil meines Lebens sein.

Natürlich habe ich auch in Sachen Unternehmertum Blut geleckt. So zu arbeiten, dass es sich eigentlich nicht wie arbeiten anfühlt, sondern einfach nur wie leben, ist ein wunderbares Geschenk. Es ist ein Geschenk, das ich mir selbst gemacht habe. Niemand ist auf mich zugekommen und hat gesagt: »Nick, du siehst nicht sehr glücklich aus … Hier hast du das Leben, das du dir erträumt hast.« Der Weg bis hierher war ein langer, lehrreicher Weg voller Abenteuer, Herausforderungen, Enttäuschungen, Rückschläge, Zweifel und Freude. Es war nicht immer einfach, aber jeder Schritt war wichtig. Auf jeder Teilstrecke fand ich Menschen an meiner Seite, die mich begleiteten, mir Mut zusprachen, mich unterstützten, mir ihre Freundschaft und Liebe schenkten und einfach mit mir lebten. Es gab aber auch Menschen, die mir Steine in den Weg legten oder sogar schaden wollten. Für jede einzelne dieser Begegnungen bin ich dankbar, denn nur zusammen haben sie mich zu dem Menschen gemacht, der ich heute bin.

Am dankbarsten jedoch bin ich für die Fähigkeit, andere Menschen erreichen zu können. Jetzt, vier Jahre nach der ersten

Idee für die Show, blicke ich zurück auf so viel positives Feedback, dass die natürlich auch niemals ausbleibenden negativen Stimmchen locker übertönt werden. Ich bekam E-Mails, Briefe, Nachrichten und Anrufe von Menschen, die meine Show besucht und im Anschluss ihr Leben verändert hatten. Ein Typ schrieb mir beispielsweise, dass er durch meine Erzählungen angefangen hatte, Verantwortung zu übernehmen und auf sein Herz zu hören. Mittlerweile war er seit einem Jahr in der Welt unterwegs, hatte seine Freundin kennengelernt und lebte in Costa Rica. Er schrieb, er wolle mir einfach mal Danke sagen für den verbalen Arschtritt, den ich ihm gegeben hätte.

So ein Feedback sorgt bei mir für Pipi in den Augen. Es ist mir mehr wert als jedes Eintrittsgeld. Genau aus diesem Grund stehe ich auf der Bühne, das ist mein *WARUM*. Aus dem gleichen Grund haben Steffi und ich 2018 zusammen die Travel University ins Leben gerufen. Wir möchten anderen dabei helfen, ihre eigenen Reiseträume zu realisieren. Anfang 2019 wurde ich dafür sogar vom Bundesministerium für Wirtschaft und Energie als Kultur- und Kreativpilot ausgezeichnet. Durch das, was ich jetzt tue, bekomme ich unendlich viel mehr zurück, als ich jemals durch einen Job als IT-Systemkaufmann hätte erwarten können. In meinem früheren Leben hatte mir der Sinn gefehlt, der doppelte Boden, das große Ganze. Das *WARUM* kam für mich erst durch meine Reisen.

Es mag sein, dass es manchmal ein ganzes Leben braucht, um einen Sinn hinter dem eigenen Dasein zu entdecken – oder zumindest eine Ahnung davon. Meinen habe ich jedoch in den sechs Jahren voller Abenteuer entdeckt. Er war in Neuseeland am Strand verborgen, in Mexiko in der Sprachschule, er hat auf dem Katamaran im Unterwasserleuchten und im Pfeifen des Hurrikans gesteckt, befand sich zwischen den ganzen nackten Fahrradfahrern in Seattle und auf den Roulettetischen von Las Vegas. Ich habe meinen Sinn in den Augen der ganzen Menschen gefunden, die ich unterwegs in mein Herz geschlossen habe. Er saß mit mir auf Marcs und Kats Terrasse, war in den kanadischen Wäldern als Elch verkleidet und hat mich als Harpunenpfeil angeschossen. Er betrog mich um mein ganzes Geld und pushte mich im Anschluss, als ich mir in Australien den Hintern abarbeitete. Er hat mich zu Steffi geführt und Borkman in mein Leben gebracht. Er hat mich durch zig Länder begleitet und so lange an mir gerüttelt, bis ich ihn schließlich erkannte, beim Schopf packte und sagte: »Hey, da bist du ja endlich. Lass uns richtig loslegen.«

Die »Lücke in meinem Lebenslauf« ist keine Lücke mehr – in Wirklichkeit ist sie auch nie eine gewesen. Das Reisen ist für mich längst nicht mehr nur ein Lebensabschnittsgefährte, sondern ein großer Bestandteil meines ganzen Seins. Ich bin deshalb unfassbar dankbar, mit Steffi eine Partnerin gefunden zu haben, die dieses Leben voll und ganz mit mir teilt. Ich kann mit Fug und Recht behaupten, dass mir diesbezüglich echt die Sonne aus dem Arsch scheint.

Ich bin unwahrscheinlich froh, die Unterstützung meiner Familienmitglieder zu haben, die alle stolz auf mich sind, auch wenn sie mich oft vermissen. Besonders meine Mutter hat wegen der teilweise langen Abwesenheiten oft zu kämpfen. Dennoch ist sie glücklich, weil ich glücklich bin. In Sachen Familie habe ich also definitiv einen Sechser im Lotto mit Zusatzzahl.

Epilog

Als ich am Morgen nach den nächtlichen Schüssen den Vorhang beiseiteschob und Borkman, der bereits am Frühstückstisch saß, ins Gesicht blickte, war die größte Panik abgeklungen. Ich erzählte Borkman, wie viel Sorgen ich mir gemacht hatte, und fragte ihn, ob es öfter vorkomme, dass nachts geschossen werde.

»Nicht ständig«, sagte er. »Aber es passiert immer wieder. Es sind die Gangs, die sich hier bekriegen. Meist geht es um Drogen, Ehre oder grundsätzliche Rivalitäten, die seit Jahren gewachsen sind. Wir haben gelernt, damit zu leben und das Beste draus zu machen.«

Der kleine Borkman hat mich von Sekunde eins an immer wieder erstaunt. Selten habe ich Menschen mit einer solch positiven Einstellung und unglaublichen Kraft getroffen. Wenn Borkman in der Nähe ist, wird alles optimistischer und fröhlicher – es ist einfach unglaublich. Auch aus diesem Grund ist er für mich bis heute eine unerschöpfliche Quelle der Inspiration und ein sehr guter Freund.

Extremsituationen wie in der Nacht in El Salvador spiegeln genauso das Leben wider wie jeder noch so vorhersehbare Tag. Das Leben geht niemals nur den Berg hinauf, sondern oft genug auch steil bergab. Es gibt Tag, es gibt Nacht, kalt und warm, Schmerz und Freude, Liebe und Liebeskummer und eben auch Wohlfühlen und Gefahr. Würde man bei seinem Lebenspuzzle jedes Mal das richtige Teilchen ziehen, wie langweilig wäre das Leben. Ich betrachte Fehltritte, Rückschläge und andere Extremsituationen wie Puzzleteilchen, die eben gerade nicht passen. Ich kann aus ihren falschen Umrissen lernen, sie zurück in den Karton legen und stattdessen das richtig geformte Puzzleteil suchen. Negative Erfahrungen helfen mir, die guten Momente zu erkennen und mehr zu genießen. Oder wie ich zu sagen pflege: Das Leben ist halt nicht immer nur Pommes und Disco. Zu erkennen, dass es im Grunde keine Sicherheiten gibt, und trotzdem in der Lage zu sein, die Scheuklappen abzulegen und mit offenem Herzen durch die Welt zu gehen, ist eine der wichtigsten Lektionen, die ich bisher gelernt habe.

Einmal beschrieb mir jemand ein Bild, das ich bis heute nicht vergessen habe und mit dem ich immer meine Liveshows abschließe: Jeder Mensch hat die Möglichkeit, auf zwei verschiedene Arten durch das Leben zu reiten. Beide Varianten haben ihre Berechtigung und ihre Vor- und Nachteile.

Variante 1: Du hast keine Ahnung vom Reiten, schaust, wie die anderen es machen, und tust es ihnen nach. So reitest du durch die Stationen deines Lebens und versuchst, überall dein Bestes zu geben und nicht zu scheitern. Du trabst durch den Kindergarten, die Schule, die Ausbildung, das Studium, den Job, die Ehe, die Familiengründung, den Hausbau, die Rente. Indem du gemächlich vor dich hin reitest, störst du niemanden, erfüllst gesellschaftliche Erwartungen, eckst nicht an, hast den Vorteil, auf Sicherheit spielen zu können, und minimierst auf diese

Weise böse Überraschungen. Am Ende des Lebens wirst du dich im Sattel umdrehen und auf einen geraden Weg zurückblicken können. Du wirst sagen: »Eh ja, das war ein schönes Leben, ein angenehmer Ritt.«

Variante 2: Du hast keine Ahnung vom Reiten, aber das stört dich nicht weiter, und du probierst es einfach mal aus. Am Anfang ist es sehr holprig, und dich schleudert es im Sattel ziemlich hin und her. Dir tun oft genug die Knochen weh. Doch nach einer Weile lernst du zu galoppieren. Du gibst deinem Pferd die Sporen, und ihr reitet wild durch die Gegend. Weil du in dem Tempo nicht immer abwägen kannst, was hinter der nächsten Kurve lauert, lernst du, deiner Intuition zu vertrauen und auf dein Herz zu hören. Weil du mitunter ganz schön durchs Unterholz krachst, eckst du öfter mal an. Hin und wieder liegt ein Baumstamm im Weg. Du brauchst genug Schwung, um solche Hürden zu überspringen. Manchmal schaffst du es nicht gleich beim ersten Anlauf, und dich haut es vom Pferd. Aber auch im Wiederaufsteigen bekommst du irgendwann Übung. Du lässt dich nicht unterkriegen, und am Ende des Lebens liegst du quer im Sattel, wendest dich um und blickst auf einen ganz anderen Weg zurück: Er ist verschlungen, voller Gestrüpp und herabhängender Äste, die dir Schrammen verpasst, deine Haare zerzaust und deine Kleidung zerrissen haben. Er führt Berge hinauf und hinunter, liegt mal in der Sonne, mal im Schatten und bringt dich nicht auf direktem Weg zum Ziel. Aber du wirst bis über beide Ohren grinsen und lauthals schreien: »Hell yeah, what a ride!«

Ich wünsche dir, dass du am Ende deines Lebens genau dieses Gefühl hast – das Gefühl, dein Leben richtig ausgekostet zu haben. Egal, welche Variante du leben möchtest: Hauptsache, du bist happy damit. Mit all den Fehlern und Schrammen, die dazugehören und die sich oft als unwahrscheinlich wichtige Wissensquellen entpuppen. Also geh raus, finde deine Leidenschaft, mach dein Ding, lass dir nicht reinreden und scheiß einfach drauf, wenn andere dich dafür kritisieren, dass du versuchst, deinen Traum zu leben. Denk nicht über Lücken nach. »Lücke« bedeutet, dass es nach einer Weile genauso weitergeht wie vorher. Das muss es nicht, wenn du das nicht willst. Mach die Lücke zu deinem Standard.

Wo seh ich mich in fünf Jahren? In zehn Jahren? Ich habe nicht die geringste Ahnung, welche Pfade in meinem Leben noch darauf warten, von mir entdeckt zu werden. Doch was einen Punkt angeht, bin ich mir völlig sicher: Wenn ich irgendwann den Löffel abgebe, werde ich mit einem Lächeln im Gesicht darauf zurückblicken und laut schreiend behaupten können: »Hell yeah, what a ride!«

In diesem Sinne: Wir sehen uns draußen in der Welt.

Nachwort von Anita Vetter

Ich begegnete Nick zum ersten Mal auf einer Konferenz zum Thema Reisen und Arbeiten. Um die 100 Personen quetschten sich in einen klassenzimmergroßen Raum. Vorne am Beamer stand ein blonder Typ, einigermaßen aufgeregt, der gleich etwas über seine geilste Lebenslauflücke erzählen würde. Wie sich später herausstellte, war es Nicks allererster Vortrag dazu. Ich hockte auf dem Boden und schaute an einem Tischbein vorbei auf die Bilder, die Nick an die Wand warf. Und was soll ich sagen: Dieser lebensfrohe, positive, mitreißende Mensch hat mich innerlich komplett gepackt. Ich habe Tränen gelacht, stimmte allem zu, was er da vom Stapel ließ, und ging deshalb am Ende des Vortrags direkt zu ihm hin.

»Danke, das war toll! Kann ich dich mal drücken?«

»Klar«, sagte Nick und umarmte mich einmal dolle.

Das war der Beginn einer mittlerweile Jahre andauernden Freundschaft. Nick und ich teilen die Freude am Entdecken neuer Orte, am Geschichtenerzählen und vor allem: denselben

Humor. Natürlich teilen wir mittlerweile auch einige Abenteuer. So surften wir bereits in den marokkanischen Wellen vor Taghazout, reisten mit einem Van die portugiesische Küste runter oder schnorchelten am berühmten Blue Hole von Dahab.

Als an einem grauen Novemberabend mein Telefon klingelte und Nick mich fragte, ob ich seine Abenteuer gemeinsam mit ihm aufschreiben würde, gab es deshalb für mich nur eine mögliche Antwort: »Ja, Mann!«

DAS MUST-HAVE FÜR ALLE
WELTENBUMMLER!
NATIONAL GEOGRAPHIC
DIE REISE
DEINES LEBENS
245
spektakuläre Ziele
weltweit
Die Reiseexperten von National Geographic enthüllen in diesem fesselnden Bildband die 245 aufregendsten Abenteuerreisen der Welt: vom Rafting auf den 23 Stromschnellen des Sambesi-Rivers über Trekking auf dem Inka-Trail bis hin zum Sandboarding an den Hängen eines Vulkans in Nicaragua. Mit kulturellen Highlights, Top-Ten-Listen, praktischen Reisetipps u.v.m.
416 SEITEN • CA.400 ABB.
ISBN 978-3-86690-721-8
€(D) 49,99
JETZT IN IHRER BUCHHANDLUNG VOR ORT
ODER DIREKT UNTER NATIONALGEOGRAPHIC-BUCH.DE
Mit einer Direktbestellung im Verlag oder dem Kauf im Buchhandel unterstützen Sie sowohl Verlage und Autoren als auch Ihren Buchhändler.
NATIONAL GEOGRAPHIC